D1722199

AUGSBURGER I- & I- SCHRIFTEN

Herausgegeben von
Thomas Finkenstaedt und Konrad Schröder

Band 40

Konrad Schröder

Biographisches und bibliographisches Lexikon

der Fremdsprachenlehrer
des deutschsprachigen Raumes
Spätmittelalter bis 1800

Band 1

Quellenverzeichnis
Buchstaben A bis C

I & I

Für Berthold Rupp
mit herzlichen
Gruß und
Dank
vom Verf.

Universität Augsburg
1987

Augsburg,
März '88

ISBN 3- 923549 - 22 - 9

Im Auftrag der Universität herausgegeben
von Thomas Finkenstaedt und Konrad Schröder

Herstellung: arco - druck - gmbh, Hallstadt

FÜR
WOLFGANG H. STRAUSS
LEHRSTUHL FÜR
METHODIK DES FREMDSPRACHENUNTERRICHTS
(ENGLISCH)
FRIEDRICH-SCHILLER-UNIVERSITÄT
JENA

Verlorner Posten in dem Freiheitskriege,
hielt ich seit dreißig Jahren treulich aus.
Ich kämpfte ohne Hoffnung, daß ich siege,
Ich wußte, nie komm' ich gesund nach Haus.

Heinrich Heine: Enfant perdu

Widmungsgedicht des Nürnbergers Johann Friedrich Riederer an Matthias Cramer aus Köln, Sprachmeister zu Nürnberg, aus Anlaß der verbesserten Neuauflage der "Einzig und allein grundrichtigen Toskanisch- und Romanisch-Italienischen Grammatica", Nürnberg 1722.

Antwort Cramers und Replik Riederers.

An den Wol - Gelehrten / weit Berühmt-/ und Wol- Verdienten Herren Autorem,

Wie wunderbarlich theilt / der Schöpfer
aus die Gaben?

Der Eine wird vielleicht den Geist der
Weisheit haben /

Der legt die Sprachen aus ; Der kömmt
fast diesem bey ;

Und redet trefflich wol der Sprachen man-
cherley. (a)

Herr Kramer hat darinn / ein gantz besonders Wissen /

Und ist / der Welt zu Nutz / noch stäts dar-
ob beflissen /

Wie Er dien' jedermann ; Du wilst dich
gar nicht schonen /

Weil auch im Alter nicht des Feyrens
kanst gewohnen.

Der Lexicorum Zahl zeigt / welch ein Mann
Du bist /

Dann solcher in der Welt / noch keins erschienen ist.

Dein Sprach- lehr bücher auch / uns weisen einen Mann ;

Der / wann Er selbst schon schweigt / uns
sprechen lehren kan.

Du sitzst noch Tag und Nacht ; denckst
nach / bemühest Dich ;

Und zehlest doch der Jahr' / schon Zwölf /
und Siebenzig.

Die Sprach- verderber' seynd Dir darum
nicht gewogen /

Drum daß Du wider sie in Schriften
    los gezogen /

Du kennest ihre Schwäch'; es gelte Dir
    das Wort:

Es kommt; so lang Du lebst / kein Spra-
    chen-stümpler fort;

Warum? weil jedermann / der dich recht
    kennt,' muß sagen/

Du seyest Primarius Professor West'scher
    Sprachen;

Und daß den Vorzug hab'st vor allen ins
    gemein /

Da andre gegen Dir / nur kleine Götter
    seyn.

Dis alles hat erkannt der Hoch-Gelehrte
    Orden

In Preussen / da Du von/ ein Mit-gelied
    bist worden.

Inzwischen geh't es dir / bey deinen raren
    Gaben /

Wie and'ren / die viel Mühe / und wenig
    Eintrag haben;

Da der am meisten darbt / noch sich kau
    essen satt /

Der nebst der Wissenschaft / sein'n GOtt
    vor Augen hat!

Hiermit hat / bey Außfertigung dieses /nebst vielen
andern Wercken / den unermüdeten Fleiß des
(Titul) Herrn Autoris bewundern/ und beehren
wollen /
Dessen/ vor 32. Jahren gewester Scholar/

Johann Friederich Riederer/
Noribergensis &c.

Antwort des Autoris.

Wem soll' vergleichen mich? Ich gleiche einer
    Kertzen
Die/ wann sie andern leucht/ sich selbst verzehrt
    mit Schmertzen.
Mein Ruhm gehet wo nicht bin/ und wo
    ich bin/ muß leiden (a)
Von denen/ die mich nur/ der Tugend wegen/
    neiden;
Doch bin getrostes Muts/ und denck'/es müß so
    seyn/
Wann Fames sich bey mir/ nebst Fama stellet
    ein; (a)
Auch gilt mir beydes gleich/ der Welt Lob/oder
    Spott/
Weil nur in allem such' zu dienen meinem
    GOTT!
Wer recht strebt/ wie ich thu'/ nach dem was
    droben ist/
Dem stinckt das Unt're an/ wie Koht/ und fauler
    Mist.
Ich/ mit Marien wehl' den besten Theil auf
    Erden/
Drum macht mir Lust/ Gut/ Ehr derselben kein
    Beschwerden.

Gegen-schluß des Freundes.

Nun Kramer/ leb getrost/ kämpf fort den
    guten Streit/
Den Wett-lauff frisch vollend'; im Glauben
    fest dich leid'!
Immittels arbeit fort; und wart kein' an=
    dern Lohn/
Als den ein Christ erwart/ von GOtt/
    durch GOttes Sohn!

INHALT

Vorwort

Biographisches und bibliographisches Lexikon

Buchstabe A

Abbi 116 - Abbt, Thomas 116 - Abel, Sulpitius 117 - Abfelter, Ferdinand von 117 - Abraham 117 - Abrahamson, Werner Hans Friedrich 117 - Adam 118 - Adami, Michael 118 - Adjutus, Joseph, genannt Hugo Maria 118 - Adodurov, Vasilij Evdokimovic 120 - Adolphi, Heinrich 121 - Agricola, Peter 121 - Ahlwardt, Christian Wilhelm 122 - Ahrens 123 - Alavoine, Jean Louis 123 - Alberti, Franz 123 - Alberti di Villanuova, Francesco 124 - Albot, Maldäus 124 - Albrecht, Dietrich Rudolf 124 - Albrecht, Heinrich Christoph 124 - Alexander, Charles 125 - Alleinz, Laurenz 125 - Allinga, Ahasverus 126 - Althing, Christian 126 - Altoviti, Carlo Francesco Urbano Marchese d'Albergotti 126 - Amarix, Jakob 127 - Amberg 127 - Andreas, Karl Philipp Ernst 127 - Angeli, de 127 - Angelrod 127 - Ansorge, Christian 128 - Antoine 128 - Antoine, Pierre 128 - Antonini, Annibal 129 - Aquerius, Wilhelm 129 - Arata de 130 - Araux, de 130 - Arbemon, Karl Heinrich de 130 - Arly, Charles de 130 - Arnal, P. B. 130 - Arnauld, Ludwig 131 - Arnold, Theodor 131 - Arnoldi, Johann Konrad 132 - Arnous, Johann Ludwig Bernhard 133 - Ash, John 134 - Asimont, der Ältere 134 - Asimont, Stephan Gottfried, der Jüngere 134 - Aspunham 134 - Ast, Johann Christian 134 - Astor 134 - Aubaret, Johann Peter 135 - Aubry 135 - Augier, David 135 - Augier, Pierre 135 - Avaux, Jean de 135 - Avon, Jean 136

Buchstabe B

Babillon 137 - Bach, Isaac 137 - Bach, Johann Nikolaus 137 - Bachmair, Johann Jakob 138 - Baden, Jakob 138 - Baer, Johann Daniel 138 - Bagnisti, Charles 138 - Bail, Susanne 139 - Baillet, Leopold 139 - Balbach, Johann 139 - Ballenstedt, Heinrich Konrad Christian 141 - Bancourt, Etienne Montain de 141 - Bardin, Pierre Joseph 141 - Bargeron, Abraham 142 - Barnabé, Stephan 142 - Baron 142 - Baron, Joseph de 142 - Barth, Friedrich Gottlieb 143 - Barthélemy, J. 144 - Bartol, Melchior Friedrich 145 - Basforest, Johannes 145 - Basin, David 145 - Bassi, Louis 146 - Bastian, Wilhelm Gottlieb 146 - Bath, William 146 - Baudry, Jean Baptiste 147 - Bauer,

Elie 193 - Breyer, Johann Friedrich 194 - Briet, Peter 195 - Brisman, Karl 195 - Brisman, S. 195 - Brosius, Wenzeslaus Gerson 195 - Brounco, Joachim Christian 196 - Brown, Johann 196 - Bruel 196 - Bruel, Johann August 196 - Bruns, Paul Jakob 197 - Buch 198 - Buch, Philipp Ludwig 198 - Buchenau 198 - Buchenröder, Johann Nikolaus Karl 198 - Bucher, F. Benjamin 200 - Buchett, Johann Benjamin 200 - Buchholz, Ferdinand Friedrich 200 - Buchmann, Maria 201 - Bucki, Nathan 201 - Bude, Johann Bernhard 201 - Büchner, Johann Georg 202 - Buernod, J. 203 - Büsching, Anton Friedrich 203 - Buffier (1) 206 - Buffier (2) 206 - Bugenal, Charles de 206 - Buhle, Johann Gottlieb 206 - Burband, Benoît 207 - Burbault, Jean 207 - Burger, Maria Xaveria 207 - Burtin, Claude 208 - Buttex, Sebastian 208

Buchstabe C   210

Cabin 210 - Caccini, Carolus Balthasar 210 - Cachedenier, Daniel (1) 210 - Cachedenier, Daniel (2) 210 - Caffa, Carolus 210 - Caffard, Leopold 214 - Caliard, Antoine 215 - Callenberg, Johann Heinrich 215 - Calligari, Antonius 216 - Calvi, Giovanni Battista 216 - Canel, Pierre 217 - Canstein, Philipp Ruban Johann von 219 - Canzler, Friedrich Gottlieb 219 - Cappelli 220 - Carbagno, C. de 220 - Caries 220 - Carion, Johannes 220 - Carmien, Jean Christophe 220 - Carmini, Renaldo 221 - Carnaghi, Amadeus 221 - Carolus, Douce Henricus 221 - Carriano, Antonio 221 - Caselli, Joseph 221 - Caspari, Friedrich 221 - Cassauri, Johannes 221 - Cassel, Johann Philipp 222 - Cassius, Johann Ludwig 222 - Castel, Claude 223 - Castelli 224 - Castelli, Giovanni Tomasio de 224 - Castelli, Nicolo 224 - Castelli, Nicolo di (1) 224 - Castelli, Nicolo di (2) 225 - Castille, Henri de 226 - Castillion 226 - Catel, Samuel Heinrich 226 - Caumon 226 - Caumon, Jean, der Ältere 227 - Caumon, Jean, der Jüngere 227 - Caumon, Jean Ernest 227 - Cavalli, Vincentinus 227 - Cavellario, Giovanni Pietro 228 - Cellarius, Franz 228 - Cellarius, Johann Christoph 229 - Cellius, Jean Jacques 229 - Cerichelli, Franziskus 229 - Chambray, Julet de 229 - Champagne, Marc Etienne de 229 - Champegaud, Bonnyaud de 229 - Chanoy, Henri de 230 - Chaplier 230 - Chappuzeau 230 - Chapuset, Johann Karl 230 - Chapuset de Saint Valentin, Charles 230 - Chapuzeau, Samuel 231 - Charbonnet, Louise 232 - Chardoillet, Johann Nikolaus 232 - Chardouillet 233 - Charpentier, G. A. 233 - Chassignol, Stephan 233 - Chastel, Franz Thomas 233 - Chataubourg, René de 238 - Chateau, Jean de 238 - Chatillon 238 - Chatillon, Louis 238 - Chauvre 239 - Chérier, Joseph 239 - Chersi 239 - Choffin, David Etienne 239 - Cholet, André 240 - Choppin, E. 240 - Christian, Frédéric 240 - Christiani, Christian 240 - Christiani, F. R. 242 - Chrysander, Wilhelm Christian Justus 242 - Ciangulo, Nikolaus 244 - Cingularius, Hieronymus 245 -

VORWORT

Zielsetzung und Umfang des Lexikons

Das Lexikon, dessen erster Band nun vorliegt, enthält, in systematisierter Form, Lesefrüchte aus 25 Jahren. Es ist, vordergründig betrachtet, ein weiteres Produkt des Augsburger Positivismus, es ist aber auch - für den, der es zu lesen versteht - ein durchaus politisches Buch: thematisch, vom Erkenntnisinteresse des Verfassers her - und, *malgré tout*, auch geographisch.

Das Lexikon ist ein Seitenstück zu den insgesamt sechs vor 1800 angesiedelten *Annalen*-Bänden, von denen bisher vier publiziert sind.[1] Viele der im *Lexikon* gegebenen Informationen sind in den *Annalen* in anderer Anordnung abermals verzeichnet: rückgebunden an Institutionengeschichte, an sozial- und ideengeschichtliche Hintergründe sowie an das fremdsprachenpolitische Umfeld. Die Sachregister der *Annalen*-Bände erlauben dabei einen Datenabruf nach systematischen Gesichtspunkten.

Sinn der vorliegenden Arbeit ist es, ein griffiges biographisches Hilfsmittel für die fremdsprachendidaktische Geschichtsschreibung zu erhalten, wobei die Historie des Fremdsprachenlernens und der Fremdsprachenunterweisung als ein Schlüsselbereich der allgemeinen Kulturgeschichte und zugleich als wichtige Entscheidungshilfe für bildungsplanerische Aktivitäten angesehen wird. Die möglichst detaillierte Kunde von Vergangenem, die im Lexikon notwendigerweise weit im Vordergrund steht, ist keineswegs Ausdruck neo-romantischer Nostalgie.

Das Lexikon ist auf 5 Bände geplant. Band 1 enthält, dem Text vorangestellt, ein 112 Seiten umfassendes Quellenverzeichnis. Erste Nachträge zu diesem Verzeichnis finden sich am Ende von Band 2, weitere Nachträge sind für Band 5 geplant, der auch die biographischen Nachträge für das gesamte Alphabet sowie einen Registerteil enthalten wird. Es ist vorgesehen, jährlich einen Band erscheinen zu lassen, so daß die gesamte Publikation 1991 abgeschlossen ist.

Aufnahmekritierien und Abgrenzung

Aufgenommen wurden Persönlichkeiten, die in der Zeit zwischen dem ausgehenden Mittelalter und dem Jahre 1800 als Lehrer moderner europäischer Fremdsprachen und/oder als Verfasser von Unterrichts- bzw. Lernmaterialien in diesen Sprachen im deutschsprachigen Raum (und in deutschsprachig beeinflußten Nachbargebieten) in Erscheinung getreten sind. Dolmetscher wurden nicht aufgenommen, es sei denn, es handele sich um Namen aus der frühesten Zeit (etwa um Tolke aus dem baltischen Umfeld der Hanse) oder um Sprachmittler, bei denen aufgrund biographischer Gegebenheiten eine sprachunterrichtliche Tätigkeit auf der Hand liegt. Auch auf die Einbeziehung von "bloßen" Lexikographen wurde verzichtet, nicht zuletzt auch, weil in diesem Bereich Spezialstudien erforderlich sind. Allerdings gibt es schon in recht früher Zeit Glossare speziell für Sprachschüler, und es gibt auch "normale" Lexika (wie etwa Levinus Hulsius-Ausgaben), denen grammatische Abrisse, Aus- sprachelehren usw. vorangestellt sind. Das Vokabellernen unmit- telbar aus dem Lexikon ist innerhalb des gesamten Berichtzeitraums allgemeine Praxis.

Trotz der genannten, alles in allem relativ leicht zu handhabenden Kriterien war die Frage, ob eine Persönlichkeit aufzunehmen ist, nicht immer klar zu entscheiden: In einer Reihe von Fällen konnte mit etwas Phantasie davon ausgegangen werden, daß privatim oder privatissime Fremdsprachenunterricht erteilt wurde, nur sind die Belege hierfür eben nicht überliefert oder noch nicht gefunden. Im Zweifelsfall wurde der Name dann aufgenommen, wenn eine unterrichtliche Tätigkeit im neusprachlichen Bereich als nahezu sicher gelten darf (beispielsweise angesichts außergewöhnlicher und von den Zeitgenossen gerühmter Sprachkenntnisse bei gleichzeitiger Lehrtätigkeit in anderen, zumal sprachlichen Fächern). Besonders bereitwillig wurde in diesem Zusammenhang verfahren, wenn die Persönlichkeiten in den zeitgenössischen Gelehrtenlexika nicht ab-

gehandelt sind oder nur mit wenigen Zeilen bedacht werden. Umgekehrt allerdings ergab sich eine Reihe prominenter, umfassend
dokumentierter Fälle, bei denen ein Eintrag im vorliegenden Lexikon aufgrund des bisher ausgewerteten Quellenmaterials nicht ge-
rechtfertigt erscheint.

Einige Beispiele mögen dies erläutern:

Eine bedeutende Persönlichkeit im Umfeld der frühen Russistik und der deutsch-russi-
schen Kulturbeziehungen ist Hartwig Ludwig Christian Bacmeister, von dem wir
wissen, daß er in St. Petersburg als Hauslehrer wirkte, bevor er von 1766 bis 1778 als
Inspector des Akademischen Gymnasiums der Stadt tätig wurde. Bacmeister hat eine
Zeitschrift "Russische Bibliothek" herausgegeben, und er hat immerhin den Satz
geprägt, daß "die Kenntnis der russischen Sprache ... den hiesigen [in St. Petersburg
anwesenden] Fremden unentbehrlich und den Ausländern von Tag zu Tag wichtiger
wird" (Russische Bibliothek, Bd. 6: 422). Eine unterrichtliche Tätigkeit, sei es im
Russischen, sei es, in einer westlichen modernen Sprache, ist allerdings einstweilen nicht
nachgewiesen.

Ein weiteres prominentes Beispiel innerhalb des Buchstabens B ist Johann Bernhard
Basedow. Wir wissen, daß er nach 1753 als Professor der Moral und der Schönen
Wissenschaften an der Ritterakademie zu Sorö tätig war, was allein schon für Privata
und Privatissima im Bereiche der französischen Sprache, Literatur und Kultur spricht.
Wir wissen auch, daß an dem von ihm geleiteten Philantropin zu Dessau nach 1774 neben
dem Deutschen und Lateinischen das Französische gebührende Berücksichtigung fand.
Basedow selbst hat ein "Manuel d'éducation" verfaßt und den Französischunterricht an
der von ihm geführten Schule nach allgemeinen Grundsätzen bis ins Detail festgelegt.
Selbst erteilt hat er diesen Unterricht aber nach dem derzeitigen Stand unseres Wissens
nicht, und er hat auch keine Unterrichtsmaterialien verfaßt. Allerdings geht er im 8.
Kapitel seines Erziehungsromans "Agathokrator oder Von Erziehung künftiger P̲e̲r̲s̲o̲n̲-
ten" (1771) auf den Wert neusprachlicher Studien ein. Basedows Tochter Emilie erlernt
bereits als Vierjährige im Jahre 1774 bei Wolke, Basedows Mitarbeiter am Philantropin
zu Dessau, die Anfangsgründe der französischen Sprache: Wolke möchte seinem Freund
Basedow, der für zehn Wochen verreist ist, damit bei seiner Rückkehr eine Freude
machen.

Andere klangvolle Namen in diesem Zusammenhang sind Lichtenberg und seine
Göttinger Zeitgenossen quer durch die Fakultäten: Sie alle sind, wie nicht zuletzt aus
ihren autobiographischen Aufzeichnungen hervorgeht, für den Erwerb moderner
Fremdsprachen in hohem Maße sensibilisiert, sie beherrschen neben der lateinischen und
französischen in aller Regel auch die italienische und die englische Sprache, und sie alle
haben mit großer Wahrscheinlichkeit Deutschunterricht an junge Engländer und auch
umgekehrt Englischunterricht für Deutsche erteilt. Von Heinrich Christian Boie ebenso
wie von Lichtenberg wissen wir, daß ihnen das Geschäft der Zähmung junger Engländer
mitunter arge Kopfschmerzen machte. Dennoch erscheinen diese beiden Persönlichkeiten im *Lexikon* ebenso wenig wie beispielsweise der Göttinger Mathematiker und
Dichter Abraham Gotthelf Kästner, der in seiner Autobiographie [2] ausführlich über
seine neusprachlichen Studien berichtet und im übrigen Übersetzungen aus dem
Französischen, Englischen, Niederländischen und Schwedischen vorgelegt hat.

Ein Problem bot auch die geographische Abgrenzung: die sprachpraktischen Implikationen der Hanse oder, in späterer Zeit, des Hallenser Pietismus lassen den baltischen und den russisch-ukrainischen Kulturraum ins Blickfeld geraten; die Wechselbeziehungen zwischen dem deutschsprachigen Raum einerseits und den polnischen, tschechischen, slowakischen und ungarischen Regionen andererseits sind auch in sprachunterrichtlicher Hinsicht vielfältig. Auch im Westen ergibt sich ein komplexes Bild: Johann König alias John King lebt als deutschstämmiger Sprachmeister des Englischen und Deutschen sowie als Übersetzer und Dolmetscher in London; ein von ihm erstelltes Lehrbuch wird in Leipzig nachgedruckt und gehört fast ein Jahrhundert lang zu den wichtigsten und einflußreichsten Unterrichtsmaterialien des deutschen Sprachraums. Genf, um ein weiteres Beispiel zu nennen, ist in nachreformatorischer Zeit und bis ins 18. Jahrhundert hinein ein kultureller Umschlagplatz und ein Ort ausgedehnten Sprachunterrichts: Hier erscheinen zahlreiche Unterrichtsmaterialien, bei denen oft nicht feststellbar ist, ob sie mehr für Deutsche oder mehr für Franzosen konzipiert worden sind.

Angesichts dieser Gegebenheiten wurde nach Kräften extensiv dokumentiert: polnische, tschechische und ungarische Ortsnamen sind in den biographischen und bibliographischen Einträgen ebenso zahlreich wie beispielsweise französische, italienische oder niederländische. Sie erscheinen, sofern eine angestammte deutsche Namengebung vorliegt, in ihrer deutschen Form. Eine politische Interpretation des Begriffes "deutscher Sprachraum", etwa im Sinne gegenwärtig existierender Staaten deutscher Sprache und Kultur, verbietet sich ohnehin: Im Jahre 1800 ist - um drei simple Beispiele aus dem Hochschulbereich zu nennen - Kiel eine dänische, Greifswald eine schwedische, Breslau aber eben eine preußische und damit deutsche Universität. Tempora mutantur.

Ein Problem besonderer Art ergibt sich bei ausländischen Autoren (besonders Franzosen und Italienern), deren Lehrmaterialien, ursprünglich im Ausland und ohne Bezug auf den deutschsprachigen Raum publiziert, dann in deutschen Druckorten abermals veröffentlicht wurden, zum Teil in anonymer Bearbeitung. Prominente Vertreter sind Bath, Oudin oder Van Berlemont. Hier wurden die wichtigsten Lebensdaten aufgeführt, eine ausführliche Behandlung war in aller Regel nicht möglich.

Strukturierung der Artikel

Die einzelnen Artikel verzeichnen den beruflichen und persönlichen Lebensweg, soweit entsprechende Daten bekannt sind. Der familiäre Bereich (Wohnverhältnisse, Eheschließungen, Zahl der Kinder) wird nicht in systematischer Form dokumentiert, er ist aber benannt, wenn die Familienverhältnisse den beruflichen Lebensweg nachweislich beeinflußt haben. Außerdem verzeichnen die Artikel die fremdsprachendidaktischen Publikationen (Lehrmaterialien sowie methodologische und fremdsprachenpolitische Schriften). Übersetzungen ohne unterrichtlichen Bezug und Publikationen aus anderen Gebieten konnten aus Platzgründen nicht aufgeführt werden; die Schwerpunkte des Gesamtwerkes sind allerdings jeweils angegeben. Innerhalb der bibliographischen Verzeichnisse werden bei Neuauflage von Lehrmaterialien die Druckorte nur genannt, wenn gegenüber der vorherigen Auflage eine Veränderung eingetreten ist.

Wörtliche Übernahmen aus Quellentexten (biographische Detailinformationen, Stellungnahmen von Zeitgenossen, methodologische Standortbestimmungen, Ankündigungen usw.) sind als Zitate gekennzeichnet. Der Quellennachweis erfolgt dabei über das klassifizierte *Quellenverzeichnis*, nicht aber im Rahmen von Literaturangaben am Ende des Artikels selbst: Da die meisten biographischen Einträge und fremdsprachendidaktischen Werkverzeichnisse aus einer Vielzahl von Quellen nach Art eines Mosaiks zusammengefügt werden mußten, erschienen Spezialbibliographien zu den einzelnen Einträgen zu aufwendig. Außerdem sollte einer im Anschluß an die *Annalen* beobachteten Fehlentwicklung vorgebeugt werden, daß nämlich nur aus der Sekundärquelle (mit allen Fehlern, versteht sich) zitiert, dabei aber die Primärquelle als ausgewertet angegeben wird. Der geneigte Benutzer des Lexikons, dem das qualifizierte Quellenverzeichnis nicht genügt, sei in diesem Zusammenhang auf die ausführlichen Quellenangaben in den *Annalen*-Bänden verwiesen.

Strukturierung des Quellenverzeichnisses

Das Quellenverzeichnis unterscheidet zwischen fremdsprachen-
historischen Texten (allgemeinen, sprachenübergreifenden Darstellungen - Darstellungen zu einzelnen Sprachen - regionalen Darstellungen) und nicht speziell auf den Fremdsprachenunterricht bezogenen Arbeiten (regionenübergreifende Darstellungen und Lexika - regionale Darstellungen). Dabei werden Quellen, denen biographische und bibliographische Belege entnommen werden konnten, und auch solche, deren Auswertung zur Lokalisierung von
fremdsprachenvermittelnder Tätigkeit in allgemeinerer Form führte,
durch Fettdruck des Autorennamens kenntlich gemacht. Bei Texten, deren Auswertung kein greifbares Ergebnis brachte, ist der
Verfassername in nicht-fetter Schrift gesetzt. Das topographische
Element (Klassifikation nach Städten, Herrschaftsgebieten und
Regionen) steht weit im Vordergrund. Auf diese Weise ist eine
schnelle Identifikation des für die einzelnen Einträge benutzten
Quellenkorpus möglich.

Der quantitativ häufigste Quellentyp (teils als primäre, teils als
Schulgeschichte dokumentierende sekundäre Quelle) ist die Einladungsschrift in der Form des Schulprogramms. Für den Hochschulbereich sind neben historischen Monographien und Archiv-Doku-
mentationen auch die zeitgenössischen Vorlesungsverzeichnisse
von besonderem Interesse. Letztere sind im Quellenverzeichnis aus
Platzgründen nicht eigens bibliographiert, sie wurden im Zusammenhang mit der Arbeit des Verfassers über *Die Entwicklung des
Englischunterrichts an den deutschsprachigen Universitäten bis zum
Jahre 1850* dokumentiert.[3] Im übrigen liegen dem Lexikon die im
Deutschen Biographischen Archiv zusammengetragenen 254 Nachschlagewerke zugrunde, in erster Linie regionale bzw. berufsgrup-
penspezifische bio-bibliographische Lexika aus den Jahren 1750 bis
1830. Auch diese Nachschlagewerke sind, soweit es sich um
regionale Darstellungen handelt, unter den entsprechenden Ortsnamen und Landschaftsbezeichnungen eingestellt.

Das Quellenverzeichnis ist bewußt so angelegt, daß es als Ausgangspunkt für weitergehende Recherchen, etwa zu bestimmten
Fächern und Fachgruppen, Schulformen oder Regionen, genutzt
werden kann. Die systematische Aufnahme auch solcher Titel,

deren Durchsicht ergebnislos blieb, ist vor diesem Hintergrund plausibel. Was das engere, fremdsprachendidaktische Forschungsfeld angeht, so wurde das Verfahren gewählt, um Doppelarbeit vermeiden zu helfen.

Der erste Band des Lexikons

Der erste Band des Lexikons hat die Buchstaben A bis C zum Gegenstand. Es werden biographische und bibliographische Informationen zu 369 Fremdsprachenlehrern und Lehrwerkautoren geboten. Insgesamt wird das Lexikon weit mehr als 1000 Biographien umfassen. Etwa 80 % der verzeichneten Persönlichkeiten sind in den Gelehrtenlexika des *Deutschen Biographischen Archivs* nicht erfaßt.

Trotz der Vielzahl der Einträge des Lexikons ist davon auszugehen, daß, quantitativ gesehen, weniger als 10 % der tatsächlichen neusprachlichen Lehrerschaft verzeichnet sind. Als besonders schwer greifbar, da besonders breit gestreut, erweist sich in diesem Zusammenhang der Unterrichtsbetrieb des Französischen. Französische Sprachmeister sind im 17. und 18. Jahrhundert eine viel zu alltägliche Erscheinung, als daß man ihre Namen und Daten der Nachwelt erhalten hätte. Von Interesse sind die französischen *Maîtres* den Zeitgenossen nur, wenn besondere Verdienste vorliegen, eine besondere Nähe zum Herrscherhaus gegeben ist oder eine Skandalchronik berichtet werden kann. Und selbst wenn die Namen der neusprachlichen Hilfslehrer für Französisch in die Archive der Lateinschulen und späteren Gymnasien eingehen, so ist die soziale Stellung der Berufsgruppe und ihr Beitrag zur Schulentwicklung, gerade auch in den Augen späterer Schulchronisten, häufig so gering, daß eine Erwähnung in der Schulgeschichtsschreibung nicht erfolgt. Für die Sprachlehrer anderer Sprachen und auch für den Hochschulbereich liegen die Dinge etwas günstiger, auch wenn die Lektionskataloge vieler Universitäten die *Linguarum Magistros* nur summarisch und ohne Namensnennung aufführen. Daß es allerdings trotz umfangreicher Recherchen einschließlich der Sichtung von Archivbeständen bisher nicht gelungen ist, die Biographie eines der bedeutendsten Göttinger Anglisten des 18. Jahrhunderts, des Ordinarius der englischen Sprache John Thompson, zumindest in Ansätzen zu rekonstruieren, zeigt das Ausmaß der auch hier vorhandenen Schwierigkeiten.

Es liegt in der Natur der Sache, daß Archivstudien wie im Falle von Thompson nur in relativ wenigen Fällen durchgeführt werden konnten. Neben den zeitgenössischen Gelehrtenlexika bleibt die Schul- und Hochschulgeschichtsschreibung des ausgehenden 18. und des 19. Jahrhunderts die wichtigste Quellensorte, dies umso mehr, als in diesen Arbeiten mitunter Archivbestände ausgewertet werden, die mittlerweile verbrannt, verschollen oder infolge der politischen Entwicklung im deutschsprachigen Raum schwer zugänglich sind.

Die vorliegende Arbeit ist nicht als "Großprojekt" entstanden: Zusätzliche Personalmittel wurden nicht eingeworben; die Universität Augsburg unterstützte das Zustandekommen des ersten Bandes mit einer Sachmittel-Zuwendung in Höhe von 1300 DM. Der Verfasser hat das Quellenmaterial selbst durchgesehen; er ist für alles, was übersehen wurde, und für die wahrscheinlich vorhandenen Ungereimtheiten verantwortlich. Umso mehr gebührt all denen Dank, die von dienstwegen oder freiwillig mitgeholfen haben: den studentischen Hilfskräften, allen voran Bernadette Stiegelmayr, die viele hundert Bücher besorgte und viele tausend Kopien machte und sortierte, den Sekretärinnen Karen Mörl und Gerda Uhl, die am Computer die Mosaiksteine immer wieder neu zusammensetzten und es dabei fertigbrachten, die Maschine gar zu überlisten, der Ehefrau Isolde Schröder und dem Assistenten Richard Kucharek, die das leidige Geschäft des Korrekturlesens mitübernahmen, den Mitarbeitern der Universitätsbibliothek Augsburg und der Herzog August-Bibliothek Wolfenbüttel, die immer wieder viel Geduld aufbrachten, und nicht an letzter Stelle den wissenschaftlichen Helfern und Beratern Heinrich Kühne (Melanchthon-Haus, Wittenberg), Professor Dr. Thomas Finkenstaedt (Universität Augsburg) und Professor Dr. Wolfgang Strauß (Universität Jena). Heinrich Kühne recherchierte anhand der Wittenberger Kirchenbücher die im Verlauf des 18. Jahrhunderts an der Universität Wittenberg tätigen Sprachlehrer. Die auf Wittenberg bezogenen Einträge des Lexikons gehen im wesentlichen auf seine Forschungsarbeiten zurück. Thomas Finkenstaedt beriet in zahlreichen Detailfragen, ließ den Verfasser an den eigenen Lesefrüchten teilhaben und recherchierte das Göttinger Umfeld von John Thompson. Wolfgang Strauß ermöglichte die relative Vollständigkeit der auf Leipzig und Jena bezogenen Einträge. Außerdem half sein reiches historisches Wissen bei zahlreichen Detailfragen weiter, die Hochschulen und Schulen innerhalb des Territoriums der DDR betrafen.

Der vorliegende erste Band ist Wolfgang Strauß in fachlicher und menschlicher Verbundenheit gewidmet. Möge es dem real existierenden Sozialismus auf Dauer gelingen, seine kritischen Begleiter als konstruktive Kraft zu integrieren.

Fußnoten:

[1] Konrad Schröder: *Linguarum Recentium Annales. Der Unterricht in den modernen europäischen Sprachen im deutschsprachigen Raum.* Bde. 1 - 4, Augsburg: Universität 1980 - 1985. (= Augsburger I & I-Schriften 10, 18, 23, 33).

[2] Vgl. in diesem Zusammenhang Ernst Gottfried Baldinger: *Biographien jetzt lebender Ärzte und Naturforscher.* 4 Bde., Jena 1768 - 1772. Bd. 1, 1. Teil 1768: Artikel Abraham Gotthelf Kästner.

[3] Konrad Schröder: *Die Entwicklung des Englischunterrichts an den deutschsprachigen Universitäten bis zum Jahre 1850. Mit einer Analyse zu Verbreitung und Stellung des Englischen als Schulfach an den deutschen höheren Schulen im Zeitalter des Neuhumanismus.* Ratingen 1969, besonders 289 - 292. Vgl. auch Konrad Schröder: *Vorläufiges Verzeichnis der in Bibliotheken und Archiven vorhandenen Vorlesungsverzeichnisse deutschsprachiger Universitäten aus der Zeit vor 1945.* Saarbrücken: Anglistisches Institut der Universität 1964.

QUELLENVERZEICHNIS

1. QUELLEN ZUR GESCHICHTE DES NEUSPRACH-LICHEN UNTERRICHTS

1.1 SPRACHEN- UND REGIONENÜBERGREIFENDE DAR-STELLUNGEN, LEXIKA, BIBLIOGRAPHIEN

*Verfassername **fett** gedruckt: Die Schrift enthielt Material, das im Zusammenhang mit der vorliegenden Arbeit von Bedeutung war.*

Alt, R.: Herkunft und Bedeutung des Orbis Pictus. Ein Beitrag zur Geschichte des Lehrbuchs. Berlin 1970.

Altaner, B.: "Sprachstudien und Sprachkenntnisse im Dienste der Mission des 13. und 14. Jahrhunderts." Zeitschrift für Missionswissenschaft und Religionswissenschaft 21 (1931): 113 - 137.

Altaner, B.: "Die fremdsprachliche Ausbildung der Dominikanermissionare während des 13. und 14. Jahrhunderts." Zeitschrift für Missionswissenschaft 23 (1933): 233 bis 241.

Altaner, B.: "Die Kenntnis des Griechischen in den Missionsorden während des 13. und 14. Jahrhunderts." Zeitschrift für Kirchengeschichte 53 (1934): 436 - 493.

Anon. (Cunradi, I. G.?): Über Sprachen, besonders über die lebenden, über die gewöhnlichen Sprachmeister und über eine bessere Methode, lebende Sprachen gründlicher, leichter und doch geschwinder zu erlernen. Nebst einem Anhang. Nürnberg und Altdorf 1804.

Bischoff, B.: "The Study of Foreign Languages in the Middle Ages." Speculum 36 (1961): 209 - 224.

Bode, W.: Die Franzosen und Engländer in Goethes Leben und Urteil. Berlin 1915.

Boerner, O./Stiehler, E.: "Zur Geschichte der neueren Sprachen." Neue Jahrbücher für Pädagogik 9 (1906): 334 - 351.

Boerner, O./Stiehler, E.: "Zur Geschichte der neueren Sprachen. Teil 2: Der Neusprachliche Unterricht vom Ende des 17. Jahrhunderts bis auf heute." Neue Jahrbücher für das klassische Altertum, Geschichte und deutsche Literatur und für Pädagogik 18 (1906): 392 - 412.

Boerner, O./Stiehler, E.: "Zur Geschichte der neueren Sprachen. Teil 3: Der Neusprachliche Unterricht im 19. Jahrhundert. (Die Grammatisierende Richtung und die Reform.)" Neue Jahrbücher für das klassische Altertum, Geschichte und deutsche Literatur und für Pädagogik 18 (1906): 459 - 471.

Brandt, B.: "Die Bedeutung Komenskys für die Entwicklung der Methodik des Fremdsprachenunterrichts." Fremdsprachenunterricht 1 (1957): 57 - 70.

Brandt, B.: "Philipp Melanchthon und der Fremdsprachenunterricht." Fremdsprachenunterricht 4 (1960): 732 - 735.

Budde, G.: "Ein Gang durch die Jahrhunderte sprachlicher Methodik." Neue Jahrbücher für Pädagogik 9 (1906): 263 - 271.

Budde, G.: Die Theorie des fremdsprachlichen Unterrichts in der Herbart'schen Schule. Eine historisch-kritische Studie nebst einem Vorschlag zu einer Neugestaltung des gesamten fremdsprachlichen Unterrichts nach einem einheitlichen Prinzip. Hannover 1907.

Christ, H./Rang, H.-J.: Fremdsprachenunterricht unter staatlicher Verwaltung. 1700 bis 1945. Eine Dokumentation amtlicher Richtlinien und Verordnungen. Bd. 2: Allgemeine Anweisungen für den Fremdsprachenunterricht. Tübingen 1985.

Christ, H./Rang, H.-J.: Fremdsprachenunterricht unter staatlicher Verwaltung. 1700 bis 1945. Eine Dokumentation amtlicher Richtlinien und Verordnungen. Bd. 3: Neuere Fremdsprachen I. Tübingen 1985.

Christ, H./Rang, H.-J.: Fremdsprachenunterricht unter staatlicher Verwaltung. 1700 bis 1945. Eine Dokumentation amtlicher Richtlinien und Verordnungen. Bd. 4: Neuere Fremdsprachen II. Tübingen 1985.

Christ, H./Rang, H.-J.: Fremdsprachenunterricht unter staatlicher Verwaltung. 1700 bis 1945. Bd. 6: Prüfungsbestimmungen für den Fremdsprachenunterricht. Tübingen 1985.

Christ, H./Rang, H.-J.: Fremdsprachenunterricht unter staatlicher Verwaltung. 1700 bis 1945. Eine Dokumentation amtlicher Richtlinien und Verordnungen. Bd. 7: Der Fremdsprachenunterricht in Stundentafeln. Tübingen 1985.

Christmann, H. H.: "Sprachwissenschaft und Sprachlehre. Zu ihrem Verhältnis im 18., 19. und 20. Jahrhundert." Die Neueren Sprachen 75 (1976): 423 - 437.

Dietze, H.: Methodik des fremdsprachlichen Unterrichts an Handelsschulen. Leipzig 1927.

Engelmann, W.: Bibliothek der neueren Sprachen oder Verzeichnis der in Deutschland besonders vom Jahre 1800 an erschienenen Grammatiken, Wörterbücher, Chrestomathien, Lesebücher und anderen Werke, welche das Studium der lebenden europäischen Sprachen betreffen, wie auch derjenigen ausländischen Klassiker, welche ebendaselbst vom Jahre 1800 bis zu Anfange des Jahres 1841 zum Abdrucke gekommen sind. Leipzig 1842.

Flechsig, K.-H.: Die Entwicklung des Verständnisses der neusprachlichen Bildung in Deutschland. Göttingen 1962. Göttinger phil. Diss. Maschinenschriftlich.

Flechsig, K.-H. (ed.): Neusprachlicher Unterricht I. Weinheim: Beltz 1965. (= Quellen zur Unterrichtslehre 10.)

Geissler, H.: Comenius und die Sprache. Heidelberg 1959. (= Pädagogische Forschungen, Veröffentlichungen des Comenius-Instituts 10.)

Gessinger, J.: "Fremdsprachenproblem im Unterricht an den Schulen." Kimpel, D. (ed.): Mehrsprachigkeit in der deutschen Aufklärung. Hamburg 1985: 105 - 116. (= Studien zum 18. Jahrhundert 5.)

Hartmann, P./Kána, M. (eds.): Johann Amos Comenius: "Methodus linguarum novissima" und andere seiner Schriften zur Sprachlehrforschung. Konstanz 1978. Im Manuskript gedruckt.

Hesse, M. G. (ed.): Approaches to Teaching Foreign Languages. Amsterdam 1975.

Huth, G.: "Mitteilungen über neues Material für die Geschichte des französischen und englischen Unterrichts in Ländern deutscher Zunge." Mitteilungen der Gesellschaft für deutsche Erziehungs- und Schulgeschichte 18 (1908): 210 - 223.

Kämmel, H. J.: Der Einfluß der französischen Sprache und Literatur auf die höheren Stände Deutschlands seit der Mitte des 16. Jahrhunderts. Schulprogramm zur Hauptprüfung des Gymnasiums in Zittau, welche den 14., 15. und 16. März des Jahres [1853] im Auditorium der ersten Klasse gehalten werden soll. Zittau 1853.

Kelly, L. G.: Twenty-Five Centuries of Language Teaching. An inquiry into the science, art and development of language teaching methodology. 500 BC-1969. Rowley, Mass. 1969.

König, G.: "Die Ansichten der Philanthropisten zum Fremdsprachenunterricht." Fremdsprachenunterricht 2 (1958): 240 - 247.

Köppe, H.: Abraham Jakob Penzels Lebensirrfahrten. Eine Menschen- und Kulturtragödie aus dem 18. Jahrhundert. Leipzig 1937.

Lehmann, A.: Der neusprachliche Unterricht im 17. und 18. Jahrhundert, insbesondere seine Methode im Lichte der Reform der Neuzeit. Dresden 1904. Schulprogramm.

Leonhardi, A.: "Zur Geschichte des Wörterbuches im neusprachlichen Unterricht. Rückblick und Ausblick." Praxis des Neusprachlichen Unterrichts 6 (1959): 1 - 3.

Linz, F.: Zur Tradition und Reform des französischen Unterrichts. Eine historisch-kritische Studie. Langensalza 1896. (= Pädagogisches Magazin 70.)

Mangold, W.: "Der Unterricht im Französischen und Englischen." Lexis, W. (ed.): Die Reform des höheren Schulwesens in Preußen. Halle 1902: 191 - 226.

Münch, R.: "Einzelheiten zur neusprachlichen Methodik in geschichtlicher Schau." Mitteilungsblatt des Allgemeinen Deutschen Neuphilologenverbandes 6 (1953): 4 - 6.

Pilz, K.: Johann Amos Comenius. Die Ausgaben des "Orbis Sensualium Pictus". Eine Bibliographie. Nürnberg 1967. (= Beiträge zur Geschichte und Kultur der Stadt Nürnberg 14.)

Sauer, H.: Fremdsprachen in der Volksschule. Untersuchungen zur Begründung des Englischunterrichts für alle. Hannover: Schroedel 1968.

Stéfanini, J.: "Un manuel de traduction en 1660." Bausch, K.-R./Gauger, H.-M. (eds.): Interlinguistica. Sprachvergleich und Übersetzung. Festschrift zum 60. Geburtstag von Mario Wandruszka. Tübingen 1971: 597 - 606.

Stieda, W.: "Zur Sprachenkenntnis der Hanseaten." Hansische Geschichtsblätter, Jg. 1884 (Leipzig 1885): 157 - 161.

Streuber, A.: "Die ältesten Anleitungsschriften zur Erlernung des Französischen in England und den Niederlanden bis zum 16. Jahrhundert." Zeitschrift für französische Sprache und Literatur 72 (1962): 37 - 85, 186 - 211; 73 (1963): 97 - 112, 209; 74 (1964): 59 - 76.

Titone, R.: Teaching Foreign Languages. An Historical Sketch. Washington, D. C. 1968.

Vietor, W.: Die Methodik des neusprachlichen Unterrichts. Ein geschichtlicher Überblick in 4 Vorträgen. Leipzig 1902.

Weller, F.-R.: "Skizze einer Entwicklungsgeschichte des Französischunterrichts in Deutschland bis zum Beginn des 19. Jahrhunderts." Die Neueren Sprachen 79 (1980): 135 - 161.

1.2 REGIONENÜBERGREIFENDE DARSTELLUNGEN ZU EINZELNEN SPRACHEN

Verfassername fett gedruckt: Die Schrift enthielt Material, das im Zusammenhang mit der vorliegenden Arbeit von Bedeutung war.

Arabisch

Fück, J.: Die arabischen Studien in Europa bis in den Anfang des 20. Jahrhunderts. Leipzig 1955.

Englisch

Aehle, W.: Die Anfänge des Unterrichts in der englischen Sprache, besonders auf den Ritterakademien. Hamburg 1938. Hamburger phil. Diss. (= Erziehungswissenschaftliche Studien 7.)

Danielsson, B.: "Informatio brevissima. The Earliest Swedish Work on English Pronunciation and Phraseology." Nordisk Tidskrift för bok- och biblioteksväsen 1974: 125 - 138.

Driedger, O.: Johann Königs (John King's) deutsch-englische Grammatiken und ihre späteren Bearbeitungen, 1706 - 1802. Versuch einer kritischen Behandlung." Marburg 1907. Marburger phil. Diss.

Elze, K.: Die englische Sprache und Literatur in Deutschland. Eine Festschrift zur 300jährigen Geburtsfeier Shakespeares. Dresden 1864.

Finkenstaedt, Th./Scholtes, G. (eds.): Towards a History of English Studies in Europe. Proceedings of the Wildsteig-Symposium, April 30 - May 3, 1982. Augsburg 1983. (= Augsburger I & I-Schriften 21.)

Fried, V.: Die tschechoslowakische Anglistik. Prag 1959.

Gantter, L.: "Englische Sprache." Schmidt, K. A. (ed.): Enzyklopädie des gesamten Erziehungswesens. 11 Bde. Bd. 2. Gotha 1860: 112 - 126.

Jung, L.: "Sprachdidaktische Erwägungen in Lehrmaterialien zum Englischunterricht des 17. und 18. Jahrhunderts." Die Neueren Sprachen 79 (1980): 161 - 174.

Junker, H. P.: "Englischer Unterricht. Geschichtlicher Abriß." Rein, W. (ed.): Enzyklopädisches Handbuch der Pädagogik. 11 Bde. Bd. 2. Langensalza 2. A. 1904: 406 - 421.

Mutt, O.: The Development of English Language Studies in the 16th - 20th Centuries. Tartu 1982. Im Manuskript gedruckt.

Pariselle: "Englischer Unterricht, geschichtlicher Abriß." Rein, W. (ed.): Enzyklopädisches Handbuch der Pädagogik. 11 Bde. Bd. 1. Langensalza 1895: 834 - 838.

Schröder, K.: Die Entwicklung des Englischunterrichts an den deutschsprachigen Universitäten bis zum Jahre 1850. Mit einer Analyse zu Verbreitung und Stellung des Englischen als Schulfach an den deutschen höheren Schulen im Zeitalter des Neuhumanismus. Ratingen 1969.

Schröder, K.: Lehrwerke für den Englischunterricht im deutschsprachigen Raum, 1665 - 1900. Einführung und Versuch einer Bibliographie. Darmstadt 1975.

Wendt, O.: Enzyklopädie des englischen Unterrichts. Methodik und Hilfsmittel für Studierende und Lehrer der englischen Sprache mit Rücksicht auf die Anforderungen der Praxis. Hannover 1893.

Wüllenweber, F.: Beiträge zur Geschichte der englischen Grammatik. Wissenschaftliche Beilage zum Programm der dritten höheren Bürgerschule zu Berlin. Berlin 1892.

Französisch

Baumgarten, J.: "Französische Sprache." Schmid, K. A.: Enzyklopädie des gesamten Erziehungs- und Unterrichtswesens, bearbeitet von einer Anzahl Schulmänner und Gelehrten. Bd. 2. Gotha 1860: 910 - 950.

Beaulieux, Ch.: "Liste des dictionnaires, lexiques et vocabulaires français antérieurs au 'Thrésor' de Nicot (1606)." Anon. (ed.): Mélanges de philologie offerts à Ferdinand Brunot. Paris 1904: 371 - 398.

Christ, H.: "Zur Geschichte des Französischunterrichts und der Französischlehrer."

Wüllenweber, F.: Beiträge zur Geschichte der englischen Grammatik. Wissenschaftliche Beilage zum Programm der dritten höheren Bürgerschule zu Berlin. Berlin 1892.

Französisch

Baumgarten, J.: "Französische Sprache." Schmid, K. A.: Enzyklopädie des gesamten Erziehungs- und Unterrichtswesens, bearbeitet von einer Anzahl Schulmänner und Gelehrten. Bd. 2. Gotha 1860: 910 - 950.

Beaulieux, Ch.: "Liste des dictionnaires, lexiques et vocabulaires français antérieurs au 'Thrésor' de Nicot (1606)." Anon. (ed.): Mélanges de philologie offerts à Ferdinand Brunot. Paris 1904: 371 - 398.

Christ, H.: "Zur Geschichte des Französischunterrichts und der Französischlehrer." Mannzmann, A. (ed.): Geschichte der Unterrichtsfächer I. München 1983: 94 - 117.

Dorfeld, K.: Beiträge zur Geschichte des französischen Unterrichts in Deutschland. Gießen 1892. Schulprogramm.

Dorfeld, K.: Französischer Unterricht, geschichtlicher Abriß. Rein, W. (ed.): Enzyklopädisches Handbuch der Pädagogik. 11 Bde. Bd. 3. 2. A. Langensalza 1905: 1 - 31.

Düwell, H.: "Mittler der französischen Sprache im deutschsprachigen Raum im 18. Jahrhundert, oder Des neuen Versuchs, die französische Sprache auf eine angenehme und gründliche Art in kurzer Zeit zu erlernen." Barrera-Vidal, A./Kleineidam, H./Raupach, M. (eds.): Französische Sprachlehre und bon usage. Festschrift für Hans-Wilhelm Klein zum 75. Geburtstag. München 1986: 269 - 283.

Ettinger, S.: "Die Vermittlung von Sprechfertigkeit in einigen Französischlehrwerken des späten 17. Jahrhunderts und des 18. Jahrhunderts." Holtus, G./ Radtke, E. (eds.): Umgangssprache in der Iberoromania. Festschrift für Heinz Kröll. Tübingen 1984: 415 - 424.

Février, C. A.: Anleitung zur französischen Bücherkenntnis für diejenigen, welche diese Sprache lehren oder lernen wollen, mit Hinsicht auf die verschiedene Aussprache, Schreibart und richtige Bedeutung mehrerer Wörter. Leipzig 1802.

Fröhlich, K.: "J. Garniers 'Institutio gallicae linguae' (1558) und ihre Bearbeitung von Morlet (1593) mit Berücksichtigung gleichzeitiger Grammatiker." Jahresbericht des Großherzoglichen Realgymnasiums zu Eisenach. Eisenach 1895: 1 - 18.

Gröber, G.: "Geschichte der Romanischen Philologie." Gröber, G. (ed.): Grundriß der Romanischen Philologie. Bd. 1. Straßburg 1904 - 1906: 1 - 185.

Höss, I.: "Die französische Sprache als Unterrichtsfach deutscher Fürstensöhne im 16. Jahrhundert." Wissenschaftliche Zeitschrift der Friedrich-Schiller-Universität Jena, Gesellschafts- und Sprachwissenschaftliche Reihe 5 (1955/56): 521 - 522.

Huth, G.: "Geschichte von Unterrichtsgegenständen. Französisch.." Mitteilungen der Gesellschaft für deutsche Erziehungs- und Schulgeschichte 15 (1905): 327 - 333.

Kuhfuß, W.: "Frühformen des Französischunterrichts in Deutschland. Beiträge zur ersten Ausweitungsphase organisierter französischer Sprachunterweisung (1554 bis 1618)." Haarmann, H./Värri-Haarmann, A.-L. (eds.): Sprachen und Staaten. Festschrift Heinz Kloss. Teil 1: Der politische und soziale Status der Sprachen in den Staaten der Europäischen Gemeinschaft. Hamburg 1976: 323 - 341.

Michelant, H.: Le Livre des mestiers. Dialogues français-flamands composés au XIVe siècle par un maître d'école de la ville de Bruges. Paris 1875.

Minckwitz, M. J.: Beiträge zur Geschichte der französischen Grammatik im 17. Jahrhundert. Berlin 1897. Zürcher phil. Diss.

Niederehe, H.-J.: "Anhang zum Stengel'schen 'Chronologischen Verzeichnis'." Stengel, E./Niederehe, H.-J.: Chronologisches Verzeichnis französischer Grammatiken vom Ende des 14. bis zum Ausgange des 18. Jahrhunderts nebst Angabe der bisher ermittelten Fundorte derselben. Neu herausgegeben mit einem Anhang von Hans-Josef Niederehe. Amsterdam 1976: 149 - 240.

Richert, G.: Die Anfänge der Romanischen Philologie und die deutsche Romantik. Halle 1914. (= Beiträge zur Geschichte der romanischen Sprachen und Literaturen 10.)

Schmidt, B.: Der französische Unterricht und seine Stellung in der Pädagogik des 17. Jahrhunderts. Halle 1931. Hallenser phil. Diss.

Stengel, E.: "Die ältesten Anleitungsschriften zur Erlernung der französischen Sprache." Zeitschrift für neufranzösische Sprache und Literatur 1 (1879): 1 - 40.

Stengel, E.: Chronologisches Verzeichnis französischer Grammatiken vom Ende des 14. bis zum Ausgange des 18. Jahrhunderts. [1890]. Neudruck Amsterdam 1970.

Stengel, E.: "Plan einer Geschichte der französischen Grammatik, besonders in Deutschland (mit Beschreibung der 'Institutio' Pilots)." Zeitschrift für französische Sprache und Literatur 12 (1890): 257 - 290.

Streuber, A.: Beiträge zur Geschichte des französischen Unterrichts im 16. bis 18. Jahrhundert. 1. Die Entwicklung der Methoden im allgemeinen und das Ziel der Konversation im besonderen. Berlin 1914. (= Romanische Studien 15.)

Streuber, A.: "Phonetische Umschriften im französischen Unterricht des 16. bis 18. Jahrhunderts." Zeitschrift für neusprachlichen Unterricht 15 (1916): 241 - 253.

Streuber, A.: "Französische Grammatik und französischer Unterricht in Frankreich und Deutschland während des 16. Jahrhunderts." Zeitschrift für französische Sprache und Literatur 74 (1964): 342 - 361; 75 (1965): 31 - 50, 247 - 273; 77 (1967): 235 - 267; 78 (1968): 69 - 101; 79 (1969): 172 - 191, 328 - 348.

Varnhagen, H.: "Über einen Sammelband französischer Grammatiken des 16. Jahrhunderts aus der Erlanger Bibliothek." Neuphilologisches Zentralblatt 7 (1893): 131 bis 132.

Italienisch

Vergleiche auch **Französisch:** Gröber, G. 1904 - 1906, Richert , G. 1914

Bart-Rossebastiano, A. (ed.): "Introito e Porta, vocabolario italiano-tedesco, compiuto per Meistro Adamo de Rodvila, 1477 adi 12 Augusto." Prefazione di Alda Bart-Rossebastiano. Turin 1971.

Boselli, A.: "I due primi vocabolari a stampa delle lingue italiana e tedesca. Nota bibliografica." In: Ruppe, A. (ed.): Gutenberg-Jahrbuch 1937. Leipzig 1937: 79 - 84.

Brenner, O.: "Italienisch-deutsche Vokabulare des XV. und XVI. Jahrhunderts." Germania, Vierteljahresschrift für deutsche Altertumskunde 31 (1886): 129 - 136.

Carli, A.: "Jagemann und die italienische Grammatik." Zeitschrift für Romanische Philologie 88 (1972): 139 - 151.

Gantter, L.: "Italienische Sprache." Schmid, K. A. (ed.): Enzyklopädie des gesamten Erziehungs- und Unterrichtswesens, bearbeitet von einer Anzahl Schulmänner und Gelehrten. Bd. 3. Gotha 1862: 712 - 724.

Høybye, P.: "Meister Jörg fra Nürnberg. Traek af middelalderens Sprogundervisning." Hammerich, L. L./Kjaer-Hansen, Max/Skantrup, P. (eds.): Festskrift til Christen Möller på 70-årsdagen, 11. juni 1956. Kopenhagen 1956: 205 - 221.

Karnein, A.: "Deutsch als Fremdsprache im 15. Jahrhundert: Das Sprachbuch Meister Jörgs." Jahrbuch Deutsch als Fremdsprache 2 (1976): 1 - 13.

Pausch, O.: Das älteste italienisch-deutsche Sprachbuch. Eine Überlieferung aus dem Jahre 1424. Nach Georg von Nürnberg. Wien 1972. (= Österreichische Akademie der Wissenschaften. Philosophisch-historische Klasse. Denkschriften 111. Veröffentlichungen der historischen Kommission 1.)

Thun, H.: "Carl Ludwig Fernow (1763 - 1808). Sein Beitrag zur Romanistik und zur Italianistik." Niederehe, H. J./Haarmann, H. (eds.): In Memoriam Friedrich Diez. Akten des Kolloquiums zur Wissenschaftsgeschichte der Romanistik. Trier 2. - 4. Oktober 1975. Amsterdam 1976: 145 - 171.

Polnisch

Vergleiche auch **Russisch:** Baumann, H. 1956/57, Bernhagen, W. 1964, Eichler, E. 1967, Raab, H. 1955/56

Paschek, W.: "Vor 1800 erschienene Polonica in der Hauptbibliothek der

Franckeschen Stiftungen." Wissenschaftliche Zeitschrift der Martin-Luther-Universität Halle-Wittenberg, Gesellschafts-Sprachwissenschaftliche Reihe 10 (1961): 667 bis 672.

Portugiesisch

Nagel, R.: "Ein portugiesischer Sprachführer aus dem Jahre 1705." Portugiesische Forschungen der Görresgesellschaft. 1. Reihe: Aufsätze zur portugiesischen Kulturgeschichte 7 (1967): 210 - 216.

Preußisch

Nesselmann, G. H. F.: Ein deutsch-preußisches Vocabularium aus dem Anfange des 15. Jahrhunderts. Nach einer Elbinger Handschrift mit Erläuterungen herausgegeben. Königsberg 1868.

Russisch

Alekseev, M. P.: "Thomas Schrowe und das 'Russischbuch' von 1546." Alekseev, M. P.: Zur Geschichte russisch-europäischer Literaturtraditionen. Aufsätze aus 4 Jahrzehnten. Berlin 1974: 21 - 31.

Baumann, H.: "Slavica in der Universitätsbibliothek Jena: Die 'Slavische Grammatik' des Meletij Smotrickij vom Jahre 1619." Wissenschaftliche Zeitschrift der Friedrich-Schiller-Universität Jena. Gesellschafts- und sprachwissenschaftliche Reihe 6 (1956/57): 63 - 67.

Baumann, H.: "Die erste in deutscher Sprache gedruckte Russischgrammatik." Anon. (ed.): Beiträge zur Geschichte der Slawistik. Berlin 1964: 183 - 191. (= Veröffentlichungen des Instituts für Slawistik an der Deutschen Akademie der Wissenschaften zu Berlin 30.)

Baumann, H.: Zur Geschichte der für Deutsche gedruckten Lehrmittel des Russischen (1731 - 1945). Habilitationsschrift. Mit einem Anhang [Bd. 2]: Bibliographie der für Deutsche gedruckten Lehrmittel des Russischen (1731 - 1945). 2 Bde. Jena 1969. Maschinenschriftlich.

Bernhagen, W.: "Deutsche Russischbücher der Vergangenheit." Fremdsprachenunterricht 5 (1961): 759 - 761.

Bernhagen, W.: "Zur Geschichte der deutschen Russischlehrbücher." Fremdsprachenunterricht 5 (1961): 245 - 248.

Bernhagen, W.: "Johann Severin Vater, ein vergessener Russischbuchautor." Fremdsprachenunterricht 7 (1963): 48 - 51.

Bernhagen, W.: "Johann Severin Vater, ein vergessener Slawist des 19. Jahrhunderts." Anon. (ed.): Beiträge zur Geschichte der Slawistik. Berlin 1964: 162 - 170. (= Veröffentlichungen des Instituts für Slawistik an der Deutschen Akademie der Wissenschaften zu Berlin 30.)

Bernhagen, W.: "Von der 'Grammatica Russica' bis zu Roddes 'Russischer Sprachlehre'. Die ersten deutschen 'Russisch-Lehrbücher' und das Studium der russischen Sprache in Deutschland im 18. Jahrhundert." Marginalien. Blätter der Pirckheimer Gesellschaft. Heft 27, November 1967. Berlin 1967: 15 - 27.

Bernhagen, W.: "Jakob Rodde als Verfasser des Gesprächsbuches 'Domaschnie razgowory' - 'Gespräche von Haussachen'." Grasshoff, H./Lehmann, U. (eds.): Studien zur Geschichte der russischen Literatur des 18. Jahrhunderts. Berlin 1968: 114 - 121, 395 - 397. (= Deutsche Akademie der Wissenschaften zu Berlin. Veröffentlichungen des Instituts für Slawistik 28/II.)

Bernhagen, W.: "Das Studium der russischen Sprache in Deutschland im 18. Jahrhundert." Anon. (ed.): Studien zur Geschichte der russischen Literatur des 18. Jahrhunderts. Bd. 3. Berlin 1968: 231 - 242. (= Veröffentlichungen des Instituts für Slawistik an der Deutschen Akademie der Wissenschaften zu Berlin 28/III.)

Bernhagen, W.: Die Anfänge des russischen Sprachstudiums im deutschen Sprachgebiet. Zur Geschichte der Russischlehrbücher vom Mittelalter bis zum 18. Jahrhundert. o. O. (Berlin) 1977. Diss. der Akademie der Wissenschaften der DDR. Maschinenschriftlich.

Eichler, E.: Die slawischen Studien des Johann Leonhard Frisch. Berlin 1967. (= Deutsche Akademie der Wissenschaften zu Berlin, Veröffentlichungen des Instituts für Slawistik 40.)

Günther, E.: Zwei russische Gesprächsbücher aus dem 17. Jahrhundert. Berlin 1965. Berliner phil. Diss. Maschinenschriftlich.

Hammerich, L. L. et al. (eds.): Tönnies Fenne's Low German Manual of Spoken Russian, Pskov 1607. Bd. 1: Faksimile Copy. Kopenhagen 1961.

Johansen, P.: "Fragment eines niederdeutsch-russischen Sprachführers (1551)." Zeitschrift für slawische Philologie 23 (1955): 275 - 283.

Lauch, A.: "Zur Rolle der Sprachenkenntnis im Zeitalter der Aufklärung. J. C. C. Rüdiger und die Studien der russischen Sprache in Deutschland Ende des 18. Jahrhunderts." Grasshoff, H./Lehmann, U. (eds.): Studien zur Geschichte der russischen Literatur des 18. Jahrhunderts. Bd. 2. Berlin 1968: 340 - 357, 457 - 461.

Lauch, A.: Wissenschaft und kulturelle Beziehungen in der russischen Aufklärung. Zum Wirken H. L. Ch. Bacmeisters. Berlin 1969. (= Deutsche Akademie der Wissenschaften zu Berlin, Veröffentlichungen des Instituts für Slawistik 51.)

Raab, H.: Die Anfänge der slawistischen Studien im deutschen Ostseeraum unter besonderer Berücksichtigung von Mecklenburg und Vorpommern." Wissenschaftliche

Zeitschrift der Ernst-Moritz-Arndt-Universität Greifswald. Gesellschafts- und Sprachwissenschaftliche Reihe 5 (1955/56): 341 - 402.

Sørensen, H. Chr. (ed.): Ein russisches handschriftliches Gesprächsbuch aus dem 17. Jahrhundert. Kopenhagen 1962. (= Historisk-filosofiske Meddelelser udgivet af det Kongelige Danske Videnskabernes Selskab 39, No. 8.)

Winter, E.: "Ein Bericht von Johann Werner Paus aus dem Jahre 1732 über seine Tätigkeit auf dem Gebiete der russischen Sprache, der Literatur und der Geschichte Rußlands." Zeitschrift für Slawistik 3 (1958): 744 - 770.

Spanisch
Vergleiche auch **Französisch**: Gröber, G. 1904 - 1906, Richert, G. 1914

Franzbach, M.: "Die spanische Sprache in Deutschland im 18. Jahrhundert." Franzbach, M. (ed.): Kritische Arbeiten zur Literatur- und Sozialgeschichte Spaniens, Frankreichs und Lateinamerikas. Bonn 1975: 25 - 41.

1.3 REGIONALE DARSTELLUNGEN

*Verfassername **fett** gedruckt: Die Schrift enthielt Material, das im Zusammenhang mit der vorliegenden Arbeit von Bedeutung war.*

Ansbach

Beck, Chr.: "Die neueren Sprachen in den Markgrafenländern Ansbach und Bayreuth." Zeitschrift für französischen und englischen Unterricht 9 (1910): 1 - 19.

Bamberg

Beck, Chr.: Die neueren Sprachen an den Bamberger Schulen." Zeitschrift für neusprachlichen Unterricht 22 (1923): 36 - 53.

Bayern

Schneegans, H.: "Die Anfänge des Unterrichts in den romanischen Sprachen in Bayern." Schneegans, H.: Studium und Unterricht der Romanischen Philologie. Beiträge. Heidelberg 1912: 40 - 52.

Bayreuth
Vergleiche **Ansbach**: Beck, Chr. 1910

Berlin

Rösel, H.: Dokumente zur Geschichte der Slawistik in Deutschland. Teil 1: Die Universitäten Berlin und Breslau im 19. Jahrhundert. Berlin 1957. (= Deutsche Akademie der Wissenschaften zu Berlin, Veröffentlichungen des Instituts für Slawistik 12.)

Bern

Fluri, A.: "Die Anfänge des Französischunterrichts in Bern." Anon. (ed.): Aus romanischen Sprachen und Literaturen. Festschrift Heinrich Morf. Zur Feier seiner 25jährigen Lehrtätigkeit von seinen Schülern dargebracht. Halle 1905: 153 - 174.

Wissler, G.: "Bern. Von den Anfängen bis 1912/13." Vollmöller, K. (ed.): Kritischer Jahresbericht über die Fortschritte der Romanischen Philologie. Bd. 12. Erlangen 1913: IV,31 - IV,45.

Breslau

Vergleiche auch Berlin: Rösel, H. 1957

Appel, C.: "Breslau. Bis 1908." Vollmöller, K. (ed.): Kritischer Jahresbericht über die Fortschritte der Romanischen Philologie. Bd. 9. Erlangen 1909: IV,23 - IV,26.

Appel: "Romanische Philologie." Kaufmann, G. (ed.): Festschrift zur Feier des 100jährigen Bestehens der Universität Breslau. Teil 2: Geschichte der Fächer, Institute und Ämter der Universität Breslau, 1811 - 1911. Breslau 1911: 413 - 418.

Nehring: "Slawische Philologie." Kaufmann, G. (ed.): Festschrift zur Feier des 100jährigen Bestehens der Universität Breslau. Teil 2: Geschichte der Fächer, Institute und Ämter der Universität Breslau, 1811 - 1911. Breslau 1911: 418 - 426.

Sarrazin: "Englische Philologie." Kaufmann, G. (ed.): Festschrift zur Feier des 100jährigen Bestehens der Universität Breslau. Teil 2: Geschichte der Fächer, Institute und Ämter der Universität Breslau, 1811 - 1911. Breslau 1911: 411 - 413.

Elberfeld

Seitz, F.: "Der Elberfelder Sprachmeister Nicolas de Landase. Ein Beitrag zur Geschichte des französischen Unterrichts am Niederrhein." Zeitschrift des Bergischen Geschichtsvereins 39 (1906): 148 - 179.

Erlangen

Varnhagen, H.: Zur Einweihung der im Seminargebäude eingerichteten neuen Räume des Seminars für Englische Philologie am 7. November 1907. Erlangen 1907.

Frankenthal

Specht, C.: "'Jungfer, womit kräuselt Ihr Eure Haare?' - 'Mademoiselle, avec quoi frisez-vous vos cheveux?' Oder: Französischunterricht vor 200 Jahren." Anon. (ed.): Festschrift des Staatlichen Karolinen-Gymnasiums Frankenthal (Pfalz) zum 200jährigen Bestehen als öffentliche Schule. Frankenthal 1980: 22 - 26.

Frankfurt (Main)

Finger, F. A.: Johann Georg Büchner, französisch- und deutscher Schul-, Schreib-
und Rechen-Meister zu Frankfurt am Main. Frankfurt a. M. 1855. Schulprogramm.

Gießen

Behrens, D.: "Zur Geschichte des neusprachlichen Unterrichts an der Universität
Gießen." Anon. (Universität Gießen, ed.): Die Universität Gießen von 1607 bis 1907.
Beiträge zu ihrer Geschichte. Festschrift zur 3. Jahrhundertfeier. Bd. 2. Gießen 1907:
329 - 356.

Göttingen

Stimming, A.: "Geschichte des Unterrichts in den romanischen Sprachen an der
Universität zu Göttingen. Von den Anfängen bis 1908." Vollmöller, K. (ed.):
Kritischer Jahresbericht über die Fortschritte der Romanischen Philologie. Bd. 10.
Erlangen 1910: IV,116 - IV,141.

Greifswald

Besthorn, R.: "Überblick über die Entwicklung der Romanischen Philologie an der
Universität Greifswald." Anon. (Universität Greifswald, ed.): Festschrift zur
500-Jahrfeier der Universität Greifswald, 17.10.1956. Bd. 2. Greifswald 1956: 204
bis 211.

Heuckenkamp, F.: "Greifswald. 1821 bis 1908." Vollmöller, K. (ed.): Kritischer
Jahresbericht über die Fortschritte der Romanischen Philologie. Bd. 9. Erlangen 1909:
IV,26 - IV,36.

Karitz, A.: "Thorild." Anon. (Universität Greifswald, ed.): Festschrift zur 500-
Jahrfeier der Universität Greifswald, 17.10.1956. Bd. 2. Greifswald 1956: 83 - 92.

Kluth, K.: "Geschichte des Englischen Instituts." Anon. (Universität Greifswald,
ed.): Festschrift zur 500-Jahrfeier der Universität Greifswald, 17.10.1956. Bd. 2.
Greifswald 1956: 199 - 204.

Liewehr, F.: "Zur Geschichte der slawischen Studien und des Instituts für Slawistik
an der Universität Greifswald." Anon. (Universität Greifswald, ed.): Festschrift zur
500-Jahrfeier der Universität Greifswald, 17.10.1956. Bd. 2. Greifswald 1956: 212
bis 215.

Magon, L.: "Die Geschichte der Nordischen Studien und die Begründung des
Nordischen Instituts." Anon. (Universität Greifswald, ed.): Festschrift zur
500-Jahrfeier der Universität Greifswald, 17.10.1956. Bd. 2. Greifswald 1956: 239
bis 272.

Tschirsch, F.: "Vor- und Frühgeschichte der Greifswalder Universitäts-
germanistik." Anon. (Universität Greifswald, ed.): Festschrift zur 500-Jahrfeier der
Universität Greifswald, 17.10.1956. Bd. 2. Greifswald 1956: 136 - 199.

Halle

Cyzevskyi, D.: "Der Kreis A. H. Franckes in Halle und seine slavistischen Studien." Zeitschrift für slavische Philologie 16 (1939): 16 - 68.

Dietrich, G.: "Zur Geschichte der englischen Philologie an der Martin-Luther-Universität Halle-Wittenberg." Wissenschaftliche Zeitschrift der Martin-Luther-Universität Halle-Wittenberg, Gesellschafts- und Sprachwissenschaftliche Reihe 5 (1956): 1041 - 1056.

Häusler, E.: "Zur Geschichte der Slawistik an der Universität Halle." Anon. (Martin-Luther-Universität Halle-Wittenberg, ed.): 450 Jahre Martin-Luther-Universität Halle-Wittenberg. Bd. 3: Halle-Wittenberg 1945 - 1952. o. O., o. J. (Halle 1952): 105 - 106.

Heuckenkamp, F.: Die Bibliothek des Königlichen Romanischen Seminars an der Universität Halle, 1875 - 1900. Halle 1901.

Klemperer, V.: "Das romanistische Katheder und Seminar." Anon. (Martin-Luther-Universität Halle-Wittenberg, ed.): 450 Jahre Martin-Luther-Universität Halle-Wittenberg. Bd. 2: Halle 1694 - 1817, Halle-Wittenberg 1817 - 1945. o. O., o. J. (Halle 1952): 315 - 320.

Mulertt, W.: "Der Begründer des romanischen Lehrstuhls (L. G. Blanc)." Anon. (Vereinigte Friedrichs-Universität Halle, ed.): 250 Jahre Universität Halle. Streifzüge durch ihre Geschichte in Forschung und Lehre. Halle 1944: 273.

Voretzsch, K.: "Halle. Von den Anfängen bis 1905." Vollmöller, K. (ed.): Kritischer Jahresbericht über die Fortschritte der Romanischen Philologie. Bd. 9. Erlangen 1909: IV,4 - IV,23.

Voretzsch, K.: Das Romanische Seminar der Vereinigten Friedrichs-Universität Halle-Wittenberg. Halle 1926. Privatdruck.

Weyhe, H.: "Aus Hallischer Anglistik." Anon. (Vereinigte Friedrichs-Universität Halle, ed.): 250 Jahre Universität Halle. Streifzüge durch ihre Geschichte in Forschung und Lehre. Halle 1944: 267 - 269.

Winter, E.: Halle als Ausgangspunkt der deutschen Rußlandkunde im 18. Jahrhundert. Berlin 1953. (= Deutsche Akademie der Wissenschaften zu Berlin. Veröffentlichungen des Instituts für Slawistik 2.)

Winter, E.: Die Pflege der west- und südslawischen Sprachen in Halle im 18. Jahrhundert. Beiträge zur Geschichte des bürgerlichen Nationwerdens der west- und südslawischen Völker. Berlin 1954. (= Deutsche Akademie der Wissenschaften zu Berlin. Veröffentlichungen des Instituts für Slawistik 5.)

Jena

Eichhorn-Eugen, K.: Geschichte des englischen Sprachunterrichtes (Sprachmeister seit 1700) und der englischen Philologie an der Universität Jena bis zur Gründung des Extraordinariats für deutsche und englische Philologie (1884). Nebst einer Übersicht der Vertreter der englischen Philologie an der Universität Jena von 1884 bis1957. Jena 1957. Jenenser phil. Diss. Maschinenschriftlich.

Koch, H.: Geschichte der Romanistik an der Universität Jena. Jena 1950. Jenenser phil. Diss. Maschinenschriftlich.

Roux, O.: Der Réfugié François Roux, seine Ahnen und Nachkommen. Privatdruck. Jena 1928.

Westenholz, J. F.: Dissertation académique sur l'usage de la langue française en Allemagne, proposée à l'examen des savants dans l'Université de Jene, ... sous la direction de Monsieur François Roux. Jena 1713.

Karlsruhe

Huth, E.: "Gedanken zum französischen Unterricht am Gymnasium." Anon. (ed.): 350 Jahre Gymnasium Karlsruhe. Festschrift. Karlsruhe 1936: 76 - 83.

Kiel

Skalberg, H.: Undervisningen i Dansk ved Universitetet i Kiel og Hertugdömmernes Laerde Skoler efter 1864. Kopenhagen 1932.

Vogt, W. H.: "Die Gründung der Germanistik, der Deutschen und Nordischen Philologie an der Universität Kiel." Ritterbusch, P. et al. (eds.): Festschrift zum 275jährigen Bestehen der Christian-Albrechts-Universität Kiel. Leipzig 1940: 295 - 308.

Voretzsch, K.: "Kiel. Von den Anfängen bis 1912/13." Vollmöller, K. (ed.): Kritischer Jahresbericht über die Fortschritte der Romanischen Philologie. Bd. 12. Erlangen 1913: IV,51 - IV,85.

Leipzig

Schuster-Sewc, H.: "Zur Geschichte der Sorabistik an der Karl-Marx-Universität." Engelberg, E. (ed.): Karl-Marx-Universität Leipzig, 1409 - 1959. Beiträge zur Universitätsgeschichte. Bd. 2. Leipzig 1959: 472 - 477.

Sievers, E./Köster, A.: "Das Germanistische Institut." Anon. (Universität Leipzig, ed.): Die Institute und Seminare der Philosophischen Fakultät an der Universität Leipzig. Teil 1: Die philologische und die philosophisch-historische Sektion. Leipzig 1909: 96 - 105.

Wülker, R. P./Birch-Hirschfeld, A.: "Das Englische Seminar." Anon. (Universität Leipzig, ed.): Die Institute und Seminare der Philosophischen Fakultät an der Universität Leipzig. Teil 1: Die philologische und die philosophisch-historische

Sektion. Leipzig 1909: 106 - 114.

Marburg

Hermelink, H./Kaehler, S. A.: "Zur Geschichte der Englischen Philologie an der Universität Marburg." Hermelink, H./Kaehler, S. A. (eds.): Die Philipps-Universität zu Marburg, 1527 - 1927. Fünf Kapitel aus ihrer Geschichte (1527 - 1866). Die Universität Marburg seit 1866 in Einzeldarstellungen. Marburg 1927. Reprint 1977: 713 - 726.

Mecklenburg

Zenker, R.: "Mecklenburg [Rostock]." Vollmöller, K. (ed.): Kritischer Jahresbericht über die Fortschritte der Romanischen Philologie. Bd. 7. Erlangen 1905: IV,5 - IV,11.

Zenker, R.: "Mecklenburg." Vollmöller, K. (ed.): Kritischer Jahresbericht über die Fortschritte der Romanischen Philologie. Bd. 8 . Erlangen 1906: IV, 24.

München

Förster, N.: "Das Seminar für Englische Philologie." Müller, K. A. v. (ed.): Die wissenschaftlichen Anstalten der Ludwig-Maximilians-Universität zu München. Chronik zur Jahrhundertfeier, im Auftrag des Akademischen Senats herausgegeben. München 1926: 189 - 190.

Heisenberg, A.: "Das Seminar für mittel- und neugriechische Philologie." Müller, K. A. v. (ed.): Die wissenschaftlichen Anstalten der Ludwig-Maximilians-Universität zu München. Chronik zur Jahrhundertfeier. München 1926: 177 - 180.

Lerch, E.: "Das Seminar für Romanische Philologie." Müller, K. A. v. (ed.): Die wissenschaftlichen Anstalten der Ludwig-Maximilians-Universität zu München. Chronik zur Jahrhundertfeier, im Auftrag des Akademischen Senats herausgegeben. München 1926: 191 - 192.

Münster

Wiese, L.: "Münster, von den Anfängen bis 1908/09." Vollmöller, K. (ed.): Kritischer Jahresbericht über die Fortschritte der Romanischen Philologie. Bd. 10. Erlangen 1910: IV,145 - IV,155.

Nürnberg

Beck, Chr.: "Die Neueren Sprachen in der Reichsstadt Nürnberg." Zeitschrift für neusprachlichen Unterricht 13 (1914): 385 - 393.

Preußen

Voretzsch, K: "Preußen. Allgemeines. Bis 1908." Vollmöller, K. (ed.): Kritischer

Jahresbericht über die Fortschritte der Romanischen Philologie. Bd. 9. Erlangen 1909: IV,1 - IV,4.

Rostock

Vergleiche auch **Mecklenburg:** Zenker, R. (1905) und Zenker, R. (1906).

Sachsen

Michael, E.: "Sachsen." Vollmöller, K. (ed.): Kritischer Jahresbericht über die Fortschritte der Romanischen Philologie. Bd. 6. Erlangen 1903 - 1905: IV,15 - IV,24.

Schleswig-Holstein

Vergleiche **Kiel:** Skalberg, H. 1932

Schweiz

Ulrich, J.: "Deutsche Schweiz." Vollmöller, K. (ed.): Kritischer Jahresbericht über die Fortschritte der Romanischen Philologie. Bd. 6. Erlangen 1903 - 1905: IV,46.

Straßburg

Zwilling, K.: "Die französische Sprache in Straßburg bis zu ihrer Aufnahme in den Lehrplan des Protestantischen Gymnasiums." Anon. (Lehrerschaft des Protestantischen Gymnasiums, ed.): Festschrift zur Feier des 350jährigen Bestehens des Protestantischen Gymnasiums zu Straßburg. Straßburg 1888: 255 - 304.

Thüringen

Cloetta, W.: "Thüringen." Vollmöller, K. (ed.): Kritischer Jahresbericht über die Fortschritte der Romanischen Philologie. Bd. 6. Erlangen 1903 - 1905: IV,41.

Tübingen

Rauscher, G.: Das Collegium Illustre zu Tübingen und die Anfänge des Unterrichts in den neueren Fremdsprachen, unter besonderer Berücksichtigung des Englischen (1601 - 1817). Tübingen 1957. Tübinger phil. Diss. Maschinenschriftlich.

Voretzsch, K.: Die Anfänge der Romanischen Philologie an den deutschen Universitäten und ihre Entwicklung an der Universität Tübingen. Akademische Antrittsrede, gehalten am 19. November 1903 bei Übernahme der ordentlichen Professur für Romanische Philologie an der Universität Tübingen. Tübingen 1904.

Weimar

Lehmann, U.: "Slawische Studien Goethes in der Weimarer Bibliothek." Steinitz, W. et al. (eds.): Ost und West in der Geschichte des Denkens und der kulturellen

Beziehungen. Festschrift für Eduard Winter zum 70. Geburtstag. Berlin 1966: 466 bis 488.

Wien

Neumann, W. A.: Über die orientalischen Sprachstudien seit dem 13. Jahrhunderte mit besonderer Rücksicht auf Wien. Wien 1899.

Wittenberg
Vergleiche auch **Halle**: passim

Kühne, H.: Der Unterricht in Französisch und Englisch an der Universität Wittenberg im 18. Jahrhundert bis zu ihrem Ende. Unveröffentlichtes Manuskript. Wittenberg 1985.

Zapp, F. J./Schröder, K. (eds.): Chr. F. Seidelmann: Tractatus philosophico-philologicus de methodo recte tractandi linguas exoticas, speciatim gallicam, italicam et anglicam (1724). Faksimiliert, übersetzt und herausgegeben mit einer Darstellung der Geschichte des Fremdsprachenunterrichts an der Universität Wittenberg. Augsburg 1984. (= Augsburger I & I-Schriften 30.)

Württemberg

Ehrhart: "Geschichte des fremdsprachlichen Unterrichts in Württemberg. Vortrag, gehalten auf der Neuphilologenversammlung in Stuttgart, Pfingsten 1890." Korrespondenzblatt für die Gelehrten- und Realschulen Württembergs 37 (1890): 281 bis 308.

Voretzsch, K.: "Württemberg." Vollmöller, K. (ed.): Kritischer Jahresbericht über die Fortschritte der Romanischen Philologie. Bd. 6. Erlangen 1903 - 1905: IV,24 bis IV,32.

Würzburg

Stölzle, R.: "Das Romanische und Englische Seminar." Anon. (Stadt Würzburg, ed.): Hundert Jahre bayerisch. Ein Festbuch. Würzburg 1914: 228 - 229.

Zürich

Wartburg, W. v.: "Schweiz. Zürich. [Geschichte der Romanistik an der Universität Zürich, 1833 - 1912.]" Vollmöller, K. (ed.): Kritischer Jahresbericht über die Fortschritte der Romanischen Philologie. Bd.12. Erlangen 1913: IV,9 - IV,31.

2. QUELLEN ZUR BILDUNGSGESCHICHTE ALL-GEMEIN SOWIE ZUR SCHUL- UND UNIVERSI-TÄTSGESCHICHTE

2.1 REGIONENÜBERGREIFENDE DARSTELLUNGEN UND LEXIKA

Verfassername fett gedruckt:Die Schrift enthielt Material, das im Zusammenhang mit der vorliegenden Arbeit von Bedeutung war.

Adelung, J. Chr.: Fortsetzung und Ergänzungen zu Christian Gottlieb Jöchers allgemeinem Gelehrten-Lexico, worin die Schriftsteller aller Stände nach ihren vornehmsten Lebensumständen und Schriften beschrieben werden. 2 Bde. Leipzig 1784 bis 1787.

Altaner, B.: "Die Heranbildung eines einheimischen Klerus in der Mission des 13. und 14. Jahrhunderts." Zeitschrift für Missionswissenschaft und Religionswissenschaft 18 (1928): 193 - 208.

Altaner, B.: "Zur Geschichte des Unterrichts und der Wissenschaft in der spätmittelalterlichen Mission." Zeitschrift für Missionswissenschaft 26 (1936): 165 - 171.

Angyal, A.: "Martin Scentivanyi. Ein ungarländisches Gelehrtenleben des ausgehenden 17. Jahrhunderts im Rahmen der deutsch-slawisch-ungarischen Wissenschaftsbeziehungen." Steinitz, W. et al. (eds.): Ost und West in der Geschichte des Denkens und der kulturellen Beziehungen. Festschrift für Eduard Winter zum 70. Geburtstag. Berlin 1966: 152 - 163.

Anon.: Methodenbuch für Lehrer der deutschen Schulen in den Kaiserlich- Königlichen Erbländern, darin ausführlich gewiesen wird, wie die in der Schulordnung bestimmte Lehrart nicht allein überhaupt, sondern auch insbesondere bei jedem Gegenstande, der zu lehren befohlen ist, soll beschaffen sein. Nebst der genauen Bestimmung, wie sich die Lehrer der Schulen in allen Teilen ihres Amtes, ingleichen die Direktoren, Aufseher und Oberaufseher zu bezeigen haben, um der Schulordnung das gehörige Genügen zu leisten. Wien 1776.

Anon. (Historische Kommission bei der Königlichen Akademie der Wissenschaften [Bayern], ed.): Allgemeine Deutsche Biographie. 56 Bde. Leipzig 1875 - 1912.

Basedow, I. B.: Agathokrator, oder von Erziehung künftiger Regenten. Nebst Anhang und Beilagen. Leipzig 1771.

Baum, W.: "Oswald von Wolkenstein in Katalonien (1415)." Anon. (Deutsche Schule Barcelona. Colegio Alemán Barcelona, ed.): Memoria 1983 - 84. Barcelona o. J. [1984].

Baur, S.: Allgemeines historisches Handwörterbuch aller merkwürdigen Personen, die in dem letzten Jahrzehnt des 18. Jahrhunderts gestorben sind. Ulm 1803.

Behrens, D.: "Beiträge zu einer Geschichte der französischen Sprache." Zeitschrift für französische Sprache und Literatur 45 (1919): 157 - 234.

Büsch, I. G.: Über die Frage: Gewinnt ein Volk in Absicht auf seine Aufklärung dabei, wenn seine Sprache zur Universalsprache wird? Berlin 1787.

Cabanis, P.: Le Miroir qui ne flatte point d'un prince accompli et d'un ministre fidel.Regensburg 1716.

Campe, J. H. (ed.): Allgemeine Revision des gesamten Schul- und Erziehungswesens von einer Gesellschaft praktischer Erzieher. 9. Teil. Wien und Wolfenbüttel 1787.

Castillon, B./I. C. L. L. I.: Der vollkommene Hofmann und Hofdame. Von dem Grafen Balthasar de Castillon vormals in italienischer Sprache beschrieben, anjetzo ... zum ersten Mal verdeutscht durch I. C. L. L. I. Frankfurt a. M. 1584.

Comenius, J. A.: Vergleiche auch Komenski, J. A.

Comenius, J. A.: Opera didactica omnia. Variis hucusque occasionibus scripta, diversisque locis edita: Nunc autem non tantum in unum, ut simul sint, collecta, sed et ultimo conatu in systema unum mechanice constructum, redacta. Bd. 2: Ea comprehendens quae ab anno 1642 ad 1650 scripta et edita fuere ... II. Methodus linguarum novissima, fundamentis didacticis solide superstructa ... Amsterdam 1657.

Comenius, J. A.: Große Didaktik [1657]. Herausgegeben und eingeleitet von H. Ahrbeck. Berlin 1957.

Crome, E. A.: "Über die Erziehung der Hauslehrer." Campe, I. H. (ed.): Allgemeine Revision des gesamten Schul- und Erziehungswesens. Bd. 10. Wien und Braunschweig 1788: 1 - 162.

Dieffenbach, F.: Der französische Einfluß in Deutschland unter Ludwig XIV und der Widerstand der kurbrandenburgischen und kursächsischen Politik. Eine historisch-politische Studie. Aus dem Nachlaß des Verfassers bearbeitet und herausgegeben von A. Kohut. Dresden o. J. (1890).

Dietsch, R.: "Fürstenschulen." Schmid, K. A. (ed.): Enzyklopädie des gesamten Erziehungs- und Unterrichtswesens. Bd. 2. Gotha 1860: 565 - 572.

Dietze, H.: Geschichte des deutschen Handels. Leipzig 1923.

Döring, H.: Die gelehrten Theologen Deutschlands im 18. und 19. Jahrhundert. Nach ihrem Leben und Wirken dargestellt. 4 Bde. Neustadt a. d. Orla 1831 - 1835.

Druzinina, E. I.: "Russisch-deutsche Kulturbeziehungen und der Befreiungskrieg von 1813." Hoffman, P. et al. (eds.): Der Befreiungskrieg 1813. Berlin 1967: 341 - 365.

Dunkel, J. G. W.: Historisch-kritische Nachrichten von verstorbenen Gelehrten und deren Schriften, insonderheit aber denjenigen, welche in der allerneuesten Ausgabe des Jöcherischen "Allgemeinen Gelehrten-Lexikons" entweder gänzlich mit Stillschweigen übergangen oder doch mangelhaft und unrichtig angeführt werden. 3 Bde., 12 Teile. Köthen 1753 - 1760.

Eckard, F.: Literarisches Handbuch der bekannteren höheren Lehranstalten in und außer Deutschland, in statistisch-chronologischer Ordnung; oder Fortsetzung der Akademischen Nachrichten. Teil 1. Erlangen 1780.

Eckard, F.: Literarisches Handbuch von allen bisher bekannten höheren Lehranstalten in und außer Deutschland, in statistisch-chronologischer Ordnung. Teil 2 mit Erweiterungen und vielen Berichtigungen des 1. Teils. Erlangen 1782.

Eckhartshausen, K. v.: Der Prinz und sein Freund. Ein Buch für Fürstenkinder. München 1789.

Eckstein, F. A.: Nomenclator philologorum. Leipzig 1871.

Ehlers, M.: Gedanken von den zur Verbesserung der Schulen notwendigen Erfordernissen. Altona und Lübeck 1766.

Ehlers, M.: Winke für gute Fürsten, Prinzenerzieher und Volksfreunde. 2 Teile. Kiel und Hamburg 1786 - 1787.

Eitner, R.: Biographisch-bibliographisches Quellenlexikon der Musiker und Musikgelehrten der christlichen Zeitrechnung bis zur Mitte des 19. Jahrhunderts. 10 Bde. Leipzig 1900 - 1904.

Engel, J. J.: Fürstenspiegel. Berlin 1798.

Fabricius, J. A.: Abriß einer allgemeinen Historie der Gelehrsamkeit. Bd. 1. Leipzig 1752.

Fietz, K.: Prinzenunterricht im 16. und 17. Jahrhundert. Jahresbericht des Neustädter Realgymnasiums zu Dresden als Einladungsschrift zu den öffentlichen Prüfungen am 28. und 29. März 1887. Dresden 1887.

Gebauer, K.: Geschichte des französischen Kultureinflusses auf Deutschland von der Reformation bis zum Dreißigjährigen Kriege. Straßburg 1911.

Gebhardt, B.: "Wilhelm von Humboldt als Unterrichtsminister." Deutsche Monatsschrift für das gesamte Leben der Gegenwart (Berlin) Jg. 1904: 536 - 543.

Gerber, E. L.: Neues historisch-biographisches Lexikon der Tonkünstler, welches Nachrichten von dem Leben und den Werken musikalischer Schriftsteller, berühmter Komponisten, Sänger, Meister auf Instrumenten, kunstvoller Dilettanten, Musikverleger, auch Orgel- und Instrumentenmacher älterer und neuerer Zeit aus allen Nationen enthält. 4 Bde. Leipzig 1812 - 1814.

Giese, G.: Quellen zur deutschen Schulgeschichte seit 1800. Göttingen 1961. (= Quellensammlung zur Kulturgeschichte 15.)

Grau, C.: "Zwei unbekannte Briefe A. L. Schlözers über seine Anfänge in Rußland." Steinitz, W. et al. (eds.): Ost und West in der Geschichte des Denkens und der kulturellen Beziehungen. Festschrift für Eduard Winter zum 70. Geburtstag. Berlin 1966: 321 - 331.

Groß, J. M.: Historisches Lexikon evangelischer Jubel-Priester. Darinnen eine Ehrenkrone der alten ehrwürdigen Lehrer und Prediger enthalten, die in 50- und mehrjährigen Ämtern meistenteils viel erfahren und Gott gefürchtet haben, nach ihren Geburten und Lebensgeschichten, wunderbaren göttlichen Führungen und Schicksalen, unterschiedlich verwalteten Ämtern und edierten Schriften ... an das Licht gegeben. 3 Bde. Nürnberg 1727 - 1746.

Hagelgans, J. G.: Orbis Litteratus Academicus Germanico-Europaeus. Praecipuas musarum sedes, societates, universitates. Frankfurt a. M. 1737.

Hamberger, G. Chr./Meusel, J. G.: Das gelehrte Teutschland oder Lexikon der jetzt lebenden teutschen Schriftsteller. 5. Ausgabe. 23 Bde. Lemgo 1796 - 1834.

Heimbucher, M.: "Die armen Schulschwestern de Notre Dame. Eine historisch-statistische Skizze." Mitteilungen der Gesellschaft für deutsche Erziehungs- und Schulgeschichte 17 (1907): 154 - 174.

Heinemann, K.: Geschichte der preußischen Mittelschule. Halle o. J. (1931).

Hengst, K.: "Paul Fleming auf der Reise durch Rußland." Fremdsprachenunterricht 4 (1960): 201 - 205.

Hennicke, K. A.: Beiträge zur Ergänzung und Berichtigung des Jöcherschen "Allgemeinen Gelehrten-Lexikons und des Meuselschen Lexikons der von 1750 bis 1800 verstorbenen deutschen Schriftsteller. 3 Stücke. Leipzig 1811 - 1812.

Heß, I. M. v.: Gedanken über die Einrichtung des Schulwesens. Halle 1778.

Heubaum, A.: Das Zeitalter der Standes- und Berufserziehung. Berlin 1905. (= Geschichte des Deutschen Bildungswesens seit der Mitte des 17. Jahrhunderts 1.)

Hirsching, F. K. G.: Historisch-literarisches Handbuch berühmter und denkwürdiger Personen, welche in dem 18. Jahrhunderte gestorben sind ... . 17 Bde. Leipzig 1794 - 1815.

Höss, I.: Georg Spalatin, 1484 - 1545. Ein Leben in der Zeit des Humanismus und der Reformation. Weimar 1956.

Hofer, A.: Die Mittelschule und die neue Zeit. Triest 1904. Schulprogramm.

Hoffmann, E.: Zur Geschichte der Berufsausbildung in Deutschland. Bielefeld o. J. (1962).

Honegger, J. J.: Kritische Geschichte der französischen Kultureinflüsse in den letzten Jahrhunderten. Berlin 1875.

Jöcher, Chr. G.: Allgemeines Gelehrten-Lexikon, darinnen die Gelehrten aller Stände sowohl männ- als weiblichen Geschlechts, welche vom Anfange der Welt bis auf jetzige Zeit gelebt und sich der gelehrten Welt bekannt gemacht, nach ihrer Geburt, Leben, merkwürdigen Geschichten, Absterben und Schriften aus den glaubwürdigsten Skribenten in alphabetischer Ordnung beschrieben werden. Neue Ausgabe. 4 Bde. Leipzig 1750 - 1751.

Jürgens, A.: "Die skandinavischen Studien und die Bibliotheken in Deutschland im letzten Menschenalter." Anon. (ed.): Overbibliotekar Wilhelm Munthe på Femtiårsdagen 20. Oktober 1933. Fra Fagfeller og Venner. Oslo 1933: 97 - 127.

Justi, K. W./Mursinna, F. S.: Annalen der deutschen Universitäten. Marburg 1798.

Kahl: "Die pädagogischen Ansichten in den Schriften deutscher Rechtsphilosophen und Nationalökonomen aus dem Anfange des 17. Jahrhunderts." Mitteilungen der Gesellschaft für deutsche Erziehungs- und Schulgeschichte 16 (1906): 199 - 231.

Kahlert, G.: Fürstenerziehung im 18. Jahrhundert. Erlangen 1922. Erlanger phil. Diss.

Kirchner, P.: "Studenten aus der linksufrigen Ukraine an deutschen Universitäten in der zweiten Hälfte des 18. Jahrhunderts." Steinitz, W. et al. (eds.): Ost und West in der Geschichte des Denkens und der kulturellen Beziehungen. Festschrift für Eduard Winter zum 70. Geburtstag. Berlin 1966: 367 - 375.

Kleespies, M.: Die pädagogischen Grundgedanken Herders in ihrem Zusammenhange mit seiner Gesamtanschauung und der geistigen Bewegung seiner Zeit dargestellt und gewürdigt. Zwickau 1905. Schulprogramm.

Koenig-Warthausen, G. Freiin v.: Deutsche Frauen in Italien. Briefe und Bekenntnisse aus drei Jahrhunderten. Wien: Andermann o. J. (1942).

Komensky, J. A.: Böhmische Didaktik. Zur 300. Wiederkehr seines Todestages ins Deutsche übersetzt. Paderborn 1970.

Kottencamp, C. F.: Kurzer Abriß und wahres Ebenbild eines großen Fürsten und erhabenen Geistes. Breslau und Leipzig 1747.

Krause, G.: Tagebuch Christians des Jüngeren, Fürst zu Anhalt, niedergeschrieben in seiner Haft zu Wien, im Geleite Kaiser Ferdinands II zur Vermählungsfeier nach Innsbruck, auf dem Reichstage zu Regensburg und während seiner Reisen und Rasten in Deutschland, Dänemark und Italien. Nach dem Manuskripte der Herzoglichen Bibliothek zu Köthen. Leipzig 1858.

Kübler: "Herders Stellung zum lateinischen Unterricht." Das Humanistische Gymnasium, Jg. 1904: 112 - 114.

Laverrenz, C.: Die Medaillen und Gedächtniszeichen der deutschen Hochschulen. 2 Teile. Berlin 1885.

Linke, W.: "Die Anfänge des beruflichen Schulwesens im 18. Jahrhundert." Die Deutsche Berufs- und Fachschule 48 (1952): 441 - 452.

Maassen, N.: Quellen zur Geschichte der Mittel- und Realschulpädagogik. Bd. 1: Von den Anfängen bis Ende des 19. Jahrhunderts. Hannover 1959.

Mertz, G.: Das Schulwesen der deutschen Reformation im 16. Jahrhundert. Heidelberg 1902.

Meusel, J. G.: Lexikon der vom Jahre 1750 bis 1800 verstorbenen deutschen Schriftsteller. 15 Bde. Leipzig 1802 - 1815.

Michael, B./Schepp, H. H.: Politik und Schule von der Französischen Revolution bis zur Gegenwart. Eine Quellensammlung zum Verhältnis von Gesellschaft, Schule und Staat im 19. und 20. Jahrhundert. 2 Bde. Frankfurt a. M. 1973 - 1974.

Michaelis: Über den Einfluß der Sprachen in die Meinungen und der Meinungen in die Sprachen. Berlin 1760.

Michaelis, J. D.: Raisonnement über die protestantischen Universitäten in Deutschland. In 4 Teilen. Frankfurt a. M. 1768 - 1776. Neudruck Aalen 1973.

Michel, G.: Schulbuch und Curriculum. Comenius im 18. Jahrhundert. Ratingen 1973. (= Veröffentlichungen der Comenius-Forschungsstelle im Institut für Pädagogik der Ruhr-Universität Bochum 2.)

Morhof: Polyhistor, Literarius, Philosophicus et Practicus cum Accessionibus Virorum Clarissimorum Ioannis Fricki et Ioannis Molleri. Editio Quarta ... nunc auctam et ad annum MDCCXLVII continuatam. Lübeck 1747.

Morozov, A. A.: "Die Reise des Simplicius Simplicissimus nach Moskovien." Steinitz, W. et al. (eds.): Ost und West in der Geschichte des Denkens und der kulturellen Beziehungen. Festschrift für Eduard Winter zum 70. Geburtstag. Berlin 1966: 143 - 151.

Moser, F. K.: Abhandlung von den europäischen Hof- und Staatssprachen, nach deren Gebrauch im Reden und Schreiben. Frankfurt a. M.1750.

Mühlpfordt, G.: "Deutsch-russische Wissenschaftsbeziehungen in der Zeit der Aufklärung." Anon. (ed.): 450 Jahre Martin-Luther-Universität Halle-Wittenberg. Bd. 2: Halle 1694 - 1817, Halle-Wittenberg 1817 - 1945. o. O., o. J. (Halle 1952): 169 - 197.

Müller, G.: "Zur Geschichte der Prinzen- und Prinzessinen-Erziehung der Hohenzollern." Mitteilungen der Gesellschaft für Deutsche Erziehungs- und Schulgeschichte 7 (1897): 281 - 282.

Münch, W.: "Die Theorie der Fürstenerziehung im Wandel der Jahrhunderte." Mitteilungen der Gesellschaft für Deutsche Erziehungs- und Schulgeschichte 18 (1908): 249 bis 264.

Neuer Nekrolog der Deutschen, Jg. 1 ff. Ilmenau 1823 ff.

Paulsen, F.: Geschichte des gelehrten Unterrichts auf den deutschen Schulen und Universitäten vom Ausgang des Mittelalters bis zur Gegenwart. Mit besonderer Rücksicht auf den klassischen Unterricht. 2 Bde. Leipzig 3. A. 1919 - 1921.

Penndorf, B.: Geschichte der Buchhaltung in Deutschland. Leipzig 1913. Neudruck Frankfurt a. M. 1966.

Pixberg, H.: Der deutsche Calvinismus und die Pädagogik. Gladbeck o. J. (1952).

Price, L. M.: Die Aufnahme englischer Literatur in Deutschland, 1500 - 1960. [English Literature in Germany, deutsch.] Bern und München 1961.

Raab, H.: "Deutsch-russische Literaturbeziehungen in der Zeit von der Aufklärung bis zur Romantik." Wissenschaftliche Zeitschrift der Ernst Moritz Arndt-Universität Greifswald. Gesellschafts- und Sprachwissenschaftliche Reihe 5 (1955/56): 91 - 99.

Raab, H.: "Germanoslawisches im Ostseeraum an der Wende vom Mittelalter zur Neuzeit." Wissenschaftliche Zeitschrift der Ernst Moritz Arndt-Universität Greifswald. Gesellschafts und Sprachwissenschafltiche Reihe 6 (1956/57): 57 - 60.

Rassmann, F.: Deutscher Dichternekrolog oder gedrängte Übersicht der meisten sowohl ältern als neuern verstorbenen deutschen Dichter, Romanschriftsteller, Erzähler und Übersetzer, nebst Angabe ihrer Schriften. Nordhausen 1818.

Rassmann, F.: Kurzgefaßtes Lexikon deutscher pseudonymer Schriftsteller von der älteren bis auf die jüngste Zeit aus allen Fächern der Wissenschaft. Leipzig 1830.

Raumer, K. v.: Geschichte der Pädagogik vom Wiederaufblühen klassischer Studien bis auf unsere Zeit. Bd. 2. 3. A. Stuttgart 1857.

Resewitz, F. G.: Die Erziehung des Bürgers zum Gebrauch des gesunden Verstandes und zur gemeinnützigen Geschäftigkeit. Kopenhagen 2. A. 1776.

Rethwisch, K.: Deutschlands höheres Schulwesen im 19. Jahrhundert. Geschichtlicher Überblick, im Auftrage des Königlich Preußischen Ministeriums der Geistlichen-, Unterrichts- und Medizinal-Angelegenheiten. Berlin 1893.

Reyscher, A. L. (ed.): Vollständige, historisch und kritisch bearbeitete Sammlung der württembergischen Gesetze. Bd. 11, 3. Abteilung: Enthaltend die Universitätsgesetze. Tübingen 1843.

Ritter, F.: "Alte Rechnungen als Quellen für die Schulgeschichte einer deutschen Reichsstadt." Zeitschrift für Geschichte der Erziehung und des Unterrichts 1 (1911): 33 - 38.

Rötger, G. S.: Nekrolog für Freunde deutscher Literatur. 4 Stücke für die Jahre 1791 - 1794. Helmstedt 1796 - 1799.

Rühs, F.: Historische Entwicklung des Einflusses Frankreichs und der Franzosen auf Deutschland und die Deutschen. Berlin 1815.

Schädel, B.: "Vier pädagogische Empfehlungsbriefe aus dem 16. Jahrhundert." Mitteilungen der Gesellschaft für deutsche Erziehungs- und Schulgeschichte 12 (1902): 39 - 44.

Schanzenbach, O.: Französische Einflüsse bei Schiller. Stuttgart 1885. Schulprogramm.

Schlichtegroll, F.: Nekrolog auf das Jahr 1790 [ff.]. Enthaltend Nachrichten von dem Leben merkwürdiger in diesem Jahre verstorbener Personen. Bd. 1 ff. Gotha 1791 ff.

Schlözer, A. L.: August Ludwig Schlözers öffentliches und Privatleben, von ihm selbst beschrieben. 1. Fragment. Aufenthalt im Dienste in Rußland, vom Jahre 1761 bis 1765. Literarnachrichten von Rußland in jenen Jahren. Göttingen 1802.

Schmeizel, M.: Rechtschaffener Academicus, oder Gründliche Anleitung, wie ein academischer Student seine Studien und Leben gehörig einzurichten habe. Zum Gebrauch ordentlicher Lektionen entworfen. Nebst einem Vorbericht von dem Schulwesen in Deutschland überhaupt, von denen Universitäten überhaupt, von der zu Halle insonderheit. Halle 1738.

Schmieder, K. K.: Über die Einrichtung höherer Bürgerschulen. Ein Versuch. Halle 1809.

Schneider, M.: "Eine väterliche Instruktion für den Universitätsbesuch aus dem 17. Jahrhundert." Zeitschrift für Geschichte der Erziehung und des Unterrichts 1 (1911): 39 - 46.

Schnizlein: "Aus dem Schülerleben des 16., 17. und 18. Jahrhunderts." Zeitschrift für Geschichte der Erziehung und des Unterrichts 1 (1911): 196 - 205.

Schuster, G.: Die Jugend des Königs Friedrich Wilhelm IV von Preußen und des Kaisers und Königs Wilhelm I. Tagebuchblätter ihres Erziehers Friedrich Delbrück (1800 - 1809). Teil 1: 1800 - 1806. Berlin 1907. (= Monumenta Germaniae Paedagogica 36.)

Schuster, G.: Die Jugend des Königs Friedrich Wilhelm IV von Preußen und des Kaisers und Königs Wilhelm I. Tagebuchblätter ihres Erziehers Friedrich Delbrück (1800 - 1809). Teil 2: 1806 - 1808. Berlin 1907. (= Monumenta Germaniae Paedagogica 37.)

Schuster, G.: Die Jugend des Königs Friedrich Wilhelm IV von Preußen und des Kaisers und Königs Wilhelm I. Tagebuchblätter ihres Erziehers Friedrich Delbrück 1800 - 1809. Teil 3: 1808 - 1809. Berlin 1907. (= Monumenta Germaniae Paedagogica 40.)

Schwab, J. Chr.: Von den Ursachen der Allgemeinheit der französischen Sprache und der wahrscheinlichen Dauer ihrer Herrschaft. Eine Preisschrift, welche von der Königlichen Akademie der Wissenschaften zu Berlin den 3. Juni 1784 gekrönt worden. Tübingen 1785.

Seckendorff, V. L. v.: Deutscher Fürsten-Staat. Nun zum 5. Mal übersehen und aufgelegt. Auch mit einer ganz neuen Zugabe sonderbarer und wichtiger Materien um ein großes Teil vermehrt. Frankfurt a. M. 1678. (1. A. 1656.)

Steinhausen, G.: Kulturstudien. Berlin 1893.

Steinitz, W. et al. (eds.): Ost und West in der Geschichte des Denkens und der kulturellen Beziehungen. Festschrift für Eduard Winter zum 70. Geburtstag. Berlin 1966.

Stoeckius, H.: "Friedrich August Wolf (1759 - 1824)." Anon. (ed.): Zur Feier des 400jährigen Bestehens des Gymnasiums zu Nordhausen, 1524 - 1924. o. O., o. J. (Nordhausen 1924): 92 - 127.

Stricker, W.: Deutsch-russische Wechselwirkungen oder die Deutschen in Rußland und die Russen in Deutschland. Ein geschichtlicher Versuch. Leipzig 1849.

Talander: Der getreue Hofmeister adeliger und bürgerlicher Jugend oder Aufrichtige Anleitung, wie sowohl ein Junger von Adel als anderer, der von guter Extraktion, soll rechtschaffen auferzogen werden, er auch seine Conduite selbst einrichten und führen müsse, damit er beides, auf Universitäten, als auf Reisen und Hofe, sich beliebt machen und in allerhand Konversation mit Mannspersonen und Frauenzimmern für einen klugen und geschickten Menschen passieren möge. Leipzig 1706.

Theiner, A.: Geschichte der geistlichen Bildungsanstalten. Mainz 1835.

Thiersch, F.: Über den gegenwärtigen Zustand des öffentlichen Unterrichts in den westlichen Staaten von Deutschland, in Holland, Frankreich und Belgien. 3 Teile. Stuttgart 1838.

Thoma, A.: "Das Schulwesen in einer weiblichen Adelsrepublik." Mitteilungen der Gesellschaft für deutsche Erziehungs- und Schulgeschichte 14 (1904): 26 - 28.

Thomasius, Chr.: Von Nachahmung der Franzosen. 1687.

Thomasius, Chr.: Von Nachahmung der Franzosen. Nach den Ausgaben von 1687 und 1701. Stuttgart 1894.

Trampler, R.: "Lehrplan einer zweiklassigen Realschule aus dem Ende des 18. Jahrhunderts." Zeitschrift für das Realschulwesen (Wien) 29 (1904): 193 - 206.

Tschirnhauß, W. B. v.: Getreuer Hofmeister auf Akademien und Reisen, ... für Studierende und Reisende, sonderlich Standespersonen und derselben Hofmeister, zu einer sicheren Anleitung zur anständigen Conduite auf Universitäten und Reisen. Hannover 1727.

Vormbaum, R.: Die evangelischen Schulordnungen des 16. Jahrhunderts. Gütersloh 1860. (= Evangelische Schulordnungen 1.)

Vormbaum, R.: Die evangelischen Schulordnungen des 17. Jahrhunderts. Gütersloh 1863. (= Evangelische Schulordnungen 2.)

Wagenseil, J. Chr.: Von Erziehung eines jungen Prinzen, der vor allem Studieren einen Abscheu hat, daß er dennoch gelehrt und geschickt werde. Leipzig 1705.

Wagner, E.: Luther als Pädagog. Vollständige Darstellung der pädagogischen Gedanken des großen Reformators. Für alle Erzieher, Lehrer, Leiter und Freunde der Schule. Langensalza 1906. (= Die Klassiker der Pädagogik 2.)

Weniger, L.: "Ein Schulbild aus der Zeit nach dem Dreißigjährigen Kriege." Mitteilungen der Gesellschaft für deutsche Erziehungs- und Schulgeschichte 15 (1905): 7 bis 22.

Wetzstein, O.: Die geschichtliche Entwicklung des Realschulwesens in Deutschland. 4 Teile. Neustrelitz 1907 - 1911. Schulprogramme.

Witzendorf, A. F. v.: Unterricht von den wahren Vorzügen in einem Schreiben an den Durchlauchtigen jüngsten Prinzen von Meckenburg-Strelitz. Leipzig 1763.

2.2 REGIONALE DARSTELLUNGEN

Verfassername fett gedruckt: Die Schrift enthielt Material, das im Zusammenhang mit der vorliegenden Arbeit von Bedeutung war.

Aachen

Leuchter, J.: "Das Aachener Schulwesen und die französische Herrschaft 1794 - 1814, mit besonderer Rücksicht auf die Primärschulen." Zeitschrift des Aachener Geschichtsvereins 54 (1932): 1 - 42.

Aalen

Diehl, A.: "Das humanistische Schulwesen in den Reichsstädten Biberach, Ravensburg, Isny, Leutkirch, Wangen, Buchau, Buchhorn, Weilderstadt, Aalen, Bopfingen und Giengen." Anon. (Württembergische Kommission für Landesgeschichte, ed.): Geschichte des humanistischen Schulwesens in Württemberg. Bd. 2: Geschichte des humanistischen Schulwesens in den zu Beginn des 19. Jahrhunderts württembergisch gewordenen Landesteilen von 1559 bis 1805. 1. Halbband: Geschichte des humanistischen Schulwesens der Reichsstädte. Stuttgart 1920: 588 - 614.

Altdorf
Vergleiche auch **Nürnberg**: passim

Baiern, J. J.: Ausführliche Nachricht von der Nürnbergischen Universitätsstadt Altdorf. Nürnberg 1717.

Hartmann, B.: "Kulturbilder aus Altdorfs akademischer Vergangenheit." Mitteilungen des Vereins für Geschichte der Stadt Nürnberg. Heft 6. Nürnberg 1886: 1 bis 56.

Murr, Chr. G. v.: Beschreibung der vornehmsten Merkwürdigkeiten in der ... Reichsfreien Stadt Nürnberg und auf der Hohen Schule zu Altdorf. Nürnberg 1778.

Steinmeyer, E. v. (ed.): Die Matrikel der Universität Altdorf. Teil 1: Text. Würzburg 1972. (= Veröffentlichungen der Gesellschaft für fränkische Geschichte, 4. Reihe: Matrikeln fränkischer Schulen 1.)

Will, G. A.: Geschichte und Beschreibung der Nürnbergischen Universität Altdorf. Altdorf 1795.

Altona
Vergleiche auch **Hamburg**: passim

Eggers, J. H. K.: Geschichte des Altonaischen Gymnasiums und des damit verbundenen Pädagogiums. 1. - 3. Abteilung. Altona 1834 - 1844. Schulprogramme.

Heß, G.: Übersicht über die Geschichte des Königlichen Christianeums zu Altona. Festschrift zur Feier des 150jährigen Bestehens der Anstalt. Altona 1888.

Amberg

Denk, J.: Zwei ehemalige Lehr- und Erziehungsanstalten Ambergs. Amberg 1904. Schulprogramm.

Rixner, Th. A.: Geschichte der Studienanstalt zu Amberg. Ein Beitrag zur Geschichte der bayerischen gelehrten Schulen. Sulzbach 1832.

Rixner, Th. A.: Nachträge zur Geschichte der Studienanstalt zu Amberg mit den neu revidierten synchronistischen Tabellen zur Berichtigung und Ergänzung. Sulzbach 1832.

Andernach

Höveler, J. J.: Gymnasium zu Andernach. Geschichte der Anstalt von ihrer Gründung bis zur Gegenwart (1573 - 1904). Festschrift zur Feier der Anerkennung des Gymnasiums, Ostern 1904. Andernach 1904.

Anhalt

Wäschke, H.: "Akten zur Geschichte des Schulwesens in Anhalt." Mitteilungen der Gesellschaft für Deutsche Erziehungs- und Schulgeschichte 18 (1908): 265 - 331.

Anhalt-Dessau

Vergleiche **Dessau:** passim

Ansbach/Bayreuth

Vergleiche **Preußen:** Olivier, J.-J. 1903

Arnsberg

Baaden: Vorwort. [Fortsetzung der Geschichte des Klosters und Gymnasiums zu Wedinghausen]. Arnsberg 1835. (Schulprogramm des Gymnasium Laurentianum).

Pieler, F. I.: Geschichte des Klosters Wedinghausen bei Arnsberg und des dortigen Gymnasiums. 1. Abteilung: Geschichte des Klosters bis zum Jahre 1368. Arnsberg 1832. Schulprogramm.

Arolsen

Schmidt, G.: Geschichte der Anstalt [des Realprogymnasiums zu Arolsen]. Mengeringhausen 1905. Schulprogramm des Realprogymnasiums zu Arolsen.

Aschersleben

Burckardt, J. D.: Geschichte des Stephaneums zu Aschersleben nebst Nachrichten über den gegenwärtigen Zustand desselben. Aschersleben 1826. Schulprogramm.

Heyse, G.: Zur Geschichte und Statistik der Realschule zu Aschersleben. Aschersleben 1866. Schulprogramm.

Strassburger, E.: Geschichte der Höheren Schule zu Aschersleben. Wissenschaftliche Beilage zum Osterprogramm des Realgymnasiums. Aschersleben 1888.

Attendorn

Overmann, A.: Das Gymnasium in Attendorn. Eine aktenmäßige Darlegung der geschichtlichen Entwicklung der Schule von den Anfängen bis zur Gegenwart. Münster i. W. 1928.

Augsburg

Schreiber, R.: Aus dem Tagebuch eines Alumnus des Kollegiums bei St. Anna aus den Jahren 1717 - 1719. Beilage zu dem Jahresbericht der Studienanstalt bei St. Anna in Augsburg. Augsburg 1876.

Wittmann, P.: "Zwei Mortuarien des Hochstifts Augsburg." Jahrbuch des Historischen Vereins Dillingen 12 (1899): 120 - 166.

Aurich

Kleist, H. v.: "Kleine Beiträge zur Geschichte der Ulrichsschule zu Aurich." Jahrbuch der Gesellschaft für Bildende Kunst und vaterländische Altertümer zu Emden. Bd. 15, Heft 2. Emden 1905: 272 - 332.

Pommer, K.: Nachricht von der Ulrichs-Schule zu Aurich, nebst einer Rede bei Legung des ersten Steins zum neuen Schulgebäude und einigen Bemerkungen, den öffentlichen Unterricht betreffend. Aurich 1821.

Baden

Brunner, K.: Die Badischen Schulordnungen. Bd. 1: Die Schulordnungen der Badischen Markgrafschaften. Berlin 1902. (= Monumenta Germaniae Paedagogica 24.)

Brunner, K.: "Beiträge zur Geschichte des Klosterschulwesens in Baden." Mitteilungen der Gesellschaft für deutsche Erziehungs- und Schulgeschichte 14 (1904): 1 - 6.

Meck, W.: Das höhere und niedere Studienwesen im Erzherzogtum Baden. Konstanz 1846.

Poten, B.: Geschichte des Militär-Erziehungs- und Bildungswesen in den Landen deutscher Zunge. Bd. 1: Allgemeine Übersicht, Baden, Bayern, Braunschweig, Colmar. Berlin 1889. (= Monumenta Germaniae Paedagogica 10.)

Thamm, M.: "Die Anfänge des Realschulwesens am Oberrhein." Mitteilungen der Gesellschaft für deutsche Erziehungs- und Schulgeschichte 14 (1904): 36 - 51.

Baden (Schweiz)

Fricker, B.: Geschichte der Badener Stadtschulen. Baden 1904.

Baden-Baden

Frühe, F. X.: Die höhere Schule in der Stadt Baden. Ein Beitrag zur Geschichte der Erziehung und des Unterrichts. Beilage zum Programm des Großherzoglichen Gymnasiums in Baden. Baden-Baden 1871.

Bad Homburg vor der Höhe

Anon. (Szymanski, Th., ed.): Kaiserin-Friedrich-Schule. 400 Jahre höhere Schule in Bad Homburg vor der Höhe. Bad Homburg v. d. H., o. J. (1950).

Bamberg

Heß, W. : Geschichte des Königlichen Lyzeums Bamberg und seiner Institution, unter besonderer Berücksichtigung der allgemeinen Verhältnisse der bayerischen Lyzeen. 2 Teile. Bamberg 1903 - 1905.

Jäck, J. H.: Pantheon der Literatur und Künstler Bambergs. 7 Bde. Bamberg und Erlangen 1812 - 1815. 2 Fortsetzungsbände Bamberg und Erlangen 1821 - 1825.

Martinet, A.: Quellenmäßige Geschichte der Stiftung und feierlichen Eröffnung der Alma Academia Ottonia, des gegenwärtigen Königlichen Bayerischen Lyzeums zu Bamberg. Einladungsschrift zur zweiten Säkularfeier desselben im Jahre 1848. Bamberg 1847.

Murr, Chr. G. v.: Merkwürdigkeiten der fürstbischöflichen Residenzstadt Bamberg. Nürnberg 1799.

Wucherer, F.: Mittelschulwesen im Hochstift Bamberg, 1773 - 1802. Bamberg 1904. Schulprogramm.

Basel

Bonjour, E.: Die Universität Basel von den Anfängen bis zur Gegenwart, 1460 bis 1960. Basel 1960.

Burckhardt-Biedermann, Th.: Geschichte des Gymnasiums zu Basel. Zur dritten Säkularfeier im Auftrag der Schulbehörde verfaßt. Basel 1889.

Fechter, D. A.: Geschichte des Schulwesens in Basel bis 1589. Basel 1837.

Germann, M.: Johann Jakob Thurneysen der Jüngere, 1754 - 1803. Verleger, Buchdrucker und Buchhändler in Basel. Ein Beitrag zur Geschichte der Spätaufklärung in Basel und zur Geschichte des Eindringens der englischen und französischen Aufklärung im deutschen Sprachgebiet am Ende des 18. Jahrhunderts. Basel 1973. (= Basler Beiträge zur Geschichtswissenschaft 128.)

Hess, J. W.: "Ordnung der deutschen Schule zu Barfüssern in Basel, 1597." Mitteilungen der Gesellschaft für deutsche Erziehungs- und Schulgeschichte 11 (1901): 219 - 225.

Lutz, M.: Geschichte der Universität Basel. Aarau 1826.

Staehelin, A.: Geschichte der Universität Basel, 1632 - 1818. Basel 1957. (= Studien zur Geschichte der Wissenschaften in Basel 4,5.)

Staehelin, A.: Geschichte der Universität Basel, 1818 - 1835. Basel 1959. (= Studien zur Geschichte der Wissenschaften in Basel 7.)

Bautzen

Arras, P.: "Gymnasium zu Bautzen." Anon. (Sächsischer Gymnasiallehrerverein, ed.): Veröffentlichungen zur Geschichte des Gelehrtenschulwesens im Albertinischen Sachsen. Teil 1: Geschichtliche Entwicklung der Gymnasien. Leipzig 1900: 34 - 67.

Schubart: Zur Geschichte des Gymnasiums in Budissin. 2. Teil. Budissin 1864. Schulprogramm.

Bayerisch-Schwaben
Vergleiche **Bayern:** Ockel, H. 1931

Bayern
Vergleiche auch **Baden:** Poten, B. 1889; **Bamberg:** Heß, W. 1903 - 1905 sowie **Burghausen (Salzach):** Faltermayer, H. 1892.

Baader, Cl.. A.: Das gelehrte Bayern oder Lexikon aller Schriftsteller, welche Bayern im 18. Jahrhunderte erzeugte oder ernährte. 2 Bde. Bd. 1. Nürnberg und Sulzbach 1804.

Baader, Cl. A.: Lexikon verstorbener bayerischer Schriftsteller des 18. und 19. Jahrhunderts. Bd. 1: A - L. Augsburg 1824.

Gückel, M.: Heinrich Braun und die Bayerischen Schulen von 1770 bis 1781. München 1891. Münchner phil. Diss.

Günthner, S.: Geschichte der literarischen Anstalten in Bayern. Ein Versuch. Bd. 1: Enthält den ersten und zweiten Teil oder die Geschichte seit dem Einwandern der Bojer bis zum XIV. Jahrhundert. München 1810.

Günthner, S.: Geschichte der literarischen Anstalten in Bayern. Ein Versuch. Bd. 2: Enthält den dritten Teil oder die Geschichte seit dem XV. Jahrhundert bis zum Tode Kurfürst Maximilian III, 1400 - 1777. München 1810.

Heigenmooser, J.: Überblick der geschichtlichen Entwicklung des höheren Mädchenschulwesens in Bayern bis zur Gegenwart. Berlin 1905. (= Beiträge zur Geschichte der Erziehung und des Unterrichts in Bayern. Beihefte zu den Mitteilungen der Gesellschaft für deutsche Erziehungs- und Schulgeschichte 8.)

Kluckhohn, A.: "Beiträge zur Geschichte des Schulwesens in Bayern vom 16. bis zum 18. Jahrhundert." Abhandlungen der historischen Klasse der Königlich Bayerischen Akademie der Wissenschaften 12 (1872), Abteilung 3: 173 - 241.

Lurz, G.: "Zur Geschichte der bayerischen Schulreformation in der Aufklärungsepoche." Mitteilungen der Gesellschaft für deutsche Erziehungs- und Schulgeschichte 13 (1903): 261 - 287.

Lurz, G.: Die bayerische Mittelschule seit der Übernahme durch die Klöster bis zur Säkularisation. Anon. (Gruppe Bayern der Gesellschaft für Deutsche Erziehungs- und Schulgeschichte, ed.): Beiträge zur Geschichte der Erziehung und des Unterrichts in Bayern. Berlin 1905: 1 - 141. (= Beihefte zu den Mitteilungen der Gesellschaft für Deutsche Erziehungs- und Schulgeschichte 6.)

Lurz, G.: Mittelschulgeschichtliche Dokumente Altbayerns, einschließlich Regensburgs. Bd.1: Geschichtlicher Überblick und Dokumente bis zur Mitte des 16. Jahrhunderts. Berlin 1907. (= Monumenta Germaniae Paedagogica 41.)

Lurz, G.: Mittelschulgeschichtliche Dokumente Altbayerns, einschließlich Regensburgs. Bd. 2: Seit der Neuorganisation des Schulwesens in der zweiten Hälfte des 16. Jahrhunderts bis zur Säkularisation. Berlin 1908. (= Monumenta Germaniae Paedagogica 42.)

Ockel, H.: Geschichte des Höheren Schulwesens in Bayerisch-Schwaben während der vorbayerischen Zeit. Berlin 1931. (= Monumenta Germaniae Paedagogica 40.)

Schmidt, F.: Geschichte der Erziehung der Bayerischen Wittelsbacher von den frühesten Zeiten bis 1750. Urkunden nebst geschichtlichem Überblick und Register. Berlin 1892. (= Monumenta Germaniae Paedagogica 14.)

Schmidt, F.: "Zur Geschichte der Erziehung der Bayerischen Wittelsbacher." Mitteilungen der Gesellschaft für deutsche Erziehungs- und Schulgeschichte 13 (1903): 24 bis 33.

Thiersch, F.: Über gelehrte Schulen, mit besonderer Rücksicht auf Bayern. Stuttgart, Tübingen 1826.

Zwerger, F.: Geschichte der realistischen Lehranstalten in Bayern. Berlin 1914. (= Monumenta Germaniae Paedagogica 53.)

Bayreuth

Vergleiche auch **Ansbach-Bayreuth:** Beck, Chr. 1910 sowie **Preußen:** Olivier, J.-J. 1903

Meister, Th.: "Aus dem Konferenzbuche des Bayreuther Waisenhauses." Anon. (Gruppe Bayern der Gesellschaft für Deutsche Erziehungs- und Schulgeschichte, ed.): Beiträge zur Geschichte der Erziehung und des Unterrichts in Bayern. 6. Heft. Berlin 1905: 142 - 165. (= Beihefte zu den Mitteilungen der Gesellschaft für Deutsche Erziehungs- und Schulgeschichte 6.)

Schuster, G.: "Zur Erziehungsgeschichte der Markgrafen Erdmann August und Georg Albrecht von Brandenburg-Bayreuth." Zeitschrift für Geschichte der Erziehung und des Unterrichts 1 (1911): 69 - 83.

Bedburg

Zohren, F.: "Das Bedburger Augustina-Gymnasium." Bedburg 1896. Schulprogramm.

Bensheim (Bergstraße)

Anon. (Breidenbach, H., ed.): Festschrift zur 250-Jahrfeier des Gymnasiums Bensheim a. d. Bergstraße, 1686 - 1936. Bensheim o. J. (1936).

Breidenbach, H.: "Die beiden ersten Jahrhunderte (1686 - 1886)." Anon. (Breidenbach, H., ed.): Festschrift zur 250-Jahrfeier des Gymnasiums Bensheim a. d. Bergstraße, 1686 - 1936. Bensheim o. J. (1936): 14 - 35.

Dinges, H.: Geschichte des Bensheimer Gymnasiums, nach den Urkunden dargestellt. 2 Teile. Bensheim 1887 - 1888. Schulprogramme.

Berg

Willemsen, H.: "Das Bergische Schulwesen unter der französischen Herrschaft (1806 bis 1813). 2 Teile" Mitteilungen der Gesellschaft für Deutsche Erziehungs- und Schulgeschichte 18 (1908): 65 - 95; 153 - 209.

Berlin

Anon. (ed.): Festschrift zu der dritten Säkularfeier des Berlinischen Gymnasiums zum Grauen Kloster. Veröffentlicht von dem Lehrerkollegium. Berlin 1874.

Anon. (ed.): Novae Symbolae Joachimicae. Festschrift des Königlichen Joachimsthalschen Gymnasiums [Berlin], aus Anlaß des 300jährigen Jubiläums der Anstalt veröffentlicht. Halle 1907.

Bahn, I. et al.: Zur Statistik des Königlich Joachimsthalischen Gymnasiums. Festschrift zum 300jährigen Jubiläum. Halle 1907.

Bernhagen, W.: "Johann Leonhard Frisch und seine Beziehungen zu Rußland." Anon. (ed.): Die deutsch-russische Begegnung und L. Euler. Beiträge zu den Beziehungen zwischen der deutschen und russischen Wissenschaft und Kultur im 18. Jahrhundert. Berlin 1958: 212 - 224. (= Quellen und Studien zur Geschichte Osteuropas 1.)

Büsching, A. F.: Ausführliche Nachricht von der jetzigen Verfassung des Berlinischen Gymnasii und geziemende Einladung zur öffentlichen Prüfung der Gymnasiasten. Berlin 1768.

Chambeau, K.: Notices Historiques sur le Collège Royal Français de Berlin. Berlin 1864. Schulprogramm.

Dettmers, J. Ph. F.: Das Fridericianum bei, nach und kurz vor seinem 100jährigen Jubelfeste. Berlin 1797.

Erman: Mémoire historique sur la fondation du Collège Royal Français de Berlin. A l'occasion du jubilé célébré le 1 décembre 1789. Berlin 1789.

Fournier: "Notices historiques sur le Collège Français." Fournier: Collège français de Berlin 1811 - 1848. Berlin 1849: 15 - 21.

Fritze, E.: "Biographisch-bibliographisches Verzeichnis der Lehrer 1607 - 1926 (Programm von 1900)." Bahn E. et al. (eds.): Zur Statistik des Königlich Joachimsthalschen Gymnasiums. Festschrift zum 300jährigen Jubiläum des Königlich Joachimsthalschen Gymnasiums am 24. August 1907. Teil 2. Halle 1907: 1 - 20.

Gedike, F.: Geschichte des Friedrichswerderschen Gymnasiums. Bei dessen 100jährigem Jubiläum entworfen. Berlin 1781.

Gedike, F.: Nachtrag zur Geschichte der Berlinischen Gymnasien. Berlin 1793.

Gedike, F.: Kurze Nachricht von der gegenwärtigen Einrichtung des Berlinisch-Köllnischen Gymnasiums. Berlin 1796.

Geiger, L.: Berlin 1688 - 1840. Geschichte des geistigen Lebens der Preußischen Hauptstadt. Bd. 2: 1786 - 1840. Berlin 1895.

Gerstenberg, D./Goldschmidt, P.: Zur Geschichte des Friedrichs-Gymnasiums und des Friedrichs-Realgymnasiums. Berlin 1900. Schulprogramm.

Gilow, H.: Das Berliner Handelsschulwesen des 18. Jahrhunderts im Zusammenhange mit den pädagogischen Bestrebungen seiner Zeit dargestellt. Berlin 1906. (= Monumenta Germaniae Paedagogica 35.)

Heidemann, J.: Geschichte des Grauen Klosters zu Berlin. Berlin 1874.

Müller, K. A.: Geschichte des Friedrichswerderschen Gymnasiums zu Berlin. Berlin 1881.

Muret, E.: Geschichte der französischen Kolonie in Brandenburg-Preußen, unter besonderer Berücksichtigung der Berliner Gemeinde. Aus Veranlassung der 200jährigen Jubelfeier am 29. Oktober 1885 im Auftrage des Konsistoriums der Französischen Kirche zu Berlin und unter Mitwirkung des hier zu berufenden Komitees aufgrund amtlicher Quellen bearbeitet. Berlin 1885.

Schmidt, V. H./Mehring, D. G. G.: Neuestes gelehrtes Berlin, oder Literarische Nachrichten von jetztlebenden Berlinischen Schriftstellern und Schriftstellerinnen. 2 Bde. Berlin 1795.

Schulz, J. H.: Geschichte der Königlichen Real- und Elisabethschule zu Berlin. Bei Gelegenheit der Einweihung des neuen Realschulgebäudes zum Besten der Witwenkasse der Lehrer des Königlichen Friedrich-Wilhelms-Gymnasiums, der Real-, Vor- und Elisabethschule herausgegeben. Berlin 1857.

Spalding/Büsching/Teller: Sammlung aller Schriften auf die zweite 100jährige Jubelfeier des Berliner Gymnasiums zum Grauen Kloster. Berlin 1775.

Todt, E.: Biographisch-bibliographisches Verzeichnis der Lehrer, 1826 - 1899 (Programm von 1899). Bahn, E. et al. (eds.): Zur Statistik des Königlich Joachimsthalschen Gymnasiums. Festschrift zum 300jährigen Jubiläum des Königlich Joachimsthalschen Gymnasiums am 24. August 1907. Teil 2. Halle 1907: 1 - 24 (3. Pagination).

Bernburg

Suhle, H.: Beiträge zur Geschichte des Karls-Gymnasiums. Einladungsschrift des Herzoglichen Karls-Gymnasiums in Bernburg zu den Freitag, den 12. April 1878, abzuhaltenden öffentlichen Prüfungen. Bernburg 1878.

Biberach
Vergleiche **Aalen:** Diehl, A. 1920

Blankenburg

Dege, W.: Beiträge zur Geschichte des Blankenburger Gymnasiums. Festschrift zur Einweihung des neuen Gymnasialgebäudes zu Blankenburg. Blankenburg 1877.

Bonn

Bezold, F. v.: Geschichte der Rheinischen Friedrich-Wilhelms-Universität von der Gründung bis zum Jahre 1870. Bonn 1920.

Braubach, M.: Die erste Bonner Universität und ihre Professoren. Bonn 1947.

Buschmann, J.: Zur Geschichte des Bonner Gymnasiums. 1. Teil: Das Gymnasium in der kurfürstlichen Zeit. Bonn 1891. Schulprogramm.

Buschmann, J.: Zur Geschichte des Bonner Gymnasiums. 2. Teil: Das höhere Schulwesen Bonns zur Zeit der Fremdherrschaft. Bonn 1893. Schulprogramm.

Domine: Kurze Geschichte des Bonnischen Gymnasiums. Bonn 1825. Schulprogramm.

Varrentrapp, K.: Beiträge zur Geschichte der Kurkölnischen Universität Bonn. Festgabe, dargebracht zur 50jährigen Stiftungsfeier der Rheinischen Friedrich-Wilhelms-Universität. Bonn 1868.

Bopfingen
Vergleiche **Aalen:** Diehl, A. 1920

Boppard

Anon. (ed.): Festschrift zur Feier der Einweihung des neuen Gymnasialgebäudes zu Boppard am Rhein. Boppard 1905.

Dahmen, W.: Geschichte des Bopparder Gymnasiums. Boppard 1962.

Brandenburg
Vergleiche auch **Berlin:** Muret, E. 1885

Arnold, I. D.: Kurze Geschichte der Ritterakademie zu Dom-Brandenburg in dem ersten Jahrhunderte, vom 4. August 1704 bis 1805. Brandenburg 1805.

Kehr: "Aus den Aufnahmeprotokollen des Ritterkollegiums im 18. Jahrhundert." Anon. (ed.): Festschrift zur 200jährigen Jubelfeier der Ritterakademie auf dem Dome zu Brandenburg a. H. Brandenburg 1905: 137 - 146.

Kehr: "Aus dem Leben des Direktors Johann Daniel Arnold (1797 - 1829)." Anon. (ed.): Festschrift zur 200jährigen Jubelfeier der Ritterakademie auf dem Dome zu Brandenburg a. H. Brandenburg 1905: 5 - 32.

Schuster, G./Wagner, F.: Die Jugend und Erziehung der Kurfürsten von Brandenburg und Könige von Preußen. Berlin 1906. (= Monumenta Germaniae Paedagogica 34.)

Wachtler: "Schüleraufführungen am Ritterkollegium zu Brandenburg a. H. 1707 bis 1774." Anon. (ed.): Festschrift zur 200jährigen Jubelfeier der Ritterakademie auf dem Dome zu Brandenburg a. H. Brandenburg 1905: 93 - 135.

Wiedenmann, J. G.: Nachricht von dem gegenwärtigen Zustand der Halderischen Schule in der Altstadt Brandenburg. Nebst einem nötigen Anhang. Brandenburg 1731.

Brandenburg-Bayreuth
Vergleiche auch **Bayreuth:** Schuster, G. 1911

Brandenburg-Preußen
Vergleiche auch **Brandenburg:** Schuster, G./Wagner, F. 1906 sowie **Preußen:** passim

Braunsberg

Gerlach, G.: Geschichte des Gymnasiums [zu Braunsberg] bis zur Erneuerung desselben im Jahre 1811. 2 Abschnitte. Braunsberg 1830 - 1832. Schulprogramme.

Braunschweig
Vergleiche auch **Baden:** Poten, B. 1889

Bosse, F.: Die Entstehung des Herzoglichen Lehrerseminars zu Braunschweig und seine Entwicklung von 1571 - 1801. Festschrift zur Einweihung des neuen Seminargebäudes am 17. Oktober 1894. Braunschweig 1894.

Dürre, H.: Geschichte der Gelehrtenschulen zu Braunschweig. 1. Abteilung. Vom 11. Jahrhundert bis zum Jahre 1861. Braunschweig 1861. Schulprogramm.

Koldewey, F.: Geschichte des Realgymnasiums zu Braunschweig. Erste Abteilung. Nach gedruckten und ungedruckten Quellen. Wissenschaftliche Beilage zum Programm des Herzoglichen Realgymnasiums zu Braunschweig. Braunschweig 1885.

Koldewey, F.: Braunschweigische Schulordnungen von den ältesten Zeiten bis zum Jahre 1828. Bd. 1: Schulordnungen der Stadt Braunschweig. Berlin 1886. (= Monumenta Germaniae Paedagogica 1.)

Koldewey, F.: Braunschweigische Schulordnungen von den ältesten Zeiten bis zum Jahre 1828. Bd. 2: Schulordnungen des Herzogtums Braunschweig. Berlin 1890. (= Monumenta Germaniae Paedagogica 8.)

Krüger, G. T. A.: Die Primaner-Arbeiten gegen Ende des 17. und im Anfange des 18. Jahrhunderts. Ein Beitrag zur Geschichte des Martineums zu Braunschweig und des Gymnasialwesens überhaupt. Braunschweig 1860. Schulprogramm.

Müller, Th.: Lehrkräfte am Collegium Carolinum zu Braunschweig zwischen 1817 und 1862. Braunschweig: Braunschweigischer Hochschulbund e. V. 1973. (= Beiträge zur Geschichte der Carolo-Wilhelmina 1.)

Bremen

Vergleiche auch **Buxtehude:** Pratje, J. H. 1765

Anon. (ed.): Festschrift zur 400-Jahrfeier des Alten Gymnasiums zu Bremen, 1528 bis 1928. Bremen o. J. (1928).

Bohm, W.: "Die Stellung des Alten Gymnasiums innerhalb des bremischen höheren Schulwesens nach geschichtlicher Entwicklung und Unterrichtsplänen." Anon. (ed.): Festschrift zur 400-Jahrfeier des Alten Gymnasiums zu Bremen, 1528 - 1928. Bremen o. J. (1928): 30 - 53.

Entholt, H.: Geschichte des Bremer Gymnasiums bis zur Mitte des 18. Jahrhunderts. Bremen 1899.

Entholt, H.: "Das bremische Gymnasium von 1765 bis 1817." Bremisches Jahrbuch 22 (1909): 9 - 120.

Entholt, H.: "Die bremische Hauptschule von 1817 bis 1858." Bremisches Jahrbuch 23 (1911): 1 - 130.

Entholt, H.: "Das Bremer Gymnasium und seine Lehrer." Anon. (ed.): Festschrift zur 400-Jahrfeier des Alten Gymnasiums zu Bremen, 1528 - 1928. Bremen o. J. (1928): 9 bis 29.

Entholt, H.: Bilder aus der Geschichte des bremischen Volksschulwesens. Ergänzt und fortgesetzt von Hinrich Wulff. Bremen o. J. (1929).

Kurz, K.: "Die Sonderstellung des Alten Gymnasiums unter den höheren Schulen Bremens." Anon. (ed.): Festschrift zur 400-Jahrfeier des Alten Gymnasiums zu Bremen, 1528 - 1928. Bremen o. J. (1928): 54 - 102.

Reiche, A.: Die Entwicklung des Realschulwesens in Bremen, insbesondere der Realschule in der Altstadt. Ein geschichtlicher Rückblick. Bremen 1905.

Rotermund, H. W.: Lexikon aller Gelehrten, die seit der Reformation in Bremen gelebt haben, nebst Nachrichten von geborenen Bremern, die in anderen Ländern Ehrenstellen bekleideten. 2 Bde. Bremen 1818.

Wellmann, F.: "Das Privatinstitut des Dr. phil. Wilhelm Chistian Müller in Bremen (1781 - 1814)." Bremisches Jahrbuch 23 (1911): 172 - 196.

Breslau

Haaß, R.: "Die Universität Breslau im 18. Jahrhundert. Zur Erinnerung an ihr 250jähriges Bestehen." Archiv für schlesische Kirchengeschichte 10 (1952): 189 - 199.

Kunisch, G.: Abriß der Geschichte des Königlichen Friedrichs-Gymnasium [zu Breslau]. Breslau o. J. (1845). Schulprogramm.

Nadbyl, B.: Chronik und Statistik der Königlichen Universität zu Breslau. Bei Gelegenheit ihrer 50jährigen Jubelfeier am 3. August 1861 im Auftrage des Akademischen Senats verfaßt und herausgegeben. Breslau 1861.

Wissowa, A.: Beiträge zur Geschichte des Gymnasiums [des Königlichen Katholischen Gymnasiums zu Breslau]. 1. Abteilung. Breslau 1843. Schulprogramm.

Brieg (Schlesien)

Anon.: "Momente aus der Geschichte des Königlichen Gymnasiums zu Brieg." Matthiesson, K. E. G. (ed.): Einladungsprogramm zur Michaelis-Prüfung der Zöglinge des Königlichen Gymnasiums zu Brieg und zu der damit verbundenen Redeübung. Brieg 1842: 1 - 15. Schulprogramm.

Schönwälder, K.: Urkunden zur Geschichte des Hedwig-Stiftes und des Gymnasiums zu Brieg. Brieg 1848. Schulprogramm.

Schönwälder, K. F./Guttmann, I. I.: Geschichte des Königlichen Gymnasiums zu Brieg. Zur 300jährigen Jubelfeier verfaßt. Breslau 1869.

Brilon

Niemann, F. J.: Das Schulwesen der Stadt Brilon. Düsseldorf 1908.

Brody

Kustynowicz, J.: Entstehungsgeschichte des k. k. Rudolfs-Gymnasiums in Brody. Brody 1904. Schulprogramm.

Brühl

Mertens, M.: Die höhere Lehranstalt zu Brühl während der Jahre 1783 - 1821. Brühl 1900. Schulprogramm.

Buchau
Vergleiche **Aalen:** Diehl, A. 1920

Buchhorn
Vergleiche **Aalen:** Diehl, A. 1920

Budissin
Vergleiche **Bautzen**

Bückeburg

Anon. (Wesperich, A.): Gymnasium Bückeburg, 1614 - 1939. o. O.: o. J. (Bückeburg 1939).

Büdingen

Thudichum, G.: Geschichte des Gymnasiums in Büdingen, nebst Nachrichten von dem dasigen Kirchen- und Schulwesen überhaupt. Einladungsschrift zu den auf den 12., 13., 14. April 1832 angeordneten Prüfungen und Redefeierlichkeiten des Gymnasiums. Büdingen 1832.

Thudichum, G.: Geschichte des Gymnasiums in Büdingen. Fortsetzung. Von den Jahren 1832 bis 1847. Zur 25jährigen Jubelfeier des Gymnasiums am 1. Mai 1847. Büdingen 1847.

Bützow

Doederlein, Chr. A.: Initium novae academiae Fridericianae Bützoviensis indicit, atque ad ovationem publicam d. XX Octobris MDCCLX aperiendis acroasibus tam publicis quam privatis dicatam et in Templo oppidano habendam litterarum studiosos cunctosque musarum patronos atque fautores invitat. Bützow 1760.

Hölscher, A.: Geschichte des Herzoglichen Pädagogiums in Bützow (1760 - 1780), nach den Quellen bearbeitet. Beilage zum Programm der Realschule I. O. Bützow 1881.

Hölscher, A.: Geschichte der Friedrichs-Universität zu Bützow. Jahrbücher für Mecklenburgische Geschichte und Altertumskunde 50 (1885): 1 - 110.

Bunzlau

Anon. (Buquoi, E. F.): Das Waisenhaus zu Bunzlau in Schlesien in seiner Geschichte von der Stiftung bis zum Jahre 1814 dargestellt. Bunzlau 1829.

Beisert: Zwei Beiträge zur Geschichte des Gymnasiums [zu Bunzlau] (1. Schulordnung; 2. Grundsteinlegung). Bunzlau 1862. Schulprogramm.

Stolzenburg, W. A. H.: Geschichte des Bunzlauer Waisenhauses, zugleich ein Spiegelbild der wichtigsten pädagogischen und didaktischen Bestrebungen in dem evangelischen Deutschland und der Schweiz während der letzten eineinhalb Jahrhunderte. Breslau 1854.

Burghausen (Salzach)

Faltermayer, H.: Geschichte des Studienwesens in Burghausen mit Rücksicht auf die Gesamtentwicklung des Mittelschulwesens in Bayern von der Mitte des 16. Jahrhunderts bis zur Gegenwart. Burghausen o. J. (1892).

Burgsteinfurt

Bäumer, H.: "Die Direktoren des Arnoldinums." Anon. (ed.): 350 Jahre Gymnasium Illustre Arnoldinum. Eine Festgabe zum Arnoldifest 1938. Burgsteinfurt 1938: 13 bis 26.

Flume: "Aus der Geschichte der Universitas Litterarum Steinfurtensis." Anon. (ed.): 350 Jahre Gymnasium Illustre Arnoldinum. Eine Festgabe zum Arnoldifest 1938. Burgsteinfurt 1938: 7 - 12.

Rosenthal: "350 Jahre Gymnasium Illustre Arnoldinum." Anon. (ed.): 350 Jahre Gymnasium Illustre Arnoldinum. Eine Festgabe zum Arnoldifest 1938. Burgsteinfurt 1938: 3 - 6.

Buxtehude

Pratje, J. H.: Kurzgefaßter Versuch einer Buxtehudischen Schulgeschichte. In einem Sendschreiben an die gesamte Geistlichkeit der Herzogtümer Bremen und Verden. Stade 1765.

Celle

Alpers, P.: Geschichte des Celler Gymnasiums. Celle 1928.

Chemnitz

Richter, R.: "Königliches Gymnasium zu Chemnitz." Anon. (Sächsischer Gymnasiallehrerverein, ed.): Veröffentlichungen zur Geschichte des Gelehrtenschulwesens im Albertinischen Sachsen. Teil 1: Übersicht über die geschichtliche Entwicklung der Gymnasien. Leipzig 1900: 68 - 76.

Chur

Schiess, T.: "Zur Geschichte der Nikolaischule in Chur während der Reformationszeit." Mitteilungen der Gesellschaft für deutsche Erziehungs- und Schulgeschichte 13 (1903): 107 - 145.

Clausthal

Anon. (ed.): Festschrift zur 175-Jahrfeier der Bergakademie Clausthal, 1775 - 1950. Clausthal 1950.

Valentiner, S.: "Geschichte der Bergakademie." Anon. (ed.): Festschrift zur 175-Jahrfeier der Bergakademie Clausthal, 1775 - 1950. Clausthal 1950: 9 - 37.

Coburg

Beck: Festschrift zur Feier des 300jährigen Bestehens des Gymnasium Casimirianum in Coburg, 1605 - 1905. Coburg o. J. (1905).

Coesfeld

Brambrink, H.: Coesfelds Schulen im Mittelalter. Coesfeld 1931. (= Beiträge zur Geschichte Coesfelds, 2. Heft.)

Marx, Chr.: Geschichte des Gymnasiums in Coesfeld. Coesfeld 1829.

Colberg

Stier, G.: Aus der Geschichte des Colberger Lyzeums. Anon. Colberg 1867. Schulprogramm des Domgymnasiums.

Colmar
Vergleiche auch **Baden**: Poten, B. 1889

Albrecht, K.: "Das ehemalige Evangelische Gymnasium zu Colmar im Elsaß (1604 bis 1794)." Mitteilungen der Gesellschaft für deutsche Erziehungs- und Schulgeschichte 11 (1901): 287 - 306.

Corbach

Curtze, L.: "Geschichte des Gymnasiums zu Corbach." Beiträge zur Geschichte der Fürstentümer Waldeck und Pyrmont 1 (1866): 175 - 198; 227 - 241.

Crailsheim

Seiferheld, O.: "Geschichte der Lateinschule Crailsheim." Anon. (Württembergische Kommission für Landesgeschichte, ed.): Geschichte des humanistischen Schulwesens in Württemberg. Bd. 2: Geschichte des humanistischen Schulwesens in den żu Anfang des 19. Jahrhunderts württembergisch gewordenen Landesteilen von 1559 bis 1805. 2. Halbband: Geschichte des humanistischen Schulwesens in den landesherrlichen und geistlichen Gebieten. Stuttgart 1920: 636 - 673.

Danzig

Hirsch, Th.: Geschichte des Akademischen Gymnasiums in Danzig, in ihren Hauptzügen dargestellt. Danzig 1837.

Simson, P.: Geschichte der Schule zu St. Petri und Pauli in Danzig. Teil 1: Die Kirchen- und Lateinschule, 1436 - 1817. Danzig 1904.

Simson, P.: Geschichte der Schule zu St. Petri und Pauli in Danzig. Teil 2: Die höhere Bürgerschule, Realschule 1. Ordnung, das Realgymnasium, die Realschule und Oberrealschule, 1817 - 1905. Danzig 1905.

Darmstadt

Ahrig, W.: Geschichte des Großherzoglichen Gymnasiums zu Darmstadt. Darmstadt 1879.

Allmanritter, R.: "1629 - 1954: 325 Jahre LGG." Anon. (ed.): 325 Jahre Ludwig-Georgs-Gymnasium Darmstadt. Festschrift. o. O., o. J. (Darmstadt: 1954): 5 - 54.

Anon. (ed.): 1629 - 1929. Beiträge zur Geschichte des Ludwig-Georgs-Gymnasiums zu Darmstadt. Festschrift zu seinem 300jährigen Bestehen. Darmstadt 1929.

Anon. (ed.): 325 Jahre Ludwig-Georgs-Gymnasium Darmstadt. Festschrift. o. O., o. J. (Darmstadt: 1954).

Imgram, L.: "Zur älteren Geschichte des Gymnasiums, 1629 - 1803." Anon. (ed.): 1629 - 1929. Beiträge zur Geschichte des Ludwig-Georgs-Gymnasiums zu Darmstadt. Festschrift zu seinem 300jährigen Bestehen. Darmstadt 1929: 5 - 44.

Kaiser, H.: "350 Jahre Schultheater in Darmstadt." Anon. (ed.): 325 Jahre Ludwig-Georgs-Gymnasium Darmstadt. Festschrift. o. O., o. J. (Darmstadt: 1954): 55 - 78.

Dessau

Basedow, J. B.: Einige Gedanken über jugendliche Erbprinzen. Am 4. Geburtstage Seiner Durchlauchten Friedrichs Erbprinzen von Anhalt-Dessau. Dessau 1773.

Franke, O.: Geschichte der Herzoglichen Hauptschule zu Dessau 1785 - 1856. Festschrift des Herzoglichen Gymnasiums und Realgymnasiums zu Dessau. Dessau 1885.

Franke, O.: "Verzeichnis der Lehrer der Herzoglichen Hauptschule, respektive der aus derselben hervorgegangenen Anstalten (1785 - 1885)." Anon. (ed.): Festschrift des Herzoglichen Gymnasiums und Realgymnasiums zu Dessau. Dessau 1885: 3 - 8.

Gielow, H.: Karl Spaziers Tagebuch, 1781 - 1783. Beiträge zur Geschichte des Dessauer Philanthropinums. Berlin 1911. Schulprogramm des Köllnischen Gymnasiums zu Berlin.

Lorenz, H.:"Die Lehrmittel und Handarbeiten des Basedowschen Philanthropins." Mitteilungen der Gesellschaft für Deutsche Erziehungs- und Schulgeschichte 16 (1906): 303 - 332.

Suhle: Beiträge zur Geschichte der Fürstlichen Schule zu Dessau. Teil 1: 1536 - 1628. Dessau 1888. Schulprogramm.

Suhle: Beiträge zur Geschichte der Fürstlichen Schule zu Dessau. Teil 2. Dessau 1890. Schulprogramm.

Dillenburg

Anon. (Fischer, K.): Zur Geschichte der Anstalt [Gymnasium Dillenburg]. Dillenburg 1887. Schulprogramm.

Becker, F.: Die Dillenburger Lateinschule in der nassauischen Zeit. Ein Beitrag zur Schulgeschichte aus Anlaß des 400jährigen Bestehens des bisherigen staatlichen Gymnasiums 1938. Dillenburg 1939.

Kretzer, J. K.: Kurze geschichtliche Darstellung der alten lateinischen Schule und des darauf gefolgten ehemaligen Pädagogs zu Dillenburg. Herborn 1818.

Dillingen (Donau)

Anon. (ed.): Bischöfliches Knabenseminar Dillingen, 1862 - 1962. Jubiläumsschrift. Dillingen o. J. (1962).

Günther, S.: "Die Universität Dillingen." Mitteilungen der Gesellschaft für deutsche Erziehungs- und Schulgeschichte 13 (1903): 70 - 85.

Specht, Th.: Geschichte der ehemaligen Universität Dillingen. Freiburg 1902.

Dorpat

Anon.: Das erste Jubelfest der Kaiserlichen Universität Dorpat, 25 Jahre nach ihrer Gründung gefeiert am 12. Dezember 1827. Dorpat 1828.

Anon.: Das zweite Jubelfest der Kaiserlichen Universität Dorpat. 50 Jahre nach ihrer Gründung gefeiert am 12. und 13. Dezember 1852. Dorpat 1853.

Engelhardt, R. v.: Die deutsche Universität Dorpat in ihrer geistesgeschichtlichen Bedeutung. Reval 1933.

Dorsten

Anon. (Schwarz, W., ed.): Festschrift zur Einweihung des neuen Gymnasialgebäudes und zur Feier des 260jährigen Jubiläums der höheren Lehranstalt in Dorsten. Dorsten 1902.

Schwarz, W.: Die Feier der Einweihung des neuen Gymnasialgebäudes und des 260jährigen Bestehens der Höheren Lehranstalt der Stadt Dorsten. - Nachträge zu der Festschrift des 22. Oktobers 1902. Dorsten 1903. Schulprogramm.

Schwarz, W.: Forschungen zur Geschichte des Gymnasiums zu Dorsten. Beilage zum Jahresbericht des Katholischen Gymnasiums zu Dorsten. Dorsten 1905. Schulprogramm.

Dortmund

Mellmann, Th.: Das Archigymnasium in Dortmund. Eine geschichtliche Darstellung. Dortmund 1807.

Mette, A.: Geschichte des Gymnasiums zu Dortmund. Festschrift zur 350jährigen Feier seiner Stiftung. Dortmund 1893.

Thiersch, B.: Geschichte des Gymnasiums [zu Dortmund] bis 1800. Dortmund 1842. Schulprogramm.

Thiersch, B.: Beschreibung des 300jährigen Jubiläums des Gymnasiums [zu Dortmund] und Schulnachrichten. Dortmund 1844. Schulprogramm.

Dresden

Anon. (ed.): Das Königliche Gymnasium zu Dresden-Neustadt, 1874 - 1899. Dresden 1899.

Anon. (Bernhard, ed.): Festschrift zur Einweihung des neuen Vitzthumschen Gymnasiums, den ehemaligen Zöglingen der Blochmann-Bezzenbergerschen Erziehungsanstalt und des Vitzthumschen Gymnasiums gewidmet. Dresden 1903.

Anon. (ed.): Festschrift zur Hundertjahrfeier des Freiherrlich von Fletcherschen Schullehrerseminars zu Dresden, 1825 - 1925. o. O., o. J. (Dresden: 1925).

Bernhard, J. A.: "Vitzthumsches Gymnasium zu Dresden." Anon. (Sächsischer Gymnasiallehrerverein, ed.): Veröffentlichungen zur Geschichte des Gelehrtenschulwesens im Albertinischen Sachsen. 1. Teil: Geschichtliche Entwicklung der Gymnasien. Leipzig 1900: 100 - 109.

Bernhard, J. A.: Mitteilungen zur Geschichte des Vitzthumschen Gymnasiums in Dresden. Dresden 1905. Schulprogramm.

Haymann, Chr. J. G.: Dresdens teils neuerlich verstorbene, teils jetzt lebende Schriftsteller und Künstler, wissenschaftlich klassifiziert nebst einem dreifachen Register. Dresden 1809.

Urbach, Th.: "Kreuzschule in Dresden." Anon. (Sächsischer Gymnasiallehrerverein, ed.): Veröffentlichungen zur Geschichte des Gelehrtenschulwesens im Albertinischen Sachsen. Teil 1: Übersicht über die geschichtliche Entwicklung der Gymnasien. Leipzig 1900: 77 - 96.

Dülmen

Dorider, A.: "Die alte Dülmener Lateinschule im letzten Jahrhundert ihres Bestehens." Heimatblätter zur Pflege der Geschichte, Volks-, Familien-, Heimat- und Altertumskunde. Beilage in zwangloser Folge zur Dülmener Zeitung 13 (1937), Nr. 3: 1 - 8.

Dürkheim

Karg, G.: Die Dürkheimer Lateinschule. Ergänzung und Fortsetzung der geschichtlichen Skizze von Subrektor W. Spannagel 1871. Dürkheim 1931. (= Staatliche Realschule Bad Dürkheim, Jahresbericht 1931, Beilage.)

Spannagel, W.: Die Lateinschule zu Dürkheim. Eine geschichtliche Skizze. Dürkheim 1871.

Düsseldorf

Asbach, J.: Das Düsseldorfer Lyzeum unter bairischer und französischer Herrschaft (1805 - 1813). Düsseldorf 1900. Schulprogramm.

Kniffler, G.: "Entwicklung des Schulwesens zu Düsseldorf." Anon. (Düsseldorfer Geschichtsverein, ed.): Geschichte der Stadt Düsseldorf in 12 Abhandlungen. Festschrift zum 600jährigen Jubiläum. Düsseldorf 1888: 255 - 294. (= Düsseldorfer Jahrbuch 3.)

Kniffler, G.: Das Jesuiten-Gymnasium zu Düsseldorf. Ein Beitrag zur Geschichte des Königlichen Gymnasiums zu Düsseldorf. Düsseldorf 1892. Schulprogramm.

Willemsen, H.: "Aus der Geschichte des Düsseldorfer Gymnasiums." Beiträge zur Geschichte des Niederrheins 23 (1911): 218 - 333.

Duisburg

Anon. (ed.): Festschrift zur Feier des 50jährigen Bestehens der Realschule 1. Ordnung zu Duisburg. Herausgegeben von dem Lehrerkollegium der Anstalt am 20. Mai 1881. Duisburg 1881.

Averdunk: Zur Feier des 350jährigen Stiftungsfestes der Schule und zur Einweihung des neuen Gebäudes [des Gymnasiums Duisburg] o. O., o. J.(Duisburg 1909).

Ring, W.: Geschichte der Universität Duisburg. Duisburg 1920.

Rotscheidt, W. (ed.): Die Matrikel der Universität Duisburg, 1652 - 1818. Duisburg 1938.

Walther, H.: Das Steinbart-Gymnasium zu Duisburg. Teil 1: Die Geschichte des Steinbart-Gymnasiums zu Duisburg. Festschrift zur 125-Jahrfeier 1956. Duisburg 1956.

Durlach
Vergleiche auch **Karlsruhe:** passim

Vierordt, F. K.: Geschichte der im Jahre 1724 aus Durlach nach Karlsruhe verpflanzten Mittelschule. 1. Abteilung: Die Zeit von 1586 - 1724. Beilage zum Programm des Karlsruher Lyzeums. Karlsruhe 1858.

Ehingen

Hehle: "Geschichte des Benediktinergymnasiums bzw. Lyzeums in Ehingen a. D. (1686 - 1812)." Anon. (Württembergische Kommission für Landesgeschichte, ed.): Geschichte des humanistischen Schulwesens in Württemberg. Bd. 2: Geschichte des humanistischen Schulwesens in den zu Anfang des 19. Jahrhunderts württembergisch gewordenen Landesteilen von 1559 bis 1805. 2. Halbband: Geschichte des humanistischen Schulwesens in den landesherrlichen und geistlichen Gebieten. Stuttgart 1920: 674 - 747.

Eichsfeld

Wolf, J.: Eichsfeldia Docta, sive commentatio de scholis bibliothecis et doctis Eichsfeldiacis. 1. Teil Heiligenstadt 1797.

Eisenberg

Procksch: Geschichte des Lyzeums. 2. Beilage zum 44. Programm des Herzoglichen Christians-Gymnasiums zu Eisenberg. Eisenberg 1878.

Eisleben

Ellendt, F.: Geschichte des Königlichen Gymnasiums zu Eisleben. Eisleben 1840.

Elberfeld

Anon. (Hocke): Statistik des Gymnasiums zu Elberfeld. Festschrift zur 50jährigen Gedenkfeier der am 24. Februar 1824 erfolgten öffentlichen Anerkennung des Gymnasiums. Elberfeld 1874.

Anon. (ed.): Festgabe für Wilhelm Crecelius zur Feier der 25jährigen Lehrtätigkeit in Elberfeld. Elberfeld 1881.

Bouterwek, K. W.: Geschichte der Lateinischen Schule zu Elberfeld und des aus dieser erwachsenen Gymnasiums. 2 Vorträge. Elberfeld 1865.

Crecelius, W.: Die Anfänge des Schulwesens in Elberfeld, nebst Nachträgen zur Geschichte der Lateinischen Schule zu Elberfeld von Bouterwek. Elberfeld 1880. Schulprogramm.

Jorde, F.: Geschichte der Schulen von Elberfeld, mit besonderer Berücksichtigung des ältesten Schulwesens. Elberfeld 1903.

Seitz: "Beiträge zur Geschichte der Elberfelder Lateinschule." Zeitschrift des Bergischen Geschichtsvereins 50 (1917): 163 - 176.

Elbing

Neubaur, L.: Aus der Geschichte des Elbinger Gymnasiums. Elbing 1897. Schulprogramm.

Ellwangen

Schermann: "Geschichte des Gymnasiums zu Ellwangen a. d. Jagst (1460 - 1802)." Anon. (Württembergische Kommission für Landesgeschichte, ed.): Geschichte des humanistischen Schulwesens in Württemberg. Bd. 2: Geschichte des humanistischen Schulwesens in den zu Anfang des 19. Jahrhunderts württembergisch gewordenen Landesteilen von 1559 bis 1805. 2. Halbband: Geschichte des humanistischen Schulwesens in den landesherrlichen und geistlichen Gebieten. Stuttgart 1920: 965 - 1053.

Elsaß

Albert, H.: La langue et la littérature françaises en Alsace. o. O., o. J.

Knepper, J.: Das Schul- und Unterrichtswesen im Elsaß. Von den Anfängen bis gegen das Jahr 1530. Straßburg 1905.

Emmerich

Disselbeck, H.: Festschrift des Staatlichen Gymnasiums zu Emmerich. Zur Jahrhundertfeier der Wiederaufrichtung verbunden mit der 1200-Jahrfeier des Bestehens. Emmerich 1932.

Klein: Geschichte des Gymnasiums zu Emmerich. 3. Abteilung, von 1624 bis 1811. Emmerich 1853. Schulprogramm.

Köhler, J.: Rückblick auf die Entwicklung des höheren Schulwesens in Emmerich von seinen Anfängen bis zur Gegenwart. Teil 1: Festschrift zur Erinnerung an die Feier des fünfzigjährigen Bestehens der Emmericher Schule als Königlich Preußisches Gymnasium am 26. Juni 1882. Emmerich 1882.

Stauder, J.: Zur Geschichte der Emmericher Studienstiftungen. Emmerich 1865. Schulprogramm.

Eppstein

Brumm, J.: "Die Schulen zu Eppstein." Nassovia 5 (1904): 96 - 98.

Diehl, W.: "Beiträge zur Schulgeschichte der Herrschaft Eppstein aus den ältesten Pfarr-Kompetenzbüchern und anderen Quellen des 16. und 17. Jahrhunderts." Annalen des Vereins für Nassauische Altertumskunde und Geschichtsforschung 31 (1902/03), Wiesbaden 1903 - 1904: 42 - 61.

Erfurt

Anon.: Avertissement, die neue Einrichtung der Universität Erfurt betreffend. Erfurt 1768.

Biereye, J.: Geschichte des Erfurter Gymnasiums. Unter Berücksichtigung des gesamten höheren Bildungswesens in Erfurt. Sonderabdruck aus der Festschrift zur 350jährigen Jubelfeier des Königlichen Gymnasiums zu Erfurt. Teil 1. Erfurt 1911.

Stieda, W.: Erfurter Universitäts-Reformpläne im 18. Jahrhundert. Erfurt 1934. (= Sonderschriften der Akademie gemeinnütziger Wissenschaften zu Erfurt 5.)

Weissenborn, J. Chr. H.: Hierana. Beiträge zur Geschichte des Erfurtischen Gelehrtenschulwesens. 2 Abteilungen. 1. Abteilung: Bis 1583. 2. Abteilung: Bis 1820. Erfurt 1862. Schulprogramm.

Weissenborn, J. Chr. H.: Hierana III. Die Verfassung des Erfurter Ratsgymnasiums im 17. Jahrhundert. Erfurt 1867. Schulprogramm.

Erlangen

Anon.: Personalstand der Friedrich-Alexanders-Universität Erlangen in ihrem ersten Jahrhundert. Erlangen 1843.

Deuerlein, E.: Geschichte der Universität Erlangen in zeitlicher Übersicht. Erlangen 1927.

Engelhardt, D.: Die Universität Erlangen von 1743 bis 1843. Zum Jubiläum der Universität 1843. Erlangen 1843.

Fikenscher, G. W. A.: Geschichte der Königlich Preußischen Friedrich-Alexanders-Universität zu Erlangen von Ihrem Ursprung bis auf gegenwärtige Zeiten. Coburg 1795.

Fikenscher, G. W. A.: Vollständige akademische Gelehrtengeschichte der Friedrich-Alexanders-Universität zu Erlangen. 3 Bde. Nürnberg 1806 - 1810.

Freyesleben, L.: Das jetzt lebende Erlangen. Erlangen 1775.

Kolde, Th.: Die Universität Erlangen unter dem Hause Wittelsbach 1810 - 1910. Festschrift zur Jahrhundertfeier der Verbindung der Friderico-Alexandrina mit der Krone Bayerns. Erlangen, Leipzig 1910.

Mengin, E.: Die Ritterakademie zu Christian-Erlang. Ein Beitrag zur Geschichte der Pädagogik. Erlangen 1919. Erlanger phil. Diss.

Papst, J. G. F.: Gegenwärtiger Zustand der Friedrich-Alexanders-Universität zu Erlangen. Erlangen 1791.

Rücker, W.: Die Geschichte des Gymnasiums zu Erlangen. Teil 1: Entstehung des Gymnasiums. Jahresbericht von der Königlichen Studienanstalt zu Erlangen in Mittelfranken. Erlangen 1845.

Seiler, G. F.: Kurze Nachricht von dem Hochfürstlichen Institut der Moral und Schönen Wissenschaften auf der Friedrich-Alexanders-Akademie. Erlangen 1773.

Seiler, G. F.: Kurze Geschichte des Königlichen Instituts der Moral und Schönen Wissenschaften. Eine Einladungsschrift. Erlangen 1795.

Essen

Overmann, K.: Die Geschichte der Essener höheren Lehranstalten im 17. und 18. Jahrhundert mit besonderer Berücksichtigung des Evangelisch-Lutherischen Gymnasiums und seines Direktors Johann Heinrich Zopf. Essen 1928. Kölner phil. Diss.

Ribbeck, K.: Geschichte des Essener Gymnasiums. Teil 1: Bis 1564. Essen 1896.

Ribbeck, K.: Geschichte des Essener Gymnasiums. Teil 2: Die Lutherische Stadtschule 1564 - 1611. Essen 1898.

Tophoff, Th.: Die früheren höheren Schulanstalten in Essen. Essen 1862. Schulprogramm.

Esslingen

Mayer, O.: "Geschichte des Humanistischen Schulwesens in der Freien Reichsstadt Esslingen, 1267 - 1803." Anon. (Württembergische Kommission für Landesgeschichte, ed.): Geschichte des Humanistischen Schulwesens in Württemberg. Bd. 2: Geschichte des Humanistischen Schulwesens in den zu Beginn des 19. Jahrhunderts württembergisch gewordenen Landesteilen von 1559 bis 1805. 1. Halbband: Geschichte des Humanistischen Schulwesens der Reichsstädte. Stuttgart 1920: 204 - 326.

Ettal

Reinhardstöttner, Karl von: "Pädagogisches aus der Ritterakademie zu Ettal (1711 bis 1744)." Reinhardstöttner, Karl von (ed.): Forschungen zur Kultur- und Literaturgeschichte Bayerns. 4. Buch. Ansbach 1896: 62 - 96.

Euskirchen

Anon. (ed.): 650 Jahre Stadt Euskirchen, 1302 - 1952. Festschrift zum Stadtjubiläum. 2 Bde. Euskirchen 1952.

Boetsch: Geschichte des Progymnasiums zu Euskirchen, 1901 - 1951. Festgabe zur Feier des 50jährigen Bestehens der Schule. Euskirchen 1901.

Odenbach, J.: "Euskirchen, 'Die Stadt der Schulen'. Aus der Geschichte unseres Volksschulwesens." Anon. (ed.): 650 Jahre Stadt Euskirchen, 1302 - 1952. Festschrift zum Stadtjubiläum. Bd. 1. Euskirchen 1952: 199 - 202.

Eutin

Vergleiche auch **Schleswig-Holstein:** Kordes, B. 1797 sowie Lübker, D.L./ Schröder, H. 1829 - 1830.

Flensburg

Brasch, O. M.: Flensborg Latin- og Realskolens Historie. Teil 1: Latinskolens Historie 1566 - 1797. Flensburg 1861.

Frankenthal

Anon. (ed.): 75 Jahre Gymnasium Frankenthal, 1878 - 1953. Kaiserslautern 1953.

Maus, A./Abel, B. T.: "Aus der 200jährigen Geschichte des Karolinen-Gymnasiums." Anon. (ed.): Festschrift des Staatlichen Karolinen-Gymnasiums Frankenthal (Pfalz) zum 200jährigen Bestehen als öffentliche Schule. Frankenthal 1980: 14 - 21.

Frankfurt (Main)

Baerwald, H./Adler, S.: Geschichte der Realschule der israelitischen Gemeinde (Philanthropin) zu Frankfurt am Main, 1804 - 1904. Frankfurt a. M. 1904. Schulprogramm.

Bothe, F.: Beiträge zur Wirtschafts- und Sozialgeschichte der Reichsstadt Frankfurt. Beilage zum Jahresbericht der Liebig-Realschule zu Frankfurt a. M., Ostern 1906. Altenburg 1906.

Ebrard, F. C.: Die französisch-reformierte Gemeinde in Frankfurt am Main 1554 bis 1904. Frankfurt a. M. 1906.

Eiselen, F.: Geschichte des deutschen Schulwesens in Frankfurt am Main bis zur Gründung der Musterschule; die ersten Jahre dieser Anstalt selbst und ihre beiden ersten Oberlehrer. Festschrift zur Eröffnung des neuen Gebäudes der Musterschule am 11. Oktober 1880. Frankfurt a. M. 1880.

Helfenstein, J.: Die Entwicklung des Schulwesens in seiner kulturhistorischen Bedeutung, dargestellt in Bezug auf die Schulverhältnisse der Freien Stadt Frankfurt von der ältesten bis zur neuesten Zeit. 1. Abteilung: Das Mittelalter und die Reformationszeit. Frankfurt a. M. 1858.

Heß, M.: Die Bürger- und Realschule der israelitischen Gemeinde zu Frankfurt am Main von ihrer Entstehung im Jahre 1804 bis zu meinem Abtreten im Juli 1855. Frankfurt a. M. 1857.

Liermann, O.: "Das Schul- und Bildungswesen in Frankfurt am Main." Anon. (ed.): Die Stadt Goethes. Frankfurt im 18. Jahrhundert. Frankfurt a. M. 1932: 149 - 172.

Mommsen, T.: Zur Geschichte des Gymnasiums [zu Frankfurt a. M.]. 1. Beitrag. Frankfurt a. M. 1869. Schulprogramm.

Neumann: "Drei Beiträge zur Schulgeschichte von Frankfurt am Main aus dem 17. und 18. Jahrhundert." Mitteilungen der Gesellschaft für deutsche Erziehungs- und Schulgeschichte 13 (1903): 164 - 170.

Rumpf-Fleck, J.: Italienische Kultur in Frankfurt am Main im 18. Jahrhundert. Köln 1936. (= Veröffentlichungen des Petrarca-Hauses, Reihe 1: Abhandlungen 2.)

Wedewer, H.: Zur Geschichte der Selekten-Schule [zu Frankfurt am Main]. Frankfurt a. M. 1868.

Frankfurt (Oder)

Beckmann, J. C.: Notitia universitatis Francofurtanae. Frankfurt a. d. O. 1707.

Dettmers, J. Ph. F.: Geschichte der Königlichen Friedrichsschule und der damit verbundenen Erziehungsanstalten zu Frankfurt an der Oder. Frankfurt a. d. O. 1794.

Hansen, K. R.: Geschichte der Universität und Stadt Frankfurt an der Oder, seit ihrer Stiftung und Erbauung, bis zum Schluß des 18. Jahrhunderts. Frankfurt a. d. O. 1800.

Freiberg (Sachsen)

Süss, P.: "Geschichte des Gymnasiums zu Freiberg. Teil 1." Franke, F. R. (ed.): Gymnasium Albertinum zu Freiberg. Freiberg 1876: 1 - 32. Schulprogramm.

Süss, P.: Geschichte des Gymnasiums zu Freiberg (Gymnasium Albertinum). Teil 2. Freiberg 1877. Schulprogramm.

Thümer, A.: "Gymnasium [Albertinum] zu Freiberg." Anon. (Sächsischer Gymnasiallehrerverein, ed.): Veröffentlichungen zur Geschichte des gelehrten Schulwesens im Albertinischen Sachsen. Teil 1: Übersicht über die geschichtliche Entwicklung der Gymnasien. Leipzig 1900: 114 - 127.

Freiburg (Breisgau)

Albert, P. P.: "Zur Schulgeschichte Freiburgs i. Br." Mitteilungen der Gesellschaft für deutsche Erziehungs- und Schulgeschichte 14 (1904): 13 - 25.

Mayer, H.: "Geschichte der Universität Freiburg in der ersten Hälfte des 19. Jahrhunderts." Alemannia, Zeitschrift für Sprache, Kunst und Altertum, besonders des alemannisch-schwäbischen Gebiets 20 (1892): 7 - 61, 138 - 181; 21 (1893): 17 - 70, 103 bis 148, 209 - 276; 22 (1894): 193 - 259.

Schreiber, H.: Geschichte der Albert-Ludwig-Universität zu Freiburg im Breisgau. 3 Bde. Freiburg 1857 - 1860.

Friedrichsdorf (Taunus)

Marmier, C.: Geschichte und Sprache der Hugenottenkolonie Friedrichsdorf im Taunus. Marburg 1901.

Fürstenwalde
Vergleiche Müncheberg: Schöttler, A. 1895

Fulda

Richter, G. (ed.): Die Studentenmatrikel der Adolphsuniversität zu Fulda (1734 bis 1805). Fulda 1936.

Wahle, J.: "Die dritte Schule Fuldas bis zum Jahre 1905." Anon. (ed.): Festschrift zur Gedenkfeier des 100jährigen Bestehens der Anstalt seit ihrer Neugestaltung, 1805 bis 1905. Fulda 1905. (Nicht paginiert.)

Geldern

Nettesheim, F.: Geschichte der Schulen im alten Herzogtum Geldern und in den benachbarten Landesteilen. Ein Beitrag zur Geschichte des Unterrichtswesens Deutschlands und der Niederlande. Düsseldorf 1881.

Gera

Büttner, R.: Geschichte des Fürstlichen Gymnasiums Rutheneum zu Gera. Festschrift zur Feier des 300jährigen Bestehens des Gymnasiums. Gera 1908.

Geseke

Falke, D.: Kloster und Gymnasium Antonianum der Franziskaner zu Geseke. Ein Beitrag zur Schulgeschichte der Neuzeit. Münster i. W. 1915. (= Franziskanische Studien, Beiheft 1.)

Giengen

Vergleiche auch **Aalen:** Diehl, A. 1920

Keefer, H.: "Die lateinische Schule in Giengen a. Br. als reichsstädtische Schule." Beilage des Staatsanzeigers für Württemberg, Jg. 1927, Nr. 1: 12 - 21.

Gießen

Anon.: Academia Hasso-Gissena antiquo incremento et pristino floridoque splendori restituta. Gießen 1661.

Anon. (ed.): Die Universität Gießen 1607 - 1907. 2 Bde. Gießen 1907.

Messer, A.: Geschichte des Landgraf-Ludwigs-Gymnasiums zu Gießen. Beilage zum Jahresbericht des Großherzoglichen Landgraf-Ludwigs-Gymnasiums zu Gießen. Gießen 1908.

Schädel, L.: "Die Deina-Kämpfe, ein Streit um das Gießener Gymnasium in der beginnenden Aufklärungszeit, 1769." Mitteilungen der Gesellschaft für deutsche Erziehungs- und Schulgeschichte 12 (1902): 57 - 74.

Voltz, L.: "Zwei Hessen-Homburgische Prinzen als Gießener Studenten, 1722 - 23." Dieterich, J. R./Bader, K. (eds.): Beiträge zur Geschichte der Universitäten Mainz und Gießen. Gießen 1907: 356 - 374.

Glaz

Müller, J.: Chronik des katholischen Gymnasiums zu Glaz von 1194, der Gründung der hiesigen Maltheser-Commende, bis 1776, zur Aufhebung der Jesuiten hieselbst. Glaz 1842. Schulprogramm.

Glogau

Morgenbesser, M.: Geschichte der evangelisch-lutherischen Schule zu Groß-Glogau. Glogau 1809.

Glückstadt

Detlefsen, D.: Geschichte des Königlichen Gymnasiums zu Glückstadt. Teil 1: Von der Gründung der Stadt im Jahre 1617 bis zur Einsetzung des Collegium Scholasticum im Jahre 1747. Glückstadt 1890. Schulprogramm.

Detlefsen, D.: Geschichte des Königlichen Gymnasiums zu Glückstadt. Teil 2: Von der Einsetzung des Collegium Scholasticum im Jahre 1747 bis zum Neuen Glückstädtischen Schulreglement 1786. Teil 3: Von da ab bis zum Rektorate Germars 1802. Glückstadt 1891. Schulprogramm.

Detlefsen, D.: Geschichte des Königlichen Gymnasiums zu Glückstadt. Teil 3 (Schluß): Vom Neuen Glückstädtischen Schulreglement 1786 bis zum Rektorate Germars 1802. Glückstadt 1892. Schulprogramm.

Detlefsen, D.: Geschichte des Königlichen Gymnasiums zu Glückstadt. Teil 4: Vom Rektorate Germars 1802 bis zur Trennung der Gelehrtenschule von der Bürgerschule Michaelis 1820 (Schluß). Glückstadt 1895. Schulprogramm.

Detlefsen, D.: Geschichte des Königlichen Gymnasiums zu Glückstadt. Teil 5: Das Rektorat Jungclaussens (1814 bis 1837). 2 Abteilungen. Glückstadt 1897 - 1898. Schulprogramme.

Detlefsen, D.: Geschichte des Königlichen Gymnasiums zu Glückstadt. Teil 6: Das Rektorat Horns (1837 bis 1853). Glückstadt 1904. Schulprogramm.

Jungclaussen, J. P. A.: Beiträge zur Geschichte der hiesigen Schule [des Gymnasiums zu Glückstadt]. Glückstadt 1822. Schulprogramm.

Göttingen

Brandes: "Über den gegenwärtigen Zustand der Universität Göttingen." Neues Hannöverisches Magazin, Jg. 1802, 11. - 29. Stück: 162 - 455.

Conradi, Ph. F.: Ein chronologisches Verzeichnis sämtlicher Lehrer der Universität seit ihrer Stiftung im Jahre 1734. Göttingen 1837.

Ebel, W.: Die Privilegien und ältesten Statuten der Georg-August-Universität zu Göttingen. Göttingen 1961.

Ebel, W.: Catalogus Professorum Goettingensium 1734 - 1962. Göttingen 1962.

Kahle, K.: "Vom Göttinger Gymnasium." Göttinger Beiträge zur deutschen Kulturgeschichte, Jg. 1927: 76 - 89.

Nebe, K.: Geschichte der ältesten preußischen Handelsschule in Göttingen." Zeitschrift für Handelsschulpädagogik 3 (1931): 1 - 12.

Pannenborg, A.: Zur Geschichte des Göttinger Gymnasiums. Göttingen 1886. Schulprogramm.

Pütter, J. S.: Versuch einer akademischen Gelehrtengeschichte von der Georg-August-Universität zu Göttingen. 2 Bde. Göttingen 1765 - 1788.

Pütter, J. S.: Versuch einer akademischen Gelehrtengeschichte von der Georg-August-Universität zu Göttingen. Bd. 3, fortgesetzt von Saalfeld. Hannover 1820.

Pütter, J. S.: Versuch einer akademischen Gelehrtengeschichte von der Georg-August-Universität zu Göttingen. Bd. 4, fortgesetzt von Oesterley. Göttingen 1838.

Rössler, E. F.: Die Gründung der Universität Göttingen. Entwürfe, Berichte und Briefe der Zeitgenossen. Göttingen 1855.

Selle, G. v.: Die Georg-August-Universität zu Göttingen, 1737 - 1937. Göttingen 1937.

Trost, F.: Die Göttingische Industrieschule. Berlin 1930. (= Arbeiten aus dem Forschungsinstitut für Fürsorgewesen in Frankfurt a. M. 4.)

Wollens, A.: Entwicklung der katholischen Schule zu Göttingen von 1772 bis 1925. Die Geschichte einer Diasporaschule. Göttingen 1925.

Goslar

Müller, O.: Geschichtliche Nachrichten über das höhere Schulwesen der Stadt Goslar. Goslar 1868. Schulprogramm.

Gotha
Vergleiche auch **Schwarzburg-Rudolstadt**: Stiebitz, R. 1911

Schneider, M.: "A. Reyhers Schulgesetze für das Gymnasium Illustre in Gotha aus dem Jahre 1641." Mitteilungen der Gesellschaft für deutsche Erziehungs- und Schulgeschichte 11 (1901): 79 - 111.

Schneider, M.: "Die Einrichtung einer 'deutschen Schul' (d. h. Realabteilung) am Gymnasium zu Gotha durch Herzog Ernst den Frommen im Jahre 1662." Mitteilungen der Gesellschaft für deutsche Erziehungs- und Schulgeschichte 13 (1903): 34 - 41.

Schneider, M.: "Neues zu August Hermann Franckes Schulleben auf dem Gymnasium Illustre zu Gotha 1677." Mitteilungen der Gesellschaft für deutsche Erziehungs- und Schulgeschichte 14 (1904): 238 - 241.

Schneider, M.: "Die Themata der öffentlichen Schülerdisputationen am Gymnasium Illustre zu Gotha im 17. Jahrhundert." Mitteilungen der Gesellschaft für deutsche Erziehungs- und Schulgeschichte 17 (1907): 142 - 148.

Schulze, Chr. F.: Geschichte des Gymnasiums zu Gotha. Gotha 1824.

Gräfrath

Herwig, W.: "Gräfrather Schullehrer des 17. und 18. Jahrhunderts." Die Heimat (Solingen) 18 (1952), Nr. 11: 31 - 32.

Graz

Peinlich, R.: Geschichte des Gymnasiums zu Graz mit einigen Rückblicken auf die Geschichte des Gymnasialunterrichtes im allgemeinen. Graz 1864. Schulprogramm.

Peinlich, R.: Zur Geschichte des Gymnasiums zu Graz. Graz 1866. Schulprogramm.

Peinlich, R.: Geschichte des Gymnasiums zu Graz. Zweite Periode. Kollegium, Gymnasium und Universität unter den Jesuiten. Graz 1869. Schulprogramm.

Peinlich, R.: Geschichte des Gymnasiums zu Graz. Zweite Periode. Kollegium, Gymnasium und Universität der Jesuiten (Fortsetzung). Graz 1870. Schulprogramm.

Greifswald

Anon. (ed.): Festschrift zur 500-Jahrfeier der Universität Greifswald, 17.10.1956. 2 Bde. Greifswald 1956.

Erdmann, G.: Die Ernst-Moritz-Arndt-Universität Greifswald und ihre Institute. Greifswald 1959.

Friedländer, E. (ed.): Matrikel der Universität Greifswald, 1456 - 1700. 2 Bde. Berlin 1892 - 1894. (= Publikationen aus den Königlich Preußischen Staatsarchiven 52, 57.)

Kosegarten, J. G. L.: Geschichte der Universität Greifswald mit urkundlichen Beilagen. 2 Teile. Greifswald 1856 - 1857.

Lehmann, H.: Geschichte des Gymnasiums zu Greifswald. Greifswald 1861.

Schlegel, G.: Beschreibung des gegenwärtigen Zustandes der Königlichen Universität zu Greifswald. Berlin, Stralsund 1798.

Schubel, F.: Universität Greifswald. Frankfurt a. M. 1960. (= Mitteldeutsche Hochschulen 4.)

Wegener, Ph.: Zur Geschichte des Gymnasiums zu Greifswald. Eine Schulreform an der Großen Stadtschule in Greifswald aufgrund der Denkschrift des Rektors Magister Warnekros 1784. 2 Teile. Greifswald 1904 - 1905. Schulprogramme.

Greiz

Zippel, L.: Zur Geschichte des Höheren Schulwesens in Greiz. Greiz 1879. Schulprogramm.

Grimma

Clemen, A.: "Fürsten- und Landesschule St. Augustin zu Grimma." Anon. (Sächsischer Gymnasiallehrerverein, ed.): Veröffentlichungen zur Geschichte des Gelehrtenschulwesens im Albertinischen Sachsen. Teil 1: Geschichtliche Entwicklung der Gymnasien. Leipzig 1900: 20 - 33.

Lorenz, Chr. G.: Bericht über die Gründung und Eröffnung der Landesschule zu Grimma im Jahre 1550, ihre äußeren Verhältnisse und Schicksale während ihres Bestehens und über die Jubelfeier derselben in den Jahren 1650, 1750 und 1850. Grimma 1850.

Roessler, K. J.: Geschichte der Königlich Sächsischen Fürsten- und Landesschule Grimma. Leipzig 1891.

Grünstadt

Ernst, F. W.: Geschichte des Leiningschen Gymnasiums zu Höningen und zu Grünstadt, 1573 - 1819. Ein Beitrag zur Schul-, Pfarr- und Familiengeschichte der Nordost-Pfalz. Grünstadt 1927.

Ernst, F.: "Grünstadts höheres Schulwesen. Ein Abriß." Die Neuen Leininger Blätter. Heimatschrift für die Lande zwischen Peterskopf und Donnersberg 3 (1929), Nr. 7/8: 4 - 11.

Ernst, F. W.: Geschichte des Bayerischen Progymnasiums zu Grünstadt, 1819 - 1929. Grünstadt 1929.

Ernst, F./Feßmeyer, H.: "Friedrich Wilhelm Thiersch und die Grünstadter Lateinschule." Die Neuen Leininger Blätter. Heimatschrift für die Lande zwischen Peterskopf und Donnersberg 3 (1929), Nr. 7/8: 12 - 15.

Volk, F.: "Die reformierten Pfarrer und Schulmeister zu Grünstadt." Monatsschrift des Frankenthaler Altertumsvereins 45 (1937): 43 - 44.

Weber, J.: Die katholische Schule zu Grünstadt und der Kampf um ihre Existenz bis zu Anfang des 19. Jahrhunderts. Ein Beitrag zur Geschichte des katholischen Volksschulwesens in der Grafschaft Leiningen-Westerburg. Speyer 1910.

Gumbinnen

Arnoldt, J.: Beiträge zur Geschichte des Schulwesens in Gumbinnen. 1. Stück: Die alte Stadtschule von ihrer Stiftung bei Gründung der Stadt bis zu ihrer Umwandlung in die sogenannte Friedrichsschule (1724 bis 1764). Gumbinnen 1865. Schulprogramm.

Arnoldt, J.: Beiträge zur Geschichte des Schulwesens in Gumbinnen. 2. Stück: Die Friedrichsschule (1764 - 1809). 1. Teil nebst einer aus 3 Nummern bestehenden Beilage. Gumbinnen 1866. Schulprogramm.

Arnoldt, J.: Beiträge zur Geschichte des Schulwesens in Gumbinnen. 3. Stück: Die Friedrichsschule (1764 - 1809). 2. Teil. Gumbinnen 1867. Schulprogramm.

Arnoldt, J.: Beiträge zur Geschichte des Schulwesens in Gumbinnen. 4. Stück: Die Friedrichsschule (1764 - 1809). 3. und letzter Teil. Anhang. Zur Geschichte des hiesigen Elementarschulwesens in der älteren Zeit bis zum Jahre 1809. Gumbinnen 1868. Schulprogramm.

Jaenicke, H.: Die Geschichte der alten Friedrichsschule zu Gumbinnen. Gumbinnen 1904. Schulprogramm.

Gunzenhausen

Maurer, R.: Die Lateinschule Gunzenhausen, 1530 - 1893. Gunzenhausen 1926.

Hadamar

Kehrein: Geschichte des Gymnasiums zu Hadamar. Wiesbaden 1848. Schulprogramm.

Peters, L.: Geschichte des Gymnasiums zu Hadamar. Festschrift zur Feier des 50jährigen Bestehens des jetzigen Gymnasiums am 13. August 1894. Frankfurt a. M. 1894.

Hadersleben

Achilis, Th. O.: "Aus der Vorgeschichte des Haderslebener Johanneums." Anon. (ed.): Festschrift zur 400-Jahrfeier des Alten Gymnasiums zu Bremen, 1528 - 1928. Bremen o. J. (1928): 103 - 132.

Jessen: Vorgeschichte der Lateinischen Schule in Hadersleben. Hadersleben 1867. Schulprogramm.

Halberstadt

Richter, A.: Beiträge zur Geschichte des Stephaneums zu Halberstadt. Festschrift zur Feier des 200jährigen Jubiläums der Wiederherstellung des Halberstädter Dom-Gymnasiums und zur Einweihung des neuen Schulgebäudes. Halberstadt 1875.

Halle (Saale)

Ahrbeck, H.: "Über die Erziehungs- und Unterrichtsreform A. H. Franckes und ihre Grundlagen." Anon. (Martin-Luther-Universität Halle-Wittenberg, ed.): 450 Jahre Martin-Luther-Universität Halle-Wittenberg. Bd. 2: Halle 1694 - 1817, Halle-Wittenberg 1817 - 1945. o. O., o. J. (Halle 1952): 77 bis 94.

Anon.: [Einladungsblatt zur Eröffnung der Universität Halle vom 1. Juni 1694.] Halle 1694.

Anon. (Martin-Luther-Universität Halle-Wittenberg, ed.): 450 Jahre Martin-Luther-Universität Halle-Wittenberg. 3 Bde. o. O., o. J. (Halle 1952).

Bullmann, J. C.: Denkwürdige Zeitperioden der Universität zu Halle von ihrer Stiftung an, nebst einer Chronologie dieser Hochschule seit dem Jahre 1805 bis jetzt. Halle 1833.

Bykova, T. A.: "Über in Halle gedruckte slawische Bücher." In: Steinitz, W. et al. (eds.): Ost und West in der Geschichte des Denkens und der kulturellen Beziehungen. Festschrift für Eduard Winter zum 70. Geburtstag. Berlin 1966: 262 - 267.

Eckstein, F. A.: Beiträge zur Geschichte der Halleschen Schulen. 2 Stücke. Halle 1850 bis 1851. Schulprogramme der Lateinischen Hauptschule.

Feyl, O.: "Zur historischen Rolle der Universitäten Halle und Wittenberg in der Geschichte der deutsch-slawischen Nachbarschafts- und Freundschaftsbeziehungen."

Anon. (Martin-Luther-Universität Halle-Wittenberg, ed.): 450 Jahre Martin-Luther-Universität Halle-Wittenberg. Bd. 1. Witten- berg 1502 - 1817. o. O., o. J. (Halle 1952): 393 - 406.

Förster, J. Chr.: Übersicht der Geschichte der Universität zu Halle in ihrem ersten Jahrhundert. 2. A. Halle 1799.

Hertzberg, G. F.: Geschichte der Stadt Halle an der Saale im Mittelalter. Nach den Quellen dargestellt. Halle 1889. (= Geschichte der Stadt Halle an der Saale von den Anfängen bis zur Neuzeit 1.)

Hertzberg, G. F.: Geschichte der Stadt Halle an der Saale während des 16. und 17. Jahrhunderts, 1513 - 1717. Nach den Quellen dargestellt. Halle 1891. (= Geschichte der Stadt Halle an der Saale von den Anfängen bis zur Neuzeit 2.)

Hertzberg, G. F.: Halle während des 18. und 19. Jahrhunderts (1717 - 1892). Halle 1893. (= Geschichte der Stadt Halle an der Saale von den Anfängen bis zur Neuzeit 3.)

Hofbauer, J. Chr.: Geschichte der Universität zu Halle bis zum Jahre 1805. Halle 1805.

Schrader, W.: Geschichte der Friedrichs-Universität zu Halle. 2 Bde. Berlin 1894.

Weissenborn, B.: Die Universität Halle-Wittenberg. Berlin 1919. (= Stätten der Bildung 2.)

Hamburg

Fabian, B.: "Die erste englische Buchhandlung auf dem Kontinent." Fabian, B. (ed.): Festschrift für Rainer Gruenter. Heidelberg 1978: 122 - 144.

Goldschmidt, J.: Geschichte der Talmud Tora-Realschule in Hamburg. Festschrift zur 100-Jahrfeier der Anstalt, 1805 - 1905. Hamburg 1905.

Hoche, R.: Beiträge zur Geschichte der St. Johannis-Schule in Hamburg. Teil 2: Die Reform-Verhandlungen und die Direktion Johannes Gurlitts. Hamburg 1878. Schulprogramm.

Hoche, R.: Beiträge zur Geschichte der St. Johannis-Schule in Hamburg. Teil 3: Die Ordnungen der St. Johannisschule im 16., 17. und 18. Jahrhundert. Festschrift zur 350jährigen Jubelfeier des Johanneums am 24.05.1879. Hamburg 1879.

Schröder, H.: Lexikon der hamburgischen Schriftsteller bis zur Gegenwart. Im Auftrage des Vereins für hamburgische Geschichte ausgearbeitet. 8 Bde. Hamburg 1851 bis 1853.

Tendering, F.: Zur Geschichte des Realgymnasiums des Johanneums. Festschrift zur Einweihung des neuen Schulgebäudes. Hamburg 1905. Schulprogramm.

Thiessen, J. O.: Versuch einer Gelehrtengeschichte von Hamburg nach alphabetischer Ordnung mit kritischen und pragmatischen Bemerkungen. 2 Bde. Hamburg 1780.

Hamm

Berndt, Th.: Ältere Geschichte des Königlichen Gymnasiums in Hamm, 1781 - 1836. Mit einer der 300jährigen Jubelfeier der Grafschaft Mark gewidmeten Einleitung. Hamm 1909.

Eickhoff, H.: "Neue Beiträge zur Geschichte des Königlichen Gymnasiums in Hamm." Hamm 1907. Schulprogramm.

Wachter, Chr. F.: Geschichtliche Nachrichten über das Hammsche Gymnasium. Hamm 1818.

Wendt: Zur Geschichte des Gymnasiums [zu Hamm]. Hamm 1857. Schulprogramm.

Hanau

Herwig, C.: Beiträge zur Geschichte des ehemaligen Lutherischen Gymnasiums zu Hanau. Hanau 1869. Schulprogramm.

Nessler, K.: Festschrift zur 300jährigen Jubelfeier der Wallonischen Gemeinde zu Hanau. Im Auftrage des Großen Konsistoriums verfaßt. Hanau 1897.

Piderit, K. W.: Geschichte der Gründung und Einweihung des Gymnasiums zu Hanau. 2 Teile. Hanau 1865. Schulprogramme.

Wessel, A.: Festschrift zur 300jährigen Jubelfeier der niederländischen reformierten Gemeinde zu Hanau. Hanau 1897.

Hannover

Anon. (Kohlrausch, F.): Das höhere Schulwesen des Königreichs Hannover seit seiner Organisation im Jahre 1830. Hannover 1855.

Bertram, F.: Geschichte des Ratsgymnasiums (vormals Lyzeum) zu Hannover. Hannover o. J. (1915). (= Veröffentlichungen zur niedersächsischen Geschichte 10.)

Bessell, H.: Das gewerbliche Schulwesen im ehemaligen Königreich Hannover. Geschichte und Kritik. Leipzig 1904.

Grotefend, G. F.: Geschichte des Lyzeums der Königlichen Residenzstadt Hannover während des Zeitraums von 1733 bis 1833. Hannover 1833. Schulprogramm.

Poten, B.: Geschichte des Militär-Erziehungs- und Bildungswesens in den Landen deutscher Zunge. Bd. 2: Hannover, Hessen-Kassel, Hessen-Darmstadt, Hessen-Hanau, Mecklenburg-Schwerin, Münster, Nassau, Oldenburg. Berlin 1891. (= Monumenta Germaniae Paedagogica 11.)

Rotermund, H. W.: Das gelehrte Hannover oder Lexikon von Schriftstellern und Schriftstellerinnen, gelehrten Geschäftsmännern und Künstlern, die seit der Reformation in und außerhalb den sämtlichen zum jetzigen Königreich Hannover gehörigen Provinzen gelebt haben und noch leben. 2 Bde. Bremen 1823.

Rühlmann, F. Chr.: Neue Beiträge zur Geschichte der Altstädter Schule in Hannover. Hannover 1786.

Salfeld, J. K.: Geschichte des Königlichen Schullehrer-Seminarii und dessen Freischule zu Hannover. Hannover 1800.

Heidelberg

Cartellieri, O.: Heidelberger Professoren des vergangenen Jahrhunderts. Heidelberg 1928.

Hautz, J. F.: Geschichte der Neckarschule in Heidelberg. Heidelberg 1849.

Hautz, J. F.: Geschichte der Universität Heidelberg. Herausgegeben von Karl Alexander Freiherr von Reichlin-Meldegg. 2 Bde. Mannheim 1862 - 1864.

Hinz, G. (ed.): Aus der Geschichte der Universität Heidelberg und ihrer Fakultäten. Ruperto-Carola Sonderband. Aus Anlaß des 575jährigen Bestehens der Ruprecht-Karl-Universität Heidelberg herausgegeben. Heidelberg 1961.

Jellinek, G. (ed.): Gesetze und Verordnungen für die Universität Heidelberg. Heidelberg 1908.

Keller, R. A.: Geschichte der Universität Heidelberg im ersten Jahrzehnt nach der Reorganisation durch Karl Friedrich (1803 - 1813). Heidelberg 1913. (= Heidelberger Abhandlungen 40.)

Marcks, E.: Die Universität Heidelberg im 19. Jahrhundert. Festrede zur 100-Jahrfeier ihrer Wiederbegründung durch Karl Friedrich. Heidelberg 1903.

Rüthnick, R.: "Lehrerbesoldungen in Heidelberg, 1624 - 25." Mitteilungen der Gesellschaft für deutsche Erziehungs- und Schulgeschichte 17 (1907): 69 - 74.

Schneider, F.: Geschichte der Universität Heidelberg im 1. Jahrzehnt nach der Reorganisation durch Karl Friedrich (1803 - 1813). Heidelberg 1913. (= Heidelberger Abhandlungen zur mittleren und neueren Geschichte 38.)

Toepke, G./Hintzelmann, P. (eds.): Die Matrikel der Universität Heidelberg. 7 Bde. Heidelberg 1884 - 1916.

Winkelmann, E. (ed.): Urkundenbuch der Universität Heidelberg. Zur 500jährigen Stiftungsfeier der Universität. 2 Bde. Bd. 1: Urkunden. Heidelberg 1886.

Winkelmann, E. (ed.): Urkundenbuch der Universität Heidelberg. Zur 500jährigen Stiftungsfeier der Universität. 2 Bde. Bd. 2: Regesten. Heidelberg 1886.

Wund, F. P.: Beiträge zu der Geschichte der Heidelberger Universität. Besonders genaue Nachricht von der Reformation dieser hohen Schule unter dem Kurfürst Otto Heinrich im Jahr 1558, aus einer seltenen Handschrift. Verfertigt bei dem Angedenken an das 4. Jubelfest dieser Universität. Mannheim 1786.

Heilbronn

Finckh, D.: Beiträge zur Geschichte des Gymnasiums und der Realschule zu Heilbronn. Einladungsschrift zur Feier des Geburtsfestes Seiner Majestät des Königs Wilhelm von Württemberg im Königlichen Karlsgymnasium zu Heilbronn am 27. September 1863. Heilbronn 1863.

Lang, G.: "Geschichte des Gymnasiums der Reichsstadt Heilbronn." Anon. (Württembergische Kommission für Landesgeschichte, ed.): Geschichte des Humanistischen Schulwesens in Württemberg. Bd. 2: Geschichte des Humanistischen Schulwesens in den zu Beginn des 19. Jahrhunderts württembergisch gewordenen Landesteilen von 1559 bis 1805. 1. Halbband: Geschichte des Humanistischen Schulwesens der Reichsstädte. Stuttgart 1920: 91 - 203.

Rauch, M. v.: "Eine Romreise zweier Heilbronner im Jahr 1574." Württembergische Vierteljahreshefte für Landesgeschichte. Neue Folge 27 (1918): 61 - 82.

Schott, E.: "Der Heilbronner Gymnasialrektor Johann Rudolf Schlegel (1729 bis 1790), ein schwäbischer Bekämpfer von Basedows 'chimärischen' Bestrebungen." Zeitschrift für Geschichte der Erziehung und des Unterrichts 2 (1912): 185 - 203.

Heiligenstadt

Rinke, M.: Die Geschichte des hiesigen Gymnasiums [des Gymnasiums in Heiligenstadt] von seiner Entstehung im Jahre 1575 bis zum Jahre 1830. Heiligenstadt 1837. Schulprogramm.

Wolf, J.: Geschichte des Gymnasiums zu Heiligenstadt von 1575 bis 1774. Göttingen 1813.

Helmstedt

Häberlin, F.: Geschichte der ehemaligen Hochschule Julia-Carolina zu Helmstedt. Helmstedt 1876.

Hofmeister, H.: "Die Universität Helmstedt zur Zeit des Dreißigjährigen Krieges." Zeitschrift des Historischen Vereins für Niedersachsen, Jg. 1907: 241 - 277.

Knoch, W.: Geschichte des Schulwesens, besonders der lateinischen Stadtschule zu Helmstedt. 3 Abteilungen. Braunschweig 1860 - 1862.

Herborn

Steubing, J. H.: Geschichte der Hohen Schule Herborn. Hadamar 1823.

Herford

Francke, A. L.: Geschichte des Friedrich-Gymnasiums zu Herford. Herford 1840.

Hölscher, L.: Geschichte des Gymnasiums in Herford. 2 Teile. Herford 1869. Schulprogramme.

Knefel, E.: Geschichte des Friedrichs-Gymnasiums in Herford. Herford 1817.

Herrnhut

Uttendörfer, O.: Das Erziehungswesen Zinzendorfs und der Brüdergemeine in seinen Anfängen. Berlin 1912. (= Monumenta Germaniae Paedagogica 51.)

Hersfeld

Hafner, Ph.: Geschichte des Gymnasiums zu Hersfeld von 1817 bis 1876. Hersfeld 1904. Schulprogramm.

Hessen

Vergleiche auch **Hessen-Darmstadt, Hessen-Hanau, Hessen-Homburg, Hessen-Kassel** und **Hessen-Nassau:** passim sowie **Marburg:** Sybel, H. v. 1848

Schmidt, M. G.: Untersuchungen über das Hessische Schulwesen zur Zeit Philipps des Großmütigen. Berlin 1904. (= Beiträge zur Geschichte der Erziehung und des Unterrichts in Hessen-Nassau-Waldeck 9. Mitteilungen der Gesellschaft für deutsche Erziehungs- und Schulgeschichte, Beihefte 4.)

Strieder, F. W.: Grundlage zu einer hessischen Gelehrten- und Schriftsteller-Geschichte, seit der Reformation bis auf gegenwärtige Zeiten. 20 Bde. Göttingen und Kassel 1781 - 1863.

Hessen-Darmstadt

Vergleiche auch **Hessen** sowie **Darmstadt:** passim und **Hannover:** Poten, B. 1891

Diehl, W.: "Zur Geschichte des Unterrichts in den Hessen-Darmstädtischen deutschen Schulen zur Zeit der Landgrafen Ludwigs VI und Ernst Ludwig (1661 - 1739)." Mitteilungen der Gesellschaft für deutsche Erziehungs- und Schulgeschichte 12 (1902): 1 bis 38.

Diehl, W.: Die Schulordnungen des Großherzogtums Hessen. Bd. 1: Die höheren Schulen der Landgrafschaft Hessen-Darmstadt. Die Texte. Berlin 1903. (= Monumenta Germaniae Paedagogica 27.)

Diehl, W.: Die Schulordnungen des Großherzogtums Hessen. Bd. 2: Die höheren Schulen der Landgrafschaft Hessen-Darmstadt. Überblick über die Entwicklung des höheren Schulwesens, Texterläuterungen nebst Namen- und Sachregister. Berlin 1903. (= Monumenta Germaniae Paedagogica 28.)

Diehl, W.: Die Schulordnungen des Großherzogtums Hessen. Bd. 3: Das Volksschulwesen der Landgrafschaft Hessen-Darmstadt. Berlin 1905. (= Monumenta Germaniae Paedagogica 33.)

Linde, J. T. B.: Übersicht des gesamten Unterrichtswesens im Großherzogtum Hessen, besonders seit dem Jahre 1829, nebst gelegentlichen Bemerkungen über die neueste Beurteilung desselben durch den Herrn Hofrat Thiersch in München. Giessen 1839.

Hessen-Hanau

Vergleiche auch **Hannover:** Poten, B. 1891

Hessen-Homburg
Vergleiche auch **Gießen:** Voltz, L. 1907

Rüdiger, W.: "Über die Société patriotique de Hesse-Hombourg, sowie über ihren Begründer Nicolas Hyacinthe Paradis." Annalen des Vereins für Nassauische Altertumskunde und Geschichtsforschung 38 (1908): 244 - 254.

Hessen-Kassel
Vergleiche auch **Hessen** und **Kassel:** passim sowie **Marburg:** Sybel, H. v. 1848 und **Hannover:** Poten, B. 1891.

Olivier, J.-J.: Les Comédiens français dans les Cours d'Allemagne au XVIIIe siècle. Quatrième série: La Cour du Landgrave Frédéric II de Hesse-Cassel. Paris 1905.

Wolff, W.: Die Entwicklung des Unterrichtswesens in Hessen-Kassel vom 8. bis zum 19. Jahrhundert. Ein geschichtlicher Überblick. Kassel 1911.

Hessen-Nassau
Vergleiche auch **Hessen:** passim

Bellinger: Zur Geschichte des realistischen Schulwesens in dem vormaligen Herzogtum Nassau vom Jahre 1817 bis 1861 inclusive. Wiesbaden 1869. Schulprogramm.

Hildburghausen

Grobe, L.: Das Gymnasium Academicum zu Hildburghausen. Einladungsprogramm des Gymnasium Georgianum zu Hildburghausen zur Feier des höchsten Geburtstages Seiner Hoheit des regierenden Herzogs. Hildburghausen 1879.

Hildesheim

Balkenholl, J.: Zur Geschichte des Kollegium und Gymnasium Josephinum [zu Hildesheim]. Hildesheim 1898. Schulprogramm.

Boysen: Nachrichten über das Schulwesen in Hildesheim und das Verhältnis der Stadtgemeinde zu demselben. Hildesheim 1864. Schulprogramm.

Fischer, G. O.: Geschichte des Gymnasiums Andreanum [zu Hildesheim] von 1546 bis 1815. Hildesheim 1862. Schulprogramm.

Kloppenburg, H.: Entwicklung der Volks- und Mittelschulen der Stadt Hildesheim. An der Hand der Akten dargestellt. Teil 3. Hildesheim 1913.

Hirschberg

Dietrich, A.: Zur Geschichte des Gymnasiums [zu Hirschberg]. Hirschberg 1862. Schulprogramm.

Dietrich, A.: Urkundliches zur Geschichte des Gymnasiums [zu Hirschberg]. Hirschberg 1863. Schulprogramm.

Höningen (Pfalz)
Vergleiche **Grünstadt:** Ernst, F. W. 1927

Holzminden

Fricke, W.: Zur Geschichte des Herzoglichen Gymnasiums zu Holzminden. Holzminden 1910.

Lentz, H.: Album des Herzoglichen Gymnasiums zu Holzminden von Michaelis 1826 bis Ostern 1894. Im Verein mit dem Lehrerkollegium zusammengestellt. Holzminden 1894.

Hornbach
Vergleiche auch **Zweibrücken:** passim

Buttmann, R.: Die Matrikel des Hornbacher Gymnasiums, 1559 - 1630. Teil 1: Verzeichnis der Professoren und Stipendiaten. Zweibrücken 1904. Schulprogramm.

Buttmann, R.: "Isaak Kramer, letzter Rektor von Hornbach und erster Rektor von Zweibrücken. Ein Lebensbild." Anon. (ed.): Festschrift zum 350jährigen Jubiläum des Hornbach-Zweibrücker Gymnasiums. Zweibrücken 1909: 17 - 56.

Koch, W.: "Die Gründung der Hornbacher Schule. Ein Beitrag zur Zweibrücker Reformationsgeschichte." Anon. (ed.): 400 Jahre Gymnasium Bipontinum. Festschrift zum 400jährigen Jubiläum des Herzog-Wolfgang-Gymnasiums Zweibrücken , 1559 bis 1959. Zweibrücken 1959: 44 - 52.

Koch, W.: "Die Gründung der Zweibrücker Landesschule zu Hornbach und die Anfänge der Zweibrücker Konsistorialverfassung." Blätter für Pfälzische Kirchengeschichte und Religiöse Volkskunde 26 (1959): 2 - 19.

Neubauer, A.: Die Schule zu Hornbach, ihre Entstehung und ihr erstes Jahr. Zweibrücken 1909.

Husum

Kallsen: Geschichte der Husumer Gelehrtenschule. 1. Teil. Husum 1867. Schulprogramm.

Idstein

Anon.: Einige Worte über das Gymnasium zu Idstein, seine Geschichte und seinen jetzigen Zustand. o. O., o. J. (1814).

Spielmann, K.: "Die Schulgesetze des Idsteiner Gymnasiums von 1790." Mitteilungen der Gesellschaft für deutsche Erziehungs- und Schulgeschichte 13 (1903): 197 - 206.

Spielmann, K.: Schulleben und Schulzucht am Gymnasium Augusteum zu Idstein (1569 bis 1817). Nassovia, Zeitschrift für Nassauische Geschichte und Heimatkunde 5 (1904): 230 - 232, 258 - 260, 270 - 272, 282 - 283.

Spielmann, K.: Das Schulleben und die Schulzucht am Gymnasium Augusteum zu Idstein, 1569 - 1817. Wiesbaden 1905.

Ilfeld

Mücke, R.: Aus der älteren Schulgeschichte Ilfelds. Fortsetzung. Ilfeld 1905. Schulprogramm.

Ingolstadt

Vergleiche auch **München:** Prantl, K. 1872

Rotmarus, V./Engerdus, J.: Annales Ingolstadiensis Academiae. 4 Bde. Ingolstadt 1782.

Inowraclaw

Günther, Th. B.: Kurze Geschichte der höheren Stadtschule zu Inowraclaw bis zu ihrer Anhebung zu einem Gymnasium. Inowraclaw 1864. Schulprogramm.

Insterburg

Wiederhold, K.: Geschichte der Lateinschule zu Insterburg. Beilage zum Programm des Königlichen Gymnasiums mit Realklassen zu Insterburg. Insterburg 1876.

Isny

Vergleiche auch **Aalen:** Diehl, A. 1920

Jena

Feyl, O.: Beiträge zur Geschichte der slawischen Verbindungen und internationalen Kontakte der Universität Jena. Jena 1960.

Günther, J.: Lebensskizzen der Professoren der Universität Jena seit 1558 bis 1858. Eine Festgabe zur 300jährigen Säkularfeier der Universität. Jena 1858.

Schmid, A. L. K.: Zuverlässiger Unterricht von der Verfassung der Herzoglich Sächsischen Gesamtakademie zu Jena, aus Akten und anderen Urkunden gezogen. Jena 1772.

Steinmetz, M. et al. (eds.): Geschichte der Universität Jena, 1548/58 - 1958. Festgabe zum 400jährigen Universitätsjubiläum. Im Auftrag von Rektor und Senat verfaßt. 2 Bde. Jena 1958.

Wiedeburg, B. Chr. B.: Ausführliche Nachricht von dem gegenwärtigen Zustande der Jenaischen Akademie. Jena 1751.

Jever

Anon. (Uhlmann?): "Das Mariengymnasium [zu Jever] im Wechsel der Zeiten."

Anon. (ed.): 1000jähriges Jever, 400 Jahre Stadt. Jeversches Wochenblatt, Jg. 1936, Nr. 142 vom 20.06.1936. (Nicht paginiert.)

Anon. (Zwitters): "Zur Entwicklung der Jeverschen Volksschulen." Anon. (ed.): 1000jähriges Jever, 400 Jahre Stadt. Jeversches Wochenblatt, Jg. 1936, Nr. 142 vom 20.06.1936. (Nicht paginiert.)

Brill: "Geschichte des städtischen Lyzeums." Anon. (ed.): 1000jähriges Jever, 400 Jahre Stadt. Jeversches Wochenblatt, Jg. 1936, Nr. 142 vom 20.06.1936. (Nicht paginiert.)

Hoyer, K.: "Das Mariengymnasium in Jever." Jeversches Wochenblatt, Jg. 1923, Nr. 185/186: 191 - 192.

Ommen, H.: "Album des Oldenburgischen Staatlichen Marien-Gymnasiums in Jever. Ephoren, Lehrer und Abiturienten." Anon. (ed.): Festschrift des Oldenburgischen Staatlichen Marien-Gymnasiums in Jever zur Feier seines 350jährigen Bestehens. o. O., o. J. (Jever 1923). (Nicht paginiert.)

Kaiserslautern

Kesselring, M.: "Zur Geschichte des lateinischen Schulwesens in Kaiserslautern." Pfälzische Heimatblätter 9 (1961): 87 - 88.

Münch, O.: "Kurze Geschichte des Gymnasiums zu Kaiserslautern." Anon. (ed.): Wiedersehensfeier der ehemaligen Angehörigen des Humanistischen Gymnasiums Kaiserslautern. Kaiserslautern 1954: 9 - 15.

Webler, H.: Die Kameral-Hohe-Schule zu Lautern (1774 - 1784). Eine Quellenstudie zur geschichtlichen Entwicklung und theoretischen Fundierung der Sozialökonomik als Universitätswissenschaft. Speyer 1927. (= Mitteilungen des Historischen Vereins der Pfalz 43.)

Karlshafen
Vergleiche Kassel: Knabe, K. 1903

Karlsruhe

Anon.: 350 Jahre Gymnasium Karlsruhe. Festschrift. Karlsruhe 1936.

Funck, K.: Die alte badische Fürstenschule und August Böckh. Beilage zum Programm des Großherzoglichen Gymnasiums in Karlsruhe. Karlsruhe 1881.

Nebenius, K. F.: Über technische Lehranstalten in ihrem Zusammenhange mit dem gesamten Unterrichtswesen und mit besonderer Rücksicht auf die polytechnische Schule zu Karlsruhe. Karlsruhe 1833.

Vierordt, F. K.: Geschichte der im Jahre 1724 aus Durlach nach Karlsruhe verpflanzten Mittelschule. 2. Abteilung. Schulprogramm des Karlsruher Lyzeums. Karlsruhe 1859.

Kassel

Falckenheiner, W.: "Die Annalen und die Matrikel der Universität Kassel." Zeitschrift des Vereins für hessische Geschichte und Landeskunde NF 18 (1893): 190 - 396.

Hartwig, Th.: Die Hofschule zu Kassel unter Landgraf Moritz dem Gelehrten. Marburg 1864. Marburger phil. Diss.

Knabe, K.: "Plan einer in Kassel oder in Karlshafen einzurichtenden mathematischen Tugend-, Kunst-, Werk- und Weisheitsschule aus dem Jahre 1720." Mitteilungen der Gesellschaft für deutsche Erziehungs- und Schulgeschichte 13 (1903): 171 - 190.

Weber, K. F.: Geschichte der städtischen Gelehrtenschule zu Kassel. Kassel 1846.

Kiel

Fricke, G.: "Daniel Georg Morhof. Ein universaler Gelehrter und ein Lehrer Deutschlands aus der Frühzeit der Kieler Universität." Ritterbusch, P. et al. (eds.): Festschrift zum 275jährigen Bestehen der Christian-Albrecht-Universität Kiel. Leipzig 1940: 274 - 279.

Jordan, K.: Die Christian-Albrechts-Universität Kiel im Wandel der Jahrhunderte. Kiel 1953. (= Veröffentlichungen der Schleswig-Holsteinischen Universitätsgesellschaft, N. F. 1.)

Pauls, V.: Die Anfänge der Christian-Albrechts-Universität Kiel. Aus dem Nachlaß von Karl Rodenberg überarbeitet, ergänzt und herausgegeben. Neumünster 1955. (= Quellen und Forschungen zur Geschichte Schleswig-Holsteins 31.)

Ratjen, H.: Geschichte der Universität zu Kiel. Kiel 1870.

Ritterbusch et al. (eds.): Festschrift zum 275jährigen Bestehen der Christian-Albrecht-Universität in Kiel. Kiel 1940.

Volbehr, F./Weyl, R.: Professoren und Dozenten der Christian-Albrechts-Universität zu Kiel, 1665 - 1954. Mit Angaben über die sonstigen Lehrkräfte und die Universitäts-Bibliothekare und einem Verzeichnis der Rektoren. 4. A., bearbeitet von R. Bülck, abgeschlossen von H.-J. Newiger, Kiel 1956. (= Veröffentlichungen der Schleswig-Holsteinischen Universitätsgesellschaft, N. F. 7.)

Wiegand, O. F.: Bibliographie zur Geschichte der Christian-Albrechts-Universität Kiel. Kiel 1964.

Kleve

Herbst, W.: Kurze Notizen über die frühere Geschichte des Gymnasiums [zu Kleve]. Kleve 1860. Schulprogramm.

Kloster Berge

Holstein, H.: "Geschichte der ehemaligen Schule zu Kloster Berge." Neue Jahrbücher für Philologie und Pädagogik, Jg. 1885/86: 508 - 518.

Koblenz

Breuer, M.: "Aus der Geschichte der Mädchenschulen zu Koblenz." Anon. (ed.): Festbuch zur 25. Hauptversammlung des Vereins katholischer deutscher Lehrerinnen. Koblenz 1910: 153 - 172.

Dominicus, A.: Geschichte des Koblenzer Gymnasiums. Teil 1: Die Geschichte der Stiftung des Collegiums S. J., 1580 - 1599. Koblenz 1862. Schulprogramm.

Dominicus, A.: Koblenz unter dem letzten Kurfürsten von Trier, Clemens Wenzeslaus, 1768 - 1794. Koblenz 1869.

Köln

Anon. (ed.): Städtisches Gymnasium und Realgymnasium in der Kreuzgasse zu Köln, 1828 - 1928. Festschrift zur Jahrhundertfeier der Anstalt, 13. bis 15. Oktober 1928. Köln 1928.

Bianco, F. J.: Versuch einer Geschichte der ehemaligen Universität und der Gymnasien der Stadt Köln sowie der an diese Lehranstalten geknüpften Studienstiftungen von ihrem Ursprung bis auf die neuesten Zeiten. In 2 Teilen, mit Anlagen. Köln 1833.

Bianco, F. J.: Die alte Universität Köln und die späteren Gelehrtenschulen dieser Stadt. Teil 1, 1. Abteilung [= Band 1]. Köln 1855.

Keussen, H.: "Das alte Gymnasium Marianum der Karmeliter in Köln." Beckmann, K. (ed.): Das staatliche Friedrich-Wilhelm-Gymnasium und Realgymnasium zu Köln, 1825 - 1925. Hundert Jahre deutscher Kulturarbeit am Rhein. Festschrift zur 100-Jahrfeier der Anstalt am 18. und 19. Oktober 1925. Köln 1925: 13 - 21.

Keussen, H.: Die Matrikel der Universität Köln. Bd. 1: 1389 - 1475. Bonn 2. A. 1928. (= Publikationen der Gesellschaft für Rheinische Geschichtskunde 8.)

Keussen, H.: Die alte Universität Köln. Grundzüge ihrer Verfassung und Geschichte. Festschrift zum Einzug in die neue Universität Köln. Köln 1934.

Klinkenberg, J. (ed.): Das Marzellen-Gymnasium in Köln, 1450 - 1911. Bilder aus seiner Geschichte. Festschrift, dem Gymnasium anläßlich seiner Übersiedelung gewidmet. Köln 1911.

Leyhausen, W.: Das Höhere Schulwesen in der Stadt Köln zur Französischen Zeit (1794 - 1814). Bonn 1913. (= Studien zur Rheinischen Geschichte 6.)

Merlo, J. J.: Nachrichten von dem Leben und den Werken Kölnischer Künstler. Köln 1850.

Meyer, F.: "Der Schulplan für das Dreikronenkolleg in Köln aus dem Jahre 1552." Mitteilungen der Gesellschaft für Deutsche Erziehungs- und Schulgeschichte 18 (1908): 23 - 32.

Milz, H.: Geschichte des Gymnasiums an Marzellen zu Köln. Dritter und letzter Teil. Von 1794 bis 1865. Köln 1889. Schulprogramm.

Schellen, H./Wolff, F.: Die Realschule 1. Ordnung zu Köln von ihrer Gründung bis auf die gegenwärtige Zeit. Berlin 1878. Schulprogramm.

Wrede, A.: Geschichte der alten Kölner Universität. o. O. (Köln) 1921.

Königsberg

Armstedt, R.: Geschichte des Kneiphöfischen Gymnasiums zu Königsberg in Preußen. Festschrift zur Feier des 600jährigen Jubiläums des Kneiphöfischen Gymnasiums zu Königsberg i. Pr. am 23.06.1904. Königsberg 1904.

Dembrowski: Zur Geschichte des Königlichen Waisenhauses. Teil 2. Programm des Progymnasiums des Königlichen Waisenhauses zu Königsberg in Preußen. Königsberg 1881.

Dembrowski: Zur Geschichte des Königlichen Waisenhauses. Teile 4 und 5. Programme des Progymnasiums des Königlichen Waisenhauses zu Königsberg in Preußen. Königsberg 1883 - 1884.

Gotthold, F. A.: Geschichte des Friedrichskollegiums [zu Königsberg]. 2. Fortsetzung. Königsberg 1814. Schulprogramm.

Gotthold, F. A.: Geschichte des Friedrichskollegiums [zu Königsberg]. 3. Fortsetzung. Königsberg 1822. Schulprogramm.

Grabowski: Geschichte des Altstädtischen Gymnasiums. 14. Stück: Michaelis 1837 bis dahin 1838. Königsberg 1838. Schulprogramm.

Horkel, I.: Der Holzkämmerer Theodor Gehr und die Anfänge des Königlichen Friedrichs-Kollegiums zu Königsberg nach handschriftlichen Quellen dargestellt. Königsberg 1855.

Merleker: Annalen des Königlichen Friedrichs-Kollegiums. Den Gönnern und Freunden desselben gewidmet. Königsberg 1847.

Möller: Geschichte des Altstädtischen Gymnasii. Königsberg 1848. Schulprogramm.

Möller, R.: Geschichte des Altstädtischen Gymnasiums. Stück 4: Die rhetorischen Schulactus. Königsberg 1878. Schulprogramm.

Möller, R.: Geschichte des Altstädtischen Gymnasiums. Stücke 6, 7, 9, 10. Königsberg 1878 - 1885. Schulprogramme.

Ohlert, A. L. J.: Geschichtliche Nachrichten über die Domschule zu Königsberg in Ostpreußen von deren Stiftung im 14. Jahrhundert bis Michaelis 1831. Königsberg 1831.

Prutz, H.: Königliche Albertus-Universität zu Königsberg i. Pr. im 19. Jahrhundert. Zur Feier ihres 350jährigen Bestehens. Königsberg 1894.

Selle, G.: Geschichte der Albertus-Universität zu Königsberg in Preußen. Würzburg 2. A. 1956.

Skrzeczka, R. F. L.: Ein Beitrag zur Geschichte des Kneiphöfischen Gymnasii zu Königsberg i. Pr. im 17. Jahrhundert. Königsberg 1865. Schulprogramm.

Skrzeczka, R. F. L.: Zweiter Beitrag zur Geschichte des Kneiphöfischen Gymnasiums [zu Königsberg] im 17. Jahrhundert. Königsberg 1866. Schulprogramm.

Stettiner, P.: Aus der Geschichte der Albertina (1544 - 1894). Königsberg 1894.

Köthen

Blume, E.: "Die Errichtung des Hochfürstlichen Schulmeister-Seminariums in Köthen, 1783/84. Nach ungedruckten Akten." Mitteilungen der Gesellschaft für deutsche Erziehungs- und Schulgeschichte 12 (1902): 121 - 145.

Konstanz

Kimmig, O.: "Streifzug durch alte Konstanzer Notenlisten und Protokolle." Anon. (ed.): Beiträge zur Geschichte des ehemaligen Lyzeums und Gymnasiums, jetzt Großherzoglichen Gymnasiums in Konstanz. Konstanz 1904: 67 - 93.

Mathy, L.: Übersicht über die Geschichte der Anstalt [Lyzeum und Gymnasium zu Konstanz] von 1604 bis 1837 und Chronik von 1837 bis 1904. Anon. (ed.): Beiträge zur Geschichte des ehemaligen Lyzeums und Gymnasiums, jetzt Großherzoglichen Gymnasiums in Konstanz. Konstanz 1904: 1 - 64.

Korbach

Genthe, H.: Kurze Geschichte des Fürstlich Waldeckischen Landesgymnasiums Fridericianum zu Korbach. Ein Gedenkblatt zur dritten Säkularfeier desselben. Mengeringhausen 1879.

Kremsmünster

Altmann, A.: Geschichte des Gymnasiums zu Kremsmünster. 1. Abschnitt. Linz 1902. Schulprogramm.

Altmann, A.: Geschichte des Gymnasiums zu Kremsmünster. 2. und 3. Abschnitt. Linz 1903 - 1904. Schulprogramme.

Altmann, A.: Geschichte des Gymnasiums zu Kremsmünster. 4. Abschnitt. Linz 1905. Schulprogramm.

Stollenmayer, P.: "Aus der Geschichte unseres Gymnasiums." Anon. (Professoren-kollegium, ed.): Festschrift zum 400jährigen Bestande des öffentlichen Obergymnasiums der Benediktiner zu Kremsmünster. Wels 1949: 137 - 160.

Kröpelin

Schreiber, H.: "Geschichte der Stadtschule zu Kröpelin bis zum Jahre 1798." Mitteilungen der Gesellschaft für deutsche Erziehungs- und Schulgeschichte 14 (1904): 81 bis 100.

Kurhessen
Vergleiche auch **Hessen**: passim sowie **Preußen**: Köhler, K. F. 1867

Kurköln
Vergleiche **Bonn, Köln** : passim

Kurland

Kallmeyer, Th.: Die evangelischen Kirchen und Prediger Kurlands. Bearbeitet, ergänzt und bis zur Gegenwart fortgesetzt von G. Otto. 2. Ausgabe. Riga 1910.

Kurmainz
Vergleiche **Mainz**: passim

Kurmark

Ulbrecht, G.: "Die Industrieschulen der Kurmark." Zeitschrift für Geschichte der Erziehung und des Unterrichts 1 (1911): 86 - 95.

Kurpfalz
Vergleiche **Pfalz**: passim

Kursachsen
Vergleiche **Sachsen**: passim

Landeshut

Kayser: Zur Geschichte der Schulstiftungen [der evangelischen Stadt- und Höheren Bürgerschule zu Landeshut]. 3. Fortsetzung. Landeshut 1851. Schulprogramm.

Landsberg (Lech)

Krallinger, J. B.: Geschichte des Landsberger Schulwesens in den letzten 300 Jahren. Landsberg/Lech 1883.

Landshut

Vergleiche auch **München:** Pölnitz, G. v. 1942 sowie Prantl, K. 1872

Lauenburg

Vergleiche auch **Schleswig-Holstein:** Lübker, D. L./Schröder, H. 1829 - 1830

Lauingen

Rückert, G.: "Beiträge zur Schulgeschichte der Stadt Lauingen und Umgebung." Mitteilungen der Gesellschaft für deutsche Erziehungs- und Schulgeschichte 13 (1903): 288 - 292.

Rückert, G.: Geschichte des Schulwesens der Stadt Lauingen vom Ausgange des Mittelalters bis zum Anfange des 19. Jahrhunderts. Berlin 1904. (= Beihefte zu den Mitteilungen der Gesellschaft für Deutsche Erziehungs- und Schulgeschichte 5.)

Leipzig

Anon. (ed.): Beiträge zur deutschen Bildungsgeschichte. Festschrift zur 200-Jahrfeier der Deutschen Gesellschaft in Leipzig, 1727 - 1927. Leipzig 1927. (= Mitteilungen der Deutschen Gesellschaft zur Erforschung vaterländischer Sprache und Altertümer in Leipzig 12.)

Bruchmüller, W.: Kleine Chronik der Universität Leipzig von 1409 bis 1914. Leipzig 1914.

Engelberg, E. (ed.): Karl-Marx-Universität Leipzig, 1409 - 1959. Beiträge zur Universitätsgeschichte. 2 Bde. Leipzig 1959.

Eulenburg, F.: Die Entwicklung der Universität Leipzig in den letzten 100 Jahren. Statistische Untersuchungen. Leipzig 1909.

Forbiger, A.: Beiträge zur Geschichte der Nikolaischule in Leipzig. Erste Lieferung. Kurze Biographien der Lehrer von Gründung der Schule bis auf gegenwärtige Zeiten, nebst möglichst vollständiger Angabe ihrer Schriften. 2 Abteilungen. Leipzig 1826.

Friedberg, E.: Die Universität Leipzig in Vergangenheit und Gegenwart. Leipzig 1898.

Gersdorf, E. G.: Beitrag zur Geschichte der Universität Leipzig. Die Rektoren der Universität Leipzig nebst summarischer Übersicht der Inskriptionen vom Jahre der Gründung bis zur Gegenwart. Leipzig 1869.

Gretschel, C. C. C.: Die Universität Leipzig in Vergangenheit und Gegenwart. Dresden 1830.

Helbig, H.: Universität Leipzig. Frankfurt a. M. 1961. (= Mitteldeutsche Hochschulen 2.)

Hoffmann, P.: "Radiscev in Leipzig." Engelberg, E. (ed.): Karl-Marx-Universität Leipzig, 1409 - 1959. Beiträge zur Universitätsgeschichte. Bd. 1. Leipzig 1959: 193 bis 207.

Kaemmel, O.: "Nikolaischule zu Leipzig." Anon. (Sächsischer Gymnasiallehrerverein, ed.): Veröffentlichungen zur Geschichte des Gelehrtenschulwesens im Albertinischen Sachsen. Teil 1: Übersicht über die geschichtliche Entwicklung der Gymnasien. Leipzig 1900: 150 - 178.

Kemmerling, F.: Die Thomasschule zu Leipzig. Eine kurze Geschichte von ihrer Gründung 1212 bis zum Jahre 1927. Leipzig 1927.

Kreußler, H. G.: Geschichte der Universität Leipzig von ihrem Ursprunge bis auf unsere Zeiten. Nebst einem vollständigen Stipendienverzeichnisse. Dessau 1810.

Sachse, R.: "Thomasschule zu Leipzig." Anon. (Sächsischer Gymnasiallehrerverein, ed.): Veröffentlichungen zur Geschichte des Gelehrtenschulwesens im Albertinischen Sachsen. Teil 1: Übersicht über die geschichtliche Entwicklung der Gymnasien. Leipzig 1900: 128 - 152.

Schulze, J. B.: Abriß einer Geschichte der Leipziger Universität im Laufe des 18. Jahrhunderts nebst Rückblicken auf die früheren Zeiten. Aus handschriftlichen und gedruckten Nachrichten verfaßt. Nebst einer vorangeschickten Abhandlung über die Frage: Hat Sachsen im 18. Jh. an Denkfreiheit gewonnen? Von K. A. Cäsar. Leipzig 2. A. 1810. Dazu: Anhang zu dem Abriß einer Geschichte der Leipziger Universität.

Stallbaum, G.: Die Thomasschule zu Leipzig nach dem allmählichen Entwicklungsgang ihrer Zustände, insbesondere ihres Unterrichtswesens. Eine Säkularschrift. Leipzig 1839.

Stieda, W.: Die Universität Leipzig in ihrem 1000. Semester. Leipzig 1909.

Wolfgramm, E.: "Die Rolle der Universität Leipzig bei der nationalen Wiedergeburt der slawischen Völker, besonders in der Periode des Vormärz." Engelberg, E. (ed.): Karl-Marx-Universität Leipzig, 1409 - 1959. Beiträge zur Universitätsgeschichte. Bd. 1. Leipzig 1959: 223 - 249.

Lemberg

Finkel, L./Starzynski, S.: Historia Universytetu Lwowskiego. Lemberg 1894.

Leoben

Lang, F. P.: Das Admonter Gymnasium in Leoben, 1786 - 1808. Ein Beitrag zur Geschichte des Österreichischen Schulwesens. 2 Teile. Leoben 1903 - 1904. Schulprogramme.

Leutkirch

Vergleiche auch **Aalen**: Diehl, A. 1920

Liegnitz

Abicht, M. Das Städtische Gymnasium zu Liegnitz in seiner geschichtlichen Entwicklung von 1309 bis 1909. Liegnitz 1909.

Bauch, G.: "Zur älteren Liegnitzer Schulgeschichte." Mitteilungen der Gesellschaft für Deutsche Erziehungs- und Schulgeschichte 18 (1908): 96 - 135.

Kaumann, F. W.: Versuch einer Geschichte der Königlichen Ritterakademie zu Liegnitz. 1. Abteilung. Liegnitz 1829. Schulprogramm.

Werdermann, J. K. G.: Geschichte der Liegnitzischen Schule bis ans Ende des 17. Jahrhunderts. Liegnitz 1802. Schulprogramm.

Werdermann, J. K. G.: Geschichte der Liegnitzischen Schule im 18. Jahrhundert. Liegnitz 1805. Schulprogramm.

Limburg

Metzen, J.: "Geschichte des Gymnasiums und Realprogymnasiums zu Limburg a. d. Lahn." Anon. (ed.): Festschrift zur Einweihung des neuen Gymnasialgebäudes zu Limburg a. d. Lahn. Limburg 1905: 5 - 54.

Metzen, J.: "Zur Geschichte des Limburger Franziskanergymnasiums." Limburg 1907. Schulprogramm.

Metzen, J.: "Zur Geschichte des niederen Schulwesens in der Stadt Limburg." Annalen des Vereins für Nassauische Altertumskunde und Geschichtsforschung 38 (1908): 224 bis 243.

Lindau

Bachmann: "Die Geschichte des Bodensee-Gymnasiums Lindau." Anon. (ed.): Festschrift zum 455jährigen Bestehen der ehemaligen Lateinschule zu Lindau und zum 125jährigen Bestehen der ehemaligen Handels- und Gewerbeschule bzw. Realschule zu Lindau, beide heute vereint im Bodensee-Gymnasium Lindau ... und Jahresbericht über das Schuljahr 1983/84. Lindau 1984: 17 - 59.

Lingen

Beestermöller, B.: Geschichte des Akademischen Gymnasiums in Lingen, 1697 bis 1820. Lingen 1914. Münsterer phil. Diss.

Linz (Rhein)

Ballas: Zur Geschichte des Progymnasiums [zu Linz am Rhein]. Teil 2 .Linz 1865. Schulprogramm.

Ballas, G.: Geschichte des Studium (Gymnasium) Martinianum und des Königlichen Progymnasiums zu Linz am Rhein. Trier 1893.

Pohl, J.: "Zur Geschichte des Progymnasiums [Linz]. Teil 4: Die Lehrer des Gymnasiums von 1706 - 1817." Pohl, J. (ed.): Königliches Progymnasium zu Linz am Rhein, Schuljahr 1874/75 und abgekürztes Schuljahr 75/76. Programm, mit welchem zu der am 11. April 1876 stattfinden öffentlichen Prüfung und Schlußfeier ergebenst einladet.... Neuwied 1876: 24 - 32.

Lissa

Sanden, A. v.: Zur Geschichte der Lissaer Schule, 1555 - 1905. Lissa 1905. Schulprogramm.

Ziegler, A.: Beiträge zur älteren Geschichte des Königlichen Gymnasiums zu Lissa. Säkularschrift. Lissa 1855.

Livland

Donnert, E.: Der Livländische Ordensritterstaat und Rußland. Berlin 1963.

Recke, J. F. v./Napiersky, K. E.: Allgemeines Schriftsteller- und Gelehrten-Lexikon der Provinzen Livland, Estland und Kurland. 4 Bde. Mitau 1827 - 1832.

Lüdenscheid

Sauerländer, W.: Kirchen- und Schulgeschichte der Stadt und des Kirchspiels Lüdenscheid von den Anfängen bis 1800. o. O., o. J. (Lüdenscheid 1953).

Lüneburg

Görges, W.: Kurze Geschichte des Johanneums [zu Lüneburg]. Lüneburg 1869. Schulprogramm.

Hülsemann, F.: Versuch einer pragmatischen Geschichte der Johannis- und Ratsschule in Lüneburg. Mit historischen und diplomatischen Beilagen. Lüneburg 1807.

Reinecke, W.: "Die Entstehung des Johanneums zu Lüneburg." Reinecke, W. (ed.): Lüneburger Museumsblätter. Heft 2. Lüneburg 1905: 1 - 31.

Ubbelohde, K.: Mitteilungen über ältere Lüneburger Schulordnungen. Programm des Johanneums zu Lüneburg. Lüneburg 1881.

Lyck

Schaper, K.: Beitrag zur Geschichte der Lycker Provinzialschule. Lyck 1865. Schulprogramm.

Mähren

Vergleiche auch **Olmütz:** Elvert, Chr. de 1857

Magdeburg

Laeger, O.: Biographisches Verzeichnis der Lehrer des Königlichen Domgymnasiums zu Magdeburg. Teil 1: 1675 - 1700. Magdeburg 1902. Schulprogramm.

Laeger, O.: Lebensskizzen der Lehrer des Königlichen Domgymnasiums zu Magdeburg. Teil 2: 1700 - 1726. Magdeburg 1903. Schulprogramm.

Laeger, O.: Lebensskizzen der Lehrer des Königlichen Domgymnasiums zu Magdeburg. Teil 3: 1727 - 1752. Magdeburg 1904. Schulprogramm.

Laeger, O.: Lebensskizzen der Lehrer des Königlichen Domgymnasiums zu Magdeburg. Teil 4: 1753 - 1769. Magdeburg 1905. Schulprogramm.

Tollin, H.: Geschichte der französischen Kolonie von Magdeburg. Bd. 1. Halle 1886.

Tollin, H.: Geschichte der französischen Kolonie von Magdeburg. Bd. 3, 2. Abteilung: Urkundenbuch der französischen Kolonie zu Magdeburg. Magdeburg 1889.

Tollin, H.: Geschichte der französischen Kolonie von Magdeburg. Bd. 3, Abteilung 1 A: Der Kampf der hugenottischen Glaubensflüchtlinge, insbesondere in Magdeburg. Magdeburg 1892.

Tollin, H.: Geschichte der französischen Kolonie von Magdeburg. Bd. 3, Abteilung 1 B: Vom Nutzen des Réfugié, insbesondere in Magdeburg. Magdeburg 1893.

Mainz

Anon. (ed.): Kur-Mainzischer Stands- und Staatsschematismus. (Fortgesetzt unter dem Titel: Kur-Mainzischer Hof-, Staats- und Stands-Kalender). Jahrgänge 1741, 1742, 1745, 1746, 1747, 1748, 1751, 1753, 1754, 1755, 1756, 1757, 1759, 1760, 1762, 1763, 1764, 1765, 1766, 1768 - 1771, 1773, 1774 - 1792, 1794, 1796, 1797. Mainz 1741 - 1797.

Bentzel, A. F. v.: Neue Verfassung der verbesserten Hohen Schule zu Mainz. Mainz 1784.

Bockenheimer, K. G.: Die Restauration der Mainzer Hochschule 1784. Mainz 1884.

Bockenheimer, K. G.: Geschichte der Stadt Mainz während der zweiten französischen Herrschaft (1798 - 1814). Mainz 1890.

Dieterich, J. R./Bader, K. (eds.): Beiträge zur Geschichte der Universitäten Mainz und Gießen. Gießen 1907.

Jungk, E.: Zur Geschichte und Rechtsnatur des Mainzer Universitätsfonds. Mainz 1938. (= Beiträge zur Geschichte der Stadt Mainz 12.)

Just, L.: Die alte Universität Mainz von 1477 bis 1798. Ein Überblick. Mit einem Anhang: Quellen zur Geschichte der Universität nach der Restauration von 1784. Mainz 1957.

Klein, K.: Geschichte von Mainz während der ersten französischen Okkupation, 1792 bis 1793. Mit den Aktenstücken. Mainz 1861.

Messer, A.: Die Reform des Schulwesens im Kurfürstentum Mainz unter Emmerich Joseph (1763 - 1774). Mainz 1897.

Steigentesch, J. J. F.: "Abhandlung von Verbesserung des Unterrichtes der Jugend in den Kurfürstlich Mainzischen Staaten, 1771." In: Elzer, H.-M. (ed.): Zwei Schriften der Kurmainzer Schulreform von 1770 bis 1784. Frankfurt a. M. 1967: 29 - 118.

Malchow

Schnell, H.: "Geschichte des Schulwesens der Stadt Malchow." Mitteilungen der Gesellschaft für deutsche Erziehungs- und Schulgeschichte 12 (1902): 229 - 288.

Mannheim

Behaghel, J. P.: Geschichte und Statistik des Lyzeums zu Mannheim von der Gründung desselben im Jahre 1807 bis Herbst 1857. Mannheim 1857. Schulprogramm.

Marburg

Aly, F.: "Das Album des akademischen Pädagogiums von 1653 bis 1833, nebst einem Anhang." Anon. (Aly, F., ed.): Festschrift des Königlichen Gymnasiums zu Marburg zu Ehren der 400jährigen Wiederkehr des Geburtstages Landgraf Philipps von Hessen. Marburg 1904: 1 - 37.

Gundlach, F.: Catalogus Professorum Academiae Marburgiensis. Die akademischen Lehrer der Philipps-Universität in Marburg von 1527 bis 1910. Marburg 1927. (= Veröffentlichungen der historischen Kommission für Hessen und Waldeck 15.)

Hermelink, H./Kaehler, S. A.: Die Philipps-Universität zu Marburg, 1527 - 1927. Fünf Kapitel aus ihrer Geschichte (1527 - 1866). Die Universität Marburg seit 1866 in Einzeldarstellungen. Marburg 1927. Neudruck 1977.

Koch, Chr.: Geschichte des akademischen Pädagogiums in Marburg. Marburg 1868. Schulprogramm.

Münscher, F.: Geschichte des Gymnasiums in Marburg. Marburg 1868. Schulprogramm.

Schwendler, N.: Bericht von der gegenwärtigen Verfassung der Universität Marburg. Marburg 1748.

Spitzer, L.: "Zur Geschichte des romanistischen Lehrstuhls." Hermelink, H./ Kaehler, S. A. (eds.): Die Philipps-Universität zu Marburg, 1527 - 1927. 5 Kapitel aus ihrer Geschichte (1527 - 1866). Die Universität Marburg seit 1866 in Einzeldarstellungen. Marburg 1927. Neudruck 1977: 726 - 734.

Sybel, H. v.: Die Universität Marburg und das kurhessische Unterrichtswesen. 2 Bde. Marburg 1848.

Wintzer, E.: "Der Besoldungs-Etat der Marburger Schulen um das Jahr 1776." Mitteilungen der Gesellschaft für deutsche Erziehungs- und Schulgeschichte 13 (1903): 191 - 196.

Marienburg

Breiter, Th.: Beiträge zur Geschichte der alten Lateinischen Schule in Marienburg. Marienburg 1864. Schulprogramm.

Marienwerder

Lehmann, J. A.: Geschichtliche Nachrichten über das Königliche Gymnasium zu Marienwerder. Marienwerder 1838. Schulprogramm.

Lehmann, J. A.: Übersichten zur Chronik des Königlichen Gymnasiums zu Marienwerder. 2. Fortsetzung. Von 1851 bis 1862. Marienwerder 1862. Schulprogramm.

Mecklenburg

Pistorius, M.: "Geschichte des Ritter- und Landschaftlichen Landschulwesens in Mecklenburg-Schwerin, 1650 - 1813." Mitteilungen der Gesellschaft für deutsche Erziehungs- und Schulgeschichte 14 (1904): 127 - 160.

Pistorius, M.: "Die Patentverordnung für das Ritter- und Landschaftliche Landschulwesen in Mecklenburg vom Jahre 1821. Nebst einer Beilage von H. Schnell." In: Anon. (ed.): Beiträge zur Geschichte der Erziehung und des Unterrichts in Mecklenburg. Berlin 1905: 3 - 29. (= Beihefte zu den Mitteilungen der Gesellschaft für Deutsche Erziehungs- und Schulgeschichte 9.)

Rische, A.: Der Unterricht an den Höheren Schulen Mecklenburgs im 18. Jahrhundert. Ludwigslust 1888. Schulprogramm.

Schnell, H.: Das Unterrichtswesen der Großherzogtümer Mecklenburg-Schwerin und Strelitz. 3 Bde. Bd. 1: Urkunden und Akten zur Geschichte des Mecklenburgischen Unterrichtswesens. Mittelalter und das Zeitalter der Reformation. Berlin 1907. (= Monumenta Germaniae Paedagogica 38.)

Schnell, H.: Das Unterrichtswesen der Großherzogtümer Mecklenburg-Schwerin und Strelitz. Bd. 2: Urkunden und Akten zur Geschichte des Mecklenburgischen Unterrichtswesens. Das 17. und 18. Jahrhundert. Berlin 1909. (= Monumenta Germaniae Paedagogica 44.)

Schnell, H.: Das Unterrichtswesen der Großherzogtümer Mecklenburg-Schwerin und Strelitz. Bd. 3: Überblick über die geschichtliche Entwicklung des Unterrichtswesens. Berlin 1909. (= Monumenta Germaniae Paedagogica 45.)

Mecklenburg-Schwerin
Vergleiche auch **Hannover:** Poten, B. 1891

Meersburg

Straß, G.: Schulverhältnisse zu Meersburg im 15., 16. und 17. Jahrhundert. Aus Archival-Urkunden entnommen. Konstanz 1883.

Meisenheim

Vergleiche auch **Zweibrücken:** Dahl, K. 1909

Meißen

Flathe, Th.: Sanct Afra. Geschichte der Königlich Sächsischen Fürstenschule zu Meißen seit ihrer Gründung im Jahre 1543 bis zu ihrem Neubau in den Jahren 1877 bis 1879. Leipzig 1879.

Müller, J. A.: Versuch einer vollständigern Geschichte der Kursächsischen Fürsten- und Landesschule zu Meißen aus Urkunden und glaubwürdigen Nachrichten. 2 Bde. Leipzig 1787 - 1789.

Peter, H.: "Fürsten- und Landesschule St. Afra zu Meißen." Anon. (Sächsischer Gymnasiallehrerverein, ed.): Veröffentlichungen zur Geschichte des Gelehrtenschulwesens im Albertinischen Sachsen. Teil 1: Übersicht über die geschichtliche Entwicklung der Gymnasien. Leipzig 1900: 6 - 19.

Meran

Wieser, Th.: Geschichte des k. k. Gymnasiums der Benediktiner von Marienberg in Meran. 2 Teile. Meran 1904 - 1906. Schulprogramme.

Mergentheim

Schermann: "Geschichte des Lateinischen Schulwesens der Deutschordensstadt Mergentheim (1555 - 1809)." Anon. (Württembergische Kommission für Landesgeschichte, ed.): Geschichte des humanistischen Schulwesens in Württemberg. Bd. 2: Geschichte des humanistischen Schulwesens in den zu Anfang des 19. Jahrhunderts württembergisch gewordenen Landesteilen von 1559 bis 1805. 2. Halbband: Geschichte des humanistischen Schulwesens in den landesherrlichen und geistlichen Gebieten. Stuttgart 1920: 1054 - 1115.

Merseburg

Witte, F.: Geschichte des Domgymnasiums zu Merseburg. Teil 1: Die Stiftsschule am Dom zu Merseburg, 1543 - 1668. Merseburg 1875.

Minden

Däcke, F.: Versuch einer Geschichte des Gymnasiums zu Minden. Zur Jubelfeier der Anstalt im Jahre 1830 herausgegeben. Minden 1830.

Gandtner, O.: Geschichte der mit dem Gymnasium (zu Minden) verbundenen Realschule. Minden 1865. Schulprogramm.

Wilms, B. L.: Zur Geschichte des Gymnasiums zu Minden. Heft 1: Die Reformation in Minden. Minden 1860.

Möckmühl

Strohhäcker, E.: 500 Jahre Progymnasium Möckmühl. Möckmühl o. J. (1954).

Strohhäcker, E.: "500 Jahre Oberschule Möckmühl." Schwaben und Franken 2 (1956), Nr. 9: 2 - 3.

Moers

Fabricius, J. W. K.: Geschichtliches über die evangelische Bestimmung des Gymnasiums und der Studienstiftungen zu Moers. Moers 1853.

Knebel, H.: Nachrichten von dem Gymnasium zu Moers. Krefeld 1828. Schulprogramm.

Monschau

Pauls, A.: "Die höhere Schule in Monschau im Kampf zwischen Volkstum und Fremdherrschaft (1804 - 1820)." Zeitschrift des Aachener Geschichtsvereins 60 (1939): 93 bis 132.

Moskau

Fechner, A. W.: Chronik der Evangelischen Gemeinden in Moskau. Zum 300jährigen Jubiläum der Evangelisch-Lutherischen St. Michaelis-Gemeinde. Moskau 1876.

Stieda, W.: Deutsche Gelehrte als Professoren an der Universität Moskau. Leipzig 1930. (= Abhandlungen der philosophisch-historischen Klasse der Sächsischen Akademie der Wissenschaften 40, Nr. 5.)

Müncheberg

Schöttler, A.: Die französischen Kolonien zu Müncheberg und Fürstenwalde. Teil 1: Müncheberg. Fürstenwalde 1895. Schulprogramm.

München

Gebele, J.: Das Schulwesen der königlich bayerischen Haupt- und Residenzstadt München in seiner geschichtlichen Entwicklung und unter Berücksichtigung der älteren bayerischen Schulzustände aus archivalischen Quellen dargestellt. Festgabe zur 13. Hauptversammlung des Bayerischen Volksschullehrervereins, München, 4. - 6. August 1896. München 1896.

Hutter, J. B.: Die Hauptmomente der Schulgeschichte des alten Gymnasiums zu

München. Festschrift zur 300jährigen Stiftungsfeier dieser Anstalt am Schlusse des Schuljahres 1859/60. München 1860.

Pölnitz, G. v: Denkmale und Dokumente zur Geschichte der Ludwig-Maximilians-Universität Ingolstadt-Landshut-München. München 1942.

Prantl, K.: Geschichte der Ludwig-Maximilians-Universität in Ingolstadt, Landshut, München. Zur Festfeier ihres 400jährigen Bestehens. Im Auftrag des Akademischen Senats. 2 Bde. München 1872.

Widenbauer, G.: Geschichte der Königlichen Ludwigs-Kreisrealschule in München. Berlin 1906. (= Beihefte zu den Mitteilungen der Gesellschaft für deutsche Erziehungs- und Schulgeschichte 10.)

Münster (Westfalen)
Vergleiche auch **Hannover**: Poten, B. 1891

Eitel, A.: Von der alten zur neuen Universität in Münster. Münster 1953. (= Schriften der Gesellschaft zur Förderung der Westfälischen Wilhelms-Universität zu Münster 31.)

Frey, J.: Über die Schulordnung des Hochstifts Münster vom Jahre 1776. Münster 1889. Schulprogramm.

Herrmann, J.: Die Universität Münster in Geschichte und Gegenwart. Münster 1950. (= Schriften der Gesellschaft zur Förderung der westfälischen Landesuniversität zu Münster 19.)

Humborg, L.: Das Ratsgymnasium zu Münster, ehemaliges städtisches Gymnasium und Realgymnasium. Seine 100jährige Geschichte und Vorgeschichte. Münster 1951.

König, J.: Geschichtliche Nachrichten über das Gymnasium zu Münster in Westfalen seit Stiftung desselben durch Karl den Großen bis auf die Jesuiten (791 bis 1592). Münster 1821. Schulprogramm.

Krabbe, K. F.: Geschichtliche Nachrichten über die höheren Lehranstalten in Münster vom Heiligen Ludgerus bis auf unsere Zeit. Münster 1852.

Pieper, A.: Die alte Universität Münster 1773 bis 1818. Ein geschichtlicher Überblick. Münster 1902.

Vahle, J.: "Das städtische Armenschulwesen Münsters vom Ausgange der fürstbischöflichen Zeit bis zum Beginne der französischen Herrschaft einschließlich. Ein Beitrag zur Geschichte des Armenschulwesens im Zeitalter der Aufklärung." Zeitschrift für vaterländische Geschichte und Altertumskunde 71 (1913), 1. Abteilung: 331 - 494.

Wiens, E.: Beiträge zur Geschichte des Münsterschen Schulwesens. 1. Heft. Münster 1839.

Wilmans, R.: "Zur Geschichte der Universität Münster in den Jahren 1802 - 1818." Zeitschrift für deutsche Kulturgeschichte N. F. 4 (1875): 257 - 299.

Münstereifel

Fey, P. J.: [Vorwort zur Geschichte des Gymnasiums zu Münstereifel.] Programm über die im Schuljahre 1819 /20 vorgetragenen Lehrgegenstände bei Gelegenheit der öffentlichen Prüfungen. Köln 1820.

Katzfey, J.: Geschichte der Stadt Münstereifel und der nachbarlichen Ortschaften. 2 Teile. Köln 1854 - 1855.

Nassau

Vergleiche auch Hessen-Nassau: passim und Hannover: Poten, B. 1891

Naumburg

Bernhardi, W.: Chronik der Stadt Naumburg und ihres Stiftskreises. Zeitz 1838.

Philipp, J. P. Chr.: Geschichte des Stifts Naumburg und Zeitz oder allgemeine Nachrichten von dem ältesten bekannten Zustande der hiesigen Gegenden, von der Gründung des Stifts und der Veranlassung dazu, von der ersten Einrichtung und Verfassung und darauf erfolgten mancherlei Veränderungen, wie auch von den Bischöfen und Regenten derselben bis in unsere Zeiten nebst einigen literarischen Nachrichten von den Schriftstellern zur Geschichte des Stifts Naumburg und Zeitz. Zeitz 1800.

Neiße

Kastner, A.: "Geschichte des Pfarrgymnasiums bei der Pfarrkirche zum Hl. Jacobus in Neiße." Kastner, A.: Geschichte der Stadt Neisse mit besonderer Berücksichtigung des kirchlichen Lebens in der Stadt und dem Fürstentum Neisse. Teil 1: Bd. 3. Neiße 1866: 1 - 144. (= Archiv für die Geschichte des Bistums Breslau 4.)

Neu-Isenburg

Weyell, Ph.: Die französische Kolonie Neu-Isenburg bei Frankfurt am Main. Neu-Isenburg 1861.

Neumark

Schwartz, P.: Die neumärkischen Schulen am Ausgang des 18. und am Anfang des 19. Jahrhunderts. Landsberg a. W. 1905. (= Schriften des Vereins für Geschichte der Neumark 17.)

Neu-Ruppin

Krüger: Abriß der Geschichte des Königlichen Friedrich-Wilhelms-Gymnasiums zu Neu-Ruppin. Neu-Ruppin 1837. Schulprogramm.

Neuß

Eschweiler, F.: Das ehemalige Neußer Jesuiten-Collegium. Neuß 1855. Schulprogramm.

Tücking, K.: Geschichte des Gymnasiums zu Neuß, verbunden mit einer Übersicht über die Entwicklung der dortigen Stifts- und Stadtschulen. Neuß 1888.

Neustadt (Weinstraße)

Leyser, I.: Die Neustadter Hochschule (Collegium Casimirianum). Eine Festgabe zur 5. Säkularfeier der Ruperto-Carola. Neustadt a. d. H. 1886.

Tavernier, K.: Urkundliche Beiträge zur Geschichte des 'Casimirianums', des alten Neustadter Gymnasiums (1578 - 1797). 2 Teile. Neustadt a. d. H. 1912 - 1916.

Neustettin

Beyer, Th.: "Eine öffentliche Prüfung im Gymnasium zu Neustettin im Jahre 1788." Zeitschrift für Geschichte der Erziehung und des Unterrichts 1 (1911): 299 - 301.

Giesebrecht, A.: Geschichte des Fürstlich-Hedwigischen Gymnasiums zu Neustettin während der 2 ersten Jahrhunderte seines Bestehens. Köslin 1840.

Neustrelitz

Rieck, K.: Geschichte des Gymnasium Carolinum im ersten Jahrhundert seines Bestehens. Festschrift zur 100jährigen Jubelfeier am 10. Oktober 1906. Programm des Großherzoglichen Gymnasiums Carolinum zu Neustrelitz. Neustrelitz 1906.

Neuwied

Götz: Geschichte des höheren Schulwesens in Neuwied seit 1815, insbesondere des Gymnasiums und der höheren Bürgerschule daselbst. Neuwied 1864. Schulprogramm.

Greiser, A. M.: Die Entwicklung des Neuwieder Schulwesens bis zur Übernahme durch den preußischen Staat (1815), im besondern die Reformen Johann Friedrich Alexanders von Wied-Neuwied. Köln 1929. Kölner phil. Diss.

Norden

Cremer, A. (ed.): Beiträge zur Geschichte des Staatlichen Ulrichs-Gymnasium zu Norden. Zum 50jährigen Bestehen des Vollgymnasiums, 1877 - 1927. Norden 1927.

Stegmann: "Zum 350jährigen Bestehen der Schule." Cremer, A. (ed.): Beiträge zur Geschichte des Staatlichen Ulrichs-Gymnasiums zu Norden. Zum 50jährigen Bestehen des Vollgymnasiums, 1877 - 1927. Norden 1927: 14 - 19.

Nordhausen

Anon. (Paul, M./Walter, eds.): Zur Feier des 400jährigen Bestehens des Gymnasiums zu Nordhausen, 1524 - 1924. o. O., o. J. (Nordhausen 1924).

Benkenstein, K.: "Wilhelm Gesenius, der Theologe und Orientalist (1786 - 1842)." Anon. (ed.): Zur Feier des 400jährigen Bestehens des Gymnasiums zu Nordhausen, 1524 - 1924. o. O., o. J. (Nordhausen 1924): 128 - 151.

Förstemann, E. G.: Mitteilungen zu einer Geschichte der Schulen in Nordhausen. Nordhausen 1824. Schulprogramm.

Silberborth, H.: "Daten zur Geschichte des Nordhäuser Gymnasiums, 1524 - 1924." Anon. (ed.): Zur Feier des 400jährigen Bestehens des Gymnasiums zu Nordhausen, 1524 - 1924. o. O., o. J. (Nordhausen 1924): 4 - 11.

Walther, W.: "Der lateinische Unterricht bis zur Mitte des 18. Jahrhunderts am Gymnasium zu Nordhausen." Anon. (ed.): Zur Feier des 400jährigen Bestehens des Gymnasiums zu Nordhausen, 1524 - 1924. o. O., o. J.(Nordhausen 1924): 12 - 59.

Nürnberg
Vergleiche auch **Altdorf**: passim

Waldau, G. E.: Nürnbergisches Zion oder Nachricht von allen Nürnbergischen Kirchen, Kapellen, Klöstern und Lateinischen Schulen in und außer der Stadt, und den daran bediensteten Personen. Nürnberg 1787.

Will, G. A.: Nürnbergisches Gelehrten-Lexikon oder Beschreibung aller Nürnbergischen Gelehrten beiderlei Geschlechtes nach ihrem Leben, Verdiensten und Schriften zur Erweiterung der gelehrten Geschichtskunde und Verbesserung vieler darinnen vorgefallenen Fehler aus den besten Quellen in alphabetischer Ordnung verfaßt. 4 Bde. Nürnberg und Altdorf 1755 - 1758.

Nürtingen

Herwig, R.: Aus der Geschichte der höheren Schulen in Nürtingen. Erinnerungsschrift zum Einzug in das neue Gebäude des Realprogymnasiums, der Realschule und der Elementarschule. Nürtingen 1919.

Oberlausitz

Otto, G. F.: Lexikon der seit dem 15. Jahrhundert verstorbenen und jetztlebenden Oberlausitzischen Schriftsteller und Künstler, aus den glaubwürdigsten Quellen möglichst vollständig zusammengetragen. 3 Bde. und Supplement. Görlitz 1800 - 1821.

Öhringen

Wolf, A.: "Lateinische Schule und Gymnasium zu Öhringen." Anon. (Württembergische Kommission für Landesgeschichte, ed.): Geschichte des humanistischen Schulwesens in Württemberg. Bd. 2: Geschichte des humanistischen Schulwesens in den zu Anfang des 19. Jahrhunderts württembergisch gewordenen Landesteilen von 1559 bis 1805. 2. Halbband: Geschichte des humanistischen Schulwesens in den landesherrlichen und geistlichen Gebieten. Stuttgart 1920: 615 - 635.

Oels

Leißnig: Versuch einer Geschichte des Herzoglichen Gymnasiums zu Oels. 1. Abteilung: Geschichte des Schulwesens und des Gymnasiums in Oels bis zum Aussterben der Podjebrad-Münsterbergischen Linie 1647. Oels 1841. Schulprogramm.

Leißnig: Versuch einer Geschichte des Herzoglichen Gymnasiums zu Oels. 2. Abteilung: Die in Oels regierenden Württembergischen Herzöge mit besonderer Hervorhebung ihrer Verdienste um das hiesige Schulwesen und Gymnasium. 1. Abschnitt: Die Zeit von 1647 bis 1697. Oels 1842. Schulprogramm.

Rehm, M.: Fortsetzung des Leißnigschen "Versuchs einer Geschichte des Herzoglichen Gymnasiums zu Oels. Oels 1860. Schulprogramm.

Österreich

Barth-Barthenheim, J. L. v.: Österreichs Schul- und Studienwesen, mit besonderer Rücksicht auf die Schul- und Studienanstalten im Herzogtume Österreich. Wien 1843.

Bergmann, M.: Österreichisches biographisches Lexikon. Genaue Lebensbeschreibungen berühmter und denkwürdiger Personen jedes Standes in der österreichischen Monarchie von der frühesten Zeit bis auf unsere Tage. Hefte 1 - 3. o. O. (Wien) 1851 bis 1852.

Dlabac, F./Gelcich, E.: Das kommerzielle Bildungswesen in Österreich. Wien 1910. (= Das kommerzielle Bildungswesen der europäischen und außereuropäischen Staaten 6.)

Luca, J. de: Das gelehrte Österreich. Ein Versuch. 2 Bde. Wien 1776 - 1778.

Poten, B. Geschichte des Militär-Erziehungs- und Bildungswesens in den Landen deutscher Zunge. Bd. 3: Österreich. Berlin 1893. (= Monumenta Germaniae Paedagogica 15.)

Wotke, K.: Das Österreichische Gymnasium im Zeitalter Maria Theresias. Bd. 1: Texte nebst Erläuterungen. Berlin 1905. (= Monumenta Germaniae Paedagogica 30.)

Offenbach (Main)

Buchhold: Zur Geschichte der Offenbacher Lateinschule. Offenbach 1912. (= Beilage zum Programm des Großherzoglichen Gymnasiums zu Offenbach a. M.)

Curtmann, W. J. G.: "Die Städtischen Schulen zu Offenbach." Ein Programm bei der Eröffnung der neugegründeten Realschule am 21. April 1834. Offenbach 1834.

Sommerlad, F. W.: Geschichte des öffentlichen Schulwesens zu Offenbach am Main. Mit vorausgehendem Überblick über die Geschichte Offenbachs im allgemeinen. Offenbach a. M. 1892.

Oldenburg

Vergleiche auch Hannover: Poten, B. 1891.

Deuter, J.: "Friedrich Reinhard Ricklefs (1769 - 1827)." Weichardt, J. (ed.): Von der Lateinschule zum Alten Gymnasium Oldenburg, 1573 - 1973. Oldenburg 1973: 81 - 89.

Meinardus, K.: Geschichte des Großherzoglichen Gymnasiums in Oldenburg. Festschrift zur der am 15. Oktober 1878 stattfindenden Jubiläumsfeier und Einweihung des neuen Schulhauses. Oldenburg 1878.

Weichardt, J.: "Lehrer-, Schüler-, Fächerfragen." Weichardt, J. (ed.): Von der Lateinschule zum Alten Gymnasium Oldenburg, 1573 - 1973. Oldenburg 1973: 90 bis 149.

Olmütz

Elvert, Chr. de: Geschichte der Studien-, Schul- und Erziehungs-Anstalten in Mähren und Österreichisch Schlesien, insbesondere der Olmützer Universität, in der neueren Zeit. Brünn 1857. (= Schriften der historisch-statistischen Sektion der mährischen Gesellschaft zur Beförderung des Ackerbaus, der Natur- und Landeskunde 10.)

Osnabrück

Fortlage, F. A.: Kurzer Abriß der Geschichte unseres Stadtgymnasiums [zu Osnabrück]. Osnabrück 1808. Schulprogramm.

Hartmann, G. A.: Beiträge zur Geschichte des Schulwesens in der Stadt Osnabrück. Osnabrück 1860. Schulprogramm.

Hartmann, G. A.: Geschichte des Ratsgymnasiums zu Osnabrück. Teil 1. Osnabrück 1865. Schulprogramm.

Jaeger, J.: Die Schola Carolina Osnabrugensis. Festschrift zur 1100-Jahrfeier des Königlichen Gymnasiums Carolinum zu Osnabrück. Osnabrück 1904.

Strodtmann, J. Chr.: Historie des Schulwesens und der Akademie zu Osnabrück. Osnabrück 1869. Schulprogramm.

Osterode

Blauel, A.: Beiträge zur Geschichte des Schulwesens in Osterode. Teil 1: Bis zum Ende des 30jährigen Krieges, 1287 - 1648. Osterode o. J. (1870). Schulprogramm.

Ostpreußen

Vergleiche **Preußen: Schwartz, P.** 1911

Paderborn

Bade, K.: Geschichtliche Nachrichten über das Gymnasium zu Paderborn von seiner Stiftung durch Karl den Großen bis zur Organisation des Theodorianum, von 795 bis 1609. Paderborn 1845. Schulprogramm.

Bade, K.: Geschichtliches über das Gymnasium zu Paderborn. 2. Periode: Das Theodorianum von 1609 bis 1773 und die späteren Verhältnisse desselben. Paderborn 1846. Schulprogramm.

Freisen, J.: Die Universität Paderborn. Teil 1: Quellen und Abhandlungen von 1614 bis 1808. Paderborn 1898.

Freisen, J.: Die Matrikel der Universität Paderborn. Matricula Universitatis Theodorianae Padibornae, 1614 - 1844. 2 Bde. Würzburg 1931 - 1932.

Pfalz

Häusser, L.: Geschichte der rheinischen Pfalz nach ihren politischen, kirchlichen und literarischen Verhältnissen. 2 Bde. Heidelberg 1845.

Olivier, J.-J.: Les comédiens français dans les Cours d'Allemagne au XVIIIe siècle. Première série: La Cour électorale palatine. Paris 1901.

Reissinger, K. (ed.): Dokumente zur Geschichte der humanistischen Schulen im Gebiet der Bayerischen Pfalz. Teil 2. Berlin 1911. (= Monumenta Germaniae Paedagogica 49.)

Schmidt, F.: Geschichte der Erziehung der Pfälzischen Wittelsbacher. Urkunden nebst geschichtlichem Überblick und Register. Berlin 1899. (= Monumenta Germaniae Paedagogica 19.)

Pforta

Vergleiche **Schulpforta**

Pirna

Walther, K.: Zur Geschichte des Pirnaer Schulwesens von der Reformation an bis zur Mitte des 18. Jahrhunderts. Als Beitrag zu einer sächsischen Schulgeschichte nach urkundlichen Quellen bearbeitet. Leipzig 1905. Leipziger phil. Diss.

Plauen

Angermann, K.: "Königliches Gymnasium zu Plauen im Voigtland." Anon. (Sächsischer Gymnasiallehrerverein, ed.): Veröffentlichungen zur Geschichte des Gelehrtenschulwesens im Albertinischen Sachsen. Teil 1: Übersicht über die geschichtliche Entwicklung der Gymnasien. Leipzig 1900: 184 - 200.

Anon.: Über die Begründung der Realschulen zu Plauen und Zittau und ihre Verbindung mit den Gymnasien. Dresden o. J. (um 1855).

Palm, F.: "Geschichte der Lateinischen Schule und des Gymnasiums zu Plauen." Plauen 1855. Schulprogramm.

Weller, E.: 700 Jahre Schulgeschichte der Kreisstadt Plauen. Ein Beitrag zur Schulgeschichte Sachsens überhaupt. Plauen o. J. (1941).

Plön

Rieper, H.: Geschichte des Plöner Gymnasiums (1704 - 1930). Plön 1956.

Trede: Mitteilungen aus der Geschichte der Plöner Gelehrtenschule. 1. Hälfte. Plön 1844. Schulprogramm. Neudruck 1860. Schulprogramm.

Polling

van Dülmen, R.: "Aufklärung und Reform in Bayern. Teil 1: Das Tagebuch des Pollinger Prälaten Franz Töpsl (1744 - 1752) und seine Korrespondenz mit Gerho Steigenberger (1763 - 1768)." Zeitschrift für Bayerische Landesgeschichte 32 (1969): 606 - 961.

van Dülmen, R.: Aufklärung und Reform in Bayern. Teil 2: Die Korrespondenz des Pollinger Prälaten Franz Töpsl mit Gerho Steigenberger (1773 - 1787/90). München 1970.

Pommern

Wehrmann, M.: Die Begründung des evangelischen Schulwesens in Pommern bis 1563. Berlin 1905. (= Beihefte zu den Mitteilungen der Gesellschaft für Deutsche Erziehungs- und Schulgeschichte 7.)

Posen

Schweminski, J.: Entwurf zu einer Geschichte des Königlichen Marien-Gymnasiums [zu Posen]. Posen 1847. Schulprogramm.

Potsdam

Schmidt: "Die Geschichte des Gymnasiums [zu Potsdam]." Anon. (ed.): Zur Feier des Säkularfestes des hiesigen Königlichen Gymnasiums [am 17. August 1839]. Pots- dam 1839.

Prag

Anon.(Karl-Ferdinands-Universität Prag, ed.): Die deutsche Karl-Ferdinands-Universität in Prag unter der Regierung Seiner Majestät des Kaisers Franz Josef I. Prag 1899.

Hauffen, A.: "Zur Geschichte der deutschen Universität in Prag. Mit einem bibliographischen Anhang." Mitteilungen des Vereins für Geschichte der Deutschen in Böhmen 38 (1900): 110 - 127.

Tomek, W. W.: Geschichte der Prager Universität. Neudruck der Ausgabe 1849. Osnabrück 1968.

Prenzlau

Dittmar, K. F.: Beiträge zur Geschichte des Gymnasiums zu Prenzlau. Prenzlau 1825. Schulprogramm.

Preußen

Aly, F.: Geschichte des preußischen höheren Schulwesens. Marburg 1911.

Denina, C.: La Prusse littéraire sous Frédéric II ou Histoire abrégée de la plupart des auteurs, des académiciens et des artistes qui sont nés ou qui ont vécu dans les Etats prussiens depuis 1711 jusqu'à 1786 par ordre alphabétique. 3 Bde. Berlin 1790 - 1791.

Dieterici, W.: Geschichtliche und statistische Nachrichten über die Universitäten im preußischen Staate. Berlin 1836.

Forstreuter, K.: "Russische Schreiber beim Deutschen Orden in Preußen." Zeitschrift für Slavische Philologie 8 (1931): 85 - 92.

Heubaum, A.: "Die Reformbestrebungen unter dem preußischen Minister Julius von Massow (1798 - 1807) auf dem Gebiete des höheren Bildungswesens." Mitteilungen der Gesellschaft für deutsche Erziehungs- und Schulgeschichte 14 (1904): 186 - 225.

Koch, J. Fr. W.: Die preußischen Universitäten. Eine Sammlung der Verordnungen, welche die Verfassung und Verwaltung dieser Anstalten betreffen. 2 Bde. Berlin 1839 - 1840.

Köhler, K. F.: Die Réfugiés und ihre Kolonien in Preußen und Kurhessen. Gotha 1867.

Lexis, W.: Die Reform des höheren Schulwesens in Preußen. Halle 1902.

Neigebaur, J. F.: Die Preußischen Gymnasien und Höheren Bürgerschulen. Eine Zusammenstellung der Verordnungen, welche den höheren Unterricht in diesen Anstalten umfassen. Berlin 1835.

Olivier, J.-J.: Les Comédiens français dans les Cours d'Allemagne au XVIIIe siècle. Deuxième série: La Cour royale de Prusse. Paris 1902.

Olivier, J.-J.: Les Comédiens français dans les Cours d'Allemagne au XVIIIe siècle. Troisième série: Les Cours du Prince Henri de Prusse, du Margrave Frédéric de Bayreuth et du Margrave Charles-Alexandre d'Ansbach. Paris 1903.

Poten, B.: Geschichte des Militär-Erziehungs- und Bildungswesens in den Landen deutscher Zunge. Bd. 4: Preußen. Berlin 1896. (= Monumenta Germaniae Paedagogica 17.)

Rethwisch, C.: "Geschichtlicher Rückblick." Lexis, W. (ed.): Die Reform des höheren Schulwesens in Preußen. Halle 1902: 1 - 34.

Schmeding, O.: Die Entwicklung des realistischen höheren Schulwesens in Preußen bis zum Jahre 1932. Köln 1956.

Schwartz, P.: "Die preußische Schulpolitik in den Provinzen Südpreußen und Neuostpreußen (1795 - 1806)." Zeitschrift für Geschichte der Erziehung und des Unterrichts 1 (1911): 135 - 195.

Simon, O.: Die Fachbildung des Preußischen Gewerbe- und Handelsstandes im 18. und 19. Jahrhundert nach den Bestimmungen des Gewerberechts und der Verfassung des gewerblichen Unterrichtswesens. Berlin 1902.

Wiese, L.: Das Höhere Schulwesen in Preußen. Historisch-statistische Darstellung, im Auftrage des Ministers der geistlichen, Unterrichts- und Medizinal-Angelegenheiten herausgegeben. Berlin 1864.

Wiese, L.: Sammlung der Verordnungen und Gesetze für die höheren Schulen in Preußen. 3. Ausgabe, bearbeitet und bis zum Anfang des Jahres 1886 fortgeführt von O. Kübler. 1. Abteilung: Die Schule. Berlin 1867.

Wiese, L.: Sammlung der Verordnungen und Gesetze für die höheren Schulen in Preußen. 2. Abteilung: Das Lehramt und die Lehrer. Berlin 1868.

Quakenbrück

Bindel, R.: Geschichte der höheren Lehranstalt in Quakenbrück. Quakenbrück 1904.

Rastenburg

Heinicke, I. W. G.: Zur ältesten Geschichte des Gymnasiums [zu Rastenburg] bis in die Mitte des 18. Jahrhunderts. Rastenburg 1846. Schulprogramm.

Ratingen

Petry, J.: Lehrbericht der früheren Minoriten-Lateinschule zu Ratingen aus dem Jahre 1793. Ratingen 1906. Schulprogramm.

Ratzeburg

Arndt, K. L. F.: Bruchstücke der älteren Geschichte der Domschule zu Ratzeburg. Ratzeburg 1821. Schulprogramm.

Rußwurm, J. G.: Nachrichten und Bemerkungen über die gegenwärtigen Einrichtungen der Ratzeburgischen Domschule. Ratzeburg 1820. Schulprogramm.

Ravensburg
Vergleiche auch **Aalen:** Diehl, D. 1920

Held: Geschichte der humanistischen Lehranstalten in Ravensburg von ihrer ersten Gründung bis zu ihrer Erhebung zum Gymnasium. Programm des Königlich Württembergischen Gymnasiums in Ravensburg. Ravensburg 1882.

Recklinghausen

Bone, H.: Rückblick auf die Geschichte der Anstalt [des Gymnasiums Recklinghausen]. Recklinghausen 1856. Schulprogramm.

Caspers, W.: Zur Geschichte des Gymnasiums zu Recklinghausen. Recklinghausen 1833. Schulprogramm.

Verres, P.: Festschrift zur 500-Jahrfeier des Städtischen Gymnasiums zu Recklinghausen. Recklinghausen 1929.

Regensburg
Vergleiche auch **Bayern:** Lurz 1907 und Lurz 1908

Reisen

Wundrack, A.: Geschichte der Piaristen-Schule zu Reisen, 1774 - 1820. Ein Beitrag zur Geschichte des Höheren Schulwesens in der Provinz Posen. Posen 1905. Schulprogramm.

Remscheid-Lennep

Runge, M.: "Der geschichtliche Hintergrund der Entwicklung der Schule." Windgassen, P. (ed.): Geschichte des Röntgen-Realgymnasiums mit Realschule und Lyzeum [zu Remscheid-Lennep]. Remscheid-Lennep o. J. (1935): 151 - 208.

Windgassen, P. (ed.): Geschichte des Röntgen-Realgymnasiums mit Realschule und Lyzeum (zu Remscheid-Lennep). Remscheid-Lennep o. J. (1935).

Windgassen, P.: "Geschichte der Schule." Windgassen, P. (ed.): Geschichte des Röntgen-Realgymnasiums mit Realschule und Lyzeum [zu Remscheid-Lennep]. Remscheid-Lennep o. J. (1935): 11 - 150.

Rendsburg

Frandsen, P. S.: Geschichte der Gelehrtenschule zu Rendsburg. Rendsburg 1857. Schulprogramm.

Reutlingen

Votteler, F.: "Geschichte der Lateinschule der Reichsstadt Reutlingen." Anon. (Württembergische Kommission für Landesgeschichte, ed.): Geschichte des humanistischen Schulwesens in Württemberg. Bd. 2: Geschichte des humanistischen Schulwesens in den zu Beginn des 19. Jahrhunderts württembergisch gewordenen Landesteilen von 1559 bis 1805. 1. Halbband: Geschichte des humanistischen Schulwesens der Reichsstädte. Stuttgart 1920: 327 - 383.

Rheine

Grosfeld, P.: Geschichte des Gymnasiums in Rheine. Münster 1862. Schulprogramm.

Rheinland

Schmidt, A.: "Zur Geschichte des niederen und mittleren Schulwesens im Mittelalter im Moselland und am Mittelrhein." Rheinische Vierteljahrsblätter 22 (1957): 73 - 81.

Rietberg

Falke, D.: Kloster und Gymnasium Mariano-Nepomucenianum der Franziskaner zu Rietberg. Ein Beitrag zur Schulgeschichte der Neuzeit. Rietberg i. W. 1920.

Riga

Schweder, G.: Die alte Domschule und das daraus hervorgegangene Stadt-Gymnasium zu Riga. Teil 1: 1211 - 1804, Teil 2: 1804 - 1896. Zur Erinnerung an die erste Begründung der Domschule vor 700 Jahren und an die Erneuerung des Stadt-Gymnasiums vor 50 Jahren. Riga 1910.

Rinteln
Vergleiche auch **Stadthagen**: Feige, R. 1956

Piderit, F. K. Th.: Geschichte der Hessisch-Schaumburgischen Universität Rinteln. Marburg 1842.

Rieß, H.: Mitteilungen aus der Geschichte des Gymnasiums zu Rinteln. Rinteln 1868. Schulprogramm.

Schröder, E.: Die Universität Rinteln. Rinteln 1927.

Rössel

Albert (oder Ditki?): Notizen über das ehemalige Augustinerkloster in Rössel. Ein Beitrag zur Geschichte des Königlichen Progymnasiums daselbst. Rössel 1842. Schulprogramm.

Lilienthal: Fortsetzung der Beiträge zur Geschichte des Königlichen Progymnasiums in Rössel von 1780 bis 1835. Rössel 1848. Schulprogramm.

Roßleben

Herold, Th.: Geschichte der von der Familie von Witzleben gestifteten Klosterschule Roßleben von 1554 bis 1854. Halle 1854.

Spangenberg: Urkundliches zur ältesten Geschichte der Klosterschule [zu Roßleben]. Görlitz 1905. Schulprogramm.

Wilhelm, B.: Geschichte der Klosterschule Roßleben. 1. Abteilung: Vom Jahre der Stiftung 1554 bis zu ihrer ersten Verwaisung 1597. Querfurth 1826. Schulprogramm.

Wilhelm, B.: Geschichte der Klosterschule Roßleben. 2. Abteilung: Vom Jahre 1598 bis 1698. Querfurth 1840. Schulprogramm.

Rostock

Hofmeister, A./Schäfer, E. (eds.): Die Matrikel der Universität Rostock. 7 Bde. Schwerin 1889 - 1922.

Kohfeldt, G.: Rostocker Professoren und Studenten im 18. Jahrhundert. Schilderungen nach den Akten und nach zeitgenössischen Berichten. Zur 500-Jahrfeier der Universität Rostock. Rostock 1919.

Rottenburg (Neckar)

Schermann: "Geschichte des Lateinischen Schulwesens zu Rottenburg a. N. vom Ende des 16. Jahrhunderts bis 1805." Anon. (Württembergische Kommission für Landesgeschichte, ed.): Geschichte des humanistischen Schulwesens in Württemberg. Bd.2:

Geschichte des humanistischen Schulwesens in den zu Anfang des 19. Jahrhunderts württembergisch gewordenen Landesteilen von 1559 bis 1805. 2. Halbband: Geschichte des humanistischen Schulwesens in den landesherrlichen und geistlichen Gebieten. Stuttgart 1920: 1116 - 1145.

Rottweil

Dom, K.: "Aus alten Rottweiler Schulurkunden." Anon. (ed.): 300 Jahre Gymnasium Rottweil. Jubiläumsschrift. Rottweil 1930: 173 - 197.

Greiner, H.: Geschichte der Schule in Rottweil a. N. Vereinsgabe des Rottweiler Geschichts- und Altertums-Vereins e. V. Stuttgart 1915.

Rohr, I.: "Altrottweil und sein Gymnasium." Anon. (ed.): 300 Jahre Gymnasium Rottweil. Jubiläumsschrift. Rottweil 1930: 5 - 13.

Steinhauser, A.: "Das Gymnasium in Rottweil a. N., 1630 - 1930." Anon. (ed.): 300 Jahre Gymnasium Rottweil. Jubiläumsschrift. Rottweil 1930: 15 - 172.

Rudolstadt

Müller, K. W.: [Einladungsschrift] Zu der Jubelfeier des 200jährigen Bestehens des Fürstlichen Gymnasiums in Rudolstadt als Ludovicianum und Fridericianum, begangen durch einen Redeakt am 4. April ... [1864]. Voraus geht ein Beitrag zur Geschichte des Gymnasiums von 1764 bis 1840. Rudolstadt 1864.

Nagy, A. v.: "Die Geschichte der Anstalt, 1840 - 1914." Anon. (ed.): Gymnasium Fridericianum. Festschrift zur Feier seines 250jährigen Bestehens am 2. April 1914. Rudolstadt 1914: 7 - 101.

Rügen

Vergleiche auch **Vorpommern:** Biederstedt 1822 sowie Biederstedt 1824

Rufach

Walter, Th.: "Aus der Schulgeschichte des alten Rufach." Mitteilungen der Gesellschaft für deutsche Erziehungs- und Schulgeschichte 11 (1901): 252 - 266.

Saarbrücken

Neuber, H.: Die 300jährige Jubelfeier des Gymnasiums am 17., 18. und 19. Oktober 1904. Jahresbericht über das Ludwigs-Gymnasium und die Vorschule zu Saarbrücken für das Schuljahr 1904 - 1905. St. Johann 1905.

Peter, F.: Beiträge zur Geschichte des hiesigen Gymnasiums [des Gymnasiums zu Saarbrücken]. Teil 1. Saarbrücken 1863. Schulprogramm.

Ruppersberg, A.: Geschichte des Ludwigsgymnasiums zu Saarbrücken 1604 - 1904. St. Johann-Saarbrücken 1904. Schulprogramm. Neudruck Saarbrücken 1977.

Saargemünd

Grossmann, H.: Zur Geschichte des höheren Unterrichts in Saargemünd (1704 bis 1804). Saargemünd 1904.

Sachsen

Meyer, J.: Ein Jahrhundert sächsische Schulgeschichte, 1831 - 1931. Zum 100jährigen Bestehen der selbständigen obersten Schulbehörde in Sachsen am 1. Dezember 1931. Leipzig 1931.

Poten, B.: Geschichte des Militär-Erziehungs- und Bildungswesens in den Landen deutscher Zunge. Bd. 5: Sachsen, Schaumburg-Lippe, Schleswig-Holstein, Schweiz, Königreich Westfalen, Württemberg. Berlin 1897. (= Monumenta Germaniae Paedagogica 18.)

Richter, J.: Das Erziehungswesen am Hofe der Wettiner Albertinischer (Haupt-) Linie. Berlin 1913. (= Monumenta Germaniae Paedagogica 52.)

Schwabe, E.: "Der Dresdener Oberhofprediger Franz Volkmar Reinhard und sein Einfluß auf das höhere Unterrichtswesen Kursachsens." Mitteilungen der Gesellschaft für deutsche Erziehungs- und Schulgeschichte 16 (1906): 1 - 34.

Schwabe, E.: "Pläne und Versuche, um in Kursachsen eine Ritterakademie zu errichten." Mitteilungen der Gesellschaft für deutsche Erziehungs- und Schulgeschichte 17 (1907): 89 - 112.

Weiz, F. A.: Das gelehrte Sachsen oder Verzeichnis derer in den Kurfürstlich Sächsischen und inkorporierten Ländern jetzt lebenden Schriftsteller und ihrer Schriften. Leipzig 1780.

Sachsen-Weimar

Weniger, L.: Johannes Kromayers Weimarische Schulordnungen von 1614 und 1617. Wissenschaftliche Beilage zu den Jahresberichten des Weimarischen Gymnasiums. Weimar 1900. Schulprogramm.

Sagan

Floegel, J.: Beiträge zur Geschichte des Gymnasiums [zu Sagan]. 1. Abteilung. Sorau 1846. Schulprogramm.

Floegel, J.: Beiträge zur Geschichte des Saganer Gymnasiums. 7. Abteilung. Sagan 1865. Schulprogramm.

St. Gallen

Dierauer, J.: "Die Anfänge des Gymnasiums der Stadt St.Gallen." Mitteilungen der Gesellschaft für deutsche Erziehungs- und Schulgeschichte 13 (1903): 89 - 106.

Saulgau

Jacob, O.: Beiträge zur Geschichte des Schulwesens in der k. k. vorderöster-
reichischen Stadt Saulgau im 17. und 18. Jahrhundert. Stuttgart o. J. (1915). (= Der
Schwäbische Schulmann 35.)

Schaumburg-Lippe

Vergleiche auch **Sachsen:** Poten, B. 1897

Schlesien

Vergleiche auch **Olmütz:** Elvert, Chr. de 1857

Berner, K. G. H.: Schlesische Landsleute. Ein Gedenkbuch hervorragender, in
Schlesien geborener Männer und Frauen aus der Zeit von 1180 bis zur Gegenwart.
Leipzig 1901.

Kundmann, J. Chr.: Die Hohen und Niederen Schulen Deutschlands, insonderheit
des Herzogtumes Schlesien. Mit ihren Büchervorräten in Münzen. Breslau 1741.

Streit, K.: Alphabetisches Verzeichnis aller im Jahr 1774 in Schlesien lebender
Schriftsteller. Breslau 1776.

Schleswig-Holstein

Vergleiche auch **Sachsen:** Poten, B. 1897

Kordes, B.: Lexikon der jetzt lebenden Schleswig-Holsteinischen und Eutinischen
Schriftsteller, möglichst vollständig zusammengetragen. Schleswig 1797.

Lübker, D. L./Schröder, H.: Lexikon der Schleswig-Holsteinischen, Lauenbur-
gischen und Eutinischen Schriftsteller. Von 1796 bis 1828. 2 Bde. Altona 1829 - 1830.

Schlettstadt

Gény, J.: "Das Schulwesen Schlettstadts bis zum Jahre 1789." Mitteilungen der Gesellschaft für deutsche Erziehungs- und Schulgeschichte 11 (1901): 315 - 351.

Schneeberg

Frey, L./Schaarschmidt, E.: "Königliches Gymnasium zu Schneeberg." Anon.
(Sächsischer Gymnasiallehrerverein, ed.): Veröffentlichungen zur Geschichte des Gelehrtenschulwesens im Albertinischen Sachsen. Teil 1: Übersicht über die geschichtliche Entwicklung der Gymnasien. Leipzig 1900: 201 - 206.

Schulpforta

Böttiger, K. A.: Über die gegenwärtige Beschaffenheit der Schulpforta. Allen
Eltern jetziger oder künftiger Alumnen dieser Schule gewidmet. Leipzig 1791.

Clemen, O.: "Zur ältesten Geschichte von Schulpforta." Mitteilungen der Gesellschaft
für deutsche Erziehungs- und Schulgeschichte 17 (1907): 238 - 241.

Kirchner, K.: Die Landesschule Pforta in ihrer geschichtlichen Entwicklung seit dem Anfange des 19. Jahrhunderts bis auf die Gegenwart. Einladungsschrift zur 3. Säkularfeier ihrer Stiftung, den 21. Mai 1843. Naumburg 1843.

Schwaben

Vergleiche auch **Bayern**: Ockel 1931

Hörner, O. F.: Alphabetisches Verzeichnis oder Lexikon der itztlebenden schwäbischen Schriftsteller. Aus des berühmten Herrn Professor Hambergers "Gelehrtem Deutschlande" gezogen, mit vielen Zusätzen vermehrt und einer Vorrede begleitet ... Nördlingen 1771.

Schwäbisch-Gmünd

Anon. (Stadtgemeinde Gmünd, ed.): Festschrift zum 150jährigen Jubiläum der Gewerbeschule und der staatlichen höheren Fachschule für Edelmetall-Industrie sowie zum 50jährigen Jubiläum des Kunstgewerbemuseums Schwäbisch-Gmünd, 1776, 1876, 1926. Schwäbisch-Gmünd 1926.

Klaus, B.: "Geschichte der Lateinschule der ehemaligen Reichsstadt Schwäbisch-Gmünd." Anon. (Württembergische Kommission für Landesgeschichte, ed.): Geschichte des humanistischen Schulwesens in Württemberg. Bd. 2: Geschichte des humanistischen Schulwesens in den zu Beginn des 19. Jahrhunderts württembergisch gewordenen Landesteilen von 1559 bis 1805. 1. Halbband: Geschichte des humanistischen Schulwesens der Reichsstädte. Stuttgart 1920: 466 - 587.

Schwarzburg-Rudolstadt

Stiebitz, R.: "Schwarzburg-Rudolstädter Schulordnungen aus der 2. Hälfte des 17. Jahrhunderts und ihr Verhältnis zu dem Schul-Methodus des Herzogs Ernst von Gotha." Zeitschrift für Geschichte der Erziehung und des Unterrichts 1 (1911): 274 bis 292.

Schweiz

Vergleiche auch **Bunzlau**: Stolzenburg, W. A. H. 1897 sowie **Sachsen**: Poten, B. 1897

Lutz, M.: Nekrolog denkwürdiger Schweizer aus dem 18. Jahrhundert, nach alphabetischer Ordnung bearbeitet für Freunde vaterländischer Kultur und Geschichte. Aarau 1812.

Schwelm

Böhmer, E.: "Geschichte des Schwelmer Gymnasiums." Beiträge zur Heimatkunde der Stadt Schwelm und ihrer Umgebung. Neue Folge, 2. Heft, Dezember 1952. Schwelm 1952: 5 - 53.

Holthaus, P. H.: Kirchen- und Schulgeschichte von Schwelm und seiner Gegend, als erste Hälfte einer Geschichte von Schwelm und dessen vormaligem Gowgericht. Bei Gelegenheit der Feier des dritten 100jährigen Kirchenverbesserungs-Festes in Schwelm am 31. Oktober 1817. Zum Besten der Vermehrung der Lehrmittel der höheren Bürgerschule herausgegeben. Schwelm o. J. (1818).

Köttgen: Zur Geschichte der höhern Bürgerschule [zu Schwelm]: Schwelm 1859. Schulprogramm.

Tobien, W.: Geschichte der Lateinischen Schule in Schwelm (Progymnasium und Realschule) von 1597 - 1897. Festschrift zur 300jährigen Jubelfeier der Anstalt und zu der mit dieser Feier verbundenen Einweihung eines Erweiterungsbaus des Schulgebäudes. Schwelm 1897. Schulprogramm.

Schwerin

Vergleiche auch **Mecklenburg:** passim

Siebenbürgen

Teutsch, F.: Die siebenbürgisch-sächsischen Schulordnungen, mit Einleitung, Anmerkungen und Register. 2 Bde. Bd. 1. Berlin 1890. (= Monumenta Germaniae Paedagogica 4.)

Teutsch, F.: Die siebenbürgisch-sächsischen Schulordnungen, mit Einleitung, Anmerkungen und Register. 2 Bde. Bd. 2: 1782 - 1883. Berlin 1892. (= Monumenta Germaniae Paedagogica 13.)

Siegburg

Schwaben, Ph. E.: Geschichte der Stadt, Festung und Abtei Siegburg im Herzogtum Berg. Köln 1826.

Siegen

Lorsbach, K. W.: Beiträge zur Geschichte der ehemaligen Lateinischen Schule zu Siegen. Teil 1. Siegen 1841. Schulprogramm.

Lorsbach, K. W.: Beiträge zur Geschichte der ehemaligen Lateinischen Schule zu Siegen. Fortsetzung. 3 Teile. Siegen 1844 - 1855. Schulprogramm.

Schnabel, K.: Beiträge zur Geschichte der ehemaligen Lateinischen Schule zu Siegen. Fortsetzung. Siegen 1859. Schulprogramm.

Soest

Bertling, G. F.: Geschichte des Archigymnasiums zu Soest. Soest 1819. Schulprogramm.

Vogeler, E.: Geschichte des Soester Archigymnasiums. Teil 1. Soest 1883. Schulprogramm.

Vogeler, E.: Geschichte des Soester Archigymnasiums. Teil 2. Soest 1885. Schulprogramm.

Vogeler, E.: Geschichte des Soester Archigymnasiums. Teile 3 und 4. Soest 1887 bis 1890. Schulprogramme.

Spandau

Vergleiche auch **Berlin:** passim

Gädke, L.: Kurze Mitteilungen aus der Geschichte der großen Schule zu Spandow. Spandau 1855. Schulprogramm.

Speyer

Nathan, F.: Realschule Speyer, 1825 - 1925. Festschrift zur Feier ihres 100jährigen Bestehens. Speyer 1925.

Sturm, J.: Dramatische Aufführungen an den Gymnasien zu Speyer im 16., 17. und 18. Jahrhundert. Festschrift zur Jahrhundertfeier der Wiedererrichtung des humanistischen Gymnasiums zu Speyer. Speyer 1917.

Stade

Pratje, J. H.: Kurzgefaßter Versuch einer Stadischen Schulgeschichte. 1. bis 3. Stück. In einem Sendschreiben an die gesamte Geistlichkeit der Herzogtümer Bremen und Verden. Stade 1766 - 1768.

Pratje, J. H.: Kurzgefaßter Versuch einer Stadischen Schulgeschichte. 4. und letztes Stück. In einem Sendschreiben an die gesamte Geistlichkeit der Herzogtümer Bremen und Verden. Stade 1769.

Reibstein, A.: Zur Geschichte des Stader Gymnasiums. Denkschrift zu der vor 300 Jahren erfolgten Neugestaltung der Schule. Stade 1888.

Stadthagen

Bernstorf, O. (ed.): Das alte Stadthagen und seine Höhere Schule. Eine Festschrift anläßlich des Ausbaus des bisherigen Realprogymnasiums zur Oberschule für Jungen. Bückeburg 1939. (= Mitteilungen des Vereins für schaumburg-lippische Geschichte, Altertümer und Landeskunde 7.)

Feige, R.: Das Akademische Gymnasium Stadthagen und die Frühzeit der Universität Rinteln. Hameln 1956. (= Beiträge zur Geschichte, Landes- und Volkskunde des Weserberglandes 1.)

Prinz, J.: "Die Stadthagener Lateinschule bis zum Jahre 1571." Bernstorf, O. (ed.): Das alte Stadthagen und seine Höhere Schule. Eine Festschrift anläßlich des Ausbaus des bisherigen Realprogymnasiums zur Oberschule für Jungen. Bückeburg 1939: 49 - 77. (= Mitteilungen des Vereins für schaumburg-lippische Geschichte, Altertümer und Landeskunde 7.)

Röhling, M.: "Stadthagens Lateinschule, Gymnasium und Universität, 1571 - 1621." Bernstorf, O. (ed.): Das alte Stadthagen und seine Höhere Schule. Eine Festschrift anläßlich des Ausbaus des bisherigen Realprogymnasiums zur Oberschule für Jungen. Bücke- burg 1939: 79 - 148. (= Mitteilungen des Vereins für schaumburg-lippische Ge- schichte, Altertümer und Landeskunde 7.)

Schecker, H.: "Aus Stadthagens Universitätszeit." Bernstorf, O. (ed.): Das alte Stadthagen und seine Höhere Schule. Eine Festschrift anläßlich des Ausbaus des bisherigen Realprogymnasiums zur Oberschule für Jungen. Bückeburg 1939: 149 - 160. (= Mitteilungen des Vereins für schaumburg-lippische Geschichte, Altertümer und Landeskunde 7.)

Schweer, A.: "Die Höhere Bürgerschule in Stadthagen unter Rektor Goedecke." Bernstorf, O. (ed.): Das alte Stadthagen und seine Höhere Schule. Eine Festschrift anläßlich des Ausbaus des bisherigen Realprogymnasiums zur Oberschule für Jungen. Bücke- burg 1939: 249 - 252. (= Mitteilungen des Vereins für schaumburg-lippische Geschichte, Altertümer und Landeskunde 7.)

Zaretzky, O.: "Eine Schulordnung aus dem Jahre 1571 für die Schule zu Stadthagen." Mitteilungen der Gesellschaft für deutsche Erziehungs- und Schulgeschichte 16 (1906): 163 - 169.

Stargard

Falbe, G. S.: Geschichte des Gymnasiums und der Schulanstalten zu Stargard nebst den beiden Testamenten des hochverdienten Bürgermeisters Peter Gröning, milden Stifters des hiesigen Gymnasiums. Stargard 1831. Schulprogramm.

Steiermark

Winkler(n), J. B.: "Biographien denkwürdiger Steiermärker." Steiermärkische Zeitschrift (Graz) 6 (1840) - 7 (1842): passim.

Stendal

Götze, L.: Geschichte des Gymnasiums zu Stendal von den ältesten Zeiten bis zur Gegenwart. Nach archivalischen Quellen bearbeitet. Stendal 1865.

Stettin

Kleinsorge: Rückblick auf die Geschichte der Schule [der Friedrich-Wilhelms-Schule zu Stettin]. Stettin 1865.

Zachariä, G. T.: Historische Nachrichten von der Rats- und Stadtschule zu Alten Stettin und von den Lehrern derselben. Berlin und Stettin 1760.

Stolberg

Schmitt, K.: "Die Schulmeister der reformierten Gemeinde Stolberg, 1623 - 1845." Monatshefte für rheinische Kirchengeschichte 30 (1936): 209 - 216.

Stralsund

Anon. (ed.): Festschrift zur Feier des 350jährigen Bestehens des Gymnasiums zu Stralsund am 20. April 1910. Stralsund 1910.

Zober, E. H.: Zur Geschichte des Stralsunder Gymnasiums. 1. Beitrag: Die Zeit der ersten Rektoren (1560 - 1569). Stralsund 1839. Schulprogramm.

Zober, E. H.: Zur Geschichte des Stralsunder Gymnasiums. 2. Beitrag: Die Zeit von 1569 - 1616. Stralsund 1841. Schulprogramm.

Zober, E. H.: Zur Geschichte des Stralsunder Gymnasiums. 3. Beitrag: Die Zeit von 1617 - 1679. Stralsund 1848. Schulprogramm.

Zober, E. H.: Zur Geschichte des Stralsunder Gymnasiums. 4. Beitrag: Die Zeit von 1680 - 1755. Stralsund 1858. Schulprogramm.

Zober, E. H.: Zur Geschichte des Stralsunder Gymnasiums. 5. Beitrag: Die Zeit von 1755 - 1804. Stralsund 1859. Schulprogramm.

Zober, E. H.: Zur Geschichte des Stralsunder Gymnasiums. 6. Beitrag: Die Zeit von 1804 - 1860. Stralsund 1860. Schulprogramm.

Straßburg

Engel, K.: "Das Gründungsjahr des Straßburger Gymnasiums [1538/1539]." Anon. (Lehrerschaft des protestantischen Gymnasiums, ed.): Festschrift zur Feier des 350jährigen Bestehens des protestantischen Gymnasiums zu Straßburg. Teil 1. Straßburg 1888: 113 - 142.

Kaiser, H.: "Bischof Erasmus und die geplante Gründung einer Bildungsanstalt für den Klerus des Bistums Straßburg." Mitteilungen der Gesellschaft für deutsche Erziehungs- und Schulgeschichte 11 (1901): 267 - 275.

Knod, G. C.: Die alten Matrikeln der Universität Straßburg, 1621 - 1793. Bd. 1: Die allgemeinen Matrikeln und die Matrikeln der Philosophischen und Theologischen Fakultät. Straßburg 1897. (= Urkunden und Akten der Stadt Straßburg, 3. Abteilung: Die alten Matrikeln der Universität Straßburg.)

Schricker, A.: Zur Geschichte der Universität Straßburg. Festschrift zur Eröffnung der Universität Straßburg am 1. Mai 1872. Straßburg 1872.

Schulze, A.: Die örtliche und soziale Herkunft der Straßburger Studenten 1620 bis 1793. Frankfurt a. M. 1926.

Wentzcke, P.: "Die alte Universität Straßburg, 1621 - 1793." Elsaß-lothringisches Jahrbuch 17 (1938): 37 - 112.

Straubing

Weissenberger, B. : Geschichte des Königlich humanistischen Gymnasiums Straubing unter Berücksichtigung der Entwicklung des gesamten Gymnasialwesens in Bayern. Straubing 1898.

Strelitz
Vergleiche auch **Mecklenburg:** passim

Stuttgart

Camerer, J. W.: Beiträge zur Geschichte des Stuttgarter Gymnasiums. Stuttgart 1834.

Kieser, von: Die Realschule zu Stuttgart. Ihre Entwicklung und jetzige Einrichtung. Neubearbeitet und ergänzt von ... Frisch. Stuttgart 1865.

Klaiber, J.: Der Unterricht in der ehemaligen Hohen Karlsschule in Stuttgart. Programm des Königlichen Realgymnasiums in Stuttgart. Stuttgart 1873.

Lang, G.: Geschichte der Stuttgarter Gelehrtenschule von ihren ersten Anfängen bis zum Jahre 1806. Stuttgart 1928. (= Geschichte des Humanistischen Schulwesens in Württemberg Bd. 3, 2. Halbband, Teil 1.)

Ludwig, P. (ed.): Festschrift zur Einweihung des neuen Schulgebäudes [des Eberhard-Ludwigs-Gymnasiums Stuttgart]. Stuttgart 1957.

Schanzenbach, O.: Aus der Geschichte des Eberhard-Ludwigs-Gymnasiums in Stuttgart. Festschrift zur Jubelfeier des Eberhard-Ludwigs-Gymnasiums in Stuttgart. Zugleich Programm. Stuttgart 1886.

Würthle, P.: "Zur Geschichte der Gründung des Stuttgarter Gymnasiums." Anon. (ed.): 250 Jahre Stuttgarter Gymnasium. Festschrift des Eberhard-Ludwigs-Gymnasium, 1686 - 1936. Stuttgart o. J. (1937).

Südpreußen
Vergleiche **Preußen**: Schwartz, P. 1911

Tilsit

Knaake, E.: Geschichte des Königlichen Realgymnasiums zu Tilsit von 1839 bis 1889. Ein Beitrag zur 50jährigen Jubelfeier der Anstalt. Tilsit 1889.

Pöhlmann, H.: Zur Geschichte des Gymnasiums [zu Tilsit]. Teil 1: Valentin Tenner, Rektor der Fürstlichen Schule zu Tilsit von 1586 bis 1598. Tilsit 1866. Schulprogramm.

Pöhlmann, H.: Beiträge zur Geschichte des Königlichen Gymnasiums zu Tilsit. Teil 5: Die Königliche Provinzialschule bis zu ihrer Umwandlung in ein Königliches Gymnasium, 1791 - 1812. Tilsit 1876. Schulprogramm.

Schneider: Geschichte der Provinzial- oder Fürstenschule in Tilsit von ihrer Gründung bis zu ihrer Verwandlung in ein Königliches Gymnasium. Teil 1 [bis 1704]. Tilsit 1853. Schulprogramm.

Schneider: Geschichte der Provinzial- oder Fürstenschule in Tilsit von ihrer Gründung bis zu ihrer Verwandlung in ein Königliches Gymnasium. Schluß [18. Jahrhundert]. Tilsit 1854. Schulprogramm.

Trarbach

Pfender, Ph. L.: Geschichte der Stadt Trarbach und ihres Gymnasiums bis zum Ende des vorigen Jahrhunderts. Bernkastel 1856.

Touton, J.: Kurze Nachricht von der gegenwärtigen Verfassung des Gymnasiums zu Trarbach, nebst dessen vorigen Schicksalen und Umständen. Zweibrücken 1781. Schulprogramm.

Trier

Gross: "Zur Geschichte des Friedrich-Wilhelm-Gymnasiums [zu Trier], 1798 - 1945." Schwall, J. (ed.): 400 Jahre Friedrich-Wilhelm-Gymnasium Trier. Festschrift. Trier o. J. (1961): 7 - 73.

Hegner, J. P.: Vor 100 Jahren. Mitteilungen und Aktenstücke zur Geschichte der Anstalt [des Friedrich-Wilhelms-Gymnasiums zu Trier]. Beilage zum Programm des Friedrich-Wilhelms-Gymnasiums zu Trier. Trier 1905.

Hüllen, F.: "Das Jesuitengymnasium (1563 - 1773)." Anon. (ed.): Königliches Friedrich-Wilhelms-Gymnasium zu Trier, 1563 - 1913. Festschrift zur Feier des 350jährigen Jubiläums der Anstalt am 6. - 8. Oktober 1913. Trier 1913: 66 - 170.

Paulus, M.: "Das Kurfürstliche Gymnasium (1773 - 1798)." Anon. (ed.): Königliches Friedrich-Wilhelms-Gymnasium zu Trier, 1563 - 1913. Festschrift zur Feier des 350jährigen Jubiläums der Anstalt am 6. - 8. Oktober 1913. Trier 1913: 171 - 274.

Schwall, J. (ed.): 400 Jahre Friedrich-Wilhelm-Gymnasium Trier. Festschrift. Trier o. J. (1961).

Zenz, E.: Die Trierer Universität, 1473 - 1798. Ein Beitrag zur abendländischen Universitätsgeschichte. Trier 1949. (= Trierer geistesgeschichtliche Studien 1.)

Troppau

Knaflitsch, K.: Geschichte des Troppauer Gymnasiums. 5 Teile. Troppau 1902 - 1906. Schulprogramme.

Tübingen

Bök, A. F.: Geschichte der Herzoglich Württembergischen Eberhard-Karls-Universität zu Tübingen im Grundrisse. Tübingen 1774.

Bürk, A./Wille, W.: Die Matrikel der Universität Tübingen, 1600 - 1807. 4 Bde. Tübingen 1953 - 1954.

Eisenbach, H. F.: Beschreibung und Geschichte der Stadt und Universität Tübingen. Tübingen 1822.

Klüpfel, K.: Geschichte und Beschreibung der Universität Tübingen. Tübingen 1849. (= Klüpfel, K./ Eifert, M. (eds.): Geschichte und Beschreibung der Stadt und Universität Tübingen, 2. Abteilung.

Klüpfel, K.: Die Universität Tübingen in ihrer Vergangenheit und Gegenwart. Leipzig 1877.

Schneider: "Das Collegium Illustre." Tübinger Blätter 1 (1898): 44 - 47.

Willburger, A.: "Das Collegium Illustre zu Tübingen." Tübinger Blätter 13 (1911): 1 - 33.

Tuttlingen

Anon. (Alber): Tuttlinger Heimatblätter. Sonderausgabe Gymnasium. Tuttlingen o. J. (= Tuttlinger Heimatblätter, Neue Folge 6/7.)

Ulm

Greiner, H.: Die Ulmer Gelehrtenschule zu Beginn des 17. Jahrhunderts und das akademische Gymnasium. Darstellung und Quellenmaterial. Ulm 1912. (= Mitteilungen des Vereins für Kunst und Altertum in Ulm und Oberschwaben 18.)

Greiner: Geschichte der Ulmer Schule. Stuttgart 1914. (= Mitteilungen des Vereins für Kunst und Altertum in Ulm und Oberschwaben 20.)

Greiner: "Geschichte der Ulmer Schule." Anon. Württembergische Kommission für Landesgeschichte, ed.): Geschichte des humanistischen Schulwesens in Württemberg. Bd. 2: Geschichte des humanistischen Schulwesens in den zu Beginn des 19. Jahrhunderts württembergisch gewordenen Landesteilen von 1559 bis 1805. 1. Halbband: Geschichte des humanistischen Schulwesens der Reichsstädte. Stuttgart 1920: 1 - 90.

Kapff, W.: Zur Geschichte des Ulmer Gymnasiums (vom Anfang bis zum Jahr 1613). Ulm 1858. Schulprogramm.

Kapff, W.: Geschichte des Ulmer Gymnasiums. Teile 2 und 3. Ulm 1863 - 1864. Schulprogramme.

Weyermann, A.: Nachrichten von Gelehrten, Künstlern und andern merkwürdigen Personen aus Ulm. Ulm 1798.

Ungarisch-Hradisch

Gallina, J.: Historisch-statistischer Überblick der Anstalt [des Staats-Obergymnasiums in Ungarisch-Hradisch]. Teil 1. Aus Anlaß des 50jährigen Bestandes verfaßt. Ungarisch-Hradisch 1904. Schulprogramm.

Gallina, J.: Historisch-statistischer Überblick der Anstalt [des Staats-Obergymnasiums in Ungarisch-Hradisch]. Teil 2. Ungarisch-Hradisch 1905. Schulprogramm.

Unna

Wittenbrinck, G.: Zur Geschichte des höheren Schulwesens der Stadt Unna in Westfalen. Beiträge, reichend vom 14. Jahrhundert bis zur Gegenwart. Unna 1903.

Verden

Vergleiche auch **Buxtehude**: Pratje, J. H. 1765

Pratje, J. H.: Kurzgefaßter Versuch einer Verdenschen Schulgeschichte. In einem Sendschreiben an die gesamte Geistlichkeit der Herzogtümer Bremen und Verden. Stade 1764.

Sonne, D.: Biographische Skizzen der Lehrer der Domschule zu Verden aus den Jahren 1764 - 1832. Ein Anhang zur Schulgeschichte dieser Jahre. Verden 1863. Schulprogramm.

Sonne, D: Geschichte des Gymnasiums [des Königlichen Dom-Gymnasiums zu Verden] von 1578 - 1764. Verden 1868. Schulprogramm.

Sonne, D.: Fortsetzung der Geschichte des Gymnasiums zu Verden, 1720 - 1764. Verden 1869. Schulprogramm.

Sonne, D.: Versuch einer Geschichte der Domschule zu Verden von 1764 bis 1830. 2. Abteilung: Die Domschule unter dem Rektor Schilling von 1794 - 1815. Verden 1871. Schulprogramm.

Sonne, D.: Versuch einer Geschichte der Domschule zu Verden von 1764 - 1832. 3. Abteilung: Die Domschule unter dem Rektor Cammann von 1816 - 1832. Verden 1872. Schulprogramm.

Sonne, D.: Die beiden ersten Jahrhunderte der Lateinischen Domschule zu Verden, von 1578 - 1778. Verden 1878. Schulprogramm.

Vorderösterreich
Vergleiche auch **Württemberg**: Weißenbacher 1920

Vorpommern
Vergleiche auch **Pommern**, passim

Biederstedt, D. H.: Nachrichten von den jetzt lebenden Schriftstellern in Neuvorpommern und Rügen. Stralsund 1822.

Biederstedt, D. H.: Nachrichten von dem Leben und den Schriften neuvorpommerisch-rügenscher Gelehrter seit dem Anfange des 18. Jahrhunderts bis zum Jahre 1822. 1. Abteilung. Greifswald 1824.

Walkenried

Volckmar, K.: Geschichte der Klosterschule zu Walkenried. Nordhausen 1857.

Wangen

Vergleiche auch **Aalen**: Diehl, A. 1920

Warburg

Anon. (ed.): Festschrift zur Jubelfeier des Gymnasiums Marianum in Warburg, 1628, 1874,1944. o. O. (Warburg) 1949.

Marri, W.: "Das Gymnasium im Wandel der Zeiten. Aus der Geschichte des Warburger Gymnasiums." Anon. (ed.): Festschrift zur Jubelfeier des Gymnasiums Marianum in Warburg. o. O. (Warburg) 1949: 9 - 16.

Wiegard, A.: "Das Schulwesen der Stadt Warburg in fürstbischöflicher Zeit." Zeitschrift für vaterländische Geschichte und Altertumskunde 71 (1913), 2. Abteilung: 143 bis 233.

Waren

Schnell, H.: "Geschichte des Schulwesens der Stadt Waren." Anon. (Gruppe Mecklenburg der Gesellschaft für deutsche Erziehungs- und Schulgeschichte, ed.): Beiträge zur Geschichte der Erziehung und des Unterrichts in Mecklenburg. Berlin 1905: 33 - 88. (= Beihefte zu den Mitteilungen der Gesellschaft für deutsche Erziehungs- und Schulgeschichte 9.)

Weidenau

Prosch, F.: Dokumente zur Geschichte der Anstalt [des k. k. Staatsgymnasiums zu Weidenau] nebst Erläuterungen. 5 Teile. Weidenau 1902 - 1906. Schulprogramme.

Prosch, F.: Fürsterzbischof Jakob Ernst Graf von Lichtenstein und seine Stiftungen für das Piaristenkollegium, das Piaristengymnasium und den Markt Weißwasser. Als Vorgeschichte des Weidenauer Staatsgymnasiums. Weidenau 1904. Schulprogramm.

Weilburg

Böhme, H.-G.: Geschichte der Bibliothek des Gymnasiums zu Weilburg. Weilburg 1949.

Eichhoff, N. G.: Geschichte des Herzoglich-Nassauischen Landesgymnasiums in Weilburg seit seiner Stiftung im Jahre 1540 ... bis auf unsere Zeit. Eine Festgabe zu der 3. Säkularfeier desselben. Weilburg 1840.

Weilderstadt

Vergleiche auch **Aalen**: Diehl, A. 1920

Weimar

Francke, O.: Regesten zur Geschichte des Gymnasiums zu Weimar. Weimar 1887. Schulprogramm.

Francke, O.: Geschichte des Wilhelm-Ernst-Gymnasiums in Weimar. Weimar 1916.

Joret, Ch.: "Les Français à la Cour de Weimar, 1775 - 1806." Nouvelles Archives des Missions Scientifiques et Littéraires. Choix de Rapports et Instructions publié sous les auspices du Ministère de l'Instruction Publique et des Beaux-Arts (Paris) 9 (1899): 559 bis 570.

Lehmann, U.: "Slawische Studien Goethes in der Weimarer Bibliothek." Steinitz, W. et al. (eds.): Ost und West in der Geschichte des Denkens und der kulturellen Beziehungen. Festschrift für Eduard Winter zum 70. Geburtstag. Berlin 1966: 466 - 470.

Walter, K.: Herders Typus Lectionum. Weimar 1905. Schulprogramm.

Wernigerode

Drees, H.: Geschichte des Fürstlichen Gymnasiums, der Oberschule, zu Wernigerode. Wernigerode 1899.

Wertheim

Langguth, O.: Quellen zur Schulgeschichte der Grafschaft Wertheim. Würzburg 1937.

Platz, F.: Beiträge zur Geschichte des Wertheimer Gymnasiums. Als Beilage zum Jahresbericht des Herzoglichen Gymnasiums für das Schuljahr 1875/76. Wertheim 1876.

Wesel

Kleine, A.: Geschichte des Weseler Gymnasiums von den ältesten Zeiten bis zur Gegenwart. Wesel 1882.

Sardemann, G.: "Johannes Brantius, Rektor an der Höheren Schule in Wesel, 1584 bis 1620." Zeitschrift des Bergischen Geschichtsvereins 4 (1867): 115 - 208.

Westfalen
Vergleiche auch **Sachsen:** Poten, B. 1897

Wien

Anon. (Universität Wien, ed.): Geschichte der Wiener Universität von 1848 bis 1898. Als Huldigungsfestschrift zum 50jährigen Regierungsjubiläum seiner k. k. apostolischen Majestät des Kaisers Franz Josef I. Wien 1898.

Kink, R.: Geschichte der Kaiserlichen Universität zu Wien. Im Auftrage des k. k. Ministers für Kultus und Unterricht nach den Quellen bearbeitet. Bd. 1, Teile 1 und 2. Wien 1854.

Schwarz, J.: Die niederen und höheren Studien an der k. k. Theresianischen Akademie in Wien. Teil 1: Theresianische Organisation. Wien 1903. Schulprogramm.

Schwarz, J.: Die niederen und höheren Schulen an der k. k. Theresianischen Akademie in Wien.Teil 2: Die Josefinische Studieneinrichtung. Wien 1904. Schulprogramm.

Wolf, G.: Zur Geschichte der Wiener Universität. Wien 1883.

Wittenberg
Vergleiche auch Halle: Feyl, O. 1952

Anon.: Universität Wittenberg, 1502 - 1817. Anon. (Martin-Luther-Universität Halle-Wittenberg, ed.): 450 Jahre Martin-Luther-Universität Halle-Wittenberg. Bd. 1. o. O., o. J. (Halle 1952).

Brentjes, B.: "Josephus Adjutus, der Chaldäer zu Wittenberg." Wissenschaftliche Zeitschrift der Universität Halle 26 (1977), Heft 4: 131 - 138.

Friedensburg, W.: Geschichte der Universität Wittenberg. Halle 1917.

Friedensburg, W.: Urkundenbuch der Universität Wittenberg. 2 Bde. Magdeburg 1926 - 1927.

Grohmann, J. Chr. A.: Annalen der Universität Wittenberg. 3 Bde. Meißen 1801 bis 1802.

Juntke, F. (ed.): Album Academiae Vitebergensis. Jüngere Reihe, Teil 2 (1660 bis 1710). Halle 1952. (= Arbeiten aus der Universitäts- und Landesbibliothek Sachsen-Anhalt in Halle a. d. S. 1.)

Krüger, G.: Das Ende der Universität Wittenberg. Thüringisch-Sächsische Zeitschrift für Geschichte und Kunst 7 (1917): 110 - 142.

Kühne, H.: Wittenbergisches bei Josephus Adjutus. Neue Forschungsergebnisse aus Wittenberger Archiven. Unveröffentlichtes Manuskript. (Wittenberg 1985).

Spitzner, F.: Geschichte des Gymnasiums und der Schulanstalten zu Wittenberg, aus den Quellen erzählt. Leipzig 1830.

Worms

Becker, A.: Beiträge zur Geschichte der Frei- und Reichsstadt Worms und der daselbst seit 1527 errichteten höheren Schulen. Worms 1880.

Württemberg
Vergleiche auch Sachsen: Poten, B. 1897

Diehl, A.: "Die Zeit der Scholastik." Anon. (Württembergische Kommission für Landesgeschichte, ed.): Geschichte des humanistischen Schulwesens in Württemberg. Bd. 1: Bis 1559. Stuttgart 1912: 18 - 256.

Hirzel, K.: Sammlung der Württembergischen Schulgesetze. 2. Abteilung, enthaltend die Gesetze für die Mittel- und Fachschulen bis zum Jahr 1846. Tübingen 1847. (= Reyschersche Gesetzsammlung, Bd. 11, 2. Abteilung.)

Keck, R. W.: Geschichte der Mittleren Schule in Württemberg. Motive und Probleme in ihrer Entwicklung von der Reformation bis zur Gegenwart, unter besonderer Berücksichtigung von Stuttgart und Ulm. Stuttgart 1968. (= Veröffentlichungen der Kommission für geschichtliche Landeskunde in Baden-Württemberg, Reihe B, 47.)

Kern, K.: "Sebastian Coccius, Erzieher und Lehrer des Prinzen Eberhard von Württemberg (1551 - 1562). Ein Beitrag zur Geschichte der Prinzenerziehung im 16. Jahrhundert." Mitteilungen der Gesellschaft für deutsche Erziehungs- und Schulgeschichte 15 (1905): 100 - 117.

Mayer, M.: Geschichte des Württembergischen Realschulwesens. Herausgegeben von der Württembergischen Kommission für Landesgeschichte. Stuttgart 1923.

Nägele, A.: "Das höhere Schulwesen in den sechs ehemaligen Benediktinerabteien Württembergs." Anon. (Württembergische Kommission für Landesgeschichte, ed.): Geschichte des humanistischen Schulwesens in Württemberg. Bd. 2: Geschichte des humanistischen Schulwesens in den zu Anfang des 19. Jahrhunderts württembergisch gewordenen Landesteilen von 1559 bis 1805. 2. Halbband: Geschichte des humanistischen Schulwesens in den landesherrlichen und geistlichen Gebieten. Stuttgart 1920: 748 - 974.

Neukamm, F.: Wirtschaft und Schule in Württemberg von 1700 bis 1836. Mit einem Geleitwort von Eduard Spranger. Heidelberg 1956.

Pfaff, K.: Versuch einer Geschichte des gelehrten Unterrichtswesens in Württemberg in älteren Zeiten. Ulm 1842.

Reyscher, A. L.: Vollständige historisch und kritisch bearbeitete Sammlung der württembergischen Gesetze. Bd. 11, 2. Abteilung: Enthaltend die Gesetze für Mittel- und Fachschulen. Herausgegeben von C. Hirzel. Stuttgart 1847.

Wagner, J.: "Die Zeit des Humanismus vor der Reformation." Anon. (Württembergische Kommission für Landesgeschichte, ed..): Geschichte des humanistischen Schulwesens in Württemberg. Bd. 1: Bis 1559. Stuttgart 1912: 257 - 467.

Weißenbacher: "Ehemals vorderösterreichische und herrschaftliche Lateinschulen des heutigen Württemberg." Anon. (Württembergische Kommission für Landesgeschichte, ed.): Geschichte des humanistischen Schulwesens in Württemberg. Bd. 2: Geschichte des humanistischen Schulwesens in den zu Anfang des 19. Jahrhunderts württembergisch gewordenen Landesteilen von 1559 bis 1805. 2. Halbband: Geschichte des humanistischen Schulwesens in den landesherrlichen und geistlichen Gebieten. Stuttgart 1920: 1146 - 1176.

Wunderlich, K. G.: Die ehemaligen Klosterschulen und die jetzigen niederen evangelischen Seminarien in Württemberg. Stuttgart 1833.

Ziemssen, L.: "Das Württembergische Partikularschulwesen, 1534 - 1559." Anon. (Württembergische Kommission für Landesgeschichte, ed.): Geschichte des humanistischen Schulwesens in Württemberg. Bd. 1: Bis 1559. Stuttgart 1912: 468 bis 659.

Würzburg

Bönicke, Chr.: Grundriß einer Geschichte von der Universität zu Würzburg. 2 Teile. Würzburg 1782.

Goldmayer, J. C.: Beiträge zur neuesten Geschichte der Königlichen Universität zu Würzburg. Würzburg 1817.

Hasenfuß, J.: Bayerische Julius-Maximilians-Universität Würzburg. Brilon 1953, 2. A. 1961.

Hüttner, F.: "Über Karl Theodor Freiherrn von Dalberg als Vorsitzenden der Schulkommission für das Hochstift Würzburg." Mitteilungen der Gesellschaft für deutsche Erziehungs- und Schulgeschichte 13 (1903): 293 - 319.

Ssymank, H.: Fürstbischof Adam Friedrich von Seinsheims Regierung in Würzburg und Bamberg (1755 - 1779). Würzburg 1939. Würzburger phil. Diss. Machinenschriftlich.

Wegele, F. X. v.: Geschichte der Universität Würzburg. 2 Bde. Würzburg 1882.

Wuppertal
Vergleiche auch **Elberfeld:** passim

Anon. (ed.): Gymnasium Süd Wuppertal 150 Jahre, 1830 - 1908. Wuppertal 1980.

Zeitz
Vergleiche **Naumburg:** Philipp, J. P. Chr. 1800

Zerbst

Clemen, O.: "Zur Zerbster Schulgeschichte in der Reformationszeit." Mitteilungen der Gesellschaft für deutsche Erziehungs- und Schulgeschichte 15 (1905): 32 - 34.

Sickel, W.: Geschichte des Herzoglichen Francisceums zu Zerbst, 1803 - 1903. Festschrift zur 100jährigen Jubelfeier des Herzoglichen Francisceums zu Zerbst 1903. Zerbst 1903.

Sintenis, F.: Zur Geschichte des Zerbster Schulwesens. Zerbst 1853. Schulprogramm.

Zittau
Vergleiche auch **Plauen:** Anon. 1855

Friedrich, O.: "Gymnasium (Johanneum) zu Zittau." Anon. (Sächsischer Gymnasiallehrerverein, ed.): Veröffentlichungen zur Geschichte des Gelehrtenschulwesens im Albertinischen Sachsen. Teil 1: Übersicht über die geschichtliche Entwicklung der Gymnasien. Leipzig 1900: 209 - 220.

Gärtner, Th.: Quellenbuch zur Geschichte des Gymnasiums zu Zittau. 1. Heft: Bis zum Tode des Rektors Christian Weise (1708). Leipzig 1905. (= Veröffentlichungen zur Geschichte des Gelehrtenschulwesens im Albertinischen Sachsen. Teil 2: Urkundenbücher der Sächsischen Gymnasien 1.)

Gärtner, Th.: Quellenbuch zur Geschichte des Gymnasiums in Zittau. 2. Heft: 1709 bis 1855. Leipzig 1911. (= Veröffentlichungen zur Geschichte des Gelehrtenschulwesens im Albertinischen Sachsen. Teil 2: Urkundenbücher der Sächsischen Gymnasien 1.)

Kämmel, H. J.: Christian Keimann. Ein Beitrag zur Geschichte des Zittauer Gymnasiums. Zittau 1856. Schulprogramm.

Zoppot

Kulcke: Die Anfänge des Höheren Schulwesens in Zoppot. Danzig 1905. Schulprogramm.

Züllichau

Hanow, R.: Bericht über die äußeren Verhältnisse der Steinbartschen Erziehungs- und Unterrichts-Anstalten bei Züllichau. Züllichau 1852. Schulprogramm.

Steinbart, G. S.: Nachricht von der jetzigen Verfassung der Erziehungsanstalten zu Züllichau nebst einer Anzeige seiner Grundsätze über den Unterricht und die Erziehung auf Schulen. Züllichau 1786.

Zürich

Galiardi, E./Nabholz, H./Strohl, J.: Die Universität Zürich 1833 - 1933 und ihre Vorläufer. Festschrift zur Jahrhundertfeier. Herausgegeben vom Erziehungsrate des Kantons Zürich. Zürich 1938. (= Die Zürcherischen Schulen seit der Regeneration der 1830er Jahre. Festschrift zur Jahrhundertfeier 3.)

Zweibrücken
Vergleiche auch **Hornbach**: passim

Anon. (ed.): Festschrift zum 400jährigen Jubiläum des Herzog-Wolfgang-Gymnasiums Zweibrücken, 1559 - 1959. Zweibrücken 1959.

Dahl, K.: "Die endgültige Rückverlegung des Gymnasiums von Meisenheim nach Zweibrücken (1706) und die Übergangsperiode bis zum Jahre 1721." Anon. (ed.): Festschrift zum 350jährigen Jubiläum des Hornbach-Zweibrücker Gymnasiums. Zweibrücken 1909: 57 - 80.

114

Koch, W.: "Georg Christian Crollius, genannt der jüngere Crollius. Leben und Wirken des großen Zweibrücker Gelehrten." Blätter für Pfälzische Kirchengeschichte und Religiöse Volkskunde 28 (1961): 1 - 16.

Stich, H.: "Ein Schlußfest am Zweibrücker Gymnasium im 18. Jahrhundert." Anon. (ed.): Festschrift zum 350jährigen Jubiläum des Hornbach-Zweibrücker Gymnasiums. Zweibrücken 1909: 81 - 95.

Teller, P.: Abriß der Geschichte des Zweibrücker Gymnasiums von 1559 bis 1730. Jahresbericht über das Königliche Gymnasium und die Lateinische Schule zu Zweibrücken in der Pfalz. Zweibrücken 1845.

Zwickau

Fabian, E.: "Gymnasium zu Zwickau." Anon. (Sächsischer Gymnasiallehrerverein, ed.): Veröffentlichungen zur Geschichte des Gelehrtenschulwesens im Albertinischen Sachsen. Teil 1: Übersicht über die geschichtliche Entwicklung der Gymnasien. Leipzig 1900: 221 - 242.

Herzog, E.: Geschichte des Zwickauer Gymnasiums. Eine Gedenkschrift zur Einweihungsfeier des neuen Gymnasialgebäudes. Zwickau 1869.

BIOGRAPHISCHES UND BIBLIOGRAPHISCHES LEXIKON

A

ABBI. Lehrer des Französischen am Großherzoglichen Gymnasium zu Oldenburg, belegt für die Zeit nach 1756.

ABBT, Thomas. Geb. am 25. oder 26.11.1738 zu Ulm, Sohn eines Perückenmachers. Schulbildung in Ulm, Studium seit 1756 an der Universität Halle, Studienschwerpunkt zunächst Theologie, später Philosophie und Mathematik. Magisterpromotion 1758 in Halle. Die "Wöchentlichen Hallischen Anzeigen" vom 14.04.1759 berichten, Magister Abbt werde im Sommersemester neben der Mathematik und den Schönen Wissenschaften auch "das Genie der englischen Sprache erklären, und Regeln geben, ihre Schriftsteller zu verstehen, und poetische Stücke kritisch durchgehen". Im September des Jahres 1759 kündigt Abbt für das Wintersemester 1759/60 eine "Anleitung zur Kenntnis der englischen Sprache" an. Diese Veranstaltung wird im Sommersemester 1760 von dem Magister Legens Johann Ludewig Schulze übernommen, nachdem Abbt einem im Frühjahr 1760 ergangenen Ruf auf ein Extraordinariat der Philosophie an die Universität Frankfurt a.d.O. gefolgt ist. Offenbar als Folge der Kriegsunruhen findet Abbt in Frankfurt a.d.O. keine dauerhafte Bleibe. Er verfaßt die 1761 in Berlin publizierte patriotische Schrift "Von dem Tode für das Vaterland", die eine sehr positive Aufnahme findet. Nach mehrmonatigem Aufenthalt in Berlin geht Abbt 1761 als Professor der Mathematik nach Rinteln. Dort beginnt er mit dem Studium der Rechte. Nach einer Reise durch Süddeutschland, die Schweiz und Frankreich im Jahre 1763 verfaßt er sein Hauptwerk "Von dem Verdienste" (Berlin 1765), aufgrund dessen er von dem Grafen Wilhelm I von Schaumburg-Lippe, einem Förderer auch der neusprachlichen Studien, im Juli 1765 als Hof-, Regierungs- und Konsistorialrat nach Bückeburg berufen wird. Im Herbst dieses Jahres erhält Abbt zwei Rufe, einen als Professor der Mathematik an die Universität Marburg, den anderen als Professor der Philosophie nach Halle. Abbt bleibt in Bückeburg, da sich zwischen ihm und dem Landesherrn eine enge Freundschaft entwickelt hat. Er stirbt am 27.11.1766 zu Bückeburg an einer Hämorrhoidalkolik. Abbt hat mehrere Übersetzungen aus dem Französischen und Englischen vorgelegt.

Von seinen Zeitgenossen wird Abbt unterschiedlich bewertet, doch überwiegen die positiven Stellungnahmen: "Seine ausgebreiteten Fähigkeiten und seltene Forschbegierde würden ihn bei reiferen Jahren durch immer mehrere Aufklärung seiner Begriffe und Läuterung seines Geschmackes zu einem der besten Schriftsteller Deutschlands gemacht haben, wozu er in seinem Jünglingsalter schon so viele Anlagen verriet." - "Sein fähiger Verstand, seine feurige Einbildungskraft, seine gründlichen Einsichten in die Mathematik und Philosophie, seine große Kenntnis der griechischen, lateinischen, englischen, italienischen und französischen Sprachen würden ihn bei reiferen Jahren zu einem der besten deutschen Schriftsteller erhoben haben. ... In der Tat hat unsere Prosa sehr viel mit ihm verloren. Die glückliche Mischung seines Temperaments, des Enthusiasmus seiner zärtlichen und starken Seele, sein weitsehender und tief eindringender Blick, sein origineller Witz, seine Weltkenntnis und Freimütigkeit, verbunden mit einer tiefen Belesenheit und seltenem Sprachstudium gaben seinem Ausdruck die volle Schwere, Leben und Annehmlichkeit." Die posthum edierten "Vermischten Schriften" enthalten in Teil 5 Ausführungen zur Adelserziehung: Abbt wünscht, daß der adelige Junker nach seinen Lateinstudien das Französische und Englische erlerne, die er als "so notwendige und so angenehme Sprachen" bezeichnet.

ABEL, Sulpitius. Seit 1727 Lehrer des Deutschen, Lateinischen und Französischen an der Stadtschule zu Saargemünd. Abel ist noch für das Jahr 1730 belegt.
Abel erhält 1730 für das Fach Französisch einen Gehilfen, der zugleich das Amt eines Küsters versehen soll. Er muß ihn beherbergen, beköstigen, bezahlen und auch den Garten mit ihm teilen.

ABFELTER, Ferdinand von. Aus Italien. Schulbildung offenbar in einer von Jesuiten geführten Adelsschule zu Parma (Zeugnis von 1704). Konvertit. Studium der Theologie, Philosophie und Jurisprudenz an der Universität Erlangen. Abfelter wird 1712 als italienischer Sprachmeister am Gymnasium zu Coburg angestellt. Er erhält eine Unterstützung von jährlich 12 Gulden.

ABRAHAM. Sprachmeister des Französischen in der Stadt Goch, belegt für die Zeit 1609 - 1611. Abraham erhält von den städtischen Behörden ein jährliches Entgelt von 18 Talern für die Hausmiete.

ABRAHAMSON, Werner Hans Friedrich. Geb. am 20. April 1744 zu Schleswig. Militärische Laufbahn. Abrahamson wirkt seit 1771 als Lehrer der Erdbeschreibung sowie der deutschen und dänischen Sprache an der Kopenhagener Artillerieschule. Seit 1780 bekleidet er das Amt eines Lehrers der Philosophie sowie des deutschen und dänischen Stils bei der Landeskadettenakademie zu Kopenhagen. Er quittiert den Kriegsdienst im Jahre 1787 im Range eines Artilleriekapitäns; sein Lehramt nimmt er offenbar weiterhin wahr. Im Jahre 1799 wird er zum Inspektor der Landkadetten-Aka-

demie zu Kopenhagen ernannt. Er stirbt am 22. September 1812.
Abrahamson, seit 1782 Mitglied der Königlich-Norwegischen Gesellschaft der Wissenschaften zu Trondheim und Ritter des Dane-
brogsordens, hat ein umfangreiches Oeuvre mit literarisch-histori-
schem und volkskundlichem Schwerpunkt hinterlassen; zahlreiche
Übersetzungen aus dem Dänischen ins Deutsche und mehrere Arbeiten in dänischer Sprache weisen ihn als einen der bedeutenden
Mittler zwischen deutscher und skandinavischer Kultur im ausgehenden 18. Jahrhundert aus. Unter seinen Arbeiten findet sich
zumindest eine Übersetzung aus dem Englischen.

ACHATIUS, Burggraf von Dohna. Vergleiche Dohna,
Achatius von.

ADADUROV, Vasilij Evdokimovič. Vergleiche Adodurov,
Vasilij Evdokimovič.

ADAM. Sprachmeister des Französischen am Darmstädter Pädagogium um das Jahr 1742. Adam unterrichtet auf Wunsch des Rektors
der Anstalt täglich 2 Stunden und erhält dafür zu seinem Jahresgehalt von 75 Gulden eine Zulage von 30 Gulden.

ADAMI, Michael. Geb. im Trentschiner Komitat (Ungarn).
Wirkt in späteren Jahren als Siebenbürgischer Hofagent in Wien.
Adami ist Autor einer 1760 in Wien erschienenen "Ausführlichen
und neu erläuterten ungarischen Sprachlehre". Er stirbt am
12.03.1787 zu Wien.

ADAMOVICZ, Alexander. Vergleiche Woide, Karl Gottfried,
genannt Alexander Adamovicz. Vergleiche auch Cassius, Johann
Ludwig.

ADJUTUS, Joseph, genannt Hugo Maria. Geb. im Jahre 1602
zu Ninive beziehungsweise Mosul im Irak, Sohn chaldäischer
Eltern christlichen Glaubens, der Sprache nach Aramäer. Seit 1606
Vollwaise. Wird von seinen Verwandten zur weiteren Ausbildung
nach Jerusalem geschickt. Erziehung bis 1613 in einem Mino-
ritenkloster in Palästina. Verschiffung nach Neapel und Eintritt in

Josephus Adjutus, Ninive - Syrus

den Franziskanerorden. Fortsetzung der Studien und Weihe zum Diakon. 1632 Presbyter im Dienste des Erzbischofs von Ephesus, 1637 Erwerb des theologischen Doktorgrades. Unternimmt einige Jahre später eine Reise nach Wien, Prag, Dresden und Wittenberg. In Wittenberg tritt Adjutus zum protestantischen Glauben über, seine Oratio revocatoria findet am 23.10.1643 im Großen Auditorium der Wittenberger Universität statt. Die Wittenberger Universitätsmatrikel nennt ihn unter dem 09.06.1643; er wird gratis inskribiert. Unter dem 24.05.1645 erhält Adjutus vom Kurfürsten von Sachsen aus den Benefizien des Prokuratoramtes Meißen eine einmalige Beihilfe in Höhe von 50 Gulden. Im Jahre 1646 wird er als Extraordinarius Linguae Italicae auf den seit 1628 vakanten neusprachlichen Lehrstuhl zu Wittenberg (Nachfolge Durbal) berufen. Er erhält eine Dienstwohnung und besitzt in der Folgezeit ein gesichertes Einkommen in Höhe von 50 Gulden jährlich. Am 01.03.1647 heiratet er eine Pfarrerswitwe aus Melitz. Die Trauung übernimmt der Wittenberger Theologieprofessor und Superintendent Dr. Paul Röber.

Röber ist gemeinsam mit dem Professor der griechischen Sprache Magister J. E. Ostermann und der Gattin des Theologieprofessors Martini auch Taufpate des am 13.02.1648 geborenen Sohnes Johannes. Das Ehepaar Adjutus hat offenbar keine weiteren Kinder. - "Auffallend ist, daß die Eheleute Adjutus bei den Taufen von Kindern der Gelehrtenfamilien, wie es sonst allgemein üblich war, niemals als Gevattern hinzugezogen wurden." Die Ehefrau des Adjutus "übernahm dagegen diese damals hochangesehene Patenschaft im Laufe der Jahre bei Familien der Handwerker, Fuhrleute, Torschreiber und Händler. Professor Adjutus übte das kirchliche Amt nur einmal im Hause des Kossäten im Nachbardorf Euper aus. Mit ihm stand gleichzeitig ... der Wittenberger Stadtschenk Gevatter."

Adjutus ist in Wittenberg nicht nur als Hochschullehrer, sondern auch als Gastwirt tätig. Er betreibt einen Weinausschank und braut auch eigenes Bier. Daß er dabei außerordentlich erfolgreich ist, zeigen die an den Rat der Stadt abgeführten Steuern. Immerhin werden 6 % der im genannten Zeitraum in Wittenberg eingelegten Weine von Adjutus umgeschlagen.

"Adjutus verschänkte süße ausländische Weine, solche aus Franken, Spanien und Frankreich, aber auch die billigen heimischen Weine aus Jessen, wo die abfallenden Höhen des Flämings einen Gebrauchswein wachsen ließen. ... Es ist völlig ungeklärt, wie Adjutus und seine Frau zu der Braugerechtigkeit gekommen sind, denn sie hatten kein Grundstück, kein sonstiges Kapital, weder Gärten noch Vieh und sind in der normalen Reihe der Steuerzahler nicht zu finden, auch nicht bei den 'befreiten' Gebäuden der Universitätsprofessoren. Vielleicht war die Braugerechtsame ihnen geschenkt worden, oder sie führten sie für einen anderen Hausbesitzer aus und bezahlten für ihn die Steuern."

In den Jahren 1666 und 1667 versteuert Adjutus keine Weine mehr, vermutlich weil seine Gesundheit für die Tätigkeit als Gastwirt zu angegriffen ist. Er stirbt in Wittenberg am 26.04.1668. Nach seinem Tode läßt die Witwe den Weinausschank und die Brauerei wieder aufleben., wobei sie auch heimischen Apfelwein umsetzt. Sie stirbt am 08.02.1680. Der Sohn des Adjutus wird offenbar bereits im Alter von 9 Jahren an der Wittenberger Hochschule immatrikuliert. Mit 19 Jahren liefert er seine Doktordissertation, eine Abhandlung aus der Moralphilosophie. Er stirbt wenige Jahre später, wobei er seinerseits zwei Töchter hinterläßt, die am 23.02.1676 und am 10.03.1676 sterben, vermutlich an der Pest.

ADODUROV, Vasilij Evdokimovič. Geb. 1709. Philologe und Übersetzer. Adodurov erhält gegen Ende der 20er Jahre den Auftrag, eine kurze Russisch-Grammatik in deutscher Sprache zu verfassen. Das Werk erscheint anonym unter dem Titel "Anfangsgründe der russischen Sprache" als Anhang zu dem ebenfalls anonym erschienenen "Deutsch-lateinisch- und russischen Lexikon" des Ehrenreich Weismann im Jahre 1731 in St. Petersburg. Adodurov erhält im Jahre 1733 als erster Russe einen wissenschaftlichen Grad der St. Petersburger Akademie; er wird in späteren Jahren deren Ehrenmitglied.

"Man wird V.E. Adodurov ... nicht voll gerecht, wenn man seine 'Anfangsgründe der russischen Sprache' lediglich als erste in deutscher Sprache gedruckte und wegen mancher Fortschritte positiv zu bewertende Grammatik des Russischen qualifiziert. Die 'Anfangsgründe der russischen Sprache'... lassen deutlich das Bestreben ihres Verfassers erkennen, den zeitgenössischen Entwicklungsstand der Literatursprache Rußlands unter Berücksichtigung der progressiven Tendenzen darzustellen. ... Es spricht für V.E. Adodurovs außerordentlich hohes Niveau von Sprachkenntnis und Sprachverständnis, daß er die im Zusammenhang mit den Pitrinischen Reformen während des ersten Drittels im 18. Jahrhundert wachsenden Tendenzen zur Säkularisierung und Demokratisierung der Literatursprache erkannte, die der Emanzipation der russischen weltlichen Kultur und den in allen Lebensbereichen des mächtigen Staates wachsenden Anforderungen an die Sprache als einheitliches Verständigungsmittel entsprachen. Er begriff das Kirchenslawische und das Russische als zwei verschiedene Sprachen, erfaßte die wesentlichen Unterscheidungsmerkmale und setzte sich auf der Grundlage dieser Konzeption für eine in ihrem Wesen nach russische Literatursprache ein, indem er die grammatische Normierung zur Abkehr vom Kirchenslawischen und Russifizierung der Hochsprache nutzte. Aus dieser Sicht können die 'Anfangsgründe der russischen Sprache' als die erste Grammatik des modernen Russischen und als bedeutendster Erfolg der russischen Philologie im ersten Drittel des 18. Jahrhunderts gelten. Die Wirkung der 'Anfangsgründe' ... auf die weitere Entwicklung der russischen Philologie blieb allerdings gering, was sich vor allem aus der einem grammatischen Minimum für Ausländer angemessenen Kürze und ihrer Abfassung in deutscher Sprache erklären läßt." Zu den zeitgenössischen Kritikern Adodurovs gehört Johann Werner Paus, ein Hallenser Pietist, der selbst im Jahre 1720 eine Grammatik des Russischen im Manuskript fertiggestellt hat, die in der Folgezeit aber nicht gedruckt wird. Paus wirft Adodurov vor, daß er die deutsche Sprache nicht hinlänglich beherrsche. Alles in allem habe Adodurov "keine Wissenschaft in der Grammatik und keine Erkenntnis der Anfangsgründe" gehabt. Auch Lomonosov bezeichnet die Grammatik als äußerst unvollkommen.

Adodurov findet in der Folgezeit einflußreiche Gönner; er wird schließlich der Russischlehrer der Zarin Elisabeth II, die ihn zum Kurator der Moskauer Universität ernennt, wo er eher konservative Tendenzen offenbart. Er stirbt im Jahre 1780. Sein Werk erlebt 2 weitere Auflagen, 1782 und 1799.

ADOLPHI, Heinrich. Geb. zu Brieg im Jahre 1622. Adolphi wirkt seit 1650 als lettischer Prediger in Dobeln. Am 14.02.1661 wird er als deutscher Frühprediger und kurländischer Superintendent nach Mitau berufen. Er tritt sein Amt wahrscheinlich am 02.05.1661 an. Adolphi ist Autor eines 1685 in Mitau erschienenen "Ersten Versuchs einer kurz verfaßten Anleitung zur lettischen Sprache". Das Werk basiert auf Vorarbeiten von Christoph Fürecker und ist die früheste Grammatik des Lettischen. Außerdem ist Adolphi Mitautor einer Sammlung "Lettischer geistlicher Lieder und Collecten, wie sie sowohl in öffentlicher christlicher Versammlung als auch zu Hause in Andacht zu gebrauchen, teils vormals von dem weiland hochehrwürdigen und hochgelehrten Herrn Georgio Mancelio aus dem Deutschen übersetzt, teils hernach auch von dem weiland wohlgelehrten Herrn Christophoro Fürecker in wohllautende Reime verfaßt, und sowohl von ihm, als auch anderen Liebhabern der lettischen Sprache mit vielen schönen Reimliedern vermehrt, zum ersten Mal zusammen ausgegeben und mit der Übersetzer Namen Initialbuchstaben angedeutet" (Mitau 1685). Das letztgenannte Werk ist auch unter dem Titel "Vermehrtes lettisches Handbuch" bekannt geworden. Beigebunden ist ein "Lettisches Gebetbuch". Adolphi stirbt am 05.06.1686.

AGRICOLA, Peter. Geb. am 29.06.1525 zu Holzheim bei Ulm. Früheste Erziehung im elterlichen Hause, Besuch der Ulmer Lateinschule, gleichzeitig Hauslehrer bei der Ulmer Kaufmannsfamilie Weickmann. Studium seit März 1543 an der Universität Heidelberg, seit 1544 in Wittenberg. Agricola erhält um die Jahreswende 1546/47 ein Schulamt in Ulm. Im Jahre 1548 kehrt er nach Wittenberg zurück, wo er die Magisterwürde erlangt. In der Folgezeit widmet er sich auf Anraten seines Lehrers und Freundes

Melanchthon dem Predigtamt, bis er im Jahre 1550 auf Empfehlung Melchanthons eine Anstellung als Hofmeister im Hause des Fürsten von Liegnitz erhält, wo er bis zum Jahre 1556 wirkt. Im Jahre 1557 wird er auf das Rektorat der Lateinschule zu Ulm berufen. In den folgenden Jahren reformiert er die Anstalt und erntet dafür viel Beifall. Unter dem 30.04.1561 wird Agricola als Zucht- und Lehrmeister der Prinzen Philipp Ludwig und Johannes von Pfalz-Neuburg bestallt. Zu seinen Aufgaben gehört es, den Prinzen Philipp Ludwig zur Übung in der italienischen und französischen Sprache anzuhalten. Er begleitet den Prinzen Philipp Ludwig im Jahre 1566 an den kaiserlichen Hof und nach Ungarn und nimmt im Rahmen dieser Mission an einem Türkenfeldzug teil. Als Philipp Ludwig nach dem Tode seines Vaters die Regierungsgeschäfte übernimmt, avanciert Agricola zum Geheimen Rat. Agricola stirbt am 08.07.1585 bei Reinacker im Fränkischen; er wird in Uffenheim begraben.

Wie weit Agricola, der als "ein Mann von gründlichen Wissenschaften und aufgeklärtem Geiste" gilt, als Lehrer und Hofmeister Unterricht in modernen Sprachen erteilt hat, bleibt ungewiß. Die pfalz-neuburgische Bestallungsurkunde legt solchen Unterricht aber nahe.

AHLWARDT, Christian Wilhelm. Geb. am 23.11.1760 zu Greifswald. Sohn des Greifswalder Professors der Logik und Metaphysik Peter Ahlwardt. Besuch der Ratsschule zu Greifswald von 1769 bis 1778, danach von Ostern 1778 bis Ostern 1782 Studium der Medizin, später der Theologie, an der Universität Greifswald. Tätigkeit als Hauslehrer von Ostern 1782 bis Ostern 1783. Ahlwardt geht Ostern 1783 nach Rostock, wo er bis 1786 Unterricht in älteren und neueren Sprachen erteilt. Im Jahre 1787 wird er zum Privatdozenten an der Universität Rostock ernannt. Er erteilt auch Unterricht in den neueren Sprachen, darunter im Englischen und wohl auch im Portugiesischen. Daneben liest er über Ästhetik sowie griechische und lateinische Schriftsteller. Zu Michaelis des Jahres 1792 verläßt Ahlwardt die Hochschule, da er durch seinen Unterricht keinen hinlänglichen Erwerb findet und ein Antrag, sein Gehalt von der bisher gezahlten Summe von 48 Reichstalern auf 100 Reichstaler jährlich zu erhöhen, von der Herzoglichen Regierung abgelehnt worden ist. Er nimmt die Stelle eines Kollaborators an der Schule zu Demmin an. Zu Michaelis des Jahres 1795 gibt er die Stelle auf, um in der Folgezeit als Rektor der Schule zu Anclam tätig zu sein. Hier wirkt er bis Michaelis 1797. Von diesem Zeitpunkt an bis Ostern 1811 ist er Erster Professor und Rektor am Gymnasium zu Oldenburg, dann folgt er dem Ruf auf das Rektorat der Großen Ratsschule zu Greifswald, wo er bis Ostern 1818 und danach interimistisch bis Ostern 1819 tätig ist. Unter dem 29.09.1817 wird Ahlwardt zum Professor der Alten Literatur an der Greifswalder Universität ernannt. Er wird am 13.02.1818 in sein Amt eingeführt. Ahlwardt stirbt am 12.04.1830 in Greifswald. Er hat ein umfangreiches und vielfältiges Oeuvre hinterlassen und dabei zahlreiche Übersetzungen aus dem Lateinischen, Griechischen, Englischen, Portugiesischen und Italienischen vorgelegt. In den Jahren nach 1807 befaßt er sich wiederholte Male mit Ossian und dem Gälischen. Eine Ossian-Ausgabe erscheint 1811, sie wird 1839 neu aufgelegt. Im Jahre 1808 veröffentlicht Ahlwardt in Leipzig eine "Portugiesische Chrestomathie für Anfänger, mit einem Wortregister".

AHRENS. Lehrer des Französischen an der Waisenhausschule zu Braunschweig, belegt für das Jahr 1797.

AIGLE, le. Vergleiche L'Aigle.

ALAVOINE, Jean Louis. Lector Publicus der französischen Sprache an der Universität Frankfurt a. d. Oder seit 1773. Alavoine ist in dieser Funktion noch für das Jahr 1799 belegt. Er erhält eine feste Besoldung.

ALBERGOTTI, Carlo Francesco Urbano Altoviti Marchese di. Vergleiche Altoviti, Carlo Francesco Urbano Marchese D'Albergotti.

ALBERTI, Franz. Geb. wahrscheinlich im Jahre 1745 zu Verona. Alberti wirkt eine Zeitlang als Italienischlehrer der Kurfürstin von Sachsen. Im Jahre 1772 läßt er sich in München nieder, wo er 1776 auf Empfehlung der Kurfürstin als öffentlicher Lehrer des Italienischen angestellt wird. Für das Jahr 1777 ist er als Lehrer des Italienischen in der Realklasse des Kurfürstlichen Lyzeums zu München belegt. Alberti ist offenbar noch 1792 im Amt. In diesem Jahr veröffentlicht er in München und Nürnberg ein auf eine Anthologie von Bianconi zurückgehendes Lehrmaterial "Lettere italiane e tedesche sopra le notabili particolarità della città elettorale di Monaco, Residenza della Baviera, come pure delle di lei piacevoli vicinanze e molt'altre aneddoti di diversi paesi. Italienische und deutsche Briefe über die vornehmsten Merkwürdigkeiten der kurfürstlich bayerischen Residenzstadt München, wie auch von den umliegenden Lustgegenden und verschiedenen Anekdoten von andern Ländern."

ALBERTI DI VILLANUOVA, Francesco. Autor einer 1798 in Leipzig erschienenen "Kritisch-theoretischen und praktischen italienischen Sprachlehre, für Deutsche bearbeitet von C. F. W.".

ALBOT, Maldäus. Geb. im Jahre 1718 in den Niederlanden. Jesuit. Lehrer des Französischen an der Theresianischen Ritterakademie zu Wien, belegt für das Jahr 1776. Albot unterrichtet offenbar auch die dem Piaristenorden zugehörigen Mitglieder des Lehrkörpers der Anstalt, wobei das politische Ziel ist, ohne Rekurs auf gebürtige Franzosen Lehrer des Französischen heranzubilden. Er stirbt am 10.07.1781 zu Wien.

ALBRECHT, Dietrich Rudolf. Geb. in den 60er Jahren des 18. Jahrhunderts zu Hamburg, Bruder des Heinrich Christoph Albrecht. Lehrer der englischen Sprache zu Hamburg. Albrecht ist Autor eines 1791 in Hamburg erschienenen "Übungsbuches zur Erlernung der englischen Sprache". Er stirbt um das Jahr 1817 zu Hamburg.

ALBRECHT, Heinrich Christoph. Geb. zu Hamburg im November 1763, Bruder des Dietrich Rudolf Albrecht. Schüler des Johanneums und, seit 1780, des Gymnasiums seiner Vaterstadt. Danach Studium der Theologie. Gründet nach Abschluß seiner Studien in Eppendorf bei Hamburg ein Erziehungsinstitut. Albrecht lebt in den späten 80er und 90er Jahren als Privatier und Schriftsteller in Hamburg. Im Jahre 1794 zieht er sich auf sein Gut zu Kieleseng bei Flensburg zurück, wo er am 11.08.1800 stirbt. Daß Albrecht, wie bei Meusel bezeugt, in den frühen 80er Jahren als Lehrer der englischen Sprache zu Halle und hernach zu Hamburg tätig gewesen sei, wird von anderen zeitgenössischen Biographen bestritten: "Lehrer der englischen Sprache zu Halle und Hamburg ist er nie gewesen, und von Meusel nur durch Verwechslung mit seinem Bruder Dietrich Rudolf als solcher bezeichnet worden."

Albrecht hinterläßt ein umfangreiches Oeuvre belletristischen, philologischen und juridischen Zuschnitts, darunter mehrere Übersetzungen aus dem Englischen und zahlreiche englandkundliche Schriften. Von unmittelbarem Interesse für den Spracherwerb sind eine 1783 in Halle erschienene zweisprachige Ausgabe "Zwei Gedichte von Shakespeare, aus dem Englischen übersetzt, mit beigedrucktem Original", der "Versuch einer kritischen englischen Sprachlehre, vorzüglich nach dem Englischen des Dr. Lowth, Bischof zu London" (Halle 1784) sowie "Johann Jakob Bachmairs 'Englische Grammatik', verbessert herausgegeben" (Hamburg 1789). Mit seinem Werk "A Short Grammar of the German Tongue" (Hamburg 1786) tritt Albrecht auch als Lehrwerkautor im Bereich Deutsch als Fremdsprache in Erscheinung. Darüber hinaus hat er Lehrmaterialien für den Geographie- und Deutschunterricht verfaßt oder bearbeitet und schließlich ein "Erstes Lehrbuch des Zeichnens, Schreibens, Lesens, Rechnens, der französischen und Muttersprache, zum Gebrauch für Lehrer der Kinder aus den gebildeten Ständen" (1. Lieferung Halle 1793) zumindest begonnen.

A LEGA, Matthias Berlandus. Vergleiche Berlandus a Lega, Matthias.

ALEMANNI, Giovanni. Vergleiche Güntzel, Johann.

ALEXANDER, Charles. Aus Edinburgh. Trägt sich unter dem 29.11.1784 als englischer Sprachmeister in die Matricula Didascalorum der Universität Straßburg ein.

ALLEINZ, Laurenz. Aus Antwerpen. Lutheraner. Vorsänger und Diakon der frankophonen lutherischen Gemeinde zu Frankfurt am Main. Bürger der Stadt seit 1573. Alleinz erscheint in den Ratsprotokollen des Jahres 1578 als deutscher Schulmeister. Im Jahre 1597 bittet er die Stadtväter um das Recht, eine französische Schule errichten zu dürfen. Er ist als Lehrer des Französischen wiederholte Male bezeugt.

ALLINGA, Ahasverus. Aus Friedland. Präzeptor des Prinzen Eberhard von Württemberg in den Fächern Französisch und Jura, belegt für das Jahr 1563.

ALTHING, Christian. Geb. am 20.08.1771 zu Leipzig. Studium in Leipzig in den Jahren 1788 - 1792. Danach Reisen durch die Schweiz, Italien, Frankreich, Spanien, Holland und Rußland. Privatisiert seit 1798 in Dresden. Althing veröffentlicht im Jahre 1799 in Leipzig unter dem Namen Christian August Fischer "Spanisch-deutsche Gespräche über Gegenstände des gemeinen Lebens, der Politik und der Handlung". Eine spätere Auflage des Werkes erscheint 1806, eine weitere Ausgabe in Mainz 1831. Im gleichen Jahr publiziert Althing, wiederum in Leipzig unter dem Pseudonym Christian August Fischer, den ersten Teil eines "Neuen spanischen Lesebuchs über politische und merkantilische Gegenstände".

Althings "Gespräche mit ihren schlichten wirklichkeitsnahen Sätzen könnten noch heute verwirklicht werden". Der Autor "befreit sich vor allem von dem Zwang seiner Vorgänger, zu bestimmten Sachgebieten wie Stierkampf, Mahlzeiten, Kleidung, Wetter, Einkaufen Konversation um jeden Preis erfinden zu müssen. Er hat als Praktiker seine allgemeine Umgangssprache zum Vergnügen geschrieben und nur vor dem Druck noch einmal von einem Spanier durchsehen lassen. Der Studierende kann nach kurzer Zeit je nach Begabung zum Sprechen kommen, wenn er schon einige Ahnung von der spanischen Grammatik hat."

Im Jahre 1804 wird Christian Althing zum Meiningischen Legationsrat ernannt und erhält eine Professur der Kulturgeschichte und schönen Literatur in Würzburg. Er wird im Jahre 1817 entlassen. Wegen Beleidigung des bayrischen Ministers von Lerchenfeld wird er zu einem 4-jährigen Festungsarrest verurteilt, den er in den Jahren 1820 - 1824 verbüßt. Danach lebt er in Frankfurt, Bonn und Mainz, wo er am 04.04.1829 stirbt.

ALTOVITI, Carlo Francesco Urbano Marchese d'Albergotti. Sprachmeister des Italienischen an der Universität Marburg. Vom Akademischen Konsistorium unter dem 21.12.1700 ernannt, vom Landgrafen unter dem 29.03.1701 bestätigt. Altoviti stirbt im Jahre 1702.

ALY, Charles Alexandre de. Sprachmeister des Französischen im Hause des Herzogs Ernst von Sachsen-Weimar. Unter dem

08.04.1668 bekundet der Herzog die Absicht, D'Aly als französischen Lehrer an der Universität Jena anzustellen. Der Plan kommt offenbar nicht zur Ausführung, nachdem die Universität die Bitte geäußert hat, auf eine Anstellung zu verzichten, da die Einnahmen des Professors der französischen und italienischen Sprache Carolus Caffa beeinträchtigt würden.

AMARIX, Jakob. Sprachmeister des Französischen zu Elberfeld, bezeugt für die Jahre 1599 - 1611.

AMBERG. Lehrer des Englischen am Gymnasium zum Grauen Kloster zu Berlin nach 1796. Amberg wird aus Mitteln des Streitschen Legats besoldet.

ANDREAS, Karl Philipp Ernst. Sprachmeister des Englischen in Jena seit etwa 1752. Konvertierter Jude. Bittet den Herzog unter dem 04.10.1753 um ein kleines jährliches Gehalt, bis er durch mehr Zuspruch seine dürftigen Umstände gebessert habe. In seinem Schreiben führt Andreas an, er sei von den Studierenden vielfach um die Bezahlung seiner Stunden betrogen worden. Das Gesuch wird unter dem 22.02.1754 abgelehnt.
Andreas kann seinem Gesuch ein Zeugnis der Universität beilegen, in dem es heißt, er habe sich in dem Jahr seines Aufenthaltes bei der Universität nicht nur eines christlich bescheidenen und untadelhaften Lebenswandels beflissen, sondern auch der studierenden Jugend guten und gründlichen Englischunterricht erteilt, wobei er Treue und rühmlichen Fleiß an den Tag gelegt habe.

ANGELI, de. Französischer Emigrant, offenbar im Generalsrang stehend. Als Sprachlehrer in Hamburg belegt für die Zeit um 1798. D'Angeli, der sich seine Deutschkenntnisse offenbar während seiner Zeit in österreichischen Diensten angeeignet hat, unterrichtet den Geschäftsmann James Hamilton, den Begründer der Hamiltonschen Sprachlehr-Methode, im Deutschen. Dabei verwendet er seine gemäßigt-direkte Methode, die sich Hamilton später für seine Lehrart zu eigen macht.

ANGELROD. Sprachmeister des Französischen am Freiherr von Aufseeischen Studienseminar zu Bamberg, belegt für das Jahr 1763. Angelrod verläßt die Anstalt bis zum 01.11.1763.

ANSORGE, Christian. Doktor der Rechte. Dolmetscher am Hofe der Kurfürsten von Sachsen. Ansorge wird unter dem 07.01.1622 zugleich als Hofmeister der Wettiner Prinzen bestallt. Er erhält die Aufgabe, die Prinzen soweit als möglich in fremden Sprachen zu fördern. Ansorge übt diese Tätigkeit offenbar bis mindestens 1632 aus.

In seinem Hauptamte als Dolmetscher ist Ansorge dem Präsidenten des Geheimen Rates unterstellt. Er hat die eingehenden lateinischen, französischen und italienischen Schriftstücke zu übersetzen und die Anwortschreiben in diesen Sprachen bzw. auf deutsch zu entwerfen.

ANTOINE. Lehrer des Französischen an der Zentralschule zu Köln, belegt aus dem Organisationsbeschluß des Regierungskommissärs vom 11. Brumaire des Jahres 7 (02.11.1799).

ANTOINE, David de l'. Vergleiche L'Antoine, David de.

ANTOINE, Pierre. Sprachmeister des Französischen an der Universität Jena aufgrund einer Herzoglichen Erlaubnis vom 23. Juni 1712. Gegen die Zulassung Antoines erhebt der Lektor der französischen Sprache an der Hochschule, François Roux, unter dem 09.07.1712 Einspruch: Es habe sich im Rahmen einer Prüfung herausgestellt, daß Antoine nicht fähig sei, Unterricht zu erteilen. Er kenne keinen Unterschied zwischen den Personal- und Possessivpronomen, habe keine Ahnung, wie sich die Zahl der Konjugationen erkläre und mache die unglaublichsten sprachlichen Schnitzer. Auch habe er "aus vielen Grammatiken einige 'Remarques' zusammengeschmiert", die er habe drucken lassen. Er [Roux] habe ihm von einer Publikation abgeraten, die Veröffentlichung aber als Zensor nicht verbieten können, da "darin nichts wider die Obrigkeit, die Religion oder das Decorum stand". Besserungsvorschläge habe Antoine eingebildet zurückgewiesen, jetzt aber ergehe sich der Sprachmeister in Injurien und Kalumnien gegen ihn. Im übrigen sei er Papist. Im August 1714 wird Roux erneut vorstellig: Antoine habe das "Consilium abeundi" erhalten, lebe und lehre aber trotzdem weiterhin in Jena; er habe sich einem Arrest zu Ostern des Jahres durch Wegzug entzogen, sei dann aber zurückgekehrt. Antoine verläßt Jena im Herbst 1714; er bleibt Roux 7 Taler schuldig, offenbar die vom Herzog dekretierte Abgabe für 7 Monate Sprachunterricht.

ANTONINI, Annibal. Geb. 1702 in der Umgebung von Salerno, möglicherweise in San Biagiosa oder Cuccaro. Studium in Neapel. Reise nach Deutschland, Holland und England. Als Lehrer des Italienischen in Paris belegt für die Zeit von 1726 bis etwa 1750. Antonini entfaltet in diesen Jahren eine rege Tätigkeit als Grammatiker, Lexikograph, Übersetzer und Herausgeber klassischer Werke. Sein berühmt gewordenes "Traité de la grammaire italienne dédié à la Reine" erscheint 1726 in Paris, sein "Dictionnaire italien, latin et français" (Paris 1735 und öfters) erlebt zahlreiche Ausgaben, so auch in Leipzig 1760. Der "Nuovo Dizionario Italiano-Tedesco e Tedesco-Italiano" erscheint in einer deutschen Ausgabe von G. A. Lehninger erstmals 1762 in Leipzig, 1793 dann in Wien.

Antonini ist Autor einer 1761 in Basel erschienenen Anthologie "Recueil de lettres françaises et italiennes de bienséance et marchandes, pour ceux qui souhaitent d'apprendre à bien écrire en italien, selon les bons principes et la nouvelle orthographie. Avec un abrégé sur la manière de garder le cérémonial, selon le style le plus moderne des Italiens". Eine weitere Ausgabe des Werkes erscheint 1769. Antonini wird auch als Autor eines 1771 in Dresden erschienenen Lehrmaterials "Gründliche und praktische italienische Grammatik nebst einem Auszug des großen Antoninischen Wörterbuchs in italienischer, deutscher und französischer Sprache" genannt. Die Arbeit geht auf den "Traité" von 1726 und das "Dictionnaire" von 1735 zurück.

Um das Jahr 1750 kehrt Antonini nach Neapel zurück, wo er wahrscheinlich im August 1755 stirbt.

ANTONIUS le Comte de Pont. Vergleiche Du Pont, Antoine.

AQUERIUS, Wilhelm. Erbietet sich im Jahre 1599, den Prinzen August von Pfalz-Neuburg im Französischen zu unterrichten. Daraufhin werden dessen Hofmeister und Präzeptoren Wolf Philipp von Brandt und Magister Kaspar Heuchelin beauftragt, sich zu erkundigen und Bericht zu erstatten, "ob er in religione just sei und ob er die französische Sprache recht pure reden und schreiben könne, auch was er seines Wandels halber sonst für einen Beruf habe und was er des Jahres zur Belohnung nehmen wolle und was man sonsten in dergleichen Fällen zum geben pflege".

ARATA, de. Sprachmeister des Italienischen an der Universität Göttingen, belegt für die Jahre 1758 - 1770.

ARAUX, de. Sprachmeister des Französischen am Gymnasium zu Bückeburg, angestellt offenbar auf Betreiben der Landesfürstin Juliane von Schaumburg-Lippe im Jahre 1797. Wie die Fürstin begründet, habe sich D'Araux "sowohl wegen seiner Kenntnisse als guten Betragens hier Achtung [und] Liebe erworben". In einem weiteren Schreiben erläutert sie, daß es nicht Sinn der Anstellung des französischen Sprachmeisters sei, "daß die Schullehrer ... Unterrichtsstunden ersparen sollen, sondern nur, daß die Klassen besser getrennt und nicht wie bisher zusammengeschoben werden sollen". D'Araux unterrichtet für ein Jahresgehalt von 50 Talern 2 Stunden täglich. Er verläßt Bückeburg im Juni 1800, um sich in England niederzulassen.

ARBEMON, Karl Heinrich de. Professor an der Akademie zu Wolfenbüttel. Im Jahre 1710 zum Ordinarius der französischen Sprache an der Universität Kiel ernannt. D'Arbemon erscheint im Lektionskatalog von 1710 außerdem als Extraordinarius der Philosophie. Er wirkt an der Hochschule bis 1725. In einem Bericht aus dem Jahre 1724 heißt es, D'Arbemon sei von dem Minister Görtz, dessen Maître d'hôtel er gewesen sei, zum ordentlichen Professor gemacht worden. D'Arbemons Sohn ist von 1716 bis 1734 als Fechtmeister an der Hochschule tätig.

ARLY, Charles de. Sprachmeister des Französischen an der Universität Gießen, angestellt um das Jahr 1665. D'Arly ist nach zeitgenössischem Bericht "auch in anderen Exercitiis als Italienisch, in Piken Spielen, Fahnen Schwingen, Tranchieren, Voltigieren geübt". Gegen seine Anstellung protestieren die Gießener Sprachmeister Johannes D'Orto und Desiderius Regius mit dem Hinweis, daß sie bisher ohnehin nur ein notdürftiges Auskommen gehabt hätten. In der Folgezeit kommt es zwischen D'Orto und D'Arly zu einem erbitterten Streit.

ARNAL, P. B. Lehrer des Französischen am Gymnasium zum Grauen Kloster zu Berlin. Angestellt im Jahre 1773, noch für das Jahr 1782 belegt.

ARNAULD, Ludwig. Sprachmeister des Französischen an der Universität Rostock, belegt für das Jahr 1798.

ARNOLD, Theodor. Geb. 1683 zu Annaberg, Sohn eines Predigers. Studium an der Universität Leipzig. Arnold wirkt in späteren Jahren als Lehrer des Englischen sowie als Lexikograph und Übersetzer in Leipzig. Er stirbt am 12. 12.1771 zu Leipzig.

Im Jahre 1718 erscheint in Hannover seine "Neue englische Grammatica oder Kurzgefaßte, jedoch deutliche und sichere Anweisung zur richtigen Pronunziation, Akzentuation und völligen Begreifung der englischen Sprache. Nebst 1. denen vornehmsten englischen Idiotismis, 2. der Englischen Münze Gewicht und Maß, 3. allerhand gemeinen Gesprächen, 4. denen auserlesensten englischen Proverbiis, 5. einigen zierlichen und sehr curiosen Briefen, 6. einem kurzen Auszug der Titel und Aufschriften, 7. und einem Wörterbuch der nötigsten Partium Orationis, in einer alphabetischen Ordnung."

In der Vorrede zu seinem Werk offenbart sich Arnold als ein begeisterter Fürsprecher des Englischen: die Sprache stehe den anderen europäischen Kultursprachen nicht nach, sie sei "ihrer Lieblich- und Leichtigkeit wegen der italienischen zu vergleichen; ihrer Majestät halber ... der spanischen; in Ansehung ihrer männlichen Gravität der deutschen..., in Ansehung ihrer Volubilität, die doch nicht obskur und weibisch, sondern klar, hell, distinkt und mannhaft ist, der französischen, ja, der vielen emphatischen Wörter und mannigfaltigen Veränderungen der Sonorum wegen, der arabischen." Arnold ist auch der Meinung, daß die Deutschen Ursache hätten, die englische Sprache "der französischen noch vorzuziehen, und dieses aus folgenden Bewegungsgründen: weil die Religion der unsrigen viel näher kommt, die Engländer mehrenteils aus deutschem Geblüte herstammen, das Volk nicht so negligent und leichtsinnig ist und mehr Liebe zu uns trägt, die Engländer ebenso ingeniös und sinnreich, ja darnebst noch weit realer sind, ihre Sprache eine genauere Verwandtschaft mit der deutschen hat, auch nicht so gemein ist, und endlich, weil die Hochachtung der englischen Sprache unter uns, zu noch genauerer Verbündnis und Vertraulichkeit unserer Nation mit der ihrigen, Anlaß geben dürfte". Im methodischen Bereich verfolgt Arnold nach eigener Aussage einen mittleren Weg, der auf eine "kurze Theorie" eine "lange Praxis" folgen läßt. Besonderen Wert legt er auf eine genaue Abhandlung der Aussprache, wobei er die Grammatik von Johann König zum Ausgangspunkt nimmt. Eine zeitgenössische Detailkritik des Werkes findet sich in Form einer Nachschrift zum Vorbericht der 1717 in Leipzig erschienenen "Gründlichen Anleitung zur englischen Sprache" von Christian Ludwig. Eine weitere ausführliche Kritik liefert Thomas Lediard im Vorbericht seiner 1725 in Hamburg erschienenen "Grammatica Anglicana Critica".

Auf der Basis der "Neuen englischen Grammatica" erarbeitet Arnold seine im Jahre 1736 in Leipzig erschienene "Grammatica Anglicana Concentrata oder Kurzgefaßte englische Grammatica, worinnen die richtige Pronunziation und alle zur Erlernung dieser Sprache unumgänglich nötigen Grundsätze aufs deutlichste und leichteste abgehandelt sind". Diese Grammatik erlebt bis zum Jahre 1829 15 Auflagen und weitere Ausgaben: in Leipzig 1754 (2. Auflage), 1762 (3. Auflage, Erscheinungsort auch Züllichau), 1768 (4. Auflage), 1781 (5. Auflage, herausgegeben von Johann Bartholomäus Rogler), 1785 (6. Auflage), 1790 (7. Auflage), 1794 (8. Auflage), 1797 (9. Auflage), 1800 (10. Auflage, herausgegeben von Johann Heinrich Seebach, Erscheinungsort auch Jena), 1805 (11. Auflage), 1809 (12. Auflage), 1816 (13. Auflage), 1823 (14. Auflage), 1829 (15. Auflage); in Philadelphia 1748; in Wien 1782 und 1793. Ebenfalls im Jahre 1736 gibt Arnold in Leipzig eine deutsche Ausgabe von Nathaniel Baileys "English Dictionary, showing both the orthography and the orthoepia of that tongue" heraus. Der deutsche Titel des Werkes lautet "Englisches Wörterbuch, worinnen beides, die Rechtschreibung und Rechtaussprechung solcher Sprache, ... denen zunutze gezeigt wird, die sich einer reinen englischen Mund- und Schreibart befleißigen wollen; verdeutscht und vermehrt, wie auch mit einem Anhang sowohl solcher Wörter, die nicht so rein und von keinem so allgemeinen Gebrauch sind, als auch der vornehmsten Nominum propriorum versehen". Arnold ist offenbar auch der Autor einer Sammlung "Miscellaneous Letters; Vermischte Briefe, aus den besten englischen Schriftstellern in ihrer Originalsprache, nebst beigefügter deutscher Übersetzung, mit einem Anhang von Kaufmannsbriefen", von der die 2. Auflage, "aufs neue übersetzt von Johann Jakob Ebert", im Jahre 1763 in Leipzig erscheint.

ARNOLDI, Johann Konrad. Geb. am 01.11.1658 zu Trarbach, Sohn des Rektors der dortigen Lateinschule. Besuch des Gymnasiums seiner Vaterstadt, seit 1777 Studium der Logik, Metaphysik, Ehtik, Rhetorik, Geschichte, Mathematik und Physik sowie der orientalischen Sprachen an der Universität Gießen. Promotion zum Magister im Jahre 1679. Danach Studium der Theologie, von 1680 bis 1683 an der Universität zu Straßburg, anschließend kürzere Studienaufenthalte in Tübingen und Altdorf. Arnoldi unternimmt nach Abschluß seiner Studien eine Bildungsreise durch Deutschland, 1684 geht er für etwa 6 Monate nach Frankreich, um sich im Französischen zu vervollkommnen. Einen 1684 ergangenen Ruf auf das Rektorat des Gymnasiums zu Worms schlägt Arnoldi aus, da er sich seinem Landesherrn, dem Pfalzgrafen Christian II zu Birkenfeld verpflichtet fühlt. Dieser hatte ihn im Studium und auf seinen Reisen unterstützt. Arnoldi wird unter dem 19.02.1685 auf das Rektorat des Gymnasiums zu Trarbach berufen. Er hat diese Stelle inne, bis er einem unter dem 10.02.1708 ergangenen Ruf auf das Rektorat des Pädagogiums zu Darmstadt folgt. Hier führt Arnoldi um das Jahr 1712 die neueren Sprachen in den Fächerkanon ein. Als der früheste Sprachmeister des Französischen und Italienischen an der Anstalt, Franciscus Maius, heimlich die Stadt verläßt, übernimmt er einen Teil des Französischunterrichts, "indem er den Liebhabern anstatt des griechischen ein französisches Exercitium" korrigiert. Unter dem 28.10.1716 wird Arnoldi auf ein Ordinariat der Logik und Methaphysik an die Universität Gießen berufen. Hier promoviert er am 25.06.1719 zum Doktor der Theologie. Im Jahre 1725 wird er zum Universitätsbibliothekar ernannt, 1729 erhält er ein Ordinariat der Theologie, seit 1733 ist er Mitglied des geistlichen Definitoriums. Arnoldi stirbt am 22.05.1735. Er hinterläßt ein umfangreiches theologisches Werk.

ARNOUS, Johann Ludwig Bernhard. Geb. am 17.08.1764 zu Berlin. In den 90er Jahren nach zeitgenössischer Quelle "Vorsteher einer Schulanstalt zu Berlin". Arnous ist Autor einer Reihe von Lehrmaterialien für den Französischunterricht: "Nouvelle grammaire française et allemande, à l'usage de mon école" (Berlin 1791, spätere Ausgabe Berlin 1799); "Nouvel ABC pour les enfants accompagné des histoires de la Bible accomodées à leur âge" (Berlin 1791); "Deutsche Aufsätze von unterhaltenden Erzählungen, für solche, welche schon einige Fortschritte im Französischen gemacht haben" (Berlin 1793); "Anthologie, ou nouvelle manière d'étudier et d'enseigner le français, avec les mots et les phrases en allemand, dédiée à la jeunesse" (Berlin 1794); "Kleines literarisches Archiv zur Übung in der französischen Sprache, oder lehrreiche Gespräche, Charakterzüge der Kinder, Lebensbeschreibungen berühmter Weltweisen, Gesetzgeber, Feldherren, Könige, Staatsmänner und Religionslehrer, Naturgeschichte, Anekdoten und Aufsätze vermischten Inhalts, für Kinder" (Berlin 1795).

ARTAUD, François Solange de. Vergleiche Dartaud, François Solange.

A SAN ANTONIO, Marcus. Vergleiche Marcus a San Antonio.

ASH, John. Autor einer 1775 in Berlin erschienenen "Grammatikalischen Anleitung zur englischen Sprache". Das Werk ist "aus dem Englischen übersetzt". Wie der anonym gebliebene Übersetzer in seiner Vorrede ausführt, verfertigte Ash die Grammatik "bloß zum Gebrauch für seine fünfjährige Tochter, und sie entsprach seiner Absicht so gut, daß er ihren Nutzen durch den Druck allgemein machte".

ASIMONT, der Ältere. Hofsekretär und Sprachmeister des Französischen am Gymnasium zu Ansbach, gestorben 1785 oder 1786. Möglicherweise hat Asimont zuvor am Collegium Illustre zu Bayreuth unterrichtet.

ASIMONT, Stephan Gottfried, der Jüngere. Hofsekretär und Sprachmeister des Französischen am Gymnasium zu Ansbach, bestallt im Jahre 1786. Asimont ist zuvor eine Zeitlang seinem Vater adjungiert.

ASPUNHAM. Aus England stammend. Gouverneur des Prinzen Friedrich Heinrich von der Pfalz während dessen Aufenthalt an der Universität Leiden im Winterhalbjahr 1623/24. Friedrich Heinrich ist Sohn des Kurfürsten Friedrich V, des Winterkönigs, und seiner Gemahlin Elisabeth Stuart, Tochter Jakobs VI von Schottland (Jakobs I von England). Es kann davon ausgegangen werden, daß Aspunham mit dem Prinzen auch englische Sprachstudien getrieben hat. Aus einem Studienplan geht hervor, daß der Prinz sich täglich im Französischen, Englischen und Tschechischen üben soll. Dabei besitzt er offenbar zu diesem Zeitpunkt bereits fortgeschrittene Kenntnisse des Französischen, Englischen und Italienischen.

AST, Johann Christian. Geb. 1729 (nach anderer Quelle 1719) zu Delitsch, Sohn eines Doktors der Medizin, Studium in Leipzig. Kürzere Studienaufenthalte in Halle, Göttingen und Jena. Promotion zum Magister der Philosophie. Ast ist um das Jahr 1780 als Sprachmeister zu Lauban tätig; gleichzeitig tritt er als Autor kleinerer dramatischer Stücke an die Öffentlichkeit. Er stirbt in den 80er Jahren im Lazarett zu Leipzig.

ASTOR. Lehrer des Französischen und möglicherweise auch des Italienischen im Hause des Bayerischen Herzogs Wilhelm V, belegt aus einem Bericht des Präzeptors Johan Baptist Fickler vom 29.02.1590. Astor unterrichtet den Prinzen Maximilian.

AUBARET, Johann Peter. Sprachmeister des Französischen am Collegium Illustre zu Bayreuth. Belegt für das Jahr 1756.

AUBRY. Autor eines 1705 in Frankfurt a.M. erschienenen Lehrbuchs "Nouveau parlement ou dialogues français et allemands". Das Werk geht auf den "Walsche Schoelmeester" von Berlemont (Antwerpen 1552) zurück.

AUGIER, David. Sprachmeister des Französischen an der Universität Jena. Augier stirbt am 22.04.1707.

AUGIER, Pierre. Aus der Champagne stammend, Sohn eines Geistlichen. Glaubensflüchtling. Begleitet seinen Vater nach Halle, wo dieser bis zu seinem Tode als Pfarrer wirkt. Augier bittet unter dem 08.04.1717 die Nutritoren der Universität Jena, an der Hochschule Französisch lehren zu dürfen. Er beginnt seine Tätigkeit, ohne einen entsprechenden Bescheid abzuwarten. Daraufhin erhebt unter dem 03.10.1719 der Jenenser Lektor des Französischen, François Roux, Einspruch. Offenbar erhält Augier in der Folgezeit die gewünschte Erlaubnis, nachdem er im Beisein von Roux eine Prüfung vor der Fakultät abgelegt hat: Unter dem 13.10.1721 ordnet die Universität an, daß er dem Lektor Roux die von herzoglicher Seite vorgeschriebene Abgabe in Höhe von 1 Taler monatlich zu entrichten habe. Fünf Monate später meldet Roux, daß Augier immer noch nicht gezahlt habe; er wiederholt seine Klage unter dem 07.10.1722. Am 12.07.1725 stellt die Universität Augier eine Zahlungsfrist von 14 Tagen, doch klagt Roux am 15.05.1726 abermals, daß er kein Geld erhalten habe. Am 01.08.1732 belaufen sich die Schulden auf 43 Taler. Augier unterschreibt am 14.12.1723 gemeinsam mit sieben anderen "privilegierten" Sprachmeistern eine Eingabe gegen die Sprachmeister Le Clerc und Christiani, die ohne Konzession in Jena unterrichten. Augier stirbt vor dem 31.01.1743.

AVAUX, Jean de. Aus Frankreich stammend, Protestant. Ersucht unter dem 11.11.1680 die Behörden der Stadt Bern um Genehmigung, sich als französischer Sprachmeister niederzulassen. Er wird "aus guten Konsiderationen" abgewiesen. Gleichzeitig wird ihm ein Reisegeld von 4 Talern ausgezahlt.

AVON, Jean. Sprachmeister des Französischen am Fürstlichen Gymnasium Rutheneum zu Gera in den Jahren 1765 - 1806.
Avon unterrichtet offenbar nach einer grammatisierenden Methode und läßt besonders Komödien von Molière sowie Fénelons "Aventures de Télémaque" ins Deutsche und den lateinischen "Phaedrus" und Gellerts Fabeln ins Französische übersetzen.

B

BABILLON. Geb. zu Epinal. Schulvorstand in Colroy la Grande. Unter dem 06.03.1686 als französischer Schulmeister in Schlettstadt (Séléstad) angenommen. Babillon erhält eine jährliche Remuneration von 60 Talern sowie 6 Klafter Brennholz.

BACH, Isaac. Aus Dänemark stammender Jude. Unter dem 25.11.1777 als englischer Sprachmeister bei der Universität Marburg angestellt; zuvor eine Zeitlang Sprachmeister des Englischen zu Göttingen. Bach wird unter dem 10.12.1777 formal verpflichtet; er soll seine Stelle als Universitätssprachmeister verlieren, sobald er Handel treibt. Im Jahre 1802 siedelt Bach nach Kassel über. Unter dem 23.10.1804 wird er als Lehrer der englischen Sprache an die Universität Rinteln versetzt. Dort ist er unter dem 24.06.1806 nachweisbar. Nach einem Senatsbeschluß vom 15.11.1786 hat Bach kein ausschließliches Recht, im Englischen zu unterrichten; vielmehr ist Privatunterricht in den modernen Sprachen jedem erlaubt. Gleichwohl bezieht er bis zum 31.12.1802 eine feste Besoldung. Bach erscheint im Marburger Vorlesungsverzeichnis für das Sommersemester 1791 als Englischlehrer des Erbprinzen. Im übrigen erteilt er Sprachunterricht nach Arnoldi und ist zu einem "englischen Club" bereit.
Nach einem zeitgenössischen Bericht war Bach "notorisch ein Mensch, der von allen Kenntnissen entblößt war, ohne alle wissenschaftliche Bildung, der das Englische mit judaisierendem Akzent sprach ... und dauernd von der Marburger Gassenjugend als Mister Betsch verhöhnt wurde". Auch in Kassel hatte Bach unter Beschimpfungen sehr zu leiden.

BACH, Johann Nikolaus. Geb. am 10.10.1669 zu Eisenach, Sohn des dortigen Organisten Johann Christoph Bach. Johann Nikolaus Bach wird im Jahre 1695 als Stadt- und Universitätsorganist nach Jena berufen. Wie sein Vater, der von Johann Sebastian Bach lobend erwähnt wird, so gilt auch Johann Nikolaus Bach den Zeitgenossen als ein bemerkenswerter Komponist, vor allem von Suiten. Darüber hinaus erwirbt er sich einen ausgezeichneten Ruf als Klavier- und Orgelbauer. Nebenbei betätigt er sich als Sprachmeister des Italienischen. Bach ist in den Jahren vor 1707 der Italienischlehrer des Jenenser Lektors der französischen Sprache François Roux. Er stirbt am 04.11.1753 zu Jena.

BACHMAIR, Johann Jakob. Autor einer 1753 in London erschienenen "Neuen englischen Grammatik, in sich haltend eine getreue, deutliche und leichte Anweisung, die englische Sprache in kurzer Zeit gründlich zu erlernen". Das Werk erlebt eine 2. Auflage im Jahre 1758. Weitere Ausgaben, besorgt von Hinrich Jakob Woll, erscheinen 1765 und 1782 in Hamburg sowie, in erneuter Bearbeitung durch H. Chr. Albrecht, 1794 und 1799 in Hannover.

BADEN, Jakob. Geb. am 04.05.1735 zu Vordingborg (Seeland). Studium an den Universitäten Kopenhagen, Göttingen und Leipzig. Wirkt eine Zeitlang als Rektor zu Altona. Seit 1766 in gleicher Funktion in Helsingör tätig. Baden wird im Jahre 1780 auf eine Professur der Beredsamkeit an die Universität Kopenhagen berufen. Er tritt in den Jahren nach 1761 mit Übersetzungen aus dem Deutschen ins Dänische und umgekehrt in Erscheinung. Im Jahre 1767 veröffentlicht er in Odense eine "Anweisung zur dänischen Sprache, nebst einer poetischen und prosaischen Chrestomathie" (spätere Ausgabe Kopenhagen 1773), 1789 erscheint der erste Teil eines "Vollständigen deutsch- und dänischen Wörterbuchs, aus den neuesten und besten deutschen Wörterbüchern zusammengetragen von einer Gesellschaft Gelehrten; mit einer Vorrede über den Wert der deutschen Sprache und Literatur, für Dänen herausgegeben". Baden ist zugleich Autor mehrerer lateinischer Gelegenheitsschriften. Er stirbt am 05.07.1804.

BAER, Johann Daniel. Geb. 1748 zu Colmar. Besuch des Gymnasiums seiner Vaterstadt. Von 1765 bis 1770 Studium der Philosophie und Theologie in Tübingen, Zögling des Tübinger Stifts. Nach Studienabschluß 15monatiger Paris-Aufenthalt. Baer wird im Jahre 1771 von Herzog Karl von Württemberg als Sous-Gouverneur der Edelknaben nach Stuttgart berufen. Im Jahre 1774 erhält er eine Anstellung als Professor der französischen Sprache an der Hohen Karlsschule (Nachfolge Gerhardi). Seine bisherige Tätigkeit als Hofmeister der Pagen behält er bei. Er führt den Hofratstitel.

BAGNISTI, Charles. Aus Pistoia (Toskana). Trägt sich unter dem 03.07.1786 als Sprachmeister des Italienischen in die Matricula Didascalorum der Universität Straßburg ein.

BAIL, Susanne. Französischer Herkunft. Erzieherin und Lehrerin des Französischen an dem von August Hermann Francke zu Glaucha parallel zum Pädagogium gegründeten Gynaeceum, belegt für die Zeit nach 1698.

BAILLET, Leopold. Geb. 1749 zu Graz, Sohn eines Franzosen. Gymnasialstudien im Benediktinerstift St. Lambrecht. Baillet zeigt sich vor allem an Sprachen interessiert. Dabei gilt sein besonderes Interesse dem Französischen.

"Ausgezeichnete Fortschritte in der französischen Sprache und eine genaue Kenntnis aller ihrer Schönheiten und Eigenheiten bestimmten ihn, diese in den neueren Zeiten beinahe unentbehrliche Sprache unter seinen österreichischen Mitbürgern zu verbreiten."

Im Jahre 1779 wird Baillet als ordentlicher Lehrer des Französischen an die k.k. Realakademie zu Wien berufen, 1783 wird er in gleicher Funktion am Gräflich Löwenburgschen Konvikt zu Wien angestellt, seit 1786 unterrichtet er das Fach an der Theresianischen Ritterakademie zu Wien. Im Jahre 1805 wechselt er an das k.k. Konvikt nächst der Universität. Auch als Privatlehrer des Französischen ist Baillet in Wien gefragt: Er kann es sich leisten, den Unterricht in seiner eigenen Wohnung zu erteilen. Baillet stirbt im Jahre 1814. Er ist Autor eines 1785 in Wien erschienenen "Handbuches zur französischen Sprachlehre des Herrn Curas". Von dem Handbuch erscheinen mehrere verbesserte Auflagen, eine davon im Jahre 1804, eine weitere 1808.

Für seinen Unterricht wählte Baillet "unter den vielen französischen Sprachbüchern ... als das zweckmäßigste die Grammatik des Curas nach den Berliner Ausgaben. Da er aber auch hier Mängel entdeckte, die berichtigt werden mußten, so entschloß er sich zum Vorteile seiner Schüler und aller Liebhaber der französischen Sprache, einen Teil seiner durch vieljährige Lektüre gesammelten Berichtigungen und Ergänzungen im Drucke herauszugeben."

BALBACH, Johann. Geb. am 28.05.1757 zu Nürnberg, Sohn eines Bäckers. Balbach soll zunächst Kaufmann werden, worauf er sich u.a. durch Erlernung des Französischen und Italienischen vorbereitet. Im Alter von 14 Jahren tritt er in ein Nürnberger Handelshaus ein, das er nach dreimonatiger Tätigkeit wieder verläßt. Als Handlungsgehilfe unternimmt er eine Reise nach Prag. Er beginnt eine Ausbildung als Maler und Kupferstecher, die er auf Betreiben seiner Eltern nicht zu Ende führt. Zu Ostern 1773 tritt Balbach in die 1. Klasse der Lorenzer Schule zu Nürnberg ein. Von

Ostern bis Michaelis 1775 besucht er die öffentlichen Vorlesungen am Nürnberger Auditorium, bevor er am 17.10.1775 die Universität Altdorf bezieht, wo er vor allem Studien der Philologie und Theologie betreibt und Mitglied der Altdorfischen deutschen Privatgesellschaft wird. Gleichzeitig ist er als Hauslehrer tätig. Er verläßt die Universität am 26.09.1780 und wird unter dem 07.05.1781 in den Zirkel der Kandidaten für ein Predigtamt zu Nürnberg aufgenommen. Seit 1783 verwaltet er eine Katecheten-Stelle bei St. Peter vor Nürnberg. Während seiner Kandidatenzeit ist Balbach als Lehrer neuerer Sprachen tätig. Unter dem 23.08.1791 wird er zum 2. Prediger des neuen Hospitals zum Heiligen Geist in Nürnberg und später auch zum Diakon von St. Jakob ernannt. Er stirbt am 27.08.1820.

In den Jahren nach 1782 veröffentlicht Balbach eine Reihe von Lehr- und Lesematerialien sowie Übersetzungen aus den Sprachen Englisch und Französisch, u.a.: "A New Collection of Commercial Letters, ein Lesebuch für diejenigen, welche die englische Sprache in Hinsicht auf kaufmännische Geschäfte erlernen wollen" (Nürnberg 1780, 2. Auflage 1789); "German Chrestomathy for Translation into the English. Neueste deutsche Chrestomathie zum Übersetzen ins Englische." (Nürnberg 1782, spätere Auflagen 1796, 1806, 1814); "Neue Sammlung deutscher Briefe zum Übersetzen ins Französische" (Nürnberg 1783, 2. Auflage 1788, 3. Auflage 1796, weitere Ausgabe Wien 1784 - diesen bei von Trattner erschienenen, nicht autorisierten Nachdruck "kann der Verfasser wegen der häufigen typographischen Fehler, die sich in demselben finden, keineswegs mehr für seine Arbeit erkennen"); "Tales of Ossian, for Use and Entertainment" (Nürnberg 1784, 2. Auflage 1794); "Letters Written between Yorick and Eliza, with Sterne's Letters to his Friends" (ohne Ortsangabe 1788); "Sammlung deutscher Briefe zum Übersetzen ins Englische. Meist aus kaufmännischen und freundschaftlichen Briefen bestehend, nebst einem gedoppelten Anhang von moralischen Aufsätzen für Jünglinge und Mädchen aus gesitteten Ständen, mit untergelegten Phrasen" (Nürnberg 1786, spätere Ausgabe 1799); "Contes Moraux par M. Marmontel" (ohne Ortsangabe 1789); "A New Collection of English Original Letters, ein Lesebuch für diejenigen, welche die englische Sprache in Hinsicht auf kaufmännische Geschäfte erlernen wollen" (Nürnberg 1790 - wahrscheinlich eine modifizierte neue Ausgabe des Titels von 1780 bzw. 1789). Balbach ist auch als Übersetzer von Reiseliteratur und als Verfasser von Gelegenheitsschriften in Erscheinung getreten.

BALLENSTEDT, Heinrich Konrad Christian. Geb. zu Schöningen im Braunschweigischen, Sohn des Rektors der Schöninger Lateinschule. Ballenstedt wirkt in späteren Jahren als Konrektor am Gymnasium zu Helmstedt. Für das Jahr 1778 ist er als Lehrer des Französischen und Englischen an der Anstalt belegt. Er beschließt sein Berufsleben als Superintendent zu Bornum bei Königslutter. Ballenstedt hat sich als Prediger und Verfasser theologischer und philosophischer Werke einen Namen gemacht.

BANCOURT, Etienne Montain de. Geb. am 04.05.1735 zu La Fere (Pikardie). Sprachmeister des Französischen in Frankfurt am Main. De Bancourt wird 1772 als Lehrer der französischen Sprache an das Gymnasium zu Weilburg berufen. Im Jahre 1789 wird er zum Ordinarius der Pädagogik am Weilburger Gymnasium ernannt. Er wirkt an der Anstalt bis zu seinem Tode am 15.08.1793. De Bancourt ist Verfasser eines 1772 in Frankfurt a.M. erschienenen Lehrmaterials "Phrases sur les verbes ou méthode très courte et très facile pour apprendre en peu de temps à bien conjuger les verbes" sowie eines 1783 in Wetzlar und Frankfurt a.M. erschienenen "Traité prosodique de la prononciation française".

BARDIN, Pierre Joseph. Aus Paris. Im Jahre 1719 als Lehrer des Französischen am Gymnasium zu Gotha angestellt. Bardin soll wöchentlich 2 Stunden unterrichten.

BARGERON, Abraham. Professor der französischen Sprache an der Universität Leipzig. Bargeron ist möglicherweise seit 1628 im Amt. Im Jahre 1641 veröffentlicht er in Leipzig ein Lehrmaterial "Fundamenta linguae gallicae. Methodice in succinctas tabellas redacta quae auditoribus suis scribebat, praelegebat et explicabat. Et ex novo correcta et emendata." Das Vorwort dieser Ausgabe "Ad lectorem" datiert von 1628; offenbar geht die Publikation auf eine frühere Fassung aus den späten 20er Jahren zurück. Das Buch ist den 4 Söhnen Johann Georgs I von Sachsen gewidmet, möglicherweise wurde es in den frühen 60er Jahren dem Französischunterricht des Kurprinzen Georg III zugrunde gelegt.

Bargeron tritt "mit einer äußerst interessanten Lehrmethode hervor, die aber keine
weiteren Anhänger im 17. Jahrhundert fand. ... Die erste Stufe der Unterweisung bildete
... die Vorlesung über die Grundlagen der französischen Sprache. ... Darauf folgte eine
Zusammenfassung von Studierenden zu Arbeitsgruppen, so daß, wenn zum Beispiel
7 Studierende sich zusammengeschlossen, in 7 Stunden oder Arbeitsversammlungen
jeder Teilnehmer ein bestimmtes Gebiet aus der französischen Grammatik zur Bearbeitung und Darstellung erhielt, das er dann in der ihm bestimmten Stunde seinen
Kameraden vortrug, und das er auch in den folgenden Lektürestunden immer wieder als
korrigierender Sachverständiger vertreten mußte, was besonders für die Aus-
sprachekorrektur wichtig war. - Ohne in diesem Verfahren die wertvolle Schulung der
freien Darstellung zu verkennen, muß man doch sagen, daß es noch weit von einer
wirklichen arbeitsmäßigen Methode entfernt ist, denn auch bei der Behandlung der
regelmäßigen und unregelmäßigen Verba, bei der jeder zum Zwecke der gedächt-
nismäßigen Aneignung einige Beispiele, die er gelernt hatte, beitragen mußte, war nur
ein einzelner Schüler wirklich tätig, der den anderen wahrscheinlich das, das er sich
angeeignet hatte, diktierte. ...Wertvoll ist sicher, daß er auf diese Weise überhaupt eine
kontrollierbare Mitarbeit der Studierenden gewährleistete."

Bargeron stirbt im Jahre 1650 als Sprachmeister des Französischen
und Italienischen zu Bremen. Er ist auch als Gelegenheitsdichter
bekannt geworden.

BARLAIMONT, Noël de. Vergleiche Van Berlemont, Noël.

BARNABE, Stephan. Geb. zu Ministrol im oberen Elsaß.
Sprachmeister des Französischen und Italienischen zu Wien, zu-
gleich Prinzenerzieher. Barnabé ist Autor mehrerer Lehrma-
terialien: "Kurze, wohlbegründete Unterweisung der französischen
Sprache" (Wien 1656); "Unterweisung der italienischen Sprache"
(Wien 1672, spätere Ausgabe München 1686); "Unterweisung der
italienischen Sprache mit beigefügtem deutsch- und italienischen
Diskurs, Proverbien, Historien und Fabeln" (Wien 1673, spätere
Ausgabe unter dem Titel "Deutsche und italienische Diskurse, samt
etlichen Proverbien, Historien und Fabeln", München 1682).

BARON. Sprachmeister des Französischen an der Universität
Marburg. Bewirbt sich 1745 um die vakante Sprachmeisterstelle an
der Universität Gießen. Möglicherweise ist Baron identisch mit
dem Jenenser Sprachmeister Joseph de Baron.
In einem zeitgenössischen Bericht heißt es von ihm, "daß zwar sein Unterricht nicht zu
verachten, daß er aber auch gewohnt sei, einen lustigen Rat bei den Studiosis zu agieren
und daß keine schändlichere Weibsperson weit und breit zu finden als sein Eheweib".

BARON, Joseph de. Bittet im November 1741 die Regierung
von Sachsen-Weimar um die Genehmigung, an der Universität Jena

Französisch unterrichten zu dürfen. Als er ohne Bescheid bleibt, erinnert er unter dem 01.06.1742 an sein Gesuch. Schließlich erhält er unter dem 14.01.1743 eine Absage. Unter dem 18.05.1743 wird ihm dann aber doch gestattet, "frei und ungehindert zu lehren, dafür aber stets einen Studiosum, den der Herzog benennen werde, gratis zu unterrichten". In der Folgezeit erhebt der Lektor des Französischen an der Hochschule, François Roux, Einspruch gegen die Konkurrenz. Baron verspricht unter dem 18.07.1743, die behördlicherseits verordnete Entschädigungszahlung an Roux in Höhe von 1 Taler monatlich zu entrichten. Er zahlt jedoch nicht, und Roux läßt, soweit er dies vermag, seine Honorare sperren. Baron beruft sich auf sein verbrieftes Recht, frei und ungehindert unterrichten zu können. Wie der Streit ausgegangen ist, bleibt ungewiß.

BARTH, Friedrich Gottlieb. Geb. am 05.08.1738 zu Wittenberg, Sohn eines Weißbäckers, Studium an der Fürstenschule zu Grimma und an der Universität Wittenberg, Promotion zum Magister der Philosophie. Barth ist seit 1764 als Konrektor an der Stadtschule zu Wittenberg tätig. Im Jahre 1767 wird er als 3. Lehrer an die Kurfürstlich Sächsische Landesschule zu Pforta berufen. Seit 1781 wirkt er als Konrektor der Anstalt, von 1786 bis zu seinem Tode am 06.10.1794 hat er das Rektorat inne. Barth erteilt in Schulpforta Unterricht in den Sprachen Griechisch, Latein, Französisch, Italienisch, Englisch und Spanisch. Er stirbt nach kurzem Krankenlager an körperlicher und geistiger Ermattung.

Barth hinterläßt 12 Kinder. "Es ist ein rührender Zug, daß er so sicher auf die Liebe seiner ehemaligen Schüler in Absicht der Unterstützung seiner zahlreichen Familie rechnete; wenige Tage vor seinem Entschlummern hatte er sich einen Bogen Papier zurechtgelegt, um darauf seinen letzten Willen niederzuschreiben; er schob ihn aber zurück mit der zuversichtlichen Äußerung, 'Gott werde seiner verwaisten Familie an seinen Schülern und Freunden, nah und fern, Väter und Versorger erwecken'. ... Seine Erwartung ist nicht ohne Erfüllung geblieben. ... Als unter den bei seinem Tode sich in Pforta befindenden Schülern die Rede davon war, ihrem Lehrer ein kleines Denkmal zu errichten, beschlossen diese einmütig, lieber eine Subskription zum Besten der Familie zu veranstalten, und in wenigen Tagen waren über 100 Taler zusammen."

In der Tat erfahren Barths pädagogische und fachliche Fähigkeiten bei den Zeitgenossen ein sehr positives Urteil: "Barth ist als Schullehrer und Schriftsteller ein sehr verdienter Mann gewesen. In der erstern Hinsicht war seine blühendste Periode die, wo er die dritte Lehrerstelle in Schulpforta bekleidete. Er hatte ein ungemeines Talent für das Lernen und Lehren der Sprachen; außer einer genauen Kenntnis der griechischen und lateinischen und mehrerer morgenländischen Sprachen verstand er noch Französisch, Italienisch, Englisch und Spanisch und gab in allen diesen einen trefflichen Unterricht. Für seine Privatvorlesungen in der englischen und italienischen Sprache erhielt er in der

Folge eine Entschädigung aus dem Schulfond und gab zum Behuf derselben mehrere kleine grammatische Anweisungen heraus, die aber eigentlich nicht in den Buchhandel gekommen sind." - "Er hat sich um eine zahlreiche Jugend, besonders in Rücksicht auf Sprachunterricht, sehr verdient gemacht, vornehmlich als dritter Lehrer zu Pforta. Damals bewies er eine unübertroffene Gewandtheit, Lebhaftigkeit und Versinnlichungsmethode bei der Erklärung der Griechen und Römer, und eine seltene Vielseitigkeit in Kenntnis älterer und neuerer Sprachen. Er lehrte einmal in 2 Jahren nacheinander, außer den öffentlichen Lehrstunden, die er im Hebräischen, Griechischen und Lateinischen gab, in verschiedenen Privatstunden die arabische, englische, spanische und italienische Sprache. "

Barth ist Autor einer 1772 in Weißenfels und Leipzig erschienenen "Anweisung zur englischen Sprache nach den Grundsätzen des Herrn Ludwig" sowie eines 1778 in Erfurt erschienenen Lesebuchs "A New Collection of Poetical Pieces Original and Translated oder Neue englische poetische Chrestomathie für diejenigen, welche teils Muster der höheren Poesie verlangen, teils diese Sprache vollkommener zu erlernen wünschen" (2. Auflage 1786) und einer ebenfalls 1778 in Erfurt erschienenen "Kurzgefaßten spanischen Grammatik, worin die richtige Aussprache und alle zur Erlernung dieser Sprache nötigen Grundsätze abgehandelt und erläutert sind, daß ein jeder, der Lateinisch versteht, diese Sprache in ein paar Wochen ohne Lehrmeister zu erlernen imstande ist, nebst einigen Gesprächen zur Übung für Anfänger" (2. Auflage 1788, 3. Auflage, vermehrt und verbessert durch L. H. Teuscher, 1797, 4. Auflage, "mit einer Auswahl spanischer Redensarten und einem spanischen Wörterbüchlein vermehrt", herausgegeben von F. F. Ehrmann, 1807). Außerdem gab Barth eine Lektüre für Anfänger der englischen Sprache heraus: "Narzanes or the Injur'd Statesman" (Erfurt 1778).

Die "Kurzgefaßte spanische Grammatik" entsteht auf Anregung des Weimarer Verlegers und Buchhändlers Friedrich Justin Bertuch. Sie ist, obgleich vom methodischen Aufbau her nicht immer durchdacht und reich an grammatischen Fehlern, bis ins 19. Jahrhundert hinein die am meisten verbreitete spanische Grammatik gewesen. Tieck, die Brüder Schlegel und viele andere haben aus ihr Spanisch gelernt. Bertuch selbst hat das Werk in der "Allgemeinen Deutschen Bibliothek" negativ besprochen.

BARTHELEMY, J. Sprachmeister des Französischen am Gymnasium zu Gründstadt, angestellt im Jahre 1780. Barthélemy wird 1782 zum Subkonrektor ernannt. Er weilt an der Anstalt bis zum 30.12.1793, als er infolge der unsicher gewordenen politischen Verhältnisse Grünstadt verläßt. Im Frühjahr 1794 wird er als Sprachmeister am Gymnasium zu Weilburg angestellt.

BARTOL, Melchior Friedrich. Aus Montbéliard. Pfarrer der französischen lutherischen Gemeinde zu Stuttgart. Erhält 1685 den Auftrag, am Pädagogium zu Stuttgart, das 1684 zu einem Gymnasium Illustre erhoben worden ist, den Französischunterricht zu erteilen, und zwar in den Klassen 4 - 7 mit je 3 Wochenstunden. Bartol ist der erste Lehrer des Französischen in der Anstalt. Er steht im Range eines ordentlichen Professors und genießt entsprechende Einkünfte. Im Dezember 1685 hält er eine Antrittsrede. Sein Fach, zunächst fakultativer Lehrgegenstand, wird 1696 zum Pflichtfach erhoben. Bartol unterrichtet zeitweise auch Naturlehre. Er stirbt am 11.02.1697.

BASFOREST, Johannes. Sprachmeister katholischen Bekenntnisses zu Köln, in späteren Jahren dann zu Düsseldorf, wo er sich zugleich als Schullehrer betätigt. Zwischen Basforest und dem Magistrat von Düsseldorf besteht ein Vertrag, der dem Sprachmeister Befreiung von Einquartierungen zubilligt. Als im Jahre 1630 der Stadtrat dieser Begünstigung nicht nachkommt, erklärt Basforest, er ziehe es vor, nach seinem früheren Wohnort Köln zurückzukehren, wenn dies auch zum großen Schaden der katholischen Kinder Düsseldorfs geschehe, die er sowohl im Schreiben, Lesen, in der deutschen und französischen Sprache, als auch im Rechnen unterrichtet habe. Basforest ist Autor einer 1624 in Köln erschienenen "Französischen Grammatica".

BASIN, David. Französischer Schulmeister zu Bern, belegt für die Zeit 1682 - 1687. Als Basin unter dem 11.08.1682 um eine Beisteuer zu seinem Hauszins bittet, wird er vom Magistrat der Stadt Bern abgewiesen, er erhält jedoch einen Zehrpfennig. Unter dem 17.11.1685 ergeht ein Schreiben an den Konvent, David Basin, der Schulmeister, habe die Intention, eine französische Schule in Bern einzuführen. In dem Schreiben wird beteuert, ein solches Vorhaben sei nützlich, da es angesichts der gefährlichen Zeiten nicht angehe, die Berner Jugend zum Studium des Französischen in die frankophonen Teile des Bernischen Einflußbereiches zu entsenden. Man solle Basins Vorschlag anhören und darüber nachdenken, wie eine solche Schule ohne Folgelasten einzurichten und der Schulmeister zu besolden sei.

Als im Jahre 1687 die Errichtung einer französischen Schule in Bern erneut diskutiert wird, ist abermals David Basin im Gespräch, der sich bereit erklärt, die 6. Klasse der Lateinschule zu versehen und nebenbei noch dreimal wöchentlich französische Schule zu halten, "ohne daß in der lateinischen Sprache das Geringste versäumt werden müßte". Die Errichtung der französischen Schule kommt zustande.

BASSI, Louis. Letzter Inhaber des 1807 eingezogenen selbständigen italienischen Lektorates an der Universität Erlangen; zugleich Lehrer des Spanischen. Bassi ist zuvor als Sprachlehrer in Bayreuth tätig.

BASTIAN, Wilhelm Gottlieb. Geb. am 14.03.1756. Inspektor am Schulmeister-Seminarium zu Halberstadt. Bastian ist Autor zweier Materialien für den Französischunterricht: "Kurzgefaßte französische Sprachlehre, worin alle lateinischen Kunstwörter vermieden und die vorkommenden deutschen und französischen erklärt sind, nebst einem Verzeichnis von den Wörtern und Redensarten, die am meisten vorkommen" (Halberstadt 1789); "Französisches Lesebuch für deutsche Töchter" (Halberstadt 1789).

BATEUS. Vergleiche Bath, William.

BATH, William. Jesuit aus Irland. Geb. 1564. Bath veröffentlicht im Jahre 1611 am Irischen Kolleg in Salamanca eine lateinisch-spanische "Janua linguarum". Die Publikation stellt eine Vorstufe zu der 1631 erschienenen "Janua linguarum reserata" des Johann Amos Cominius dar. Bath stirbt im Jahre 1614.

Im Jahre 1615 erscheint eine englische Übersetzung der lateinisch-spanischen Janua; 1617 wird die Janua in einer viersprachigen Ausgabe Lateinisch-Englisch-Französisch-Spanisch in London neu herausgebracht unter dem Titel "Janua linguarum, quadrilinguis, or A Messe of Tongues".

Die englische Ausgabe von 1617 liegt einer 1624 in Straßburg erschienenen und von einem Straßburger namens Habricht besorgten weiteren Ausgabe zugrunde, bei der der englische Sprachteil durch eine deutsche Version ersetzt worden ist. Habricht hat möglicherweise bereits bei dem Londoner Druck mitgewirkt. Eine zweite, sechssprachige Straßburger Ausgabe der Janua erscheint 1630 unter dem Titel "Janua linguarum silinguis".

BAUDRY, Jean Baptiste. Aus Rouen emigrierter Geistlicher, ursprünglich aus St. Denis stammend. Ersucht unter dem 03.02.1796 den Geheimen Rat der Stadt Marburg um Erlaubnis, als Sprachmeister des Französischen tätig zu werden. Ihm wird erklärt, daß er nie um eine Besoldung anhalten solle. Baudry wird unter dem 30.05.1796 vom Senat der Universität Marburg durch Handschlag als Sprachmeister des Französischen verpflichtet. Zuvor hat er sich eine Zeitlang bei den Offizieren des Garde-Grenadier-Regiments als französischer Sprachlehrer aufgehalten. Er erscheint in den Vorlesungsverzeichnissen von Sommersemester 1796 bis 1799. Unter dem 31.05.1799 verfügt der Geheime Rat, die Regierung in Marburg solle ihn anhalten, binnen 48 Stunden die Stadt zu verlassen, da er sich unmöglich gemacht habe.

BAUER, Karl Ludwig. Geb. am 18.07.1730 zu Leipzig, Sohn eines Gerichtsnuntius und Notars. Privaterziehung im elterlichen Hause, seit 1742 Zögling der Leipziger Thomasschule, Schüler Johann August Ernestis. Studium der philosophischen Wissenschaften, der Orientalistik und Theologie sowie der Rechts- und Staatengeschichte seit 1748 an der Universität Leipzig, Promotion zum Magister im Jahre 1751, Habilitation 1753. In der Folgezeit hält Bauer Vorlesungen im Bereich der Altphilologie. Gleichzeitig wirkt er als Informator im Hause des Professors Bauer. Im Jahre 1756 wird er auf das Rektorat der Lateinschule zu Lauban berufen, 1766 folgt er einem Ruf als Rektor an das Gymnasium zu Hirschberg. Er tritt sein Amt zu Beginn des Jahres 1767 an. In der Folgezeit betreibt Bauer mit Vorliebe Sprachstudien, er versteht und lehrt "ziemlich viel verschiedene Sprachen, alte und neue: außer den beiden klassischen die hebräische, chaldäische, syrische, die französische, englische, italienische, spanische; seine Aussprache freilich war durchweg sehr mangelhaft, da er die Schwächen des sächsischen Dialekts nie überwand". Bauer leitet das Gymnasium zu Hirschberg bis zu seinem Tode am 03.09.1799. Im Jahre 1795 wird er von der Universität Wittenberg zum Poeta Laureatus gekrönt. Er hinterläßt ein umfangreiches Werk altphilologischen und exegetischen Inhalts.

Nach zeitgenössischem Urteil besaß Bauer eine sehr robuste Natur, im Leben war er mäßig und einfach, im Besitz eines außerordentlichen Gedächtnisses, dabei von eisernem Fleiß und großer Arbeitsfähigkeit. "Besonders hatte er im Lateinischen, Griechischen und Hebräischen eine seltene Stärke. Aber sein eigener Ausdruck, in der lateinischen wie in der deutschen Sprache, war schwerfällig. Um neuere Gelehrsamkeit bekümmerte er sich wenig, und als Theologe hielt er fest am alten System. Als Lehrer war er unermüdet, und wenn er gleich auf den Namen eines vorzüglichen Schulmannes keinen Anspruch machen konnte, weil es ihm sehr an Methode und Geschmack fehlte und er in keiner Wissenschaft mit seinem Zeitalter fortrückte, so hat er doch, besonders in der Philologie, viele vorzügliche Schüler gezogen." Trotz dieser Mängel gilt er den Zeitgenossen als "einer der trefflichsten Philologen".

BAUMGARTEN. Milizprediger. Erhält um das Jahr 1800 den Auftrag, am Fürstlichen Gymnasium zu Rudolstadt den Französischunterricht in Prima zu erteilen. Baumgarten unterrichtet bis 1829.

BAUTRE, Theodor. Autor einer 1721 in Leipzig erschienenen "Grammaire française".

BAVIL. Aus der Schweiz stammend. Sprachmeister in Jena. Als Bavil im Jahre 1699 stirbt, wird von ihm berichtet, daß er reformierten Glaubens gewesen sei, er "hat aber doch unsere Priester [d.h. die lutherischen] um sich leiden können".

BAVRAI, Abraham. Aus Frankreich stammend. Glaubensflüchtling. Wirkt seit etwa 1700 als Sprachmeister in Halle. Bavrai bittet unter dem 22.06.1716 die Universitätsbehörden zu Jena um Unterrichtserlaubnis. Er gibt an, nach Jena übergesiedelt zu sein, da es in Halle zu viele Sprachmeister gebe. Ob Bavrai in der Folgezeit in Jena unterrichtet, bleibt ungewiß.

BAYER. Gemeinsam mit N. H. Paradis Autor eines 1772 in Frankfurt erschienenen Lehrmaterials "Manuel pratique des langues française et allemande".

BEAUCLAIR, de. Vergleiche Rouville, Jean Pierre de, genannt De Beauclair.

BEAUFORT, Karl August de. Sprachmeister des Französischen am Gymnasium zu Grünstadt, angestellt im Jahre 1771. De Beaufort unterrichtet das Fach bis zum Jahre 1775.

BEAULIEU, Pierre de. Lektor des Französischen an der Universität Göttingen von 1752 bis 1755.

BEAUREGARD, Josef. Geb. 1716. Seit 1742 an der Universität Helmstedt tätig, seit 1753 im Range eines Extraordinarius. Beauregard ist als Lehrer des Französischen und Italienischen an der Hochschule belegt für das Jahr 1780, wahrscheinlich unterrichtet er jedoch diese Sprachen bereits seit den 40er Jahren. Er ist Autor einer 1748 in Helmstedt erschienenen didaktischen Schrift "Avis concernant les qualités que doit avoir un bon maître de la langue française avec des observations sur quelques difficultés particulières qui se rencontrent dans la dite langue, en guise de programme". Die Schrift wird 1759 in Helmstedt unter dem Titel "Explication de quelques difficultés essentielles qui se rencontrent dans l'étude de la langue française" neu aufgelegt.

BEAUTOUR. Vergleiche auch Mignet, B., genannt Beautour.

BEAUTOUR, Constantin Andreas. Aus Weißenburg (Elsaß). Trägt sich unter dem 24.11.1740 als französischer Sprachmeister in die Matricula Didascalorum der Universität Straßburg ein.

BEAUTOUR, Philibertus. Aus dem Nivernais stammend. Trägt sich unter dem 28.07.1725 als Sprachmeister des Französischen, Deutschen und Lateinischen in die Matricula Didascalorum der Universität Straßburg ein.

BEAUVAL, Samuel de. Professor und Lehrer des Französischen am Hochfürstlichen Gymnasium Academicum zu Hildburghausen, belegt für das Jahr 1717.

BEAUVOIS DU ROURE, Jean Auguste. Sprachmeister am Gymnasium zu Zittau, belegt für das Jahr 1725.

BEBRULERES, Etienne, genannt DE FONTAINE. Sprachmeister des Französischen in Tübingen. Bezeichnet sich in einem Schreiben an Herzog Eberhard von Württemberg vom 28.12.1660 als Sprachmeister an der Tübinger Universität. In der Folgezeit beschwert sich der Professor der französischen und italienischen Sprache am Tübinger Collegium Illustre, Louis du May, daß Bebruleres ihm wirtschaftlichen Schaden zufüge, indem er nicht nur außerhalb des Collegii, sondern auch, sonderlich in seiner Abwesenheit, innerhalb der Ritterakademie unterrichte. Die Herzogliche Kanzlei vertritt jedoch die Meinung, daß man dem Sprachmeister Bebruleres das Recht, Sprachunterricht zu erteilen, nicht verwehren könne. Derjenige Sprachlehrer, der den meisten Fleiß aufwende, werde von den Scholaren auch am meisten begehrt.

BECHON, Caspar. Aus Frankreich stammend. Geb. am 15.07.1684. Präzeptor des Französischen am Gymnasium zu Bremen, seit 1735 auch Extraordinarius an der dortigen Akademie. Bechon stirbt im Jahre 1764.

BECKER. Lehrer der französischen, englischen und italienischen Sprache an der Universität Halle. Aus den Lektionskatalogen belegt für die Zeit von 1773 bis Sommersemester 1778. Möglicherweise ist Becker identisch mit Georg Friedrich Becker.

BECKER, Georg Friedrich. "Lector Gallicus" an der Lateinischen Hauptschule zu Halle, angestellt im Jahre 1753. Die Anstellung kommt zustande, nachdem die Stelle des Decimus, die 10. Kollegenstelle, eingezogen worden ist, um die Besoldung für öffentlichen Unterricht im Französischen zu verwenden. Becker unterrichtet an der Anstalt bis zu seinem Tode am 14.01.1785. Möglicherweise ist er identisch mit dem in den Lektionskatalogen der Universität Halle von 1773 bis 1778 genannten Sprachmeister des Französischen, Englischen und Italienischen namens Becker.

BEDART. Französischer Schulmeister zu Frankfurt a.M., belegt für das Jahr 1752. Bedart ist vom Stadtrat zugelassen.

BEER, Wilhelm de. Französischer Schulmeister zu Venlo. De Beer unterrichtet ohne städtisches Privileg, woraufhin der Magistrat unter dem 14.08.1696 die Schließung der Schule anordnet.

BEGUELIN, Nikolaus. Geb. am 24.06.1714 zu Courtlary im Bistum Basel. Jurastudium an der Universität Basel, Promotion zum Doktor der Rechte. Wird im Jahre 1735 von seinem Vater nach Wetzlar geschickt, um sich im öffentlichen Recht zu üben. In der Folgezeit tritt Béguelin an der Seite seines Vaters in einem

Prozeß gegen den Bischof von Basel auf; der Prozeß wird verloren, und Béguelin tritt in die Dienste des Königs von Preußen, zunächst als Legationssekretär beim sächsischen Hofe zu Dresden. Nach Ausbruch der kriegerischen Auseinandersetzungen zwischen Preussen und Sachsen im Jahre 1744 kehrt er nach Berlin zurück, wo er zu Michaelis 1746 auf Befehl des Königs, dem er von Maupertius empfohlen worden ist, als Professor der Mathematik am Joachimsthalschen Gymnasium angestellt wird. Um die Mitte der 40er Jahre wirkt Béguelin auch als Sekretär des preußischen Ministers von Beer. Zu Michaelis 1747 wird er als Erzieher des preußischen Kronprinzen, des späteren Friedrich Wilhelm II, bestallt. Er bekleidet die Stelle des Präzeptors und Hofmeisters bis zum Jahre 1764. Béguelin erwirbt sich die Gunst Friedrich Wilhelms II, vermag aber nicht, sich das Wohlwollen des Königs selbst zu erhalten. Im Jahre 1764 wird die Erziehung des Prinzen als beendet erklärt und Béguelin erhält Order, sich zurückzuziehen und in Berlin zu bleiben. In den folgenden 20 Jahren lebt er in latenter Ungnade; das Amt eines Direktors der Philosophischen Klasse der Preußischen Akademie der Wissenschaften wird ihm vom König zweimal vorenthalten, trotz eines eindeutigen Votums der Mitglieder der Akademie und einer Empfehlung D'Alemberts. Erst in den letzten Lebensjahren wird die Haltung Friedrichs II weniger starr: Béguelin erhält zuzüglich zu den Bezügen, die ihm geblieben waren, eine Pension von 400 Talern aus der Akademiekasse. Als Friedrich Wilhelm II im Jahre 1786 den Thron besteigt, wird Béguelin zum Direktor der Akademie ernannt und in den Adelsstand erhoben. Er erhält Grundbesitz im Wert von 100 000 Pfund; auch seine Söhne werden reich bedacht. In der Folgezeit ist Béguelin zugleich als Inspektor des Französischen Gymnasiums tätig und einer der Direktoren des bei der Anstalt angesiedelten französisch-theologischen Seminars. Béguelin stirbt am 03.02.1789.

Als Schriftsteller ist Béguelin durch eine Anzahl von Akademie-Abhandlungen philosophischen Inhalts sowie durch eine Kleist-Übersetzung bekannt geworden. Mit an Sicherheit grenzender Wahrscheinlichkeit ist er auch im Zusammenhang mit seinen verschiedenen Berliner Tätigkeiten als Lehrer des Französischen in Erscheinung getreten, genaueres hierüber ist aber nicht bekannt. Béguelin hat in lateinischer und französischer Sprache publiziert, möglicherweise hat er auch seinen Mathematikunterrrricht am Joachimsthalschen Gymnasium auf französisch erteilt.

"Ob er gleich auch als ein Gelehrter nie ohne gebührendes Lob genannt wird, so ist er doch von dieser Seite lange nicht so bekannt, als er es hätte werden können, wenn er nach lautem Beifalle hätte ringen wollen. Er hat in seinem langen Leben, von dem er keinen Tag verschwendete, mehr gedacht als Tausende, welche die Welt mit ihren Schriften überschwemmen, und weit mehr geschrieben, als er nach seiner bescheidenen, aber unerschütterlichen Überzeugung von der Ungewißheit der meisten menschlichen Erkenntnisse seinen Zeitgenossen vorlegen mochte."

BEHM, Heinrich Julius. Zu Beginn des 18. Jahrhunderts als Lehrer der ausländischen Sprachen an der Ritterakademie zu Wolfenbüttel tätig. Behm führt den Titel eines Professors. Zuletzt bekleidet er das Amt eines Konsistorialassessors. Er stirbt im Jahre 1717.

BEHR. Lehrer des Italienischen am Gymnasium zu Gera, belegt für das Jahr 1776. Behr hält sich bis 1779 in Gera auf. In den Jahren 1790 - 1829 lebt er erneut in Gera, wobei er zuletzt das Amt eines Konsistorialrates innehat. Möglicherweise ist Behr identisch mit dem zu Beginn des 19. Jahrhunderts am Gymnasium zu Gera tätigen Professor der Beredsamkeit I. H. T. Behr.

BEHREND. Übernimmt im Jahre 1796 gegen ein Jahresgehalt von 50 Talern den Französischunterricht am Gymnasium zu Wesel. Weil Behrend jedoch des Französischen zu wenig mächtig ist, stellt er an seiner Statt einen Emigranten names Mrambert ein. Dieser verläßt Wesel im Jahre 1799.

BEHRMANN. Sprachmeister des Englischen an der Universität Halle, belegt für die Jahre 1791 - 1804.

BEHRNAUER, George Ehrenfried. Geb. am 09.12.1682 zu Bertelsdorf bei Herrnhut, Sohn eines Pfarrers. Schulbesuch in Löbau, Studium an der Universität Leipzig, Promotion zum Magister der Philosophie am 26.01.1702 in Leipzig. Behrnauer rückt im Jahre 1705 zum Magister Legens auf, 1709 folgt er einem Ruf als Subrektor an das Gymnasium zu Bautzen. Im Jahre 1718 wird er Rektor der Anstalt. Er erteilt den in seinem Hause wohnenden Schülern Französischunterricht, wobei er aus dem Lateinischen ins Französische und umgekehrt übersetzen läßt. Der Französischunterricht an seiner Schule bleibt während seiner Amtszeit einem "habilen Maître" überlassen. Behrnauer stirbt am 17.12.1740 an den Folgen eines Beinbruchs. Er ist der Verfasser zahlreicher Gelegenheitsschriften und Schulprogramme theologisch-philosophischen, altphilologischen, belletristischen und pädagogischen Inhalts.

BEILER, Benedikt. Küster an der "deutschen Kirche im Dreieinigkeitsgäßchen" zu London. Als Lehrer der deutschen Sprache belegt für die Zeit um 1730. Beiler ist Autor einer 1731 in London erschienenen "New German Grammar, whereby an Englishman may easily attain to the knowledge of the German language". Eine 2. Auflage des Werkes erscheint in London 1736.

BEL, Matthias. Geb. am 24.03.1684 zu Orsowa in Ungarn, Sohn eines Metzgers. Schulbesuch in Neusohl und Preßburg. Studium seit 1704 an der Universität Halle, zunächst der Medizin, seit 1706 der Theologie. Bel lebt eine Zeitlang im Hause August Hermann Franckes, der ihn zum Privatlehrer seines Sohnes macht. Später erhält Bel die Stelle eines Informators im Waisenhaus. Im Jahre 1708 folgt Bel einem Ruf auf das Konrektorat der evangelischen Schule zu Neusohl, gleichzeitig wird er zum Prediger an der St. Elisabeth-Kirche bestellt, die aber wenig später in katholische Hände übergeht. Im Jahre 1714 wird er auf das Rektorat des evangelischen Lyzeums zu Preßburg berufen, 1719 zum Prediger der Preßburger evangelisch-deutschen Gemeinde gewählt. Seit 1744 ist er Pastor und Senior des Ministerii zu Preßburg, er stirbt am 29.08.1749.

Bel ist Autor eines 1718 in Leutschau erschienenen Lehrbuchs "Institutiones linguae germanicae", das dem Deutschunterricht an ungarischen Schulen dienen soll, sowie eines 1729 in Preßburg gedruckten "Ungarischen Sprachmeisters", der bis ins 19. Jahrhundert hinein an den deutschen Schulen Ungarns als Lehrbuch der ungarischen Sprache benutzt wird. Als Bels Hauptwerk gilt sein "Appartus ad historiam Hunguricae", dessen 1. Band 1735 erscheint und dem Autor den Titel eines Kaiserlichen Historiographen und die Erhebung in den Adelsstand einbringt. Bel ist auch als Bibelübersetzer in Erscheinung getreten: Im Jahre 1722 erscheint eine Ausgabe des Neuen Testamentes "in böhmischer Sprache", obgleich Bel der Sprache nach offenbar Slowake ist. Später folgt eine Gesamtausgabe der Bibel.

BELIN, Johann Franz Augustin. Sprachmeister in Dresden, danach Sprachmeister des Französischen an der Kurfürstlich Sächsischen Landesschule zu Meißen. Belin wird 1811 seines Amtes enthoben, er geht daraufhin nach Dresden "und ward 1813 von da weggebracht". In den Jahren 1788 - 1791 veröffentlicht er in Dresden einen dreibändigen "Cours élémentaire et pratique de la langue française". Im Jahre 1803 erscheint in Penig sein Lehrmaterial "Esprit de la langue française, oder Kurze, faßliche und gründliche Anleitung zur baldigen und leichten Erlernung dieser Sprache". Belin ist auch der Verfasser eines "Dictionnaire de proverbes, idiotismes et expressiones figurées de la langue française, avec les proverbes allemands".

BELLAY DE LA CHAPELLE. Sprachmeister des Französischen am Collegium Carolinum zu Kassel, belegt für das Jahr 1782.

BELLEVILLE, Claude Victor Narboud de. Vergleiche Narboud de Belleville, Claude Victor.

BELLING, Louis. Aus dem Elsaß stammend. Karthäuser-Mönch, zum protestantischen Glauben konvertiert. Sprachmeister des Französischen am Gymnasium zu Heilbronn, angestellt im Jahre 1765. Belling erteilt gegen ein Jahresgehalt von 40 Gulden den Schülern der Klassen I - III täglich von 11 bis 12 Uhr fakultativen Unterricht im Französischen. Der Unterricht ist unentgeltlich. Bellings Leistungen werden im Jahre 1789 als unbefriedigend empfunden.

BENDER, Johann Christian Theodor. Im Jahre 1783 als Konrektor am Gymnasium zu Moers angestellt. Bender wird verpflichtet, öffentlichen Französischunterricht für die Schüler der Anstalt im Umfang von 4 Wochenstunden zu erteilen. Hierfür erhält er eine besondere Vergütung von 15 Stübern monatlich. Bender geht im August 1785 als zweiter Prediger nach Braunfels.

BENDER, Johann Philipp. Geb. am 01.10.1758 zu Neuwied, Sohn eines Neuwieder Perückenmachers. Bender wird im Jahre 1775 zur Ausbildung als Lehrer an das Basedowsche Philanthropin zu Dessau entsandt. Hier werden Wolke und Trapp seine Lehrer.

Bender bildet sich in Dessau auch im Fache Französisch aus und betreibt englische Nebenstudien. Unter dem 01.01.1781 übernimmt er das Rektorat der Neuwieder Lateinschule, deren Reorganisator er wird. Ob Bender auch Unterricht in modernen Fremdsprachen erteilt hat, bleibt fraglich.

Ob der bei Hamberger/Meusel verzeichnete Johann Philipp Bender mit dem hier genannten identisch ist, konnte nicht geklärt werden. Dieser Bender wirkt um das Jahr 1820 als Inspektor und Direktor des Schullehrer-Seminars zu Idstein; er beschließt seine Laufbahn als Herzoglich Nassauischer Kirchenrat, Dekan und Pfarrer zu Igstadt.

BENECKE, Georg Friedrich. Geb. am 10.06.1762 zu Mönchsroth/ Öttingen. Schulbesuch in Nördlingen und Augsburg. Studium von 1780 bis 1784 an der Universität Göttingen. Benecke kehrt noch in den 80er Jahren nach Göttingen zurück, wo er auf Heynes Empfehlung als Akzessist an der Universitätsbibliothek angestellt wird. Seit 1792 bekleidet er die Stelle eines Bibliothekssekretärs. Benecke ist für das Jahr 1798 als Lehrer des Englischen an der Hochschule belegt. Auch die Vorlesungsverzeichnisse von Sommersemester 1806 bis Sommersemester 1844 verzeichnen ihn mit englischem Sprachunterricht nach Ideler und Nolte sowie mit Kollegs über Shakespeare, Spenser und ältere englische Dichtung, Scott und englische Literaturgeschichte allgemein. Benecke wird unter dem 21.10.1805 zum Extraordinarius ernannt. Am 16.06.1807 promoviert er zum Doktor der Philosophie. Seine Beförderung zum Ordinarius erfolgt 1813, zugleich übernimmt er das Amt eines Unterbibliothekars. Im Jahre 1820 wird ihm der Hofratstitel verliehen; seit 1829 steht er im Range eines Bibliothekars, seit 1836 hat er die Stelle des Oberbibliothekars inne. Benecke wird 1830 Mitglied der Royal Society zu London, fast gleichzeitig nimmt ihn auch die Königliche Akademie der Wissenschaften zu München als Mitglied auf. Außerdem ist Benecke ordentliches Mitglied der Berliner Gesellschaft für deutsche Sprache und Ehrenmitglied des Frankfurter Gelehrten Vereins für deutsche Sprache. Er stirbt am 21.08.1844. Beneckes Hauptbedeutung liegt auf dem Gebiet der älteren Germanistik, deren Stellung im Universitätsbereich er durch kritische Textausgaben und zahlreiche Vorlesungen festigt. Den Zeitgenossen gilt er als Begründer der mittelhochdeutschen Sprachforschung. Sein wissenschaftlicher Name als Germanist bringt ihm, offenbar in den späten 20er Jahren, einen Ruf "an eine der ersten Hochschulen Englands" ein. Benecke gilt den Göttingern aber auch als "feiner Kenner des englischen Idioms". Sein Oeuvre umfaßt mehrere Übersetzungen aus dem Englischen, wobei anfänglich Reiseliteratur im Vordergrund steht.

"Für das englische Volk und die englische Sprache hatte er ... unzweifelhaft eine große Vorliebe, selbst auf Kosten seiner Muttersprache, so daß er seinen Zuhörern nicht selten als wahrer Angloman erschien." - "Beneckes Privatleben war wohl von jeher höchst einfach und namentlich in den letzten Jahren seines Lebens sehr zurückgezogen, indem er außer seinen täglichen Besuchen der Bibliothek fast nur noch mit einigen Damen zusammen kam, um mit ihnen Karten zu spielen und durch gesellige Unterhaltung sich zu erheitern. So bewegte er sich bis zu seinem nach kurzer Krankheit erfolgten Tode in den alten gewohnten Formen langsam aber gesetzmäßig und ängstlich gewissenhaft fort und zeigte sich jeder Neuerung und selbst geringen Abänderungen fast bis zum Eigensinn abgeneigt."

BENISTAN, Johann Gottfried de. Geb. am 01.04.1711 auf dem Rittergut Combert bei Saugnes im Languedoc, reformierten Glaubens. Wird im Alter von 16 Jahren von seiner katholischen Stiefmutter genötigt, in ein Kapuzinerkloster einzutreten. Nach zwei Jahren gelingt ihm die Flucht, er emigriert in die Schweiz und von dort nach Deutschland, wo er zu Wilhelmsdorf bei Erlangen zum Protestantismus übertritt. In den 40er und 50er Jahren wirkt De Benistan als Sprachmeister am Gymnasium zu Hof, seit 1756 ist er in gleicher Funktion in Erlangen tätig. Im Jahre 1771 wird er zum Professor der französischen Sprache am Collegium Illustre zu Bayreuth ernannt. Er beginnt seine Tätigkeit an der Schule mit einer Antrittsvorlesung. De Benistan stirbt in Bayreuth am 18.01.1777. Er ist als Übersetzer deutscher Schriften ins Französische in Erscheinung getreten und hat auch eine sprachdidaktische Arbeit unter dem Titel "Quelques pensées jetées au hazard sur l'emploi qu'un homme chargé d'enseigner une langue doit faire du bon sens pour allier les règles avec l'usage" (Bayreuth 1771) veröffentlicht.

BENISTAT, Johann Gottfried de. Vergleiche Benistan, Johann Gottfried de.

BENNOIT. Lehrerin des Französischen und Handarbeitslehrerin in Düsseldorf, belegt für das Jahr 1799. Frau Bennoit erbietet sich, junge Mädchen in der französischen Sprache sowie in der Stickerei in Gold und Seide zu unterrichten.

BERARD. Beginnt seine Laufbahn als Advokat im Elsaß. Berard erteilt zu Beginn der 90er Jahre des 18. Jahrhunderts Französischunterricht an einem Institut in Celle. Im Jahre 1792 wirkt er als Lehrer des Französischen am Gymnasium zu Oldenburg. Er quittiert seinen Dienst im Jahre 1794, da ihm die in der Stadt ansässigen französischen Privatlehrer eine zu harte Konkurrenz sind.

BERCHTOLD, Ludwig. Hofmeister und offenbar auch Französischlehrer der Pfälzischen Prinzen Christian August und Johann Ludwig, belegt für das Jahr 1632.

BEREGSZASZI, P. Autor eines 1797 in Erlangen sowie in Pest erschienenen "Versuches einer magyarischen Sprachlehre, mit einer Hinsicht auf die türkische und andere morgenländische Sprachen, zum Gebrauch für Vorlesungen".

BERG, Friedrich Christian August. Sprachmeister des Englischen in Hamburg, belegt für die Zeit von 1785 bis August 1798. Berg geht dann nach London, um dort Buchhandel zu treiben. Er ist noch für das Jahr 1823 in der britischen Hauptstadt belegt. Im Jahre 1785 veröffentlicht er in Hamburg ein Material "Verbesserungen zu des Herrn Professor Moritz in Berlin Englischer Sprachlehre für die Deutschen, in Briefen". Kurz vor seiner Übersiedlung nach London publiziert Berg eine Grammatik des Deutschen für Briten: "A Concise Grammar of the German Language" (Hamburg 1798). Im übrigen ist Berg mit Übersetzungen aus dem Englischen ins Deutsche und umgekehrt sowie auch aus dem Französischen ins Englische an die Öffentlichkeit getreten.

BERGAMINI, Alexander. Unter dem 13.12.1766 als Sprachmeister des Italienischen in der Familie Friedrich Christians von Sachsen angestellt. Bergamini erhält ein Jahresgehalt von 200 Talern.

BERGMANN, Karl Friedrich. Geb. am 21.08.1731 zu Dannenfels am Donnersberg. Besuch des Gymnasiums zu Idstein, Theologiestudium an der Universität Halle. Bergmann wird 1757 auf das Konrektorat des Gymnasiums zu Grünstadt berufen. Er weilt an der Anstalt bis September 1764, als er das Amt eines Hofpredigers zu Westerburg antritt. In den Jahren 1757 - 1764 versieht Bergmann nebenamtlich den Französischunterricht am Grünstadter Gymnasium. Er ist noch für das Jahr 1819 nachgewiesen. Damals lebt er zu Zwingenberg a. d. Bergstraße bei seinem Sohn, dem Grünstadter Prorektor und Pfarrer Wolfgang Friedrich Bergmann.

BERGMANN, Wolfgang Friedrich. Geb. am 26.10.1767 zu Westerburg, Sohn des Karl Friedrich Bergmann. Privaterziehung im väterlichen Hause, Studium der Theologie von 1786 bis 1788 an der Universität Gießen, dann Hofmeister bei der Familie Wallbrunn in Partenheim/Rheinhessen. Bergmann tritt am 20.07.1793 sein Amt als Konrektor des Gymnasiums zu Grünstadt an. Er wird im Jahre 1810 zum Prorektor ernannt und unterrichtet an der Schule bis zum 26.11.1818. Dabei ist er auch als Lehrer des Französischen tätig. Zur Zeit der französischen Herrschaft wirkt er nebenamtlich als vereidigter Dolmetscher ("traducteur juré"), seit April 1803 versieht er zusätzlich das Amt eines Pfarrers in Bissersheim; in den Jahren 1811 und 1812 ist er aushilfsweise als Pfarrer in Asselheim tätig. Bergmann lebt im Jahre 1819 in Zwingenberg a.d. Bergstraße; er stirbt am 07.03.1829.

BERJON, B. Autor einer 1679 in Genf erschienenen "Anleitung zu der französischen Sprache".

BERLAN. Lehrer des Französischen an der Universität Göttingen, belegt für die Zeit von Sommersemester 1769 bis Wintersemester 1772/73.

BERLAN, A. Autor eines 1752 in Köln erschienenen Lehrbuchs "Partie principale de la grammaire française ou Raisonnement sur les verbes français et leurs différentes sortes".

BERLANDUS A LEGA, Matthias. Aus Romandiola. Ordinierter Priester, Superior im Franziskanerorden. Berlandus a Lega ist 15 Jahre lang als Professor der Theologie und Philosophie an italienischen Hochschulen tätig, bevor er im Jahre 1704 in Genf zur reformierten Kirche übertritt. Im Jahre 1709 wird er als Professor der Philosophie und Ausländischen Sprachen an der Ritterakademie zu Christian-Erlang angestellt. Er bittet im Oktober 1719 den Markgrafen, seine Stelle aufgeben und das Land verlassen zu dürfen.

BERLANG, Sophie. Schulhalterin und Sprachmeisterin des Französischen in Koblenz, belegt für das Jahr 1793. In diesem Jahr klagen die Lehrerinnen der Stadt, namentlich jene zu St. Castor, daß Frau Berlang eine eigene, besondere Schule errichte. Da Schulgründungen dieser Art der behördlichen Zustimmung bedürfen, fordert die Schulkommission Rechenschaft. Es ergibt sich, daß Frau Berlang nicht nur im Tanzen und in der französischen Sprache Unterricht erteilt, sondern auch mehrere schulpflichtige Kinder in der deutschen Sprache unterrichtet, und zwar zu Zeiten, in denen der öffentliche Unterricht in den behördlicherseits geprüften Schulen gegeben zu werden pflegt. Frau Berlang wird verpflichtet, auf das Unterrichten der schulpflichtigen Jugend in den Trivialschulfächern zur Zeit des öffentlichen Unterrichts zu verzichten. Gleichzeitig wird ihr gestattet, im Tanzen und in der französischen Sprache zu beliebigen Zeiten zu informieren, vorausgesetzt, daß die schulpflichtige Jugend dadurch nicht vom Besuch des öffentlichen Unterrichts abgehalten wird.

Im Zusammenhang mit den Vorstellungen der Schulkommission berichtet der Koblenzer Schuldirektor Matthie, er zweifele sehr, daß Frau Berlang überhaupt imstande sei, Unterricht in der französischen Sprache zu erteilen, da dazu etwas mehr erforderlich sei als das Französischsprechen nach der Routine.

BERMILLER, Wolfgang. Geb. am 20.08.1743 zu Neumarkt/ Oberpfalz. Schulbesuch in Amberg, Studium der Philosophie und Theologie an der Universität Ingolstadt. Aufenthalt in einem Kloster in der Oberpfalz, danach Reise nach Rom und Tätigkeit als Hofmeister in München. Bermiller wirkt seit Sommer 1775 als Professor Humaniorum und als Lehrer des Französischen und Italienischen an der Studienanstalt zu Amberg. Ein formaler Beschluß, die Fächer Französisch und Italienisch an der Anstalt einzuführen und Bermiller mit dem Unterricht zu betrauen, wird unter dem 20.11.1776 gefaßt. In der Folgezeit erteilt er seinen Unterricht "an den Vakanztagen in den Freistunden". Im Jahre 1779 wird Bermiller als Pfarrer in ein Dorf in der Oberpfalz berufen; er verläßt die Pfarre nach einiger Zeit, um sich erneut schulischen Dingen zu widmen. Seit 1785 wirkt er wieder in Amberg, diesmal als Inspektor der bürgerlichen Schulen. Im Jahre 1786 veröffentlicht er in Amberg eine "Rede von der Wichtigkeit des Studiums der heute herrschenden ausländischen Sprachen". In späterer Zeit privatisiert er zu Regensburg, bis er im Jahre 1799 zum Kurfürstlich frequentierenden Geistlichen Rat sowie Probst zu St. Michael in München und unter dem 06.10.1802 zum Generallandesdirektionsrat der Zweiten Deputation zu München ernannt wird. Bermiller führt, offenbar seit den 90er Jahren, auch den Titel eines Herzoglich Zweibrückischen Geistlichen Rates. Er stirbt am 09.01.1814. Sein relativ schmales Oeuvre umfaßt auch eine abgekürzte Übersetzung der Rittershausenschen "Merkwürdigkeiten von München" unter dem Titel "Abrégé de tout se qu'il y a de remarquable à Munic tant à la Cour qu'aux eglises et à la galérie électorale" (München 1791).

BERNARD. Lehrer des Französischen an der Universität Göttingen, belegt für das Wintersemester 1758/59 und das Sommersemester 1759.

BERNARD, Franz. Hofsprachmeister und Sprachmeister des Fanzösischen an der Universität Bamberg, angestellt im Jahre 1763. Bernard unterrichtet das Französische gleichzeitig am Freiherr von Aufseesischen Studienseminar zu Bamberg. Er läßt am 14.04.1779 aus Anlaß der Wahl des Bischofs Franz Ludwig "einen Glückwunsch unter dem Titel einer untertänigsten Huldigungspflicht" erscheinen. Einem Freund gegenüber gibt er zu verstehen, daß sein eigentlicher Name Chevalier de Loi sei.

BERNARD, Petrus. Aus Reims stammend. Trägt sich unter dem 20.03.1719 als Sprachmeister des Französischen in die Matricula Didascalorum der Universität Straßburg ein.

BERNARD, Samuel. Aus Genf. Sprachmeister in Straßburg zu Beginn des 17. Jahrhunderts. Bernard ist Autor zweier Lehrmaterialien für den Französischunterricht, einer 1607 in Straßburg erschienenen "Grammatica gallica nova, omnium quae hactenus prodierunt emaculatissima" (2. Auflage 1614, 3. Auflage 1621, 4. Auflage 1630) sowie eines im gleichen Jahr in Straßburg erschienenen Gesprächsbuchs "Le tableau des actions du jeune gentilhomme divisé en forme de dialogues pour l'usage de ceux qui apprennent la langue française. Parsemé de discours, histoires, sentences et proverbes non moins utiles que facétieux" (weitere Ausgaben 1613, 1614, 1615, Leiden 1624, Genf 1625, ohne Ortsangabe [Straßburg?] 1637, Straßburg 1645, letztere Ausgabe bearbeitet von Hans Michael Moscherosch). Wie aus der Widmung des Gesprächsbuchs hervorgeht, hat Bernard eine Zeitlang in den Diensten der Grafen von Hohenlohe-Langenburg gestanden; er hat dem amtierenden Grafen selbst Französischunterricht erteilt.

Die Gesprächssammlung ist Vorbild für zahlreiche ähnliche Publikationen, die im weiteren Verlauf des 17. und des 18. Jahrhunderts erscheinen und in denen das alltägliche Leben junger Edelleute und reicher Patriziersöhne sprachlich gefaßt wird. Themen sind das Aufstehen, verschiedene Arten von Jagd, die Vorbereitung zu einem Festmahle, die Speisekarte, das Essen und Trinken allgemein sowie das Reisen. Der Ton der Gespräche ist zuweilen noch recht rauh, die Sprache derb.

BERNHARD, Ernst Friedrich. Geb. am 13.08.1722 zu Hornberg. Magister. Lehrer der italienischen Sprache am Gymnasium zu Stuttgart seit 1755. Offenbar in späterer Zeit gleichzeitig Pfarrer bei St. Leonhard. Bernhard wird im Dezember 1780 zum Stadtdekan und Hospitalprediger ernannt, worauf sein Lehrauftrag am Gymnasium, die "Lectio linguae italicae" mit einem Gehalt von 60 Gulden, neu vergeben wird. Im Jahre 1792 erfolgt seine Ernennung zum lutherischen Hofprediger und Konsistorialrat zu Stuttgart, seit 1797 wirkt er als Herzoglich Württembergischer Rat und Prälat zu Alpirsbach. Bernhard stirbt am 10.01.1798.

BERNHARD, Samuel. Vergleiche Bernard, Samuel.

BERNHOLD, Johann Gottfried. Geb. am 17.06.1720 (nach anderer Quelle am 16.06.1721) zu Pfedelbach/Hohenlohe, Sohn eines Altdorfer Theologen. Ausbildung zunächst im väterlichen Hause zu Altdorf, danach bei dem Schulrektor Kleemann. Seit 1736 Studium in Altdorf, Magister-Promotion in Altdorf 1740. Im Jahre 1741 Übersiedlung nach Halle, dort nach kurzem Zwischenaufenthalt im elterlichen Hause ab Herbst 1742 Hofmeister der Gebrüder von Scheurle aus dem Nürnbergischen Patriziat, 1743 Reise nach Holland und in die spanischen Niederlande. Bernhold hält sich 3 Monate lang in Utrecht auf, wo er in erster Linie englische Sprachstudien treibt. 1744 Rückkehr nach Altdorf, Ernennung zum Inspector Alumnorum. Bernhold wird im Jahre 1752 zum Professor der Geschichte an der Universität Altdorf ernannt. Er tritt sein Amt im Februar 1753 an. Vieles spricht dafür, daß Bernhold seit Mitte der 40er Jahre zugleich als Lehrer moderner Sprachen in Altdorf tätig ist. Als Lehrer des Englischen ist er für das Jahr 1751 belegt. An der Altdorfer Universität vertritt er das Fach von spätestens

1753 bis zu seinem Tode. Von 1754 bis 1755 ist er Dekan der philosophischen Fakultät. Er ist Ehrenmitglied der Lateinischen Gesellschaft zu Jena. Bernhold stirbt am 21.01.1766. Sein vergleichsweise schmales Oeuvre ist belletristisch ausgerichtet, es umfaßt auch zwei Trauerspiele sowie je eine Übersetzung aus dem Französischen und dem Englischen.

Nach zeitgenössischem Urteil war Bernhold "ein guter Musikus, Meister auf der Traverse [der Querflöte] und in der englischen Sprache, deren echte Pronunziation er zu Utrecht von geborenen Engländern gelernt, so geschickt, daß er darinnen akademische Jünglinge glücklich unterrichten konnte".

BERNSTEN, Bernhard. Aus Deventer. Wird im Jahre 1593 für eine an der Universität Jena einzurichtende Professur der französischen und italienischen Sprache vorgeschlagen. Die Berufung kommt nicht zustande; die Gründe hierfür bleiben im Dunkeln. Der Lehrstuhl wird im Anschluß an eine im August 1593 von den Universitätserhaltern abgegebene Willenserklärung tatsächlich errichtet und mit Caspar Schloher besetzt.

BERSOY. Sprachmeister des Französischen an der Universität Jena, belegt für das Jahr 1663. In diesem Jahre trifft Bersoy mit dem Professor der französischen und italienischen Sprache an der Hochschule, Carolus Caffa, eine Vereinbarung, daß er französischen Sprachunterricht erteilen dürfe, wenn er als Ausgleich für die geminderten Einkünfte Caffas diesem eine monatliche Zahlung in Höhe von 1 Reichstaler zukommen lasse. Außerdem wird vereinbart, daß Bersoys Sprachschüler bei Caffa "publica specimina in disputando" ablegen. Als Bersoy in der Folgezeit mit seinen Zahlungen in Verzug gerät, beschwert sich Caffa bei der Universität. Daraufhin ergeht unter dem 20.05.1674 ein landesherrlicher Erlaß, die Universität möge darauf achten, daß niemand in Jena ohne Caffas Erlaubnis Französisch oder Italienisch lehre. Diese Konstellation, verbunden mit einer behördlicherseits festgeschriebenen Pflichtabgabe an Caffa, führt in der Folgezeit zu fortwährenden Eingaben und Konflikten. Bersoy ist noch im Jahre 1682 in Jena tätig. In diesem Jahr beanstandet er gemeinsam mit dem Sprachmeister Glume, der seit 1663 unter gleichen Konditionen in Jena arbeitet, Caffas "Akzent und Pronunziation" in der französischen Sprache. Caffa möge sich auf Italienischunterricht beschränken. Die Eingabe führt zu unterschiedlichen Stellungnahmen innerhalb der Universität.

BERTIN, C. Aus Lothringen stammend, ehemaliger Jesuit. Bertin wird im Jahre 1778 als Lehrer der französischen Sprache an der Universität Mainz angestellt, er ist noch für das Jahr 1780 belegt.

BERTRAND. Aus Neuchâtel. Leiterin ("Chef-Directrice") des Philanthropins zu Frankenthal, berufen im Jahre 1786. Mme Bertrand erläßt eine Hausordnung, in der es u.a. heißt: "Es muß immer und überall französisch gesprochen werden." Es ist davon auszugehen, daß Mme Bertrand, wie der gesamte Lehrkörper der Anstalt, Französischunterricht erteilt. Das Philanthropin besteht bis zum Jahre 1799.

BERTUCH, Friedrich Justin. Geb. am 30.09.1747 (nach anderer Quelle am 29.09.1746) zu Weimar. Studium seit 1763 an der Universität Jena, Schwerpunkt zunächst Theologie, dann Jura. Seit 1769 Hofmeister der Söhne des Barons Bachoff van Echt in Dobitschen bei Altenburg. Hier beschäftigt sich Bertuch in erster Linie mit Belletristik; auf Anregung des Barons lenkt er seine Studien auf die spanische Literatur. In der Folgezeit übersetzt er spanische und portugiesische Dichter; seine Leistungen in diesem Bereich tragen wesentlich dazu bei, das Interesse an spanischer Literatur und Kultur in Deutschland zu fördern. Im Jahre 1773 siedelt Bertuch nach Weimar über, wo er in der Folgezeit als Verleger und Buchhändler wirkt. Seit 1775 führt Bertuch den Titel eines Herzoglich-Sächsisch-Weimarischen Geheimen Kabinettsekretärs, seit 1776 den Ratstitel, seit 1785 das Prädikat eines Legationsrates zu Weimar. Im Jahre 1796 scheidet Bertuch aus dem Staatsdienste aus, um sich ganz seinen industriellen Unternehmungen widmen zu können, deren weiterer Aufstieg allerdings durch die Freigiebigkeit des Landesfürsten unterstützt wird. Im Jahre 1815 wird Bertuch Ritter des Großherzoglich Sachsen-Weimarischen Weißen-Falken-Ordens. Sein karthographischer Verlag sowie die 1789 begonnene Buchhandlung werden im Jahre 1802 unter der Firmenbezeichnung "Weimarisches Landesindustrie-Comptoir" vereinigt und zugleich erweitert, woraus im Jahre 1804 die traditionsreiche Firma "Geographisches Institut" entsteht. Bertuch stirbt am 03.04.1822. Er gehört zu den bedeutendsten Buchhändlern und Literaten des ausgehenden 18. Jahrhunderts. Sein eigenes umfangreiches Oeuvre umfaßt neben Übersetzungen aus dem Englischen, Französischen, Spanischen und Portugiesischen sowie einem in den Jahren 1780 bis 1782 erschienenen "Magazin der spanischen und portugiesischen Literatur" ein 1790 in Leipzig erschienenes "Manual de la lengua española". Inhaltliche Schwerpunkte von Bertuchs Gesamtwerk sind neben den Belles Lettres die Botanik und Zoologie (Jugendbücher) sowie die Geographie. Bertuch ist auch der Initiator der 1748 in Erfurt erschienenen "Kurzgefaßten spanischen Grammatik" von Friedrich Gottlieb Barth.

"Sein anregender Einfluß auf Wieland, Goethe, Herder, den jungen Grillparzer und viele andere ist noch gar nicht abzusehen, weil der umfangreiche Nachlaß bis heute nicht ausgewertet ist. Bertuch ... trieb Literatur nur als Liebhaberei. Durch das Übersetzen des 'Don Quichote' , des 'Fray Gerundio de Campazas' vom Padre de Isla und der Lieder des Villegas hat er den Romantikern den Weg gebahnt. Bertuch erhielt viele Anfragen aus ganz Deutschland nach empfehlenswerten spanischen Lehrbüchern, Grammatiken, Wörterbüchern und Anthologien."

BESEL, Adam. Autor einer 1701 in Frankfurt a.M. erschienenen "Gründlichen und leichten Anweisung zur französischen Sprache". Weitere Ausgaben des Werkes erscheinen 1702 in Jena und 1718 (4. Auflage in 2 Teilen) in Halle.

BESNARD, Nikolaus. Aus der Pikardie stammend, französischer Sprachmeister sowie Schreib- und Rechenmeister an der Universität Basel seit 1703. Besnard erscheint in den Lektionskatalogen der Studienjahre 1704/05 bis 1710/11. Er wird unter dem 21.05.1711 wegen verschiedener Gesetzesübertretungen verurteilt und an den Pranger gestellt. Dabei wird ihm vorgeworfen, sich vor etlichen Jahren zum Protestantismus bekannt zu haben, insgeheim aber praktizierender Katholik geblieben zu sein. Außerdem habe er sich mit einer Barschaft von 1500 Pfund aus der Stadt stehlen und dabei seine Frau, eine Basler Bürgerstochter, im Stich lassen wollen.

BESSEL. Sprachmeister des Französischen an der Universität Jena, belegt unter dem 08.12.1700. Bessel wirkt noch im Jahre 1705 an der Hochschule. In diesem Jahre veröffentlicht er eine nicht erhaltene Schmähschrift, die sowohl der Universität als auch dem Landesherrn Schaden zufügt. Er wird daraufhin verhaftet, die Schrift eingezogen. Am 12.09.1705 wird Bessel verurteilt, in Anwesenheit des Gerichts den Inhalt seiner Schrift zu widerrufen. Er muß vollen Kostenersatz in Höhe von 264 Talern leisten und wird auf Lebenszeit des Landes verwiesen. Die Schrift wird durch den Scharfrichter verbrannt.

Aus Zeugenaussagen geht hervor, daß die Schrift 30 Blatt umfaßte und Schmähungen in lateinischer und französischer Sprache gegen Professoren, den Superintendenten und Jenenser Honoratioren enthielt. Die Bemühungen der Universität, die Angelegenheit ihres akademischen Bürgers in eigener Verantwortung zu untersuchen, bleiben vergeblich.

BEUTHNER, Arnold Christian. Geb. am 10.07.1689 zu Hamburg. Studium an der Universität Jena. Vikar am Hamburger Dom und Kandidat des Hochwürdigen Ministeriums. Beuthner stirbt am 01.04.1742 zu Hamburg. Er ist Autor einer 1711 in Jena erschienenen "Vollständigen Abfassung der gebräuchlichsten Grundregeln über die Ausrede der englischen Sprache" sowie einer in den Jahren 1713 und 1714 in Jena erschienenen zweibändigen Anthologie unter dem Titel "Anglicana miscellanea".

BEUTHNER, Johann Heinrich. Geb. am 27.05.1693 zu Hamburg, Studium in Jena und Helmstedt. Unternimmt nach Abschluß seiner Studien eine Reise nach Rußland. Im Jahre 1717 wird Beuthner als Musikdirektor und Lehrer an der Domschule zu Riga angestellt. Beuthner stirbt am 28.03.1731 zu Riga. Er ist Autor eines 1713 in Jena erschienenen Lehrmaterials "Kurz und gut, oder Handleitung zur italienischen Sprache, samt einigen miscellaneis italicis, zum Nutzen der Lehrbegierigen dargereicht".

BEVIER, von. Vergleiche Bevy-Bevier, von.

BEVY-BEVIER, von. Magister. Lehrer des Französischen an der Universität Göttingen, belegt für die Jahre 1797 und 1798.

BEZ, J. B. du. Vergleiche Du Bez, J. B.

BIANCONE, Johann Baptista. Geb. am 24.06.1749 zu Magdeburg. Kaufmann in Warschau. Biancone läßt sich im Jahre 1784 als Sprachmeister des Italienischen und Französischen sowie als Rechenmeister in Posen nieder. Im Jahre 1787 eröffnet er in Posen eine Buchhandlung.

BIBIENA, Ferdinand. Autor einer Reihe von Lehrmaterialien zum Erwerb des Italienischen: "Sammlung einiger italienischer Fabeln, mit deutscher Übersetzung" (Dresden 1782); "Sammlung

deutscher Aufsätze und Fabeln ... zum Übersetzen ins Italienische"
(Dresden 1786); "Begebenheiten aus der Natur- und Weltgeschichte, zum Übersetzen ins Italienische" (Dresden 1787); "Briefe
zum Übersetzen ins Italienische" (Dresden 1789).

BIBIENA, Joseph de. Wahrscheinlich aus Wien stammend. Immatrikuliert sich unter dem 08.05.1764 an der Universität Basel.
De Bibiena ist aus den Lektionskatalogen der Hochschule für die
Jahre 1764 - 1768 als Lehrer des Französischen und Italienischen
belegt.

BIERLING, Kaspar Zacharias. Geb. am 04.02.1619 zu Hojers-
werda, Sohn eines Pfarrers. Studium der Theologie an der Universität Halle. Bierling wirkt seit 1645 als Pastor in Cosel. Im Jahre
1649 erhält er die Pfarre Malschwitz, seit 1653 ist er als Pfarrer in
Purschwitz tätig. Er stirbt am 12.05.1695 als Senior der Wendischen Priesterschaft. Bierling ist Autor einer 1689 in Budissin
(Bautzen) erschienenen "Wendischen Schreib- und Leselehre, auf
das Budissinische Idioma oder Dialectum mit Fleiß gerichtet", auch
unter dem Titel: "Disdascalia sive orthographia vandalica". Er hat
eine Reihe von handschriftlichen Übersetzungen ins Wendische
hinterlassen.

BIERNACKY, Johann. Lehrer der polnischen Sprache im Hause
Friedrich Christians von Sachsen, bestallt unter dem 01.01.1764
zur Erziehung der Prinzen Friedrich August, Josef und Anton.
Biernackys Gehalt beträgt 300 Taler jährlich. Er verwendet im Unterricht eine selbst erstellte alphabetische polnisch-deutsche Wörter-
sammlung, der er den Titel gibt "Sammlung derer gebräuchlichsten polnischen und deutschen Wörter, nach alphabetischer Ordnung zusammengetragen und zum nützlichen Gebrauch von Ihro
Königlichen Hoheit dem Prinzen Friedrich Augusten, Erbprinzen
von Sachsen". Es handelt sich dabei um einen 388 Seiten umfas-
senden Auszug aus einem Wörterbuch, wobei jede Seite etwa
22 Wörter enthält. Zeitgenössische Quellen legen nahe, daß Biernacky ein sehr erfolgreicher Lehrer war.

BIJU, Claude. Autor eines 1668 in Salzburg erschienenen Lehrmaterials "Compendium gallicum continens omnia principia, omnes

difficultates et praecepta, usui moderno accomodata". Weitere Ausgaben des Werks erscheinen 1676 in Turin und 1687 in Wien.

BINDER, Martin. Geb. zu Wallerstein. Doktor der Theologie, Kanonikus des Stifts zu Augsburg, Fürstlicher Officialis und Geistlicher Rat. Binder ist Autor einer 1760 in Rom erschienenen "Grammatica tedesca e italiana raccolta e [ric]avata da diversi autori".

BINNINGER, Caspar. Sprachmeister des Französischen an der Universität Halle, belegt für das Jahr 1750. Binninger stirbt vor 1770. Er ist Autor einer 1749 in Halle in französischer Sprache erschienenen Schrift über die Ursache von Ebbe und Flut.

BISCHOF, Josef Rudolf. Geb. am 09.03.1743 zu Mersburg. Lehrer des Französischen und Italienischen an der Adeligen Akademie zu Kremsmünster, belegt für das Jahr 1782. Bischof ist Autor einer 1777 in Steyer publizierten "Übung für Anfänger der französischen Sprache nach Curas Regeln" (weitere Ausgabe Wien 1778, 2. Auflage dieser Ausgabe Wien 1791) sowie einer 1778 in Steyer erschienenen "Italienischen Sprachlehre". Von dieser Arbeit erscheint eine weitere Ausgabe in Linz (nach anderer Quelle in Salzburg) 1779.

BISCHOFF, Josef Rudolf. Vergleiche Bischof, Josef Rudolf.

BISCHOW, Josef Rudolf. Vergleiche Bischof, Josef Rudolf.

BITISCIUS. Vergleiche Petisci.

BITTU. Offenbar aus Frankreich stammend, zum protestantischen Glauben konvertiert. Sprachmeister des Französischen am Gymnasium zu Stuttgart, belegt für Juli 1697. Bittu erteilt den Unterricht gegen Verabreichung eines Gratials.

BLAIN, J. B. Autor eines 1671 in Bayreuth erschienenen Lehrmaterials "Petit abrégé de la langue française". Blain ist möglicherweise identisch mit Jean Baptiste Blain.

BLAIN, Jean Baptiste. Aus Marseille. Bittet unter dem 23.10.1670 den Rat der Stadt Straßburg, eine französische Schule eröffnen zu dürfen. Möglicherweise ist Blain identisch mit dem Autor des 1671 in Bayreuth erschienenen "Petit abrégé", J. B. Blain.

BLAISE (Père). Vergleiche Castelli, Nicolo di.

BLANC. Lehrer des Französischen an der Universität Göttingen, belegt für das Jahr 1798. Blanc führt den Titel eines Professors.

BLANCHARD, Gabrielle Angélique geb. De L'Estouffle. Vergleiche L'Estouffle, Gabrielle Angélique de.

BLANCHARD, Jean Pierre. Aus dem Münstertal. Sprachmeister des Französischen in Bern, belegt für das Jahr 1669. Verheiratet mit der Sprachmeisterin des Französischen Gabrielle Angélique de l'Estouffle, die seit 1666 in Bern nachweisbar ist. Unter dem 09.03.1669 richtet das Ehepaar an den Stadtrat ein Gesuch, die Verlängerung der Aufenthaltsgenehmigung bis auf weiteres betreffend: Blanchard und seine Frau - letzterer ist im Jahre 1666 vom Stadtrat ein sehr positives Zeugnis ausgestellt worden - wollen die Jugend auch weiterhin im Französischen unterweisen. Der Stadtrat verlängert die Aufenthaltsgenehmigung bis zum 24.06.1669. Während sich Madame Blanchard in späteren Jahren bleibend in Bern niederlassen kann, geht Jean Pierre in fremde Kriegsdienste; er läßt seine Frau mit den Kindern im Stich. Unter dem 13.07.1683 teilt der Stadtrat dem Obersten von Dießbach mit, daß die Frau seines Lieutenants Jean Pierre Blanchard in Bern in größter Armut lebe, so daß sie, wenn ihr nicht geholfen werde, verhungern müsse. Man möge allen Ernstes mit Blanchard reden, um ihn zu bewegen, seiner Frau ein monatliches Unterhaltsgeld zu überweisen.

BLANCHOT, Johann Georg. Geb. 1688 zu Bevilliers bei Montbéliard, Sohn eines Pfarrers. Seit 1715 selbst Pfarrer der französischen evangelisch-lutherischen Gemeinde zu Stuttgart. Blanchot ist Stellvertreter und Schwager des am Stuttgarter Gymnasium tätigen Professors der französischen Sprache Johann Georg Mequillet. Als dieser von einer 1728 unternommenen Reise nach Nürnberg und Frankfurt nicht zurückkehrt, wird Blanchot im Juli 1729 zum wirklichen Professor der französischen Sprache am Stuttgarter Gymnasium ernannt. Er erhält von der freigewordenen

Professorenbesoldung von 400 Gulden 100 Reichstaler, weitere 50 Reichstaler fallen als Zulage an Professor Johann Anton Ehrenreich, der als Lehrer des Italienischen an der Anstalt bisher nur kümmerlich existiert. Blanchot wird 1744 designierter Prälat zu St. Georgen. Unter dem 08.09.1760 bittet er um einen ständigen Vikar sowohl für seine französische Kirche als auch fürs Gymnasium. Als Hilfslehrer bietet sich der Sprachmeister Jakob Franz Boulanger an, der unentgeltlich unterrichten will, wenn man ihm die Nachfolge Blanchots zusichere. Er wird als Stellvertreter Blanchots angenommen.

BLANCHOT, Karl Friedrich. Geb. 1724. Seit 1769 Sprachmeister des Französischen an der Universität Halle. Blanchot ist noch im Etat der Universität für das Haushaltsjahr 1787/1788 verzeichnet. Er erhält damals ein Jahresgehalt von 25 Reichstalern.

BLEU, Jakob le. Vergleiche Le Bleu, Jakob.

BOCHARD. Sprachmeister an der Universität Jena, erstmals belegt unter dem 25.02.1710. Damals richtet Bochard gemeinsam mit einigen Kollegen eine Bittschrift an die Behörden, die Zahl der Sprachmeister in Jena auf acht festzusetzen. Am 09.07.1719 beklagt sich der Jenenser Lektor des Französischen François Roux, daß er von Bochard die behördlicherseits festgesetzte Zahlung von 1 Taler monatlich nicht erhalte.

BODE, Johann Joachim Christoph. Geb. am 16.01.1730 zu Lichtenberg im Braunschweigischen, Sohn eines Soldaten. Erster Unterricht in Schöppenstedt, wo der Vater in einer Ziegelhütte als Taglöhner arbeitet. Abbruch der Ausbildung, als der Vater arbeitsunfähig wird. Bode wird als Schafhirte von seinem Großvater, einem Bauern zu Barum, aufgenommen; er erweist sich für diese Tätigkeit als ungeeignet. In seiner Freizeit beschäftigt er sich mit Lektüre und Schreiben, und er verrät Anlagen zur Musik. Daher schickt ihn sein Onkel, der inzwischen das großväterliche Gut übernommen hat, im Alter von 14 Jahren zu dem Stadtmusikus Kroll nach Braunschweig in die Lehre, wo er verschiedene Blas- und Saiteninstrumente erlernt. In Braunschweig erschließt sich ihm die zeitgenössische deutsche Literatur. Eine besondere Vorliebe entwickelt er für Grimmelshausens "Simplicissimus". Um das Jahr

1748 erhält er eine Anstellung als Oboist in einem braunschweigischen Regiment; er heiratet die Tochter eines Instrumentenmachers. Um sich in der Musik weiter zu vervollkommnen und dabei auch das Komponieren zu erlernen, bittet Bode im Jahre 1750 um einen einjährigen Urlaub. Er begibt sich nach Helmstedt, um bei dem Kammermusiker Stolze Unterricht im Basson-Spiel zu nehmen. Seinen Lebensunterhalt bestreitet er mit Musikunterricht. Unter seinen Schülern befindet sich ein vermögender Student namens Schlubeck, der ihm freie Wohnung gewährt und ihn auch im Französischen unterrichtet. In der Folgezeit treiben Bode und Schlubeck gemeinsam italienische Studien. Bei dem an der Universität Helmstedt tätigen Magister Stockhausen nimmt Bode Unterricht im Deutschen und Englischen; er besucht auch dessen Vorlesungen. Der Kontakt zur Hochschule ermutigt ihn, sich Grundkenntnisse der lateinischen Sprache anzueignen.

"Dieser Unterricht sowohl als der freundschaftliche Umgang, dessen ihn der mit den Musenkünsten vertraute und insbesondere der Tonkunst sehr holde Gelehrte würdigte, erfüllte Bodes Geist mit unwandelbarer Liebe zu den schönen Künsten und legte den ersten Grund zu seiner wissenschaftlichen Ausbildung. Nie hat Bode nach der Zeit wieder eine Akademie zu besuchen Gelegenheit gehabt, und er kann insofern freilich nicht für einen regelrechten Gelehrten gelten, als er die Schule nicht dem heiligen Herkommen gemäß ganz durchgemacht hat".

Im Jahre 1751 hofft Bode vergeblich, bei der Hofkapelle zu Braunschweig angestellt zu werden. In der Folgezeit nimmt er seinen Abschied vom Regiment und tritt als Oboist zu Celle in hannoversche Dienste. Um seine Familie ernähren zu können, erteilt er nebenbei Musikunterricht. Zu seinen Schülern gehört der damalige Subkonrektor und späterer Rektor der Celler Lateinschule, Münter. Dieser nimmt auf Bodes weitere Ausbildung in den Schönen Wissenschaften entscheidenden Einfluß: Er begleitet Bodes erste poetische Versuche und gewährt ihm Zugang zu seiner Privatbibliothek. Gleichzeitig arbeitet Bode weiter an der Vervollkommnung seiner Französischkenntnisse.

"Im Französischen hatte Bode noch zwei Monate gemeinschaftlich mit einem vielversprechenden Jüngling Unterricht; aber am Anfang des dritten Monats bat ihn der Sprachmeister selbst, eine Stunde nicht mehr zu besuchen, wo er selbst nicht wisse, welcher von beiden Meister sei." Einiges spricht dafür, daß Münter selbst Bodes Französischlehrer war.

Das Studium des Englischen und Italienischen setzt Bode auf autodidaktischem Wege fort. Münter bietet Bode auch Unterricht im Lateinischen an, doch bleibt dieser Unternehmung, wahrscheinlich aus Mangel an Übungszeit, der Erfolg versagt.

"Zwar hatte sich Bode schon in Helmstedt die Paradigmen der lateinischen Sprache eigen zu machen gesucht, aber er muß nicht weit gekommen sein; denn im Jahre 1756 schreibt er aus Celle an den Magister Stockhausen von einem Schulprogramm, das er überschickt, er könne nicht darüber urteilen, weil es Latein sei!"

In den Jahren 1754 und 1756 tritt Bode mit zwei Liedersammlungen erfolgreich an die Öffentlichkeit. Angesichts des drohenden Siebenjährigen Krieges und unter dem Eindruck des Verlustes seiner Familie - seine Frau und seine drei Kinder sterben 1756, offenbar an einer Seuche - quittiert Bode den Militärdienst. Er findet Zuflucht bei seinem ehemaligen Lehrer und Freund Stockhausen, der mittlerweile als Konrektor am Gymnasium zu Lüneburg tätig ist. Von hier aus geht er 1757 nach Hamburg. Durch Vermittlung Stockhausens wird er von einigen angesehenen Hamburger Familien als Musiklehrer und Sprachmeister des Französischen verwandt.

"Hier hatte er Gelegenheit, durch Lehren selbst noch zu lernen. Denn ungeachtet er sich schon eine ziemliche Fertigkeit im Französischen erworben hatte, so erzählte er doch selbst einem Freunde, daß er bei seinem Unterricht in der französischen Sprache vielmal die Stunde zuvor das erst gelernt habe, was er andern habe beibringen sollen. Seine Art, Kinder und überhaupt junge Leute zu unterrichten, wich so sehr von dem gemeinen Schlendrian ab, war so anmutig und geschmackvoll, daß die Kinder mit Liebe an ihm hingen und die Eltern ihn sehr wert hielten. Auch als munterer und interessanter Gesellschafter war er sehr beliebt."

Bodes Hauptinteresse in Hamburg gilt der Dichtkunst. Um sich die spanischen Lustspiele im Original zu erschliessen, nimmt er bei einem Schuster, der in Spanien gearbeitet hat, Spanischunterricht. Nach kurzer Zeit geht er auch in dieser Sprache zu autodidaktischen Studien über. Im Jahre 1759 tritt er mit literarischen Übersetzungen aus dem Französischen und Englischen an die Öffentlichkeit, und er bearbeitet für das Kochische Theater französische, italienische und englische Schauspiele. Am 11.02.1761 wird Bode Freimaurer, in den Jahren 1762 und 1763 wirkt er als Redakteur des in Hamburg erscheinenden "Unparteiischen Korrespondenten", gleichzeitig erteilt er weiter Musikunterricht und übersetzt Oratorientexte des Metastasio. Eine seiner Musikschülerinnen, Simonette Tam, "reich, schön und liebenswürdig", wird Bodes zweite Frau. Die 1765 geschlossene Ehe währt ein Jahr, dann stirbt Simonette an den Folgen eines Sturzes vom Pferd. Obgleich Bode, der als Alleinerbe eingesetzt ist, freiwillig auf den größten Teil der Erbschaft verzichtet, bleiben ihm rund 16 000 Taler, womit er sich eine Buchdruckerei einrichtet und einen Buchhandel beginnt. Gleichzeitig engagiert sich Bode innerhalb des Freimaurer-Ordens, an dessen Lenkung er in der Folgezeit aktiven Anteil nimmt. Als Verleger und Buchhändler arbeitet er eng mit Lessing zusammen; die "Hamburgische Dramaturgie" Lessings ist bei Bode gedruckt. Im Jahre 1768 heiratet Bode die Tochter des Buchhändlers Bohn. In der Folgezeit trägt er sich mit dem Plan, in Zusammenarbeit mit Klopstock, Gerstenberg, Basedow und anderen eine umfassende "Buchhandlung der Gelehrten" zu begründen, in der "die Werke des Genies und Geschmacks ... zum Vorteil ihrer Verfasser gedruckt" und vertrieben werden sollen. Die Edition beginnt mit einer Übersetzung von Sternes Roman "Yoricks Empfindsame Reise" in 4 Bänden, doch schlägt das Projekt als Ganzes fehl. Im Jahre 1772 übernimmt Bode Druck und Verlag des "Wandsbeker Boten", wodurch sich eine enge Zusammenarbeit mit Matthias Claudius ergibt. In den folgenden Jahren erscheinen in Bodes Verlag die von ihm selbst verfertigten Übersetzungen von Smollets "Humphrey Klinker", von "Tristram Shandy" und Goldsmiths "Vicar of Wakefield".

Trotz allgemeiner Anerkennung und eines mit Elan geführten Lebens sind die 70er Jahre für Bode reich an leidvollen Erfahrungen: Die vier der dritten Ehe entstammenden Kinder sterben; die kränkelnde Mutter folgt ihnen um das Jahr 1777 nach. Auch der Kreis der Hamburger Freunde lichtet sich; Bodes Buchhandel und sein Verlag wollen nicht recht florieren. Angesichts seiner Lage folgt Bode im Jahre 1778 dem Anerbieten der verwitweten Gräfin von Bernstorf, als Geschäftsführer mit ihr nach Weimar zu gehen. Kurz vor seinem Abschied aus Hamburg erhält Bode den Titel eines Herzoglich Meinungischen Hofrates, im Jahre 1782 wird er auch zum Herzoglich Gothaischen Legationsrat sowie im Jahre 1791 zum Hessen-Darmstädtischen Geheimrat ernannt. In Weimar lebt er seinen freimaurerischen und literarischen Interessen; er tritt unter anderem durch eine Übersetzung von Fieldings "Tom Jones" an die Öffentlichkeit. In den 80er Jahren wird er zu einer Schlüsselfigur im Bereich des mitteleuropäischen Freimaurertums. Er stirbt am 13.12.1793 zu Weimar, offenbar an einer Stirnhöhlenvereiterung. Bode hat ein umfangreiches Werk belletristischen, musikalischen und freimaurerischen Inhalts hinterlassen, in dem Übersetzungen aus dem Englischen neben solchen aus dem Französischen, Italienischen und Spanischen dominieren.

Bode war "durch einen kolossalischen Körperbau ausgezeichnet. Stark, sprechend, scharf gezeichnet waren alle seine Züge. Auf der Körpermasse ruhte ein auffallend großer, breiter Kopf. Die Physiognomie war sehr bedeutend. Das Auge und fast jeder Zug kündigte den scharfsichtigen Denker, den launigen Mann, den Spötter der Torheit an. Das imponierende zurückschreckende Ganze war durch unverkennbare Züge der Gutmütigkeit und Menschlichkeit gemildert. ... Seine lebhafte, sprechende Mimik, seine ganze Gestikulation gaben ihm ein Leben, eine Bedeutenheit, einen Ausdruck, den man gesehen haben muß, um sich einen Begriff davon zu machen.

Er hatte ein sanguinisch-cholerisches Temperament, mit ein wenig Phlegma versetzt. Sanft und mild an sich, konnte er aufs Heftigste aufbrausen, wenn er gereizt oder beleidigt ward, und er war sehr reizbar und empfindlich, vorzüglich, wo es einen Ehrpunkt betraf; aber leicht zu versöhnen war auch wieder der Aufgebrachte und sein gutes Herz konnte nicht lange zürnen. In seinen Seelenkräften war eine eigentümliche Mischung. Was er sagte und tat, hatte den Stempel der Originalität. Er vereinigte englischen Humor und kraftvolle derbe Deutschheit an sich. Er war launig, aber auch launisch. Seine gewöhnliche Jovialität, seine mit sinnreichen Einfällen gewürzten Reden, seine glücklichen Repliken und Impromtus belebten die Gesellschaften; wen seine Epigramme und Sarkasmen trafen - und es galt ihm dabei kein Ansehen der Person - der war verloren. Letzteres war am meisten der Fall, wenn er übel gelaunt war. Diese grämelnde Laune beschlich ihn zuweilen in den letztern Jahren. Er liebte die Gesellschaft und das Wohlleben, aber er war mäßig im Genuß. Er konnte für einen Zyniker im guten Sinne gelten. In seiner Kleidung, wenn sie auch übrigens noch so gut war, fehlte gewöhnlich etwas, oder es kam etwas nicht mit dem übrigen überein. In seinen Manieren und Ausdrücken lag etwas von der niedersächsischen Schlichtheit und Derbheit .... Da er ungeachtet seines massiven Körperbaus und seiner übrigen Derbheit ein echt empfindsames, zartes Herz hatte, so fand auch das schöne Geschlecht seinen Umgang angenehm und er verstand sich vollkommen auf die Kunst, den Weibern seine Unterhaltung wert und anziehend zu machen. ... Seine Eigentümlichkeit wurde dadurch bewahrt und erhalten, daß er keine schulgerechte Bildung genoß, wodurch nur zu oft der Charakter der Individualität verwischt wird, sondern im ganzen ein Autodidakt war, der nur allenfalls bruchstückweise fremden Unterricht genoß und benutzte. Da er, was er war, hatte und wußte, so sauer durch eignes Nachdenken und eignen Fleiß erworben hatte, so war ihm natürlich dieses wohlerworbene Eigentum wert, und er hing an seinen Ideen und Vorstellungsarten der Dinge mit einer Festigkeit, die bisweilen wie Rechthaberei aussah." Ein weiterer positiver Charakterzug Bodes ist seine Mildtätigkeit.

BODINUS. Tritt im Jahre 1634 an den Kanzler der Universität Straßburg mit dem Begehren heran, in der Hochschule Französischunterricht zu erteilen. Bodinus macht geltend, er wolle nicht als Professor angestellt werden oder überhaupt akademischer Bürger sein. "Da aber das Kontrarium von ihm vorgebracht, nämlich se velle gaudere stipendio ordinario, privilegiisque wie ein anderer Professor", kommt die Anstellung nicht zustande.

BÖHM, Martin Gottlieb. Geb. am 11.11.1715 zu Breslau. Privaterziehung, Besuch des Magdalenäischen Gymnasiums zu Breslau sowie der polnischen Schule zu Pietschen und des Gymnasiums zu Brieg, seit 1735 Studium der Philosophie, der Experimentalphysik und der praktischen Redekunst sowie der Orientalistik, der Geschichte, der Theologie und der geistlichen Beredsamkeit an der Universität Leipzig, seit 1737 in Halle, im Jahre 1738 dann in Wittenberg, dort Promotion zum Magister Philosophiae et Liberalium Artium. Im gleichen Jahr kehrt Böhm in seine Vaterstadt zurück, wo er seinen Lebensunterhalt anfangs mit Privatunterricht in der Religion, in den Schönen Wissenschaften und den Sprachen, unter anderem auch im Französischen, verdient. Im Jahre 1739 wird er unter die Kandidaten des Oelsnischen und Breslauischen Ministeriums aufgenommen, 1742 erhält er eine Anstellung als Mittagsprediger zu St. Salvator, 1746 rückt er zum zweiten ordentlichen Prediger bei St. Salvator auf. Seit 1760 ist Böhm als erster Prediger bei der Pfarrkirche Zu-den-11000-Jungfrauen in der Odervorstadt zu Breslau tätig, seit 1760 wirkt er zugleich als Aufseher der zu dieser Pfarre gehörigen Schulen. Böhm stirbt am 15.04.1793. Er hinterläßt ein umfangreiches Oeuvre theologischen und moralistischen Zuschnitts, das auch mehrere Übersetzungen aus dem Französischen umfaßt.

BÖHMER, Johann. Geb. am 12.01.1671, Sohn eines Richters. Schulbildung in Budissin (Bautzen), Studium an der Universität Leipzig. Böhmer erhält im Jahre 1700 die Stelle eines Pfarrsubstituten zu Postwitz in der Lausitz, seit 1706 wirkt er als Pfarrer in dieser Gemeinde. In den Jahren nach 1715 tritt er als Übersetzer theologischer Texte ins Wendische und Verfasser von Erbauungsschriften in wendischer Sprache an die Öffentlichkeit. Eine Bibelübersetzung ins Wendische, die er gemeinsam mit anderen Pfarrern aus der Lausitz veranstaltet hat, erscheint 1728 in Budissin. Erwähnung verdient in diesem Zusammenhang auch eine in Budissin ohne Jahresangabe erschienene Übersetzung des Psalters. Von unmittelbarem sprachdidaktischen Interesse sind die folgenden zweisprachigen Ausgaben: "Der andächtige Beter, oder Sammlung auserlesener geistreicher Gebete, wendisch und deutsch" (Budissin 1715, spätere Ausgaben 1731, 1740); "Das andächtige Kind Gottes, welches sich zur Buße, Beichte, Heiligen Abendmahl und so fort bereitet, deutsch und wendisch" (Budissin 1733). Böhmer stirbt am 10.05.1742.

BOESWILLIBALD, Johann Hieronymus. Aus der Grafschaft Ansbach stammend. Sohn eines Pfarrers. Studium der Rechte und der Schönen Wissenschaften an den Universitäten Leipzig und Halle, gleichzeitig Ausbildung in den Sprachen Französisch, Italienisch, Englisch und Niederländisch. Reisen nach Holland sowie nach England und Frankreich. Boeswillibald hat als Kandidat der Jurisprudenz den Wunsch, seine Sprachkenntnisse praktisch zu verwerten. Dazu findet er nach eigenen Angaben in Ansbach keine Gelegenheit, so daß er, wahrscheinlich zu Beginn des Jahres 1732, nach Tübingen übersiedelt, wo er die Tochter des Professors der italienischen und französischen Sprache am Collegium Illustre, De Gregoriis, heiratet. Auf Betreiben seines Schwiegervaters wird Boeswillibald unter dem 27.03.1732 durch Reskript des Herzogs Eberhard Ludwig (vom 12.03.1732) "dem bei Unserem Collegio Illustri zu Tübingen bestellten Professori De Gregoriis mit dem Prädikat und Rang eines ebenfallsigen Professoris dergestalt gnädigst adjungiert ..., daß er jenem in officio, salario et emolumentis dereinsten plenarie succedieren solle". Boeswillibalds in diesem Zusammenhang geäußerter Wunsch, man möchte ihm zu seiner "Beförderung" wöchentlich 1 Taler und, als Naturalzahlung, etwas Wein und Früchte reichen, wird abgeschlagen, doch gestattet man ihm, "daß er zu seiner benötigten Auskömmlichkeit durch Dozieren der Sprachen seine best tunlichste Sustentation suchen dürfe".In der Folgezeit unterrichtet Boeswillibald, offenbar mit großem Erfolg, in all jenen modernen Sprachen, die er beherrscht, und auch im Hebräischen. Er bezeichnet sich selbst als "Professor Linguarum Occidentalium in Collegio Illustri". Erst im Jahre 1739 sieht er sich genötigt, Herzog Karl Friedrich um eine Unterstützung zu bitten. Unter dem 04.01.1733 richtet Sebastian Buttex, seit 1715 Sprachmeister des Französischen in Tübingen und seit 1728 Prinzenerzieher und Sprachlehrer am Collegium Illustre, eine Bittschrift an den Herzog, ihm die Professur der französischen Sprache am Collegium Illustre zu übertragen. Der Herzog erfüllt die Bitte und informiert unter dem 06.02.1733 den Oberhofmeister, daß Buttex "zum Professore Linguae Gallicae in Unserem Collegio Illustri ... gnädigst angenommen und bestellt" sei. Buttex erhält ebensowenig wie Boeswillibald eine Besoldung, da diese nach wie vor von De Gregoriis bezogen wird. In der Folgezeit taucht die Frage auf, "welcher von beiden den Vorrang vor dem anderen habe. Die Streitigkeiten darüber gehen so weit, daß Buttex an das Collegium Illustre herantritt mit der Bitte, seine Beschwerde beim Herzog durch einen Bericht zu unterstützen, 'wie es je und allzeit mit denen Professoribus linguarum in Collegio Illustri ratione des Ranges gehalten worden'" sei. Die Ritterakademie entspricht der Bitte und berichtet unter dem 14.05.1733 an den Herzog, in den Statuten sei klargestellt, "daß die Professores linguarum mit den Professoribus Philosophiae Extraordinariis Universitatis gleichen Rang und Vorrecht genießen sollen". So werde es auch mit Professor De Gregoriis gehalten. Unter dem 03.07.1733 reskribiert der

Herzog, "daß dem als Professor charakterisierten bisherigen Sprachmeister ... Buttex in Collegio Illustri der nämliche Rang und Vorrechte, welche die Professores linguarum nach den Statutis academicis hergebrachter Weise haben, gleicher Gestalt gebühren, und ihm nach seiner Ancienneté, mithin vorzüglich vor dem Gregoriischen Tochtermann, gelassen ... werden sollen".

Boeswillibalds Gesuch vom Jahre 1739 um finanzielle Unterstützung wird vom Kirchenrat befürwortet, weil "die Informationes bei gegenwärtigem geringen Numero der Studiosorum zu Tübingen wenig abwerfen". Boeswillibald erhält, wie kurz zuvor sein Kollege Lamotte, ein Gratial von 10 Scheffeln Dinkel und 2 Eimern Wein. Auch in den folgenden Jahren hat Boeswillibald nicht genügend Schüler, um vom Unterrichtsgeld allein leben zu können. In mehreren Bittschriften bemüht er sich um weitere Zuwendungen. Im Jahre 1740 erhält er 3 Scheffel Dinkel und 8 Imi Wein; ein weiteres Gratial in Höhe von 10 Scheffeln Dinkel und 2 Eimern Wein wird zum Jahresende 1741 verabreicht. Wie aus einem Schreiben Boeswillibalds an den Herzog vom 30.09.1739 hervorgeht, wird er von seinem Schwiegervater und auch von seinem Vater unterstützt. Allein im Jahre 1741 verfaßt Boeswillibald 4 Bittschriften, nämlich am 28. Januar, am 14. April, am 8. Juni und am 7. Juli.

Als im Jahre 1742 der Extraordinarius der Rechte am Collegium Illustre, Jakob Friedrich Mögling, stirbt, sieht Boeswillibald die Möglichkeit, ein geregeltes Einkommen zu erlangen: Unter dem 12.11.1742 bewirbt er sich beim Kirchenrat und beim Geheimen Rat um die Stelle, da er "ein mit geringen Mitteln versehener Mann" sei und von seinen Schwiegereltern De Gregoriis "wenig oder gar keine Lebensmittel" erhalte. Er könne sich und seine Familie in diesen "ohnehin so harten und geldklemmen Zeiten" ohne "erkleckliche Konsolation nicht mehr durchbringen". Im übrigen aber hält er sich auch fachlich für den geeigneten Kandidaten, denn was "das punctum Juris selbsten anbelangt", könne man, da er "solches ehedessen ex professio tractiret" nicht das mindeste aussetzen. Der Kirchenrat sieht Boeswillibald nicht als ernstzunehmenden Bewerber. Sein Gesuch trägt den Vermerk "ad acta" vom 19.12.1742. Ob Boeswillibald überhaupt einer Antwort gewürdigt wird, bleibt fraglich.

Boeswillibald verläßt Tübingen mit Genehmigung des Oberhofmeisters wahrscheinlich noch im Jahre 1742. Dabei spielt möglicherweise auch die Tatsache eine Rolle, daß sein in englischer Sprache abgefaßtes Buch "Scripture and Reason" (Frankfurt 1740) verboten worden ist. Das Buch enthält "a short, solid and plain explication of the chiefest mysteries of the Holy Scripture, to further inquiry and to manifest folly; inquiry of lovers of truth, and folly of haters of Scripture and reason, imparted by a free-thinker as for human authority, and a bond-man as for Scripture and reason, the only principles of a true Christian, a good Protestant, and of a downright honest man". Mit der Publikation mischt sich Boeswillibald in die Auseinandersetzung des etablierten Protestantismus mit Deismus und Rationalismus ein.

Boeswillibald geht nach Frankfurt a.M., wo er in der Folgezeit als Sprachmeister wirkt und eine politische Zeitung, die "Frankfurter Berichte", herausgibt. Nach dem Tode seines Schwiegervaters im Jahre 1746 verzichtet er auf dessen Nachfolge, um auf diese Weise seiner Schwiegermutter eine Pension zu sichern. Offenbar ergeht um diese Zeit eine förmliche Einladung zur Rückkehr nach Tübingen, die er ablehnt, was vom Senat der Universität bedauert wird. Erst im Jahre 1752 kehrt Boeswillibald an seinen alten Wirkungsort zurück. Seine Rückkehr wird von der Universität begrüßt, zumal in den vorausgegangenen Jahren der Senat mehrfach darauf hingewiesen hat, daß ein englischer Sprachmeister für die Hochschule unabdingbar sei. Daher setzt sich die Universität auf Boeswillibalds Bitten nun auch beim Herzog dafür ein, daß dem ehemaligen Professor Linguarum am Collegium Illustre wenigstens ein Teil des Gehaltes seines Schwiegervaters bewilligt werden möge. Gleichzeitig möge man ihm gestatten, "bei ohnehin gegenwärtiger Vakatur einer italienischen und englischen Sprachmeisterstelle vornehmlich diese beiden Sprachen allhier zu dozieren". In dem entsprechenden Schreiben der Hochschule vom 07.12.1752 wird auch die pädagogische Eignung Boeswillibalds noch einmal ausdrücklich hervorgehoben: Der Sprachmeister verstehe, "mit gutem Nutzen" zu lehren. Gleichzeitig spricht sich die Universität allerdings dafür aus, Boeswillibalds Titularprofessur nicht wieder aufleben zu lassen. Im Jahre 1753 wird Boeswillibald als italienischer Sprachmeister bei der Universität angenommen.

Daß sich Boeswillibald mit seinem Schicksal nicht zufriedengibt, zeigt dessen letzter Bittbrief an Herzog Karl Eugen vom 10.10.1759, in dem er ihn ersucht, das Dekret aus dem Jahre 1732 zu bestätigen und ihn folglich als Professor der französischen und italienischen Sprache am Collegium Illustre und Nachfolger De Gregoriis anzustellen. Boeswillibald führt aus, er dürfe als Sprachmeister der Universität nur Englisch und Italienisch unterrichten, wo doch mit dem Französischen "hier am meisten zu tun" sei. Sein Jahresgehalt von 50 Reichstalern betrage nicht einmal ein Drittel dessen, was man ihm 1732 in Aussicht gestellt habe. Er habe mit seiner Familie bisher nur notdürftig leben können, besonders schlecht sei es ihm aus Mangel an Sprachschülern im vorausgehenden Dreivierteljahr gegangen. Das Gesuch hat nicht den gewünschten Erfolg. Aufgrund eines Gutachtens des Geheimen Ratskollegiums vom 16.10.1759 läßt der Herzog der Universität unter dem 27.10.1759 mitteilen, daß es bei der Verfügung vom 05.01.1753 bleiben solle. Als Sprachmeister des Französischen wird in diesem Zusammenhang Pierre Robert genannt. Nachdem der Herzog im Dezember 1759 einem Repetenten des Theologischen Stifts namens Bauer die "Professionem linguarum" mit einer jährlichen Besoldung von 75 Gulden und freiem Repetententisch im Stift übertragen hat, beschließt Boeswillibald, seine Stelle aufzugeben. Unter dem 04.06.1760 richtet er ein entsprechendes Schreiben an den Herzog. Boeswillibald geht nach London.

BÖTTGER, Benedikt Wilhelm. Geb. am 26.10.1732 zu Magdeburg. Schüler der Domschule, trägt im Rahmen eines Redeaktus am 25.09.1753 in französischer Sprache vor, "daß man widrige Zeitläufe mit Gleichmut ertragen müsse". Studium der Theologie ab Mai 1754 in Halle, danach Hauslehrertätigkeit in der Familie des Kriegsrates von Alvensleben zu Neugattersleben, der ihn ermutigt, sich um das Subkonrektorat an der Magdeburger Domschule zu bewerben. Böttger wird unter dem 14.03.1760 zum Subkonrektor des Domgymnasiums zu Magdeburg berufen. Er beginnt seine Lehrtätigkeit am 17.06.1760. In der Folgezeit unterrichtet er Latein, Religion, Rechnen und Französisch in den Klassen Tertia und Quarta. Sein Jahresgehalt von 140 Talern erweist sich angesichts der im Verlauf des Siebenjährigen Krieges eingetretenen Teuerung als unzulänglich. Trotz gelegentlicher Unterstützung durch das Domkapitel lebt Böttger in großer Armut. Noch im Jahre 1769 bezeichnet er sich als "accablé et presque tout à fait abattu sous le poids des soucis de nourriture". Später erfolgt eine graduelle

Besserstellung, zunächst in Gestalt einer jährlichen Zulage von 12 Talern.

"Als ihm aber eine jährliche Zulage von 12 Talern pro nunc accordiert und zugleich Hoffnung auf künftige weitere Verbesserung gemacht wurde, fand er im nächsten Jahre [1770] den Mut, eine Ehe mit einer Waisen, der Holzhändlerstochter Maria Dorothea Laging, einzugehen. Diese Ehe wurde geschieden, ehe noch der erwartete erste Sproß zur Welt gekommen war; seine Geburt kostete der jungen Mutter das Leben."

Im Jahre 1773 hat Böttger ein Jahreseinkommen von 189 Talern. In der Folgezeit nimmt er in seiner Dienstwohnung auch Pensionäre auf, bis ein Feuer im Jahre 1777 das Dienstgebäude und seine Habseligkeiten vernichtet. Als Entschädigung erhält Böttger zu Michaelis 1778 die Vikarie St. Valentini und im März 1780 die "stumme" Vikarie St. Secundi, außerdem im Jahre 1784 das Succentorat. Dennoch bleiben seine Einkünfte ungenügend, und sie sind auch starken Schwankungen unterworfen. Im Jahre 1791 bittet Böttger um eine Zulage aus der vakant gewordenen Schulbesoldung des emeritierten Kantors Biltzing; er erhält 50 Taler. Unter dem 24.03.1803 genehmigt das Domkapitel Böttgers am 11.03.1803 eingereichtes Pensionsgesuch. Er behält die Dienstwohnung, die Einnahmen aus dem Succentorat und aus der Vikarie St. Valentini. Böttger stirbt am 03.06.1804 an der Wassersucht.

BOHN, Johannes. Sprachmeister an der Universität Wien, immatrikuliert im Jahre 1746.

BOHSE, August, genannt Talander. Geb. am 02.04.1661 zu Halle, Sohn eines Juristen. Schulbesuch in Halle. Nach Abschluß der Gymnasialzeit Reise nach Wien. Studium, zunächst der Beredsamkeit, später dann der Rechte, an den Universitäten Leipzig und Jena, Tätigkeit als Hofmeister bei einem Herrn von Hesler. Bohse geht 1685 nach Hamburg, wo er in den folgenden 3 Jahren vornehmen jungen Leuten Vorlesungen über die Grundsätze des Rechts, die Redekunst und den deutschen Briefstil hält. Im Jahre 1688 siedelt er nach Dresden über, wo er die gleiche Tätigkeit wie in Hamburg ausübt. Danach verdient er sich seinen Lebensunterhalt auf die nämliche Weise in Halle und Leipzig. Im Jahre 1691 wird er von Herzog Johann Adolf von Sachsen-Weißenfels als Sekretär bestallt. Seine Hauptaufgabe ist die Komposition von Singspielen, die dann bei Hofe aufgeführt werden. Er erhält die Erlaubnis, in Jena zu residieren, was ihm die Wiederaufnahme seines Jurastudiums möglich macht. Nach einiger Zeit verlegt er seinen Wohnsitz nach Erfurt, wo er abermals Privatvorlesungen über juristische Themen, die Redekunst und den Briefstil hält, inzwischen nach eigenen Lehrbüchern. Im Jahre 1700 erwirbt er den juristischen Doktorgrad der Universität Jena; in der Folgezeit wirkt er mit großem Erfolg als Privatdozent an der Hochschule. Bohse folgt im Jahre 1709 einem Ruf als Professor an die Ritterakademie zu Liegnitz. Er stirbt um das Jahr 1740 zu Liegnitz.

Bohse ist Autor einer 1697 in Jena erschienenen "Grammaire académique, die französische Sprache sehr kurz und doch gründlich zu erlernen ... avec un recueil des mots les plus nécessaires. Eine Versammlung der notwendigsten Wörter." Im Jahre 1703 veröffentlicht er seine Schrift "Der getreue Hofmeister", deren 9. Kapitel ausführlich vom Sinn des Erwerbs moderner Fremdsprachen und von den Lernmöglichkeiten handelt. In erster Linie aber wird Bohse durch seine trivialen Romane bekannt, die dem zeitgenössischen Sinn für Erotik entgegenkommen.

Nach Bohse soll die Ausbildung des jungen Adligen in der französischen Sprache mit dem 12. Lebensjahr beginnen. Diese Sprache ist "heutigen Tages ... auch einem Politico nötig, nachdem Deutschland mit dem ehrsüchtigen Frankreich mehr zu tun hat, als ihm lieb ist. Solche zu lehren geben sich allerhand Sprachmeister derselbigen Nation an, die ihr Brot in ihrem Vaterlande nicht finden können, und daher von den mitleidenden Deutschen sind aufgenommen worden; wiewohl es gut wäre, daß sie auch solche Wohltat allezeit besser erkennten, als viele darunter nicht tun." Bohse warnt vor leichtfertigem Umgang mit Franzosen als Lehrern ihrer Muttersprache: Man möge sich erkundigen, ob der intendierte Maître auch hinlängliche Deutschkenntnisse besitze. "Will sich auch gleich ein Sprachmeister damit behelfen, er wisse Latein, so weiß man doch, wie weit sich dessen Latein meistens erstreckt, und der Scholar ist auch oftmals nicht geschickt, solches Latein zu verstehen; auch wie kann er ihn lehren einen Autorem wohl [zu] verstehen, oder einen geschickten Brief [zu] schreiben, wenn er im Deutschen unerfahren [ist]: Darum lasse sich keiner hierinnen von eines Franzosen ... Prahlerei betrügen, als würde er ihn was tüchtiges lehren, wenn nicht derselbe zugleich sein Deutsch verstehet." Außerdem solle der Sprachmeister den Briefstil beherrschen, wobei man "gar selten bei denen, die sich für Sprachmeister ausgeben, solche Geschicklichkeit findet, daß sie einem Deutschen in der französischen Brief-Verfassung genugsame Anleitung zu geben wissen." Allerdings weist Bohse auf die guten Dienste hin, die gebürtige Franzosen im Bereich der Dialogschulung leisten können: "Hat es einer erstlich so weit gebracht, daß er nun einen Autorem fast für sich selbst verstehen kann, da ist es gut, sich fleißig zu französischen Sprachmeistern zu halten, [um] sich durch deren Konversation im Parlieren fertiger zu machen. Denn dazu dienen die meisten besser als zur Unterrichtung in Briefen oder zu deutlicher Erklärung eines französischen Autoris." Allerdings muß der Lernende darauf achten, daß sein Maître einen annehmbaren Akzent besitze. "Doch indem man nach einer guten Pronunziation sich umtut, ... so soll gleichwohl auch dabei einer zusehen, daß er nicht allzu delikat darinnen sei und mit Spitzung des Maules über ein Wort sich ganze acht Tage exerziere, oder von einem Sprachmeister, der aus Affektierung endlich selbst nicht weiß, wie er sich genug mit der Aussprache zieren soll, lasse darinnen allzu lange aufhalten. Denn wie alles gezwungene Wesen unannehmlich, also geht es auch mit der affektierten Aussprache, darüber mancher, der sich sonst nichts Kleines zu sein dünket, in die Phantastenrolle eingeschrieben wird."

Die französische Sprache schätzt Bohse "wegen ihrer herrlichen Bücher, die darinnen in Druck herausgegangen, ... und muß man dieser Nation nachrühmen, daß ihre Gelehrten sonderlich in der Moral schöne Anweisungen geben".

Auch das Italienische ist "einem Politico heutigen Tages gar nötig, zumal, da anjetzo an vielen Höfen die italienische Sprache weit höher als die französische geachtet wird, auch an Lieblichkeit und sinnreichen Schriften jener im geringsten nichts nachgibt. Und es kostet auch, dieselbe zu erlernen, nicht so viel Mühe, als bei der Französischen."

Die Beweggründe für den Erwerb der englischen Sprache sind anders geartet: Das Englische "ist sonderlich denen zu erlernen nützlich, welche Theologiam oder auch Medicinam studieren: Denn ihre Geistlichen über die Maßen lehrreich schreiben, und vortreffliche Meditationes haben, hernach die Deutschen in ihren Predigten und Oratoria Ecclesiastica sehr wohl zur Erbauung können anbringen, und sich zugleich dadurch beliebt machen. So sind auch in Chymicis, und was sonst die Wissenschaft eines Medici vermehren kann, köstliche Sachen in ihrer Sprache herausen." Angesichts der begrenzten Möglichkeiten, das Englische in Deutschland zu erlernen, empfiehlt Bohse den Auslandsaufenthalt als Mittel zur Vervollkommnung: "Doch, wer noch mehr darinnen tun will, muß selbst in England hinein, um allda mit denen in allen Scientien vor anderen Nationen sonderlich exzellierenden Leuten sich mündlich zu besprechen, welches aber nicht wohl geschehen kann, wofern man nicht zuvor, ehe man sich dahin begibt, entweder hier außen oder doch in Holland, wo man mehr Unterweisung darinnen antrifft, die Sprache ziemlich gelernt hat." Abschließend weist Bohse darauf hin, daß die englische Sprache am preußischen und am hannoverischen Hofe einen hohen Stellenwert besitzt.

Das Spanische "ist zwar wenig in Übung bei uns Deutschen, es müßte denn in etwa am Kaiserlichen Hofe sein. Aus ihren Schriften aber ist viel Gutes zu nehmen; zumal, was die Staatsmaximen und politischen Anmerkungen betrifft."

BOIS, du. Vergleiche Dubois.

BONATH, Heinrich Ludwig. Geb. am 18.06.1770 zu Celle. Herzoglich Holstein-Oldenburgischer Kammersekretär zu Oldenburg. Bonath ist Herausgeber der "Englischen Kinderschriften", deren 1. Band 1799 in Celle unter dem Titel "The History of Little Jack, mit Anmerkungen und einem Wörterbuch" erscheint. Im gleichen Jahr gibt Bonath eine Zeitschrift "Monatsfrüchte des britischen Geistes, ein Magazin der besten Aufsätze aus den Zeitschriften der Engländer" (4 Hefte in 2 Bänden) heraus.

BONDAZ, Ludwig. Sprachmeister des Französischen und Italienischen sowie Dolmetscher zu München. Bondaz ist Autor einer 1665 in München erschienenen "Grammatica gallica cum diversis observationibus usui, et tempori moderno accommodatis".

BONIATSCHEWSKY. Kaiserlich-Russischer Sekretär. Lehrer des Russischen an der Hohen Karlsschule zu Stuttgart, belegt für die Jahre 1780 - 1783. Boniatschewsky unterrichtet offenbar privatissime, sein Lehrangebot ist gleichermaßen an Russen und Deutsche gerichtet.

BONNAU, Annet. Aus Frankreich stammend. Zunächst Priester. Bonnau muß Frankreich verlassen, nachdem er im Jahre 1707 zum reformierten Glauben übergetreten ist. Unter dem 14.11.1710 bittet er um Zulassung als Sprachmeister an der Universität Jena. Am 17.12.1710 melden drei Studenten, Bonnau habe sich gerühmt, den reformierten Glauben aus purer Neugier angenommen zu haben; er bereue den Glaubenswechsel als eine schwere Sünde und wolle zu Ostern 1711 wieder katholisch werden. Er habe auch nur reformiert gepredigt, "quia haeretici volunt decipi", nun halte man ihn allgemein für einen Jesuiten. Daraufhin wird unter dem 07.01.1711 Bonnau der weitere Aufenthalt in Jena verboten.

BONNEFOI, Charles Pierre. Vergleiche Bonnefoy, Karl Peter.

BONNEFOIS, Charles Pierre. Vergleiche Bonnefoy, Karl Peter.

BONNEFOY, Karl Peter. Aus Halle. Kandidat der Rechte. Wirkt eine Zeitlang als Sprachlehrer in Görlitz. Bonnefoy wird 1756 als Vertretung des wegen Trunksucht auf halbes Gehalt gesetzten Sprachmeisters des Französischen Louis le Brun am Gymnasium zu Zittau angestellt. Nach dessen Weggang wird Bonnefoy auf Antrag der Primaner mit vollem Gehalt angenommen. Er unterrichtet an der Anstalt bis 1768. In diesem Jahr wird er als Professor der französischen Sprache an das Fürstliche Gesamt-Gymnasium zu Zerbst berufen. Im Jahre 1771 klagt die Frau des "Professors Bonnefoy" gegen ihren Gatten "wegen Herausgabe ihrer Sachen und Alimentationsgelder". Bonnefoy ist Autor eines 1778 in Görlitz erschienenen "Essai d'une méthode nouvelle et très facile pour enseigner la langue française, dédié au Sénat de Budissin". Wahrscheinlich ist er identisch mit dem Hallenser Sprachmeister Pierre de Bonnefoy.

BONNEFOY, Pierre de. Sprachmeister des Französischen an der Universität Halle, bestallt im Jahre 1740 mit den halben Einkünften des verstorbenen Sprachmeisters Jean Serval. Bonnefoy unterrichtet noch im Jahre 1752 an der Hochschule, als es zu einem Streit zwischen ihm und dem Sprachmeister des Englischen J. M. Schwabhäuser kommt, der die andere Hälfte der Servalschen Besoldung erhält. Wahrscheinlich ist Pierre de Bonnefoy identisch mit dem Zittauer und späteren Zerbster Sprachmeister Karl Peter Bonnefoy.

BONORANDO, Conradino de. Aus Italien stammend. Glaubensflüchtling. Nach eigenen Angaben Sohn eines "Sprachprofessors" in Heidelberg, Studium an den Universitäten Marburg, Frankfurt a.d.O. und Breslau. Bonorando bittet unter dem 11.05.1715 die Universitätsbehörden zu Jena um Zulassung als Sprachmeister des Französischen und Italienischen. Er hält sich bis 1718 in Jena auf.

BONVILLE. Aus Clermont. Sprachmeister des Französischen am Gymnasium zu Durlach, belegt für das Jahr 1706.

BORDE, Leopold Alexius la. Vergleiche La Borde, Leopold Alexius.

BORDEAUX, Philippe. Aus Trie Château bei Beauvais stammend. Trägt sich unter dem 28.01.1717 als Schreibmeister ("maître écrivain") in die Matricula Didascalorum der Universität Straßburg ein.

BORHECK, August Christian. Geb. am 10.01.1751 zu Osterode. Studium in Göttingen. Borheck wirkt in den beginnenden 70er Jahren als Konrektor der Lateinschule zu Nordheim, seit 1774 als Rektor der Lateinschule zu Cellerfeld, danach als Lehrer der griechischen und lateinischen Sprache am Pädagogium zu Kloster Berge. Daß er an der Anstalt auch Englischunterricht erteilt, geht aus der Vorrede zur 2. Auflage (Lemgo 1781) seiner erstmals im Jahre 1776 in Magdeburg erschienenen "Englischen Sprachlehre für seine Zuhörer" hervor.

In der Vorrede heißt es: "Ich schrieb diese wenigen Bogen das erste Mal zu Kloster Bergen, um sie zum Leitfaden beim Unterricht in der englischen Sprache, den ich daselbst in besonderen Lehrstunden erteilte, zu gebrauchen. Bei der kurzen Zeit, die ich damals nur auf ihre Ausarbeitung verwenden konnte, und weil ich mich zu einer solchen Arbeit nicht vorher geschickt hatte, war's natürlich, daß sich eine Menge Fehler in sie einschleichen mußten. Die sehr gütige Aufnahme, welcher dieser erste, unvollkommene Versuch bei allen seinen Fehlern erhalten hat, verpflichtet mich indes, allen Fleiß auf die Ausbesserung derselben zu wenden, und hierbei sind mir die Anleitungen, welche Ash,

Thompson, Pepin und Dieze zur englischen Sprache gegeben haben, besonders nützlich gewesen." Borheck, der den Umfang seiner Grammatik möglichst knapp halten will, wählt ein kontrastives Vorgehen: "Mehr braucht der Lernende meines Erachtens von der Wortfügung einer fremden Sprache nicht zu wissen, als wo sie von der Gewohnheit seiner Muttersprache abweicht."

Im Jahre 1778 wird Borheck zum Rektor des Gymnasiums zu Salzwedel ernannt, seit 1780 ist er in gleicher Funktion in Bielefeld tätig. Offenbar für den Englischunterricht am Gymnasium zu Bielefeld erscheint die oben erwähnte 2.Auflage der "Englischen Sprachlehre". Im Jahre 1789 folgt Borheck dem Ruf auf ein Ordinariat der Beredsamkeit und Geschichte an die Universität Duisburg. Hier kündigt er in der Zeit von Sommersemester 1790 bis Wintersemester 1799/1800 englische Veranstaltungen, in der Regel als Privatissima, an. Dabei befaßt er sich neben Sprachunterricht unter anderem auch mit Miltons "Paradise Lost" und Goldsmiths "Vicar of Wakefield". Eine von Borheck besorgte Ausgabe des "Vicar of Wakefield" erscheint in Mainz, wahrscheinlich um die Jahrhundertwende. Wegen zerrütteter Familienverhältnisse und eines skandalösen Lebenswandels wird Borheck von den wenigen Duisburger Studenten boykottiert; in den Jahren 1792 - 1802 bringt er keines seiner Kollegs zustande. Im Jahre 1802 muß er, der Blutschande bezichtigt, die Hochschule verlassen. In der Folgezeit wirkt er als Privatlehrer in Köln. Hier veröffentlicht er im Jahre 1803 eine weitere Bearbeitung seiner Grammatik unter dem Titel "Englische Sprachlehre, nebst einem Verzeichnis der klassischen alten Schriftsteller". Borheck stirbt am 01.06.1815 oder 1816 in Eschweiler bei Aachen. Er hat eine große Zahl von Veröffentlichungen auf den verschiedensten Wissensgebieten vorzuweisen.

BORNHARD, Johann Otto Gottlieb. Sprachmeister in Jena. Wahrscheinlich identisch mit Johann Bournet dem Jüngeren. Bornhard hat die französische Sprache bei seinem Vater gelernt.

BORTOLETTI, Francesco. Aus Venedig. Sprachmeister des Italienischen an der Universität Jena, erstmals belegt für das Jahr 1721. Unter dem 15.12.1721 beschwert sich der Lektor der französischen Sprache François Roux, daß ihm Bortoletti bisher die behördlicherseits dekretierte Abgabe von 1 Taler monatlich nicht gezahlt habe. Am 12.03.1722 bewirbt sich Bortoletti um die Stelle des Depositors, da der Unterricht im Italienischen nicht genügend abwerfe. In der Folgezeit bittet er, von der Abgabe an Roux entbunden zu werden. Dies wird ihm jedoch unter dem 24.07.1724 abgeschlagen. Dennoch kommt Bortoletti seinen Verpflichtungen nicht nach, so daß ihm unter dem 12.07.1725 eine Zahlungsfrist von 14 Tagen gestellt wird. Bortoletti antwortet mit einer erneuten Bitte um Freistellung, die ihm unter dem 24.07.1726 abgeschlagen wird. Über Bortolettis beruflichen Weg in den folgenden zwanzig Jahren ist nichts bekannt. Offenbar ist er weiter in Jena ansässig; seinen insgesamt 4 Ehen entspringen 10 Kinder. Bei einer Tochter und einem Sohn steht der Jenenser Sprachmeister Herold Pate.Im Jahre 1743 heißt es von ihm, er habe "seinen Disputations-Laden mit einem ziemlich reichen Vorrat von in- und ausländischen Disputationen unten im Eingang des Universitäts-Collegii". Unter dem 24.05.1747 klagt François Roux erneut, daß Bortoletti zwar seit 1745 wieder unterrichte, jedoch keine Zahlungen an ihn leiste. Bortoletti erklärt daraufhin, er habe seinen Unterricht aufgegeben. Dies wird von Roux bestritten mit dem Argument, Bortoletti sei der einzige italienische Sprachmeister in Jena. Auch für das Jahr 1751 ist Bortoletti als Sprachmeister des Italienischen belegt. Er ist Autor eines 1756 in Frankfurt a.M. erschienenen Lehrmaterials "Dialoghetti italiani e tedeschi". Bortoletti stirbt am 16.12.1764. Nach zeitgenössischer Quelle hat er für seinen Sprachunterricht "vieles Lob erhalten".

BOSELLI. Sprachmeister des Italienischen an der Universität Halle, belegt für das Sommersemester 1784. Möglicherweise unterrichtet Boselli auch im Englischen, da er zu dieser Zeit den Sprachmeister des Englischen, Becker, vertritt.

BOUCHEREAU, Franz. Aus La Rochelle. Sprachmeister des Französischen an der Universität Jena, wahrscheinlich seit den frühen Jahren des 18. Jahrhunderts. Nach dem Tode des Professors der französischen und italienischen Sprache Karl Caffa am 20.11.1707 bittet Bouchereau die Universitätsbehörden, von der monatlichen Zahlung von 1 Taler an dessen Nachfolger François Roux entbunden zu werden, da er ein ebenso armer und ebenso bedürftiger Refugié sei wie jener. Unter dem 09.07.1709 klagt Roux, Bouchereau behaupte, arm und zahlungsunfähig zu sein; er bitte um behördliche Feststellung. Unter dem 14.08.1709 meldet Roux, Bouchereau habe Jena verlassen; es sei ohnehin nicht möglich gewesen, ihn als Sprachlehrer zuzulassen, da er unfähig

sei. Doch Bouchereau kehrt nach Jena zurück. Trotz weiterer Anschuldigungen durch Roux, der behauptet, Bouchereau sei Katholik
und habe sogar während des Gottesdienstes mit seiner Frau dem
Bridgespiel gefrönt, wird Bouchereau in der Folgezeit als Sprachmeister zugelassen. Im Zuge weiterer Auseinandersetzungen läßt er
Roux ausrichten, wenn er "beim Rektor klagen wolle, wolle er ihm
Kutsche und Pferd senden". Gegen eine Zahlungsaufforderung vom
03.06.1719 wehrt sich Bouchereau mit dem Argument, er sei Hofsprachmeister (nicht Universitätssprachmeister) geworden und daher von allen Zahlungen befreit. Roux setzt sich abermals zur
Wehr: Am 28.02.1722 ergeht der herzogliche Befehl, daß Bouchereau auch als Hofsprachmeister seinen Taler zu zahlen habe.
Der sich anschließende Streit währt bis mindestens zum Jahre 1728.
Bouchereau bestreitet nämlich das Recht der Universität, ihm als
Hofsprachmeister überhaupt Befehle zu erteilen; er unterstehe unmittelbar dem Herzog und nicht den herzoglichen Behörden. Unter
dem 28.02.1728 wiederholt die Regierung die Zahlungsaufforderung, ob mit Erfolg, bleibt ungewiß. Bouchereau stirbt am
25.04.1741 als Katholik.

BOUDRE. Sprachmeister des Französischen an der Stadtschule zu
Frankfurt a.d.O., belegt für das Jahr 1774. Boudre wird im gleichen Jahr oder wenig später zugleich als Sprachmeister des Französischen an der Königlichen Friedrichsschule zu Frankfurt a.d.O.
angestellt. Für die Zeit 1782 - 1784 ist er außerdem als Sprachmeister des Französischen an der Universität Frankfurt a.d.O.
belegt.

BOUJART. Niederländischer Herkunft. Lehrer des Französischen
an der Theresianischen Ritterakademie zu Wien, belegt für das Jahr
1776. Boujart unterrichtet offenbar auch die dem Piaristenorden
zugehörigen Mitglieder des Lehrkörpers der Anstalt, mit dem politischen Ziel, ohne Rekurs auf gebürtige Franzosen Lehrer des Französischen heranzubilden.

BOULANGER, Jakob Franz. Geb. 1706 zu Dieppe. Bietet sich
im Jahre 1760 an, anstelle des 72-jährigen Professors Blanchot den
Französischunterricht am Gymnasium zu Stuttgart zu übernehmen.
Dieser hatte unter dem 08.09.1760 um einen ständigen Vikar für
seine französische Kirche und für das Gymnasium gebeten. Boulanger will unentgeltlich unterrichten, wenn ihm die Nachfolge

Blanchots zugesichert werde. Er wird gegen halbes Vikariatsgeld (1 Gulden wöchentlich) und "mit einer Survivance in casum obitus des Prälaten Blanchot" als stellvertretender französischer Lehrer angenommen. Boulanger erblindet 1774.

BOULAYE, la. Vergleiche La Boulaye.

BOULET, Johann Jakob. Geb. zu Berlin im Jahre 1714, Sohn eines Brauers. Studium in Halle, danach Reisen und Tätigkeit als Lehrer, "mit gutem Erfolg". Boulet bittet unter dem 28.03.1745 die Behörden der Universität Jena um Zulassung als Sprachmeister. Er bezeichnet sich als Student der Rechte. Das Gesuch wird am 04.09.1745 und am 12.08.1746 wiederholt, zuletzt unter Hinzufügung von Zeugnissen der Professoren Heimburg und Arjes sowie des Lektors des Französischen François Roux. Schließlich, unter dem 07.09.1746, erfolgt die Zulassung. Boulet heiratet am 22.02.1751 eine Tochter des Jenenser Sprachmeisters Herold. Er unterrichtet als Sprachmeister des Französischen an der Hochschule bis kurz vor seinem Tode am 07.06.1794. Boulet ist Autor zweier Traktate, einer offenbar ohne Orts- und Jahresangabe erschienenen Schrift "Anmerkungen zu der 1765 in Jena herausgekommenen Ausgabe von Girards 'Synomymes français' ", sowie einer 1772 in Halle erschienenen Arbeit "Nouvelles remarques sur les germanismes". Außerdem veröffentlicht er im Jahre 1774 in Jena ein zweibändiges "Dictionnaire raisonné portatif", zu dem eine Vorstufe bereits im Jahre 1764 unter dem Titel "Le génie de [la] langue française" erschienen ist.
Nach zeitgenössischem Zeugnis hatte die Hochschule in Boulet "einen geschmackvollen und gründlichen Lehrer. Auch im Alter ermüdete er nicht, und noch wenige Tage vor seinem Tode ... gab er täglich 8 Lektionen".

BOURDAIS, Sébastien. Geb. zu Besançon. Bourdais kommt als Komponist und dramatischer Dichter sowie als Schauspieler an den Hof des Prinzen Heinrich von Preußen nach Schloß Rheinsberg. Nachdem sich seine Hoffnungen auf die Stelle des Vorlesers und Bibliothekars zu Rheinsberg zerschlagen haben, wechselt Bourdais an den Hof zu Potsdam über, wo er als Komponist und Prinzenerzieher wirkt. Zuletzt hat er die Funktion eines Lehrers der Schönen Wissenschaften bei Prinzessin Wilhelmine von Preußen inne. Im Jahre 1789 wird Bourdais zum Professor der französischen Sprache an der Ecole militaire zu Berlin ernannt. Er stirbt am

10.05.1792. Neben mehreren kleinen anonymen Schriften hat er ein "Portrait de Frédéric le Grand, tiré des anecdotes les plus interessantes de sa vie militaire, philosophique et privée" (Berlin 1788) hinterlassen, das auch ins Deutsche übersetzt worden ist.

BOURDIER, Jean Baptiste. Aus Neubreisach. Trägt sich unter dem 08.03.1752 als französischer Sprachmeister in die Matricula Didascalorum der Universität Straßburg ein.

BOURGUIGNON, Jakob Rudolf. Geb. im Jahre 1712 zu Homburg vor der Höhe. Als Sprachmeister des Französischen am Gymnasium Johanneum zu Lüneburg belegt für das Jahr 1758. In diesem Jahr lädt Bourguignon zu einer Aufführung von französischen Dramen ein, worunter sich auch der "Bourgeois Gentilhomme" von Molière befindet. Die Akteure sind Knaben und Mädchen von 13 und 14 Jahren. Bourguignon wirkt in späterer Zeit als französischer Sprachlehrer an der Ritterakademie zu Lüneburg. Hier ist er als Lehrer des Französischen und Englischen bezeugt für das Jahr 1769. Er stirbt am 19.01.1793. Bourguignon hat mehrere Übersetzungen aus dem Deutschen ins Französische vorgelegt.

BOURNAT, Jean. Vergleiche Bournet, Jean.

BOURNAT, Johann Otto Gottlieb. Vergleiche Bornhard, Johann Otto Gottlieb.

BOURNET, Jean. Seit 1694 als Sprachmeister in Jena nachweisbar. Bournet verwahrt sich am 05.12.1707 gegen die behördlicherseits festgelegte Zahlung von 1 Reichstaler an den Lektor des Französischen François Roux. Am 22.02.1710 ist er zusammen mit seinem Kollegen Vatier als ältester Sprachmeister bei der Prüfung zugegen, die Roux dem Sprachmeister-Kandidaten Provansal abnimmt. Unter dem 25.02.1710 bittet er gemeinsam mit einigen Kollegen die Regierung darum, die Zahl der in Jena zugelassenen Sprachmeister auf acht zu beschränken. Bournet stirbt am 20.02.1717 in Jena.

BOURNET, Johann, der Jüngere. Sohn des Jean Bournet. Bittet am 10.04.1720 die Universitätsbehörden in Jena um Zulassung als Sprachmeister des Französischen. Bournet hat am 20.01.1720 in

Jena die Ehe geschlossen. Wahrscheinlich ist er identisch mit Johann Otto Gottlieb Bornhard.

BOUTMY, Franz Ludwig Karl. Geb. am 28.01.1739 zu Brüssel. Extraordinarius der französischen Sprache am Collegium Carolinum zu Braunschweig, zuvor Direktor der Braunschweigischen Lotterie. Boutmy wird im Jahre 1793 zum Ordinarius ernannt. Er ist Autor eines im Jahre 1789 in Braunschweig und Hamburg erschienenen "Manuel grammatical, ou l'esprit des plus célèbres grammairiens français, développé par des courtes définitions, par des règles abrégées et par des morceaux choisis propres à faire sentir le précepte et à former le goût et la mémoire".

BOUVIER. Lehrer des Französischen am Gymnasium zum Grauen Kloster zu Berlin, belegt für das Jahr 1797. Bouvier ist bis zum Jahre 1823 an der Anstalt tätig. Er wird aus Mitteln des Streitschen Legats von 1752 bzw. 1760 besoldet. Möglicherweise ist Bouvier identisch mit dem Geheimen Hofrat und Professor François Louis Bouvier, der als Bibliothekar bei der Königlichen Kriegsschule zu Berlin wirkt und Mitglied des Bürgerrettungsinstituts ist. François Louis Bouvier stirbt im Jahre 1842 zu Berlin.

BOUVIER, Johann Evangelist. Geb. 1738 zu Nancy, Doktor der Philosophie. Bouvier wird im Jahre 1771 zum Professor der Geographie und Französischen Sprache an der Universität Würzburg ernannt. Als Lehrer des Französischen erscheint er noch im Lektionskatalog für das Wintersemester 1786/87.
Bouvier erteilt nach Auskunft dieses Lektionskatalogs in 2 Klassen der Rhetorik Geschichts- und Geographieunterricht. Außerdem lehrt er das Französische, indem er Fénelons "Aventures de Télémaque" und andere beispielhafte Texte aus der französischen Literatur übersetzen läßt und seine Schüler im Reden übt. In der 2. und 3. Klasse der Grammatik unterrichtet Bouvier im Prinzip den gleichen Stoff, zusätzlich aber legt er die Grammatik des Des Pepliers zugrunde.

BOVIER, Johann Evangelist. Vergleiche Bouvier, Johann Evangelist.

BOZ, J. B. du. Vergleiche Duboz, J. B.

BRACHET, F. Geb. 1719 zu Berlin. 1746 als Lehrer der französischen Sprache beim Adeligen Kadettencorps zu Berlin angenommen. Brachet unterrichtet an der Anstalt bis 1782.

BRAIDENBACH, Nicolas Mez von. Vergleiche Mez von Braidenbach, Nicolas.

BRAIFF, Paul. Sprachmeister an der Universität Erfurt, belegt für das Jahr 1741.

BRANDT, Arnold. Sprachmeister des Französischen in der Stadt Neuß zur Zeit des Dreißigjährigen Krieges. Möglicherweise ist Brandt identisch mit einem Maler gleichen Namens, der im Jahre 1628 in den Kirchenbüchern der Pfarre St. Alban zu Köln genannt wird.

BRAUBACH, Daniel. Geb. zu Bremen im März 1767, Sohn eines Feldmessers und Kanzleiboten. Braubach wird von seinem Vater zum Seedienste bestimmt, als Bestandteil seiner Ausbildung widmet er sich in Leiden eine Zeitlang dem Studium der Mathematik. Danach dient er in der britischen und der russischen Marine. Da er als Ausländer nicht in angemessener Weise befördert wird, kehrt er im Alter von 27 Jahren nach Bremen zurück, wo er die Direktion der Navigationsschule übernimmt. Gleichzeitig wirkt er als Schriftsteller und verwaltet das Amt eines Generaltranslateurs. Um das Jahr 1817 zieht sich Braubach aus Bremen zurück, da er für einige Jahre in ländlicher Abgeschiedenheit ganz der Schriftstellerei leben möchte. Im Jahre 1821 folgt er einem Ruf als Lehrer der Schiffahrtskunde an die soeben zur Staatsanstalt erklärte Navigationsschule zu Hamburg. Bis zu seinem Tode am 31.01.1828 wirkt er als Vorsteher der Anstalt. Braubach hinterläßt ein umfangreiches Oeuvre, in dessen Mittelpunkt Arbeiten zu den nautischen Wissenschaften und zum Schiffbau stehen, das aber auch literarische Werke wie beispielsweise vier Gedichtsammlungen, biographische Skizzen bedeutender Mathematiker und Lehrmaterialien für den Englischunterricht umfaßt: "Kleine englische Grammatik" (Bremen 1793); "Miscellaneous Collections from the Best English and German Authors" (Bremen 1793); "Vorübungen für Anfänger der englischen Sprache" (Bremen 1798). Erwähnung verdienen auch ein "Kurzgefaßtes spanisch-deutsches und deutsch-spanisches Taschenwörterbuch" (Bremen 1807) sowie ein im Jahre 1799 im "Journal für Fabrik" (Nr. 5) erschienener Beitrag "Über den Nutzen des Sprachstudiums für unsere Seefahrer". Unter den Schriften Braubachs finden sich neben mehreren Übersetzungen aus dem Englischen auch solche aus der französischen Sprache.

BRAUN. Sprachmeister des Italienischen an der Universität Göttingen, belegt für die Jahre 1776 und 1777.

BREGUET. Geb. zu Neuchâtel. Studium in Paris, wo sein Vater Gesandtschaftsprediger ist. Bis 1779 als Lehrer des Französischen am Philantropin zu Heidesheim tätig. An Ostern 1779 versucht der Rektor des Gymnasiums zu Grünstadt, David Christoph Seybold, Breguet als Lehrer des Französischen und Italienischen an seine Schule zu ziehen. Möglicherweise unterrichtet Breguet im Sommer und Herbst 1779 am Grünstadter Gymnasium. Er verläßt die Anstalt jedoch nach wenigen Wochen.

BREIDENSTEIN, Johann Christian Heinrich. Geb. am 16.01.1769 zu Wilhelmsdorf bei Neustadt a. d. Aisch, Sohn eines reformierten Predigers. Privaterziehung im Hause seines Stiefvaters, des Hofrates Isenstamm zu Erlangen, danach Besuch des Erlanger Gymnasiums. Breidenstein verläßt die Schule im Oktober 1785, um an der Universität Erlangen Medizin und Hilfswissenschaften zu studieren. Er wird Mitglied des Instituts der Moral. Im Jahre 1787 erhält er eine Anstellung als Collaborator und Lehrer der französischen Sprache am Gymnasium zu Erlangen. Er promoviert am 25.06.1791 zum Doktor der Medizin. In der Folgezeit wirkt er als Stadtphysikus zu Schwabach. Seit 1809 ist er zugleich als Landgerichtsarzt zu Schwabach tätig. Breidenstein ist Autor eines 1789 in Nürnberg erschienenen "Französischen Lesebuchs für die Jugend". Er stirbt im September 1827.

BREITHAUPT, Christian. Geb. am 01.05.1689 zu Ermsleben bei Halberstadt. Sohn eines Oberpredigers und Inspectors. Besuch des Pädagogiums zu Halle, Studium in Halle und Jena, hier Promotion zum Magister. In Jena disputiert Breithaupt über "De tribus logicae instauratoribus, Ramo, Verulamio, et Cartesio". Rückkehr nach Halle, 1714 Adjunkt der Philosophischen Fakultät der Universität Halle, 1718 Berufung auf die Stelle des ersten Kollegen an der Lateinschule zu Helmstedt. Im gleichen Jahr Berufung auf ein Extraordinariat der Philosophie an der Universität Helmstedt. Breithaupt hält seine Antrittsvorlesung am 20.03.1718 über das Thema "De philosophia et elegantiore litteratura". Im Jahre 1719 unternimmt er eine Reise nach Holland. Breithaupt wird 1724 zum Ordinarius der Dialektik ernannt, im Jahre 1728 erhält er zusätzlich den

Lehrstuhl der natürlichen Theologie und der Metaphysik; ab 1740 hat er den Lehrstuhl der Eloquenz und Poesie inne. Er kündigt, wie die Lektionskataloge ausweisen, in der Zeit von Sommersemester 1726 bis Wintersemester 1749/50 immer wieder englische Privata und Privatissima an. Möglicherweise erteilt er Englischunterricht bereits seit 1718. Breithaupt stirbt am 12.10.1749 an einem hektischen Fieber. Er ist Autor einer 1740 in Helmstedt erschienenen "Commentatio de recta linguae anglicanae pronunciatione". Im übrigen hinterläßt er ein umfangreiches theologisches und philosophisches Oeuvre.

BREMER, Friedrich Christoph. Geb. am 29.07.1703 zu Braunschweig, Sohn des Rektors der St. Katharinenschule. Gymnasialbildung an dieser Schule, Studium seit 1721 an den Universitäten Leipzig und Jena. Danach mehrere Jahre lang Hofmeister in adligen Häusern. Im Jahre 1732 Aufenthalt in Hamburg. Bremer übernimmt zu Anfang des Jahres 1733 die Konrektor-Stelle an der Altstädter Schule (dem Lyzeum) zu Hannover, nachdem ihm die Stadt den Rektortitel verliehen hat. In der Folgezeit ist er zu Privatissima im Französischen bereit. Er amtiert bis zu seinem Tode am 17.08.1765.

BREMER, Nikolaus Gotthilf. Geb. am 19.02.1753 zu Hamburg, Sohn eines Kaufmanns. Besuch des Gymnasiums zu Altona, Studium der Theologie in Kiel, Promotion zum Doktor der Philosophie. Nach Studienabschluß Tätigkeit als Hauslehrer. Seit 1781 Rektor der Lateinschule zu Plön. Bremer erteilt an der Anstalt den Französisch- und Englischunterricht, daneben die Fächer Latein, Griechisch, Hebräisch, Religion, Geschichte, Mathematik, Erdkunde und Rhetorik. Für das Französische ist in Prima 1 Wochenstunde vorgesehen. Das Englische wird auf Verlangen in besonderen Privatstunden gelehrt. Sowohl im Französischen als auch im Englischen wird allerdings nach Auskunft des Unterrichtsplans keine Anleitung zum Sprechen gegeben. Bremer, der in späteren Jahren Mitglied des Dannebrog-Ordens (Ritter von Dannebrog und Dannebrogsmann) ist, stirbt im Juli 1844 zu Plön.

"Schon die äußere Erscheinung Bremers hatte für die Schüler viel mehr des Anziehenden als des Einschüchternden. Seine Körpergestalt verriet mehr wohlgefälliges Ebenmaß als Hoheit. Er war nie geputzt, aber stets sehr sorglich gekleidet. Sein wohlgeformtes Gesicht sprach Ernst und Milde zugleich aus, und seine ganze Erscheinung war, ungeachtet der gewaltigen Kraft, die er besaß und bewährte, von einer Bescheidenheit, um nicht zu sagen Schüchternheit umschlossen, die ihn sehr liebenswürdig machte. ... Zu den Lehrstunden, von denen er fast nie eine aussetzte, kam er stets sorgfältigst vorbereitet und forderte entschieden gleiches von den Schülern."

BRENDEL. Lehrer des Französischen an der Schulzschen Handlungsschule zu Berlin, belegt für das Jahr 1797.

BRENDINI, Ferdinando. Sprachmeister des Italienischen in der Familie Friedrich Augusts II. von Sachsen in den Jahren nach 1728. Brendini ist noch für das Jahr 1744 belegt, als ihm ein zweiter italienischer Sprachmeister, Bernardo Rossi, als Gehilfe zur Seite tritt.

BRENTINI, Ferninando. Vergleiche Brendini, Ferdinando.

BRET, J. F. le. Vergleiche Le Bret, J. F.

BRETON, Elie. Geb. zu Berlin. Einige Jahre lang Hofmeister am Gothaischen Hofe. Danach bis 1758 als Lehrer der französischen Sprache an der Ritterakademie zu Liegnitz tätig. Breton gibt diese Stelle auf, um seinem Bruder Benjamin, der am Collège Royal Français zu Berlin tätig ist, adjungiert zu werden. Er wirkt am Collège bis 1775, als er seine Stellung aus Gesundheitsgründen aufgeben muß. Danach ist er für die Königliche Akademie der Wissenschaften zu Berlin als Redakteur tätig. Er ist noch für das Jahr 1789 belegt.

BRETON, Paul Christian de. Aus England stammend. Doktor der Philosophie und der orientalischen Sprachen. De Breton erhält unter dem 05.11.1731 von der Königlichen Regierung zu Hannover die Erlaubnis, in der Altstadt von Hannover eine englische Schule zu begründen. Als er sein Vorhaben am schwarzen Brett des Ratsgymnasiums ankündigt, reicht der Rektor der Schule, Elend, Beschwerde dagegen ein. Doch das Schreiben des Rektors vom 22.12.1731 an den Stadtrat hat nicht den gewünschten Erfolg. Der Rat erlaubt De Breton unter dem 11.01.1732 ausdrücklich, seinen Unterricht "durch öffentlichen Anschlag der hiesigen publiquen Stadt-Schule und sonst an Ort und Ende, wo er es nötig findet" anzukündigen. De Breton bestätigt den Empfang des Bescheides unter dem 14.01.1732 in einem Schreiben an den regierenden Bürgermeister. Der Brief trägt eine Widmung in französischer Sprache.

BREYER, Johann Friedrich. Geb. am 02.12.1738 zu Stuttgart, Sohn eines Rentkammerexpeditionsrats. Gymnasialzeit in Stuttgart, seit 1756 Studium in Tübingen, 2 Jahre lang Zögling des dortigen Theologischen Stiftes. Magister-Disputation am 13.10.1758 in Tübingen, danach theologische Studien. Von 1761 bis 1769 wirkt Breyer als Erzieher der Kinder des preußischen Konsuls und Kaufmanns Lütjen in Livorno, zugleich ist er Prediger der evangelischen Kirchengemeinde und Vikar in der Englischen Kapelle daselbst. In den Jahren 1768 und 1769 unternimmt er eine Reise durch Italien; er hält Vorlesungen in Pisa, in Rom wird er mit Winckelmann bekannt. Südlichster Punkt der Reise ist Neapel; auf dem Rückweg besucht er die Städte Florenz, Bologna, Padua, Venedig, Innsbruck, München und Augsburg. Eine zweite Bildungsreise führt ihn noch im Jahre 1769 für ein halbes Jahr nach Hamburg, wo er die Bekanntschaft Basedows, Lessings, Albertis und Büschs macht. In Hamburg erreicht ihn der Ruf auf ein Ordinariat der Philosophie an der Universität Erlangen. Breyer reist über Braunschweig, Wolfenbüttel, Magdeburg, Berlin, Dresden, Leipzig, Halle und Jena nach Süddeutschland zurück. Im Oktober 1770 tritt er sein Amt an der Universität Erlangen an. Am 23.05.1771 hält er in lateinischer Sprache seine Antrittsvorlesung. Unter dem 02.06.1773 wird er zum Ältesten des Instituts der Moral und der Schönen Wissenschaften ernannt. Seit 1776 hat Breyer zugleich die Professur der Deutschen Literatur und der Schönen Wissenschaften inne, im gleichen Jahr ist er erstmals Dekan der Philosophischen Fakultät, zum Wintersemester 1777/78 übernimmt er das Prorektorat. Im Jahre 1782 wird er zum Brandenburgischen Hofrat ernannt, in späterer Zeit führt er auch den Titel eines Königlich Bayerischen Hofrates. Breyer ist für das Jahr 1798 als Lehrer der englischen Sprache an der Hochschule belegt. Er ist Autor einer 1779 in Erlangen erschienenen Anthologie "Select Pieces in English Prose and Verse". Breyer, seit 1815 Senior der Universität, seit 1820 Geheimer Hofrat, stirbt am 28.06.1826. Sein nicht sehr umfangreiches Oeuvre umfaßt Schriften philosophischen Inhalts und Gelegenheitsschriften.

Nach zeitgenössischem Urteil ist Breyer ein "feinsinniger und liebenswürdiger Mann", ein "feiner und geschmackvoller Forscher", der "nicht nur der sogenannten gelehrten, sondern auch der neueren Sprachen, der englischen, italienischen und französischen, in denen er beinahe gleiche Stärke besitzt", mächtig ist und "die Schriften der Gelehrten, und na- mentlich der Philosophen, in der Grundsprache gelesen hat". Goethes Lili nennt ihn und seine Familie die "Perle von Erlangen". Breyer trug, wie es in einem Nachruf heißt, zur Reputation Erlangens "dadurch sehr viel bei, daß er eine Menge Ausländer, besonders Engländer und Russen, dahin zog, die allerdings vorzüglich seinetwegen kamen. Unter jenen war auch der spätere, so bekannt gewordene englische Minister, Ritter Jackson, dem die dasige Juristenfakultät 1803 die juristische Doktorwürde ... erteilte."

BRIET, Peter. Professor der französischen Sprache am Gymnasium Illustre zu Schwäbisch-Gmünd, belegt für das Jahr 1689. Im Schulprogramm heißt es von ihm, er sei zwar Professor des Französischen, habe aber ein ganz deutsches Gemüt ("mens fide prorsus germanica imbuta").
Das Urteil wird im Zusammenhang mit der Vorbereitung eines Redeaktus abgegeben: Briet hat 4 Schüler für Schulreden vorbereitet. Diese Schüler werden aber deutsches Leben und Wesen besingen, zwar "sermone gallico, sed animo vere germano", der eine die deutsche Keuschheit, Gerechtigkeit und staatsmännische Tüchtigkeit, der andere die deutschen Kriegstaten, ein dritter den wissenschaftlichen Ruhm der Deutschen.

Briet ist wahrscheinlich der Autor einer 1686 in französischer Sprache aufgeführten Schultragödie, in der 20 Personen, nämlich seine Sprachschüler, auftreten.

BRISMAN, Karl. Aus Ekby (Westgotland), geb. am 15.11.1760. Studium in Uppsala seit 1780, Promotion zum Magister und Doktor der Philosophie im Jahre 1786 an der Universität Greifswald. Danach Tätigkeit als Hauslehrer in Wyk auf Wittow. Brisman wird im Jahre 1788 zum Professor der Mathematik und Experimental-Physik an der Universität Greifswald ernannt. Wahrscheinlich unterrichtet er auch im Schwedischen. Brisman stirbt am 10.02.1800.

BRISMAN, S. Lehrer des Englischen an der Universität Greifswald, belegt für das Jahr 1783.

BRISMANN, Karl. Vergleiche Brisman, Karl.

BROSIUS, Wenzeslaus Gerson. Geb. 1623 zu Bunzlau in Böhmen, Sohn eines Geistlichen. Studium der Medizin. Brosius hält 1650 in Groningen eine anatomische Disputation. Im Jahre 1659 folgt er einem Ruf als Konrektor an die Schule zu St. Petri und Pauli in Danzig; von 1670 bis zu seinem Tode am 17.10.1684 ist er Rektor der Anstalt. Er ist Autor eines 1664 in Danzig veröffentlichten Lehrbuchs des Polnischen mit dem Titel "Fundamenta linguae polonicae".

BROUNCO, Joachim Christian. Aus dem Magdeburgischen. Jurist. Brounco heiratet am 27.04.1719 in Jena die Tochter eines fürstlichen Kammerdieners. Unter dem 05.06.1719 bittet er um die Zulassung als Sprachmeister des Französischen. Dies wird ihm schon unter dem 23.08.1719 gestattet. Brounco stirbt vor 1732.

BROWN, Johann. Autor eines 1797 in Altona bei Hammerich erschienenen Lesestoffs "The Small Talker, for the improvement of those who learn English".

BRUEL. Hugenottischer Abstammung. Sprachmeister des Französischen zu Dresden in den 40er Jahren des 18. Jahrhunderts. Vater des Johann August Bruel.

BRUEL, Johann August. Geb. am 20.08.1745 zu Dresden, hugenottischer Abstammung, Sohn eines Sprachmeisters. Bruel wirkt seit Anfang des Jahres 1784 als Zweiter Lehrer der französischen Sprache an der Dresdner Ritterakademie; noch im gleichen Jahr rückt er zum Ersten Lehrer des Französischen auf. Bruel stirbt am 23.04.1817. Er ist Autor einer Reihe von Lehrmaterialien: "Bibliothèque pour les enfants, ouvrage propre à leur inspirer l'amour pour la vertu et l'horreur pour le vice, en occupant leur esprit et leur coeur d'une manière aussi instructive qu'amusante. Le tout recueilli des meilleurs auteurs tant anciens que modernes" (4 Bde., Dresden 1777 - 1779, 1788; neue Auflagen: Bd. 1: 1783, Bd. 2: 1785); "Jeu de société pour les enfants, propre à les amuser d'une manière agréable et instructive" (Dresden 1781); "Tableaux moraux et historiques, ou choix de lecture à l'usage de jeunes personnes de l'un et de l'autre sexe" (Dresden 1782); "L'école des enfants et des adolescents suivi de l'école des proverbes, ouvrage recueilli et composé pour l'instruction et l'amusement de la jeunesse" (Dresden 1783); "Bibliothèque de l'éducation et de la langue française" (Bd.1, Dresden 1793); "Praktische französische Sprachlehre für Lehrer und Lernende, auch zum Selbstunterricht" (Dresden und Pirna 1799, spätere Ausgabe 1806, 4. Auflage 1821); "La Bonbonnière, ou nouvel abécédaire français, suivi de petits contes pour les enfants" (Dresden 1800); "Dictionnaire portatif de gallicismes et de germanismes" (Dresden 1806, zugleich als 2. Teil der 2. Auflage der "Praktischen französischen Sprachlehre"); "Französische Bibliothek für Jünglinge und junge Frauenzimmer, als Fortsetzung

der Bibliothek für Kinder" (Dresden 1809). Das zuletzt genannte
Werk ist wahrscheinlich identisch mit einem 1808 in Leipzig erschienenen Titel "Bibliothèque française pour la jeunesse plus
avancée", 1. Heft. Bruel stirbt am 23.04.1817.

In Bruels Sprachlehre "gründen sich die Übungen auf die Regeln, auf deren beständige
Anwendung er ebenfalls Nachdruck legt. Zu Beginn des Unterrichts allerdings, haupt-
sächlich was die Deklination und Konjugation betrifft, rät er, mehr mechanisch vor-
zugehen. Gerade auch die Wortfügung soll der Schüler durch Konjugationsübungen im
ganzen setzen lernen. Deutsche Übersetzungsstücke dienen zur weiteren Einübung jeder
Lektion, also ganz das Verfahren von Des Pepliers, Du Grain, Meidinger."

BRUNS. Lehrer des Englischen an der Universität Göttingen, belegt für das Jahr 1781. Bruns kündigt im Vorlesungsverzeichnis für
das Sommersemester 1781 eine Vorlesung über Shakespeares
"Macbeth" an.

BRUNS, Paul Jakob. Geb. am 18.07.1743 zu Preetz in Holstein.
Schulbildung in Lübeck, Studium der Theologie seit 1761 an der
Universität Jena. Von 1764 bis 1766 ist Bruns als Privatdozent an
der Hochschule tätig. Bruns unternimmt in den Jahren 1766 und
1767 eine Reise in die Schweiz und nach Frankreich, wo er in Paris
den englischen Bibelkritiker Benjamin Kennicot kennenlernt, der
ihn für eine umfassende Vergleichung aller aufzufindenden hebräischen Handschriften des Alten Testamentes gewinnt. Im Jahre
1768 weilt Bruns als Kandidat des Ministeriums in Lübeck. Auf
Einladung Kennicots geht er 1769 nach England, von wo er in der
Zeit von 1770 bis 1773 ausgedehnte Reisen unternimmt, um Quel-
lenstudien zu treiben. In den Jahren 1773 - 1780 arbeitet er in
Oxford an Kennicots Bibelwerk. Die Universität Oxford promoviert
ihn zum Doktor der Rechte. Nach seiner Rückkehr aus England
privatisiert Bruns im Jahre 1781 zu Göttingen, mit dem Ziel, als
Hochschullehrer tätig zu werden. Noch im gleichen Jahr wird er als
Ordinarius der Literärgeschichte an die Universität Helmstedt
berufen. Hier kündigt er im Vorlesungsverzeichnis für das Wintersemester 1781/82 eine Vorlesung über englische Literaturgeschichte
an. Im Jahre 1787 wird Bruns zugleich Bibliothekar, seine Ernennung zum Professor der morgenländischen Sprachen folgt 1796. Im
gleichen Jahr erhält Bruns den Hofratstitel. Er gehört der Hochschule bis zu deren Auflösung im Jahre 1810 an; in diesem Jahr
promoviert er zum Doktor der Theologie. Danach ist Bruns bis zu
seinem Tode am 17.11.1814 ordentlicher Professor der Philosophie

an der Universität Halle. Er hat ein außerordentlich umfangreiches Oeuvre hinterlassen, das neben bibelkritischen, philologischen und historischen Werken auch geographische Schriften und Reiseliteratur umfaßt.

BUCH. Sprachmeister des Französischen an der Lateinschule zu Wismar, angestellt im Jahre 1752. Buch gibt seine Stelle nach kurzer Zeit auf.

BUCH, Philipp Ludwig. Geb. am 06.08.1734 zu Berlin. Schulbildung in Berlin, Studium in den 50er Jahren an der Universität Halle. Buch verläßt die Hochschule im Jahre 1756, um nicht Soldat werden zu müssen. Er geht auf Anraten eines Verwandten nach Bremen, in der Folgezeit wirkt er als Hofmeister in Ostfriesland und als Lehrer in Hamburg. Schließlich keht er nach Bremen zurück, wo er zum Sekretär der Deutschen Gesellschaft ernannt wird. Unter dem 28.06.1764 wird er als Lehrer der Klassen I - III des Bremer Pädagogiums angestellt. Er erteilt Unterricht in den Fächern Deutsch, Französisch und Mathematik. Seit dem 11.01.1769 hat er das Amt eines Predigers der französischen Gemeinde inne, unter dem 14.05.1773 wird er zusätzlich zum Prediger am Armenhause ernannt. Schließlich rückt er unter dem 04.05.1785 zum Prediger an der Michaeliskirche auf. In diesem Amt ist er bis zu seinem Tode am 15.08.1816 tätig.

BUCHENAU. Sprachmeister in Jena, belegt für das Jahr 1732. Damals wird Buchenau von dem Lektor des Französischen François Roux als einer der wenigen genannt, die die behördlicherseits dekretierte Abgabe an ihn in Höhe von 1 Reichstaler monatlich pünktlich zahlen.

BUCHENRÖDER, Johann Nikolaus Karl. Autor einer Reihe von Lehrmaterialien für den Erwerb des Französischen, Englischen und Italienischen: "Der getreue englische Dolmetscher, welcher denen Hannoverisch-Braunschweigisch- und Hessischen Truppen das Unentbehrlichste der englischen Sprache im Kurzen zu erlernen [gibt]" (Hamburg und Schwerin 1776, spätere Ausgaben Ansbach 1781 und 1792); "Der getreue englische Dolmetscher oder kurz gefaßte Anweisung, die englische Sprache nach den Haupt- und Grundsätzen der Grammatik auf eine leichte und geschwinde Art zu erlernen" (Hamburg und Schwerin 1776, Oldenburg 1785, Augsburg 1792; möglicherweise nur ein Nebentitel des obigen Werkes); "Der selbstlehrende, getreue englische Dolmetscher oder Neue, leichte und faßliche Methode, die englische Sprache gründlich, geschwind und ohne Mühe zu erlernen. Zum gemeinnützigen Gebrauch entworfen. Mit einer Einleitung zur allgemeinen Sprachlehre oder Übersicht des Gebietes aller Sprachlehren" (Hamburg und Schwerin 1776, spätere Ausgabe Münster i.W. 1777, 2. Auflage Hamburg 1784, 6. Auflage, herausgegeben von Johann Anton Fahrenkrüger, 1810); "Italienischer Dolmetscher" (Hamburg 1784); "Der selbstlehrende, getreue französische Dolmetscher" (Hamburg 1785, spätere Ausgabe Nürnberg, bei Eichhorn verlegt, 1787, weitere Nürnberger Ausgabe unter dem Titel "Französischer Dolmetsch", verlegt bei Grattenauer, ebenfalls 1787). Möglicherweise ist Buchenröder auch der Autor eines 1760 in Marburg anonym erschienenen Lehrmaterials "A Complete Vocabulary, English and German. Das ist: Der getreue englische Dolmetscher." Buchenröder hat darüber hinaus mehrere amerikakundliche Schriften vorgelegt, so etwa die 1776 in Hamburg und Schwerin erschienenen "Gesammelten Nachrichten von den englischen Kolonien in Nordamerika bis auf jetzige Zeiten" (2. Auflage 1778 unter dem Titel "Kurzgefaßte historisch-geographische Nachrichten von den englischen Kolonien in Nordamerika bis auf jetzige Zeiten") und zumindest den 1. Teil einer auf vier Teile geplanten Sammlung "Das Nordamerika historisch und geographisch beschrieben" (Hamburg 1777, 2. Auflage 1778).

In der Vorrede zu seinem 1776 erschienenen Lehrmaterial "Der getreue englische Dolmetscher" (Ausgabe mit Nennung der Truppenteile) führt Buchenröder aus: "Ich habe mir schon öfters vorgenommen gehabt, brauchbarere Sprachlehren im Grundrisse, als die uns bisher von der lateinischen, französischen, italienischen und englischen Sprache sind geliefert worden, zum Besten der Jugend und anderer Sprachliebhaber auszuarbeiten. ... Anjetzo aber wurde ich durch folgenden Umstand veranlaßt, mich zuerst an die englische Sprache, und zwar wider meinen Willen, zu wagen. Es wurde mir nämlich, von Hannover aus, der Auftrag gemacht, den 'Getreuen Dolmetscher', den der in Sprachen sehr geschickte Herr Madonetti im Jahre 1756 verlegte und auf seine Kosten zum Druck beförderte, aufs neue zum Gebrauch der Hannoverschen, Braunschweigischen und Hessischen Truppen, die in Kurzem nach England eingeschifft werden sollen, auflegen zu lassen. Ehe ich bemeldten Dolmetscher zum Druck beförderte, sah ich denselben erst durch, um die etwaigen Druckfehler vorher zu verbessern. Da ich aber bei der Gelegenheit eine so ungeheure Menge, nicht nur von Druck- sondern auch Sprachfehlern entdeckte, so sah ich mich genötigt, diese Piece vorher erst ganz umzuarbeiten, ehe ich sie in Druck geben konnte. ... Die dem Dolmetscher beigegebene grammatikalische Anleitung enthält ... das Wesentliche zur Erlernung der englischen

Sprache. Sie ist in gedrungener Kürze geschrieben und gleichwohl vollständiger und deutlicher als manche große englische Sprachlehre. ... Bei Verfertigung derselben habe ich mein Augenmerk besonders auf die Herren Officiers und andere Sprachliebhaber gerichtet, die nach faßlichen grammatikalischen Grundsätzen zu einer größeren und gründlicheren Kenntnis der englischen Sprache gelangen wollen als die gemeinen Soldaten und andere Liebhaber von geringeren Fähigkeiten, die sich schon begnügen lassen, wenn sie sich in den gangbarsten Wörtern und Redensarten einigermaßen verständlich im Englischen ausdrücken können." Buchenröder geht davon aus, daß die insgesamt 30 Lektionen des Lehrmaterials in einem Monat durchgearbeitet werden können: "Wer sich bei einem guten Gedächtnis jeden Tag eine Lektion bekanntmacht, der kann in 30 Tagen das Notwendigste der englischen Sprache von selbsten und ohne Beihilfe eines Sprachmeisters erlernen."

BUCHER, F. Benjamin. Autor eines 1797 in Leipzig erschienenen "Manual para los negocidores españoles y alemanes, oder Spanisches Lesebuch". Bucher stirbt am 13.12.1826.

BUCHETT, Johann Benjamin. Sprachmeister des Französischen an der Universität Wittenberg, belegt aus dem Taufregister der Stadtkirche St. Marien für die Jahre 1742 - 1746. Bei der ersten Eintragung unter dem 04.05.1742 erhält Buchett die Bezeichnung "Bürger", was darauf schließen läßt, daß er zu diesem Zeitpunkt bereits Bürgerrecht in der Stadt genießt. In zwei weiteren Eintragungen aus den Jahren 1744 und 1746 ist der Name zu Buchholdt bzw. Pucholds verderbt.

BUCHHOLDT, Johann Benjamin. Vergleiche Buchett, Johann Benjamin.

BUCHHOLZ, Ferdinand Friedrich. Geb. am 05.02.1768 zu Altruppin. Schulbildung zu Perleberg, Neuruppin und Berlin. Studium, zunächst der Theologie, später der Philologie, an der Universität Halle. Im Verlauf seiner Studien wendet sich Buchholz immer mehr den neuen Literaturen, namentlich der Englischen, Französischen und Italienischen zu. Er verläßt die Hochschule als 19jähriger im Jahre 1787. Im gleichen Jahr wird er als Lehrer und Aufseher an die Ritterakademie zu Brandenburg berufen, wo er in der Folgezeit in insgesamt 16 bis 18 Wochenstunden Lateinisch, Französisch, Englisch und Italienisch unterrichtet. Der Unterricht in den modernen Sprachen ist wahlfrei. Buchholz weilt an der Anstalt bis 1799. Er gibt seine Stelle auf, um sich auf den Staatsdienst vorzubereiten. Zu diesem Zwecke geht er nach Berlin, wo er seinen

Lebensunterhalt als Schriftsteller bestreitet. Damit ist er so erfolgreich, daß er schließlich auf eine feste Anstellung verzichtet und den Rest seines Lebens als privatisierender Gelehrter zu Berlin verbringt. Buchholz stirbt im Jahre 1845 zu Berlin. Er hat ein umfangreiches Oeuvre hinterlassen, dessen Schwerpunkt im Bereich der Staatstheorie und Staatsgeschichte angesiedelt ist. In den Jahren 1801 und 1802 veröffentlicht er in Berlin ein zweibändiges "Handbuch der spanischen Sprache und Literatur" (Bd. 1: Prosaischer Teil, Bd. 2: Poetischer Teil).

BUCHMANN, Maria. Sprachmeisterin an der Universität Giessen, immatrikuliert unter dem 24.10.1688. Frau Buchmann hat zuvor einen Antrag gestellt, eine französische Schule eröffnen zu dürfen, um die Jugend in dieser Sprache und in guten Sitten zu informieren. Ob die Frau, da sie verheiratet war, in der Folgezeit auch Unterricht an Studenten erteilt, ist fraglich. Sie erhält jedoch durch die Universität von Zeit zu Zeit eine kleine Remuneration in Form von Getreide.

BUCKI, Nathan. Königlicher Professor und öffentlicher Lehrer des Polnischen an den Berliner Gymnasien, belegt für das Jahr 1797. In diesem Jahr wird das Polnische zur Heranbildung von Beamten für die polnischsprachigen Gebiete fakultativer Lehrgegenstand an den Berliner höheren Schulen. Als Unterrichtsmaterial publiziert Bucki in den Jahren 1797 und 1799 in Berlin ein zweibändiges Lehrbuch: "Kurzgefaßte Anweisung zur leichten Erlernung der polnischen Sprache. 1. Abteilung, enthaltend die Regeln zum Lesen, Definieren und Konjugieren, nebst einem Lesebuche und Verzeichnisse aller darin vorkommenden Wörter, für Anfänger. 2. Abteilung, enthaltend vollständige Regeln zur Wortfügung und Ableitung derselben auseinander, nebst einem Lesebuche und Verzeichnisse aller darin vorkommenden Wörter, für Anfänger."

BUCKY, Nathan. Vergleiche Bucki, Nathan.

BUDE, Johann Bernhard. Geb. am 02.09.1726 zu Dillenburg, Sohn eines Fürstlichen Kammerdieners. Besuch der Dillenburger Lateinschule seit etwa 1734. Studium an der Universität Herborn seit 1742. Bude wird im Jahre 1748 zum Rektor der Lateinschule zu Dillenburg ernannt. Er unterrichtet neben den Fächern Latein,

Griechisch und Hebräisch auch das Französische. So ist er der Französischlehrer des späteren Dillenburger Rektors Georg Wilhelm Lorsbach (geb. 1752). Im Jahre 1771 wird er Pfarrer zu Mengerskirchen, wo er 1779 stirbt.

BÜCHNER, Johann Georg. Geb. am 02.03.1729 zu Michelstadt. Schulbildung am Gymnasium zu Frankfurt am Main. Büchner hält sich spätestens seit 1755 wieder in Frankfurt a. M. auf, wo er in der Folgezeit den Stadtrat um Erlaubnis für eine Schulgründung bittet.

Als sich Büchner um das Schulrecht bewirbt, dürfen nach dem Willen des Stadtrats in Frankfurt höchstens 24 Schulen bestehen; vorhanden sind 21 solcher Anstalten mit insgesamt 1547 Schülern, wobei die meistbesuchte Schule 145 Zöglinge hat.

Der Stadtrat scheint zunächst geneigt, auf Büchners Gesuch einzugehen; die schon vorhandenen Schulmeister jedoch wollen die Zahl der Schulen nicht weiter vermehren, weshalb sie sich gegen Büchner verbünden und bei Konsistorium und Stadtrat entsprechende Denkschriften vorlegen.

Ihr Wortführer ist Johann Michael Schirmer, Schulmeister in Frankfurt von 1740 bis 1786. In seiner Eingabe an den Magistrat stellt Schirmer neben anderen Dingen fest, daß eine Reihe von französischen Sprachmeistern, "weilen die französische Sprache allhier sehr beliebt ist", bisher "gar leicht Information gefunden" hätten. Um die Eltern davor zu bewahren, ein doppeltes Schulgeld zu zahlen "so unterfangen sich solche, größtenteils sowohl in einem als dem anderen ganz untüchtige Leute, die ebenermaßen in allerhand Professionisten, Lakeien, Soldaten und dergleichen bestehen, das Deutsche dabei zu dozieren".

Büchner wird im Jahre 1758, nachdem er das Frankfurter Bürgerrecht durch Eheschließung erworben hat, als Schulmeister angenommen. Bereits ein Jahr später erhält er zu seinem deutschen "Schulrecht" auch das Patent eines französischen Schulmeisters. Er gilt bald als außerordentlich tüchtiger Pädagoge; seine französische Aussprache ist zwar nach zeitgenössischem Urteil nicht akzentfrei, doch ist sein Unterricht allem Anschein nach erheblich besser als der der übrigen französischen Sprachmeister. Büchner wird schließlich Vorsteher der Frankfurter Schulmeister-Zunft. Er stirbt im Jahre 1788.

Büchners Schulstube "war in einer engen Straße der Graubengasse ... im Hinterhause des Hauses Lit. G. No. 127... eine Treppe hoch" gelegen. Sie hatte eine Fläche von 33 qm und bot nach modernen Maßstäben Platz für 30 - 40 Kinder; "es kamen aber wohl manchmal an 200 Kinder dahin. ... Die Schulstube hatte 4 Fenster nach Westen, 3 nach Osten ... Störung von außen war nicht zu erwarten. Vom 10. Oktober bis zum 2. März

schien keine Sonne in das Zimmer; erst vom 3. März an war sie durch die westlichen
Fenster kurze Zeit lang zu sehen. Sommers um 7, winters um 8 Uhr am Morgen und des
Nachmittags um 1 Uhr fanden sich die Schüler da ein; die Stunden dauerten bis 10 oder
11 Uhr und bis 4 Uhr, so daß im ganzen 6 Stunden lang Schule gehalten wurde. Diejeni-
gen Kinder, die noch die sogenannte 'Privat' besuchten, blieben vormittags bis 12, nachmittags bis 6 Uhr da. Mittwochs und samstags war am Nachmittag bloß von 1 - 2 Uhr
Schule. ... Das Französische wurde in der 4. Stunde (nicht alle Schüler nahmen an diesem
Unterricht teil) gelehrt: Wörter, Fragen, Deklinationen, Konjugationen, Gespräche.
Büchner selbst sprach in dieser Stunde meist (und auch manchmal in anderen ...)
französisch und leitete seine Schüler früh und mit Erfolg an, es auch zu tun." Es kann
davon ausgegangen werden, daß Büchner aus seiner Schule ein jährliches Einkommen
von 300 - 400 Talern zog.

BUERNOD, J. Sprachmeister des Französischen in Breslau,
belegt für die Jahre 1765 - 1774.

BÜSCHING, Anton Friedrich. Geb. am 27.09.1724 zu Stadthagen, Sohn eines alkoholkranken Advokaten. Besuch der Stadtschule zu Stadthagen. Da die Schule in schlechtem Zustand ist, erhält Büsching, dessen besondere Gaben früh erkannt werden, in der
Folgezeit unentgeltlichen Privatunterricht durch den Superintendenten der Stadt, Eberhard David Hauber. Seit dem 21.04.1743 besucht Büsching die Waisenhausschule zu Halle, am 07.04.1744
immatrikuliert er sich als Student der Theologie an der Hallenser
Universität. Unter dem 27.09.1747 promoviert er zum Magister der
Philosophie; in der Folgezeit wirkt er als Privatdozent in Halle. Im
Jahre 1748 wird Büsching Hofmeister des ältesten Sohnes des
Grafen Lynar zu Köstritz (Voigtland). Er begleitet seinen Zögling
im Dezember 1749 nach St. Petersburg, wo dessen Vater als
Gesandter der dänischen Krone politische Verhandlungen über die
Herzogtümer Schleswig und Holstein zu führen hat. Im September
1750 kehrt Büsching mit dem jungen Lynar zurück, in der Folgezeit hält er sich am Stammsitz des Grafen zu Itzehoe auf. Im April
1752 begleitet er seinen Schüler auf die Ritterakademie zu Soroe.
Büsching kündigt seine Hofmeisterstelle im Oktober 1752 auf, um
im Hause des ehemaligen Stadthagener Superintendenten Hauber,
der inzwischen Prediger der deutschen Petri-Gemeinde zu Kopenhagen geworden ist, wissenschaftlich zu arbeiten. Im Mai 1754
geht er erneut nach Halle, um die akademische Laufbahn einzu-
schlagen. Wenig später erhält er einen Ruf als Extraordinarius und
Adjunkt der Theologischen Fakultät an die Universität Göttingen
mit einer Gehaltszusicherung von 200 Talern jährlich. Büsching

tritt sein Amt am 27.08.1754 an. Im Jahre 1756 promoviert er in Göttingen zum Doktor der Theologie, 1749 wird er zum Ordinarius der Philosophie an der Göttinger Hochschule ernannt. Im Jahre 1761 folgt er einem Ruf als zweiter lutherischer Prediger nach St. Petersburg, wo er seit 1762 auch als Direktor der von ihm neu eingerichteten Schule der Sprachen, Künste und Wissenschaften bei der St. Peterskirche wirkt.

"Es bestand zwar schon seit langem eine mit vier Lehrern versehene Schule bei dieser Gemeinde, aber die Einrichtung war so mängelvoll, daß man allgemein eine gründliche Verbesserung wünschte. Knaben und Mädchen sollten nun nach Büschings Plan außer dem Unterricht im Deutschen, Russischen, Französischen, und einige auch in der lateinischen Sprache, in allen für das praktische Leben nötigen Kenntnissen nicht allein unterwiesen, sondern auch in Fertigkeiten geübt und auf diese Art Unterricht und Erziehung möglichst miteinander verbunden werden, alles nach geläuterten Grundsätzen und so, daß die zum Studieren bestimmten Jünglinge noch besonderen Unterrricht erhielten, das Ganze aber dahin abzweckte, verständige und geschickte Menschen für alle Stände zu bilden. ... Im ersten halben Jahre war er [Büsching] täglich vor- und nachmittags in der Schule, unterrichtete selbst, gab Anleitung, und brachte es durch diese außerordentliche Anstrengung dahin, daß im April 1763, beim Anfang des 2. Schulhalbjahrs, 300 Schüler und Schülerinnen von vielerlei Nationen und christlichen Parteien, Deutsche, Russen, Kalmücken, Armenier, Italiener, Franzosen, Engländer, Schweizer, Schweden, Esten, Letten und andere vorhanden waren."

Als Folge eines tiefgreifenden Zerwürfnisses mit Teilen der Petersburger Gemeinde legt Büsching im Jahre 1765 seine Ämter nieder. Auch das Ansinnen der Zarin, ihn mit einem beliebigen Gehalt zum Mitglied der Petersburger Akademie zu machen, weist er zurück. In der Folgezeit privatisiert er zu Altona, bis er im Jahre 1767 als Königlich-Preußischer Oberkonsistorialrat nach Berlin berufen und zum Direktor des Gymnasiums zum Grauen Kloster und der von dieser Schule abhängigen Anstalten ernannt wird. Büsching hat diese Ämter inne bis zu seinem Tode am 28.05.1793. Seine Gesundheit ist seit etwa 1788 stark angegriffen. Im Mai 1791 sieht er sich genötigt, den bisherigen Direktor des Friedrichswerderschen Gymnasiums, Gedike, zum Gehilfen zu erbitten.

"Kurz vor Büschings Ankunft in Berlin hatte man den Entschluß gefaßt, die beiden sehr verfallenen Gymnasien, das Berlinische und Köllnische, miteinander zu vereinigen, und neben dem Gymnasium noch zwei Bürgerschulen in Berlin und Kölln bestehen zu lassen. Büsching sagt es mehrmals von sich, daß er niemals eine besondere Neigung zum Schulstande gehabt hatte; aber da dieser musterhaft gewissenhafte Mann einmal gewohnt war, nicht nach Neigung, sondern bloß nach seiner Pflicht zu handeln, so hatte er schon in Petersburg mit der größten Tätigkeit im Schulfache gearbeitet und war ebenso bereit, in Berlin abermals alle seine Kräfte mit möglichster Aufopferung für die Schulanstalt zu verwenden, zu deren Verwaltung ihn die Vorsehung erwählt hatte. Es war kein leichtes Werk, was ihm hier zu treiben oblag. Die vorhandenen wenigen Lehrer waren größtenteils alt und stumpf; die Besoldungen dürftig; die Abteilung der Lektionen in öffentliche und Privatstunden hatte oft Verwirrungen und Feindschaft unter den Lehrern hervorgebracht; die Disziplin war gesunken; das Schulgebäude glich einem schmutzigen Kerker, indem die Lehrzimmer einige Ellen tiefer als die Straße waren; zwei Lehrstuben waren nur durch Bretter einige Ellen hoch getrennt, so daß man in keiner von beiden Klassen laut sprechen durfte ... . Am 29. Mai 1767 übernahm er feierlich die Direktion; das Vereinigte Gymnasium wurde mit 20, die Berlinische Schule mit 43, und die Köllnische mit 5 Schülern eröffnet. Aber mit jedem halben Jahre mehrte sich das Zutrauen des Publikums und die Anzahl der Schüler. ... Täglich war Büsching in allen drei Schulen, um die Zucht und Lehrart zu beobachten, hielt seine Lehrstunden über Geschichte der Philosophie, der Schönen Künste, der Literatur und Religion mit der sorgfältigsten Vorbereitung und übernahm oft selbst in den untersten Klassen freiwillig Vikariatstunden für verhinderte Lehrer. Das Studium der griechischen Sprache kam nun in die Höhe, es wurde eine öffentliche französische Lektion eingeführt und Unterricht im Zeichnen. ... Er faßte nun nach und nach fast für alle Zweige des Unterrichts Lehr- und Lesebücher ab, über lateinische und französische Sprache, über Naturgeschichte, Historie, Geschichte der Religion, der bildenden Künste usw. ..."

Büsching legt im Jahre 1768 eine "Ausführliche Nachricht von der jetzigen Verfassung des Berlinischen Gymnasii" vor, in der er auch auf den Französischunterricht an der Anstalt eingeht. Er ist Autor eines 1772 in Berlin anonym erschienenen Lehrmaterials "Les premiers principes de la langue française" sowie einer Anthologie "Recueil de passages propres à former l'esprit, le goût, et le coeur de la jeunesse, tirés des oeuvres du Philosophe de Sans-Souci" (Berlin 1772). Im übrigen hat er ein umfangreiches Oeuvre theologischen, philosophischen, didaktischen, biographisch-historischen und geographischen Inhalts hinterlassen, dessen erfolgreichster Bestandteil eine mehrbändige "Neue Erdbeschreibung" ist, die als Standardwerk schon zu seinen Lebzeiten in 6 Auflagen erscheint. Erwähnung verdient auch die 1760 gedruckte Schrift "Grundriß eines Unterrichts, wie besondere Lehrer und Hofmeister der Kinder und Jünglinge sich pflichtmäßig, wohlanständig und klüglich verhalten müssen", die im gleichen Jahr ins Dänische übersetzt wird und die 1794 in 5. Auflage erscheint.

"Frömmigkeit und Arbeitsamkeit waren die Hauptzüge in Büschings Charakter. Wie sehr die letztere ihm zum Lebensbedürfnis geworden war, beweist seine noch am Ende seines Lebens in einem Programm mitgeteilte Äußerung, daß selbst ein Himmel ohne Geschäfte ihn nicht befriedigen könnte. Zu dieser Tätigkeit war ihm sein lebhaftes und feuriges Temperament ein Sporn. Schnell im Entschluß und in der Tat, zeigte er sich standhaft, mutig und offenherzig in allen Verhältnissen, dabei genügsam und zufrieden mit den Leitungen der Vorsehung. Was ihm oblag, richtete er als eine von Gott ihm auferlegte Pflicht mit Willigkeit und mit einem unermüdlichen Eifer aus."

Büsching "war nicht bloß ein ruhmwürdiger Schulvorsteher, sondern auch ein ebenso vortrefflicher Lehrer. Er besaß die nötige Deutlichkeit und Lebhaftigkeit in einem hohen Grade und nichts empfahl auch einen Lehrer in seinen Augen mehr als ein munterer Vortrag. Alle hörten ihn daher gern und auch für den Schwächsten unter seinen Zuhörern war sein Vortrag nicht ganz verloren. ... Er hielt es für Pflicht des Lehrers, sich auf alle Lektionen, selbst auf die leichtesten und in den untersten Klassen, sorgfältig vorzubereiten."

BUFFIER (1). Sprachmeister des Französischen an der Universität Göttingen, belegt für die Jahre 1760 - 1774. Ob Buffier identisch ist mit dem für das Wintersemester 1785/86 belegten Akademischen Lektor gleichen Namens an der Universität Greifswald, ist nicht geklärt.

BUFFIER (2). Akademischer Lektor an der Universität Greifswald mit Schwerpunkt Französisch, belegt für das Wintersemester 1785/86. Ob Buffier identisch ist mit dem für die Jahre 1760 bis 1774 belegten Sprachmeister gleichen Namens an der Universität Göttingen, ist nicht geklärt.

BUGENAL, Charles de. Karmelitermönch aus Luxemburg. Erhält, da er zum lutherischen Glauben übertreten will, im Jahre 1725 vom Konsistorium und Geheimen Rat zu Darmstadt die Erlaubnis, die französische Sprache als ordentlich bestellter Sprachmeister zu dozieren. Dazu wird eine jährliche Besoldung von 106 Gulden aus den Dispensationsgeldern ausgesetzt. Die Absicht, Bugenal auch am Darmstädter Pädagogium als französischen Sprachmeister anzustellen, wird nicht weiterverfolgt.

BUHLE, Johann Gottlieb. Geb. am 29.09.1763 zu Braunschweig. Studium an der Universität Göttingen. Noch als Student ist Buhle Preisträger der Göttinger Sozietät der Wissenschaften, von der Philosophischen Fakultät erhält er die königliche Preismedaille. Seit Michaelis 1785 wirkt er als Privatlehrer des Prinzen Karl von Fürstenberg, seit Juli 1786 ist er Informator der drei Söhne Georgs III von England. Nach erfolgter Promotion zum Magister der Philosophie im Jahre 1786 ist Buhle auch als Privatdozent an der Hochschule tätig. Gleichzeitig ist er Assessor der Göttinger Sozietät der Wissenschaften. Zu Ostern 1787 wird er zum Extraordinarius der Philosophie ernannt, seine Bestallung als Ordinarius erfolgt 1794. Nach der Besetzung des Kurfürstentums Hannover durch die napoleonischen Truppen verläßt Buhle Göttingen im Herbst 1804. Er folgt einem Ruf als Russisch-Kaiserlicher Kol-

legienrat und Professor des Natur- und Völkerrechts (nach anderer
Quelle: Professor der Philosophie) an die Universität Moskau. Seit
1811 bekleidet er zusätzlich das Amt eines Vorlesers und Bibliothekars der Großfürstin Katharina. Im Jahre 1814 nimmt er einen
Ruf als Professor der Politik und Rechtswissenschaft an das Collegium Carolinum zu Braunschweig an. Er stirbt am 11.08.1821.
Buhle kündigt im Vorlesungsverzeichnis der Universität Göttingen
für das Wintersemester 1787/88 eine vierstündige Vorlesung "über
die englische Schöne Literatur" an. Auch im Sommersemester 1788
liest Buhle über englische Literaturgeschichte. Sein umfangreiches
Werk mit philosophischem, naturrechtlichem und historischem
Schwerpunkt umfaßt eine 1783 erschienene "Geschichte der Anne
Boleyn".

BURBAND, Benoît. Aus Baugé-en-Bresse. Trägt sich unter dem
10.03.1692 in die Matricula Didascalorum der Universität Straßburg ein. Unter dem 24.02.1698 bittet er die Universitätsbehörden, "ihm mitzuteilen, wie auch die obrigkeitliche hohe Verord-
nung dahin zu verfügen, daß er bei hochberühmter Universität als
Sprachmeister möchte angenommen werden". Sein Antrag wird
positiv beschieden. Grund dafür ist nicht zuletzt ein Memoriale der
Stadträte, in dem es heißt, Burband sein, "ohne Ruhm zu melden,
als Privatlehrer in solche Estime gekommen, daß ihm vornehmer
Leute Kinder anvertraut werden, ... so daß kein Jahr vergangen,
daß er nicht über 20 seiner Schüler ins Collegium geschickt habe".

BURBAULT, Jean. Aus Montbéliard. Bittet im April 1673 den
Rat der Stadt Straßburg, eine französische Schule eröffnen zu
dürfen.

BURGER, Maria Xaveria. Bezeichnet sich als Hofrats-Sekre-
tärin. Frau Burger unterhält in der Peterspfarrei zu München eine
"Frauenzimmerschule", in der Französischunterricht eine wichtige
Rolle spielt. Die Schule ist für das Jahr 1767 belegt. Ob Frau Burger selbst Französischunterricht erteilt, bleibt ungewiß. Im Jahre
1784 legt sie eine besondere Prüfung ab, woraufhin sie aus der
Hofkasse 100 Gulden Unterstützung erhält, sowie weitere 20 Gulden als Beitrag für die Preise an die Schülerinnen.

BURTIN, Claude. Beginnt unter dem 19.10.1768 seine Tätigkeit als Sprachmeister des Französischen an der Universität Göttingen. Burtin unterrichtet bis zum 04.08.1778; er geht dann aus Gesundheitsgründen nach Frankreich zurück. Später gibt er französische Stunden in Frankfurt a.M. und Marburg, wo ihm unter dem 11.08.1787 vom Akademischen Senat gestattet wird, "einstweilen Unterricht zu geben". Burtin ist noch im Sommersemester 1788 in Marburg nachweisbar.

BUTTEX, Sebastian. Aus Lausanne. Erhält auf Empfehlung der Herzogin Elisabeth von Württemberg im Jahre 1715 von der Universität Tübingen die Erlaubnis, sich in der Stadt als Sprachmeister des Französischen niederzulassen. Zuvor hat Buttex als Lehrer des Französischen im Dienste des Barons von Leiningen-Hartenburg gestanden. Er hat sich bereits zweimal um eine Sprachmeisterstelle in Tübingen beworben, seine Gesuche sind jedoch abgewiesen worden, da es den vorhandenen Lehrkräften infolge der geringen Zahl der Studierenden schwer genug fiel, ihren Lebensunterhalt durch Unterricht in modernen Fremdsprachen zu bestreiten. Buttex wird zunächst probeweise angestellt: Er soll versuchen, ob er neben den drei bereits vorhandenen Sprachlehrern existieren kann, ohne daß letztere finanzielle Einbußen erleiden. Im Jahre 1717 erhält Buttex das akademische Bürgerrecht. Seit dem 20.09.1728 ist er als Französischlehrer des Prinzen Karl Christian Erdmann von Württemberg-Oels am Collegium Illustre zu Tübingen tätig. Er unterrichtet den Prinzen bis zum 16.04.1730 und dann wieder vom 01.08.1732 bis Oktober 1733.

Die Tatsache, daß Buttex über einen Zeitraum von annähernd 3 Jahren als Sprachmeister des Prinzen Verwendung findet, deutet auf ein erhebliches Lehrgeschick hin, zumal sein Zögling zumindest anfangs, wie es in dem Konzept der Instruktion für den Hofmeister von Dezember 1727 heißt, "noch eine sehr große Aversion vor den Studiis" hat.

Unter dem 04.01.1733 bittet Buttex den Herzog von Württemberg um eine Bestallung als Professor des Französischen am Collegium Illustre. Er begründet das Gesuch auch mit seiner 18jährigen erfolgreichen Lehrtätigkeit sowie mit der Tatsache, daß er im Jahre 1728 als Prinzenerzieher berufen worden sei. Der Herzog erfüllt die Bitte unter dem 06.02.1733. Allerdings erhält Buttex keine Besoldung, da diese dem planmäßigen Professor des Französischen De Gregoriis zukomme. Ein Erlaß des Herzogs vom 03.07.1733 legt fest, daß Buttex die vollen Rechte der Sprachprofessoren des Collegii

Illustris genießen solle, wobei die Rangfolge innerhalb dieser Professorengruppe durch die Ancienneté geregelt sei. Damit rangiert Buttex vor seinem Kollegen Boeswillibald.

Die letzten Lebensjahre des Sebastian Buttex stehen offenbar im Zeichen zunehmender finanzieller Not. Die herzogliche Regierung läßt seine aus der Erziehung der Prinzen von Oels resultierenden Honorarforderungen unbeachtet, obgleich Herzog Eberhard Ludwig mit Dekret vom 15.09.1728 eine entsprechende Remuneration aus dem Kirchengut befohlen hat. Die Forderungen belaufen sich schließlich auf 141 Gulden, 40 Kreuzer. Diese Summe wird von der Regierung auf 102 Gulden gekürzt, die im Mai 1736 ausbezahlt werden. Buttex stirbt wenig später.

C

CABIN. Lehrer des Französischen an der Universität Göttingen, belegt für das Wintersemester 1787/88.

CACCINI, Carolus Balthasar. Aus Mailand. Trägt sich unter dem 05.11.1782 als italienischer Sprachmeister in die Matricula Didascalorum der Universität Straßburg ein.

CACHEDENIER, Daniel (1). Trägt sich unter dem 11.04.1599 in die Matrikel der Universität Altdorf ein. Cachedenier ist für das Jahr 1600 als Lehrer des Französischen an der Hochschule belegt. Wahrscheinlich ist er identisch mit dem Autor eines im Jahre 1600 in Frankfurt a.M. erschienenen Lehrmaterials "Introductio ad linguam gallicam".

CACHEDENIER, Daniel (2). Aus Bar-le-Duc. Autor eines im Jahre 1600 in Frankfurt a.M. erschienenen Lehrmaterials "Introductio ad linguam gallicam in gratiam germanicae iuventutis conscripta" (spätere Ausgabe 1601). Cachedenier ist möglicherweise identisch mit dem Altdorfer Lehrer des Französischen gleichen Namens.

In der Vorrede zu seinem Werk erweist sich Cachedenier als Vertreter einer gemäßigt direkten Methode: Richtiges Verständnis der Schriftsteller und korrektes, idiomatisches, klares und deutliches Sprechen können nicht allein durch Regeln erworben werden, sondern es bedarf dazu auch der Übung, der Nachahmung, des Umgangs mit Franzosen. Grammatikalische Erkenntnisse beschleunigen den Erwerb fremder Sprachen. Man soll daher den Lernenden nicht lange mit Leseübungen quälen, sondern sofort an die Grammatik herangehen, sich dabei allerdings auf die Hauptkapitel beschränken, die an kurzen Beispielen einzuüben sind.

CAFFA, Carolus. Geb. am 25.03.1624 zu Rom. Dominikaner, Lehrer der Philosophie und Theologie zu Neapel, Promotion zum Doktor der Theologie in Rom. Reise durch Frankreich und die Schweiz. Caffa trifft im November 1660 in Jena ein, wo er bekundet, zum Protestantismus übertreten zu wollen. Unter dem 15.11.1660 empfiehlt ihn die Universität wegen seines Vorhabens der fürstlichen Gnade. In einem Bericht der Hochschule vom 08.04.1661 heißt es dann, Caffa habe seine "oratio revocatoria" gehalten und sei ein "fein qualifiziertes Subject". Die Universität empfiehlt, ein Deputat für ihn auszusetzen und ihm den Titel eines "Lector Linguae Gallicae et Italicae" zu gewähren, ohne daß er deshalb dem Konsistorium zugehören solle oder den Professoren zuzurechnen sei. Dem Antrag wird stattgegeben; Caffa wird mit einem Jahresgehalt von 50 Gulden angestellt, wofür er 2 Wochenstunden publice unterrichten muß. Bald stellt sich heraus, daß Caffa auf dieser finanziellen Grundlage nicht existieren kann: Unter dem 20.03.1662 bittet er um eine Aufbesserung seines Fixums auf 100 Gulden jährlich. In der Begründung seines Antrags nimmt Caffa auch auf seine soziale Stellung als Professor (sic!) Bezug, der zu genügen er nicht in der Lage sei. So sei es ihm unmöglich, einen Famulus zu halten, er müsse das wenig bekömmliche Essen im Convictorium einnehmen, wo er mit den Studenten zusammentreffe, die sich über seinen beklagenswert dürftigen Zustand wunderten. An eine Eheschließung sei nicht zu denken; Privatunterricht käme kaum zustande, da die meisten Studierenden die damit verbundenen Unkosten scheuten und nur die öffentlichen Kollegs besuchten. Gleichzeitig bittet Caffa um eine Verfügung, daß niemand in Jena ohne seine ausdrückliche Erlaubnis moderne Fremdsprachen unterrichten dürfe. Bereits unter dem 27.06.1662 erhält die Universität Weisung, "Obsicht zu haben, damit dergleichen heimliche collegia und informationes in berührten Sprachen auf der Universität nicht gelitten werden ohne Einwilligung der Fürsten". Studierende, die diese Sprache lernen wollten, seien an den "ordinarium professorem Caffa zu verweisen". Unter dem 03.07.1662 wird Caffas Gehalt auf 100 Gulden jährlich erhöht.

Das landesherrliche Schreiben vom 27.06.1662 bezeichnet Caffa als Ordinarius. Ob eine förmliche Ernennung erfolgt ist und wann dies der Fall war, bleibt ungewiß. Eine Urkunde ist nicht überliefert. Im frühesten erhaltenen Vorlesungsverzeichnis für das Wintersemester 1664/65 kündigt Caffa als "Doctor et Professor" seine Vorlesungen an.

In der Folgezeit wird Caffas Gehalt mehrfach geringfügig erhöht. Nach Ansicht der Universität rangiert er innerhalb der Professorenschaft an letzter Stelle, doch erhebt er unter Hinweis auf seinen theologischen Doktortitel dagegen Einspruch: Er müsse unmittelbar nach der medizinischen und vor der philosophischen Fakultät eingereiht werden. Im Januar 1672 wird die Universität in der Angelegenheit um Stellungnahme ersucht; als sie nicht antwortet, verfügen die herzoglichen Höfe, daß Caffa derzeit vor dem jüngsternannten Professor einzureihen sei und allmählich aufrücken solle. Gegen diese Verfügung wird die Universität unter dem 06.10.1672 vorstellig.

Die Universität führt aus, die Herzöge hätten ursprünglich nicht die Intention gehabt, Caffa mit Amt und Titel eines Professors auszustatten. Man habe ihn nur zum Lektor ernennen wollen und ihm bedeutet, daß sich Fragen der Rangordnung mit Blick auf die ordentlichen Professoren erübrigten. Außerdem habe Caffa sein Doktordiplom immer noch nicht vorgelegt, seinen Magister erst auf Drängen der Jenenser Universität abgelegt und zugegeben, daß er nicht "pro licentia solemniter disputiert habe oder andere specimina ediert, sondern nur inter parietes privatos tres quaestiones in theologia scholastica sensu pontificeo eoque erroneo resolviert habe, so daß er den auf unseren Universitäten graduierten Doctoribus nicht zu aequiparieren" sei. Im übrigen weist die Universität empört darauf hin, daß Caffa sich am 21.08. des Jahres 1664 in der Kirche auf jenen Platz gesetzt habe, der für den Rektor reserviert gewesen sei. Damals habe sich die Fakultät beim Rektor entschuldigt und Caffa "ohne jede Schärfe noch calumnia" darauf aufmerksam gemacht, daß er doch von allen Kollegen mit Liebe behandelt worden sei, man ihn auch zu allen Actus Doctorales zugezogen habe, er die munuscula an Samt und Handschuhen sowie die Festgeschenke erhalten habe, ja daß man sogar einige Übertretungen, die er sich habe zuschulden kommen lassen, nicht weiter beachtet habe. Daß er sich nun aber in den Kirchenstuhl der Professoren, der ohnedies nur 20 Plätze fasse und nicht erweitert werden könne, eingedrängt habe, sei eine Anmaßung, die nicht geduldet werden könne.

Die Regierung bringt den Ausführungen der Universität nicht das erwartete Verständnis entgegen: Caffa dürfe nicht nur im Kirchenstuhl der Professoren dem Gottesdienste beiwohnen, er rangiere auch gemäß dem herzoglichen Erlaße von 1672 unter den Professoren. Caffas Stellung wird weiter gestärkt durch einen herzoglichen Erlaß vom 11.10.1675, der ihn zum Zensor der in Jena gedruckten französischen und italienischen Schriften bestimmt. Die Bestallung bringt zusätzliche Nebeneinnahmen, da pro Bogen eine Gebühr von 6 Groschen zu zahlen ist.

Inzwischen hat sich auf der Basis der herzoglichen Weisung an die Universität vom 27.06.1662 ein weiterer Usus gefestigt, der Caffa ein nicht unbeträchtliches Nebeneinkommen garantiert, gleichzeitig aber für alle beteiligten Parteien bis ins 18. Jahrhundert hinein ein Anlaß zu permanentem Ärger ist: Caffa läßt konkurrierende Sprachmeister zu, wenn diese sich bereit erklären, monatlich 1 Reichstaler als pauschales Entgelt für den Verdienstausfall zu entrichten. Eine erste Vereinbarung dieser Art, die in der Folgezeit von den Erhalterstaaten sanktioniert wird, trifft Caffa mit den Sprachmeistern Glume, Bersoy und Melazzo bereits im Jahre 1663. Im Rahmen der Regelung wird auch festgelegt, daß die Studenten der genannten Sprachmeister bei Caffa "publica specimina in disputando" geben müssen. Unter dem 20.05.1674 ergeht auf eine Beschwerde Caffas hin ein landesherrlicher Erlaß, die Universität solle darauf achten, daß niemand in Jena ohne Caffas Erlaubnis Französisch oder Italienisch lehre. Diese Mahnung an die Universität wird aus gegebenem Anlaß unter dem 29.06.1681, dem 26.09.1685, dem 30.03.1687, dem 19.06.1687, dem 12.06.1688, dem 04.01.1690, dem 22.08.1692 und dem 17.07.1704 wiederholt. Nach dem Tode Caffas geht dessen Nachfolger, der Lektor François Roux, davon aus, daß die genannten Vereinbarungen und Rechtspositionen auch für ihn gültig seien. Die Erhalterstaaten teilen diese Meinung, soweit nicht übergeordnete Interessen tangiert sind.

Im Jahre 1692 bittet Caffa die Regierungen, die Zensurverfügung vom 11.10.1675, gegen die fortgesetzt verstoßen werde, zu erneuern. Die Höfe kommen dem Ersuchen nach. Dennoch wird auch in der Folgezeit die Zensur teilweise umgangen, so von dem Sprachmeister Johann Franziskus Siculus im Jahre 1704.

Aufgrund der geforderten Abgaben lebt Caffa mit den Jenenser Sprachmeistern in dauerndem Streit. Dieser findet einen Höhepunkt im Jahre 1702, als Herzog Johann Wilhelm einen gewissen Girardi zum Hofsprachmeister ernennt. Girardi verweigert die Zahlungen, da er nicht bei der Universität angestellt sei. Daraufhin werden sowohl Caffa als auch der Senat der Universität vorstellig. Wie der Herzog entscheidet, bleibt ungewiß. Bereits im Jahre 1682 haben die mit ihren Zahlungen in Rückstand geratenen Sprachmeister Glume und Bersoy die Flucht nach vorne angetreten, indem sie beanstanden, daß Caffas "Akzent und Pronunziation in der französischen Sprache zu Beanstandungen Anlaß gebe, er sich also besser auf das Italienische beschränken möge". Die Universität wird in diesem Zusammenhang unter dem 23.05.1682 zu einer Stellungnahme aufgefordert. Ein Votum ergeht erst auf erneutes Drängen im Januar 1683, wobei unter anderem verlautet, Caffa seinerseits habe gut daran getan, nicht auf ein Urteil zu drängen, "das ihm nicht in allem vergnüglich ausfallen möchte".

Caffas umfangreiche, barock formulierte Semesterprogramme in lateinischer Sprache sind teilweise erhalten. Wie aus ihnen hervorgeht, kombiniert er den Sprachunterricht mit der Lektüre und Interpretation von englischen und französischen Erbauungsschriften, Schriften zur Kirchengeschichte sowie der Bibel selbst. Er läßt auch ins Lateinische und aus dem Lateinischen übersetzen. Außerdem kündigt Caffa sonntägliche Predigten an, die er das ganze Jahr über an den Sonn- und Feiertagen abwechselnd in französischer und italienischer Sprache hält.

Caffa unterrichtet bis unmittelbar vor seinem Tode am 20.11.1707. In den letzten Jahren seines Lebens mehren sich die Klagen darüber, daß sein Gehör stark nachgelassen habe. Seine Gattin sowie drei seiner sieben Kinder überleben ihn. Wie das Ratsgüterbuch ausweist, ist es Caffa gelungen, im Laufe seines langen Wirkens in Jena einen nicht unbeträchtlichen Grundbesitz anzusammeln: ein stattliches Wohnhaus, einen Garten, zwei Scheunenplätze, eine Wiese, vier Holzäcker und drei Weinberge.

Caffa hat zwischen 1663 und 1685 zwölf Dissertationen und eine ganze Reihe von Disputationen betreut. Außerdem hat er neben einer Reihe von Gelegenheitsschriften, darunter zahlreichen Kondolationsgedichten, auch mehrere Unterrichtsmaterialien verfaßt: "Brevis et ordinata linguae italicae directio" (Jena 1661); "Douze abrégés des façons de parler plus ordinaires en français" (Jena 1662); "Dodici dialoghi di modi di parlare più frequenti" (Jena 1662); "Brevis et ordinata linguae gallicae directio" (2. Auflage Jena 1665). Zu den Werken Caffas gehört auch eine Übersetzung der 5 Bücher Mose ins Italienische.

CAFFARD, Leopold. Aus Frankreich stammend. Caffard hat "um seines Glaubens willen Vaterland, Eltern und ein reiches Erbe verlassen". Er ist eine Zeitlang in Breslau ansässig. Im Jahre 1696 wird er zum Sprachmeister an dem im gleichen Jahr gegründeten "Auditorium Publicum", einem Vorläufer der Ritterakademie zu Christian Erlang, ernannt. Als am 02.01.1702 das "Auditorium Publicum" in eine "Academia Practica" umgewandelt wird, erhält Caffard die Stelle eines Professors der Beredsamkeit und ausländischen Sprachen. Sein Jahresgehalt beträgt offenbar 150 Gulden. Caffard geht jedoch noch vor der offiziellen Einweihung der neuen Anstalt als "Professor Linguarum Occidentalium" an das Fürstliche Gymnasium Rutheneum zu Gera. Hier beschränkt er sich nicht auf die Fächer Französisch und Italienisch, sondern bietet auch Unterricht im Spanischen und Portugiesischen an. Im Index Lectionum der Schule führt er aus, er wolle nach einer neuen, von ihm entwickelten Methode unterrichten. Er habe auch Tabellen zum Gebrauch seiner Schüler drucken lassen wollen, da aber dem Drucker die nötigen Typen fehlten, habe er das Manuskript zurückziehen müssen. Im Jahre 1704 nimmt Caffard seinen Abschied, da er nur fünf Privatschüler hat. Er erklärt, für derart geringe Dienstleistungen das Gehalt nicht länger annehmen zu können. Gleichzeitig bittet er sich jedoch die Remuneration für das nächste Vierteljahr als Reisegeld aus, "damit man draußen nicht sagen könne, ein preußischer Professor habe betteln gehen müssen". Er wendet sich nach Stargard und später nach Jena, wo er am 28.04.1707 als Sprachmeister des Französischen stirbt.

Caffard hat offenbar einen großbürgerlichen Hintergrund und in seiner Jugend ausgedehnte Sprachstudien getrieben. Nach zeitgenössischer Quelle soll er zehn Sprachen verstanden haben, darunter Latein, Griechisch, Deutsch, Italienisch, Polnisch, Französisch, Portugiesisch, Englisch und Spanisch.

CALIARD, Antoine. Sprachmeister des Französischen am Pädagogium zu Darmstadt, belegt für das Jahr 1713.

CALLENBERG, Johann Heinrich. Geb. am 12.01.1694 im Gothaischen. Studium an der Universität Halle, Mitglied des 1702 errichteten Collegium Orientale Theologicum und Schüler des aus Damaskus stammenden Orientalisten Salomon Negri. Im Jahre 1727 zum Extraordinarius der Philosophie in Halle ernannt, 1735 Ordinarius der Philosophie, 1739 Doktor und ordentlicher Professor der Theologie in Halle. Callenberg befaßt sich in den Jahren nach 1720 mit der Missionierung der Juden und Mohammedaner. Die jiddische Sprache erwirbt er im Kontakt mit dem Gothaer Prediger J. Müller sowie dem getauften Juden Dr. Fromman, unter dessen Mitwirkung, auch als Setzer und Korrektor, er in den 20er Jahren ein von Müller verfaßtes Traktat in jüdisch-deutscher Sprache veröffentlicht. Offizielles Gründungsdatum von Callenbergs Judenmission ist das Jahr 1728.

"Er machte sich besonders durch seine Anstalten zur Bekehrung der Juden und Mohammedaner bekannt, zu deren Behuf er auf Kosten mildtätiger Personen nicht allein verschiedene dahingehörige Druckereien errichtete, das Neue Testament und verschiedene andere erbauliche Bücher in die unter ihnen üblichen Sprachen übersetzen, drucken und ihnen austeilen ließ, sondern auch mehrere Studiosos als Missionarien unter ihnen erhielt.Es bestand aber dieses zum Wohl der jüdischen Nation errichtete Institut, welches mit den Anstalten des Waisenhauses keine Verbindung hat[te], in 3 Hauptstücken, nämlich in einer Buchdruckerei, einiger Fürsorge für die Katechumenen und Proselyten von dieser Nation, und in den von 2 Studenten zum Besten ersterwähnter Nation übernommenen Reisen. Mit der Buchdruckerei verband Callenberg die Absicht, nicht nur den europäischen, sondern auch den übrigen in anderen Weltteilen befindlichen Juden, solche von der christlichen Religion handelnde Bücher, welche sie verstehen und fassen können, mehrenteils unentgeltlich in die Hände zu liefern, wozu er denn hebräische und rabbinische, jüdisch-deutsche, lateinische und arabische Lettern hatte gießen lassen, und dazu noch nachher wegen des mohammedanischen Instituts persische und türkische Lettern kamen. Darüber erhielt er unterm 27. September 1732 ein königliches Privilegium, zum Behuf dieses Instituts eine eigene Buchdruckerei anzulegen. Die zum Gebrauch der Mohammedaner gedruckten Schriften in arabischer Sprache hat er nach Rußland, Sibirien, Wien, Konstantinopel, Batavia, Tranquebar und andere indianische Orte versendet und gelegentlich unter die Mohammedaner austeilen lassen. ...

Die beiden Studiosi, welche im Hebräischen, Talmudischen und Jüdisch-Deutschen geübt waren, sind bei ihrer Absendung dahin instruiert worden, daß sie auf ihrer Reise, wenn es sich tun ließe, christliche Lehrer und andere Gelehrte besuchen, nebst dem aber ihr Hauptgeschäft sollten sein lassen, auf eine gute Art mit den Juden umzugehen, sich mit ihnen von göttlichen Wahrheiten zu unterhalten, die zu dem Endzweck in dem Institute herausgegebenen Bücher ihnen in die Hände [zu] liefern, die oben beschriebene Fürsorge für die Proselyten ausüben zu helfen, und das Merkwürdigste, das ihnen vorkommt, aufzuzeichnen. Die Reisekosten wurden ihnen von den milden Gaben, davon das ganze Institut erhalten wird, gereicht."

Im Jahre 1729 läßt Callenberg in Halle ein Lehrmaterial "Colloquia arabica idiomatis vulgaris" drucken, die er unter Anleitung Salomon Negris, dessen Muttersprache offenbar das Syrische ist, verfaßt hat. Im Jahre 1733 veröffentlicht er in Halle eine "Kurze Anleitung zur jüdisch-deutschen Sprache", der im Jahre 1736, ebenfalls in Halle gedruckt, ein "Jüdisch-deutsches Wörterbüchlein" folgt. Einen allgemeineren Beitrag zur Didaktik der modernen Fremdsprachen leistet Callenberg mit seiner im gleichen Jahre in Halle erschienenen Schrift "Linguarum exoticarum usus et praesidia". Ausfluß der missionarischen Bemühungen im griechisch-byzantinischen Raum sind schließlich zwei im Jahre 1747 in Halle gedruckte Schriften, eine "Grammatica linguae graecae vulgaris" und ein gesondert erschienener Band "Paradigmata linguae graecae vulgaris". Darüber hinaus hat Callenberg ein umfangreiches Oeuvre theologisch-missionarischen, kirchenhistorischen und orientalistischen Zuschnitts vorgelegt. Er ist der Übersetzer zahlreicher Schriften aus dem Arabischen und anderen morgenländischen Sprachen sowie auch aus dem Jiddischen. Callenberg stirbt am 16.07.1760. Das Institut wird im Jahre 1791 durch Königliches Reskript als eine für sich bestehende Anstalt aufgehoben und mit den Franckeschen Stiftungen vereinigt.

CALLIGARI, Antonius. Aus Mailand. Zum protestantischen Glauben übergetreten. Wirkt zu Beginn des 18. Jahrhunderts als italienischer Sprachmeister an der Universität Tübingen. Calligari erhält zu einem bestimmten Anlaß ein Gratial von 52 Gulden aus dem Kirchenkasten.

CALVI, Giovanni Battista. Geb. am 19.01.1721 zu San Remo. Calvi hält sich eine Zeitlang als Sprachmeister in der Stadt Göttingen auf. Seit 1773 unterrichtet er auch als Lehrer des Italienischen und Spanischen an der Göttinger Universität. Unter dem

13.11.1778 wird er zum Lektor beider Sprachen ernannt. In den Jahren 1789 - 1800 erteilt Calvi auch Französischunterricht. Zum 50jährigen Jubiläum der Universität am 15.09.1787 verfaßt er mehrere italienische Gedichte. Calvi ist Autor einer 1788 in Göttingen erschienenen "Nouvelle méthode pour apprendre la langue italienne". Die Calvi zugeschriebene, 1790 in Göttingen erschienene "Spanische Sprachlehre und Chrestomathie" (französische Ausgabe unter dem Titel "Nouvelle grammaire espagnole, avec une chrestomathie", Leipzig 1792) ist in Wirklichkeit von K. L. Woltmann verfaßt.

CANAL, S. la. Vergleiche La Canal, S.

CANDOLLE, Jean Bénédict Weber de. Vergleiche Weber de Candolle, Jean Bénédict.

CANEL, Pierre. Präzeptor der Pagen des Königlich Dänischen Hofes und Professor an der Akademie zu Kopenhagen während der ersten Jahre des 18. Jahrhunderts. Canel hat zuvor einige Zeit als Französischlehrer in Nürnberger Patrizierfamilien verbracht. Er ist Autor einer "Introduction à la langue française oder Anleitung der französischen Sprache", die wahrscheinlich im Jahre 1688 in 2. Auflage in Nürnberg erscheint. Eine weitere Ausgabe des Werkes wird 1703 verlegt. Darin bezeichnet sich Canel als "informateur de son Altesse Royale Monseigneur le Prince Héréditaire de Danemark et de Norvège".

Canels Lehrbuch stellt "einen vollständigen Rückfall in die konstruktive Methode" dar. In der Vorrede skizziert er den Gang des Unterrichts wie folgt: "Der Lehrmeister, so einen Diszipel unterrichten will, dem soll er anfänglich die allhier gemeldeten gemeinen und absonderlichen Regeln kürzlich wiederholen, denselben die notwendigsten aus dem Buch lesen lassen und ihn die gebührende Aussprache darauf lehren. Erstlich aber müssen die declinationes nominum und pronominum samt denen conjugationibus verborum auxiliarum et activorum gelesen und auswendig gelernt werden, dieselben hernach insgesamt konjugiert und alle Tage sowohl schriftlich als mündlich mit Beifügung der Syntax-Regeln geübt und wiederholt werden; deswegen werden anfangs die allerleicht- und gewohntesten Redensarten gebraucht, auf daß dieselben durch ihre tägliche Übung dem Gedächtnis desto leichter fallen, und daß man also zu den schwersten gelangen möge. ... Da sich nun der Diszipel auf solche Art eine Zeitlang geübt, so soll ihn darauf der Lehrmeister eine französische Historie täglich lesen lassen, und selbiges so oft wiederholen, bis er es alles recht verstehen und aussprechen könne. Folgend soll er es entweder aus dem Französischen ins Deutsche oder aus dem Deutschen ins Französische übersetzen, damit er dessen Verstand wohl begreife und selbiges hernach desto leichter auswendig lernen könne; denn wo man täglich eine von diesen Historien auswendig lernt, so wird man in gar kurzer Zeit eine sehr große Fertigkeit im Reden erlangen; maßen mit denen zugleich die rechte Aussprache, die Viel[zahl] der Wörter, die richtige Zusammensetzung derselben, nebst den ordentlichen ... [Syntax-]Regeln gelernt werden. Wenn man diese Lehrart zwei oder drei Monate geübt, so kann man einen guten französischen Autor nehmen .... In solchem erwähnten Autor kann man drei Tage in der Woche über etliche Blätter lesen, dieselben exponieren und aus [dem] Französischen ins Deutsche übertragen, die anderen Tage kann man aus [dem] Deutschen etwas ins Französische übersetzen, mittlerweilen aber soll man immer fortfahren, und die in gemeinen Reden gebräuchlichsten Wörter auswendig lernen. "

Im Jahre 1689 veröffentlicht Canel in Nürnberg eine Sammlung "Deutsche und französische Gespräche". Wahrscheinlich im Jahre 1697 erscheint in Nürnberg als weiteres Werk von Canel eine "Grammaire royale française revue pour la quatrième fois ... avec 4 dialogues nouveaux où l'on a joint plusieurs petits contes fort divertissants, un formulaire de lettres sur toutes sortes de matières, et l'histoire véritable de Lucien nouvellement augmentée, où se trouve le grammairien en belle humeur, ou L'abrégé universel de la langue française en vers burlesques avec la version allemande, contenant un collège de 70 exercices ou leçons selon l'ordre de toutes les conjugaisons tant régulières qu'irrégulières ...". Im Jahre 1699 veröffentlicht Canel in Kopenhagen ein Lehrmaterial "Der königliche französisch-deutsche Grammaticus zum andern Mal übersehen und vermehrt". Weitere Ausgaben des Werkes erscheinen in Kopenhagen ("Zur Übung Ihrer Prinzlichen Hoheit Prinz Wilhelm von Dänemark") und in Hamburg im Jahre 1701 sowie in Hamburg 1713. In den ersten Jahren des 18. Jahrhunderts werden im deutschsprachigen Raum 4 weitere Arbeiten von Canel gedruckt, wobei unklar ist, ob es sich um Neuentwicklungen handelt: "Der vollkommene französische Secretarius" (Nürnberg 1703); "Sprachschatz der französischen Sprache" (Nürnberg 1709); "Le théâtre des langues française et allemande... . Der Schauplatz der französischen und deutschen Sprache in 20 Spaziergänge oder gemeine Unterredungen geteilt ..." (Nürnberg 1709); "Le tableau de l'orthographe française, mise sur ses principes, sur le génie et l'analogie, l'étymologie et l'usage et la prononciation, avec une exacte recherche de l'office de l'usage et de l'abus de ses lettres et de ses caractères. Le tout selon l'usage moderne" (Hamburg und Kopenhagen 1710). Schließlich publiziert Canel im Jahre 1718 (in Nürnberg?) ein Traktat "Observations critiques sur le Traité de la grammaire de l'Abbé Regnier Desmarais".

CANSTEIN, Philipp Ruban Johann von. Geb. nach 1750. Studium an der Universität Rinteln seit 1770, in Marburg seit 1773. Von Canstein wird im Jahre 1781 zum Extraordinarius Linguarum Elegantium an der Universität Rinteln ernannt. In der Folgezeit unterrichtet er im Französischen, Italienischen und Englischen.

CANZLER, Friedrich Gottlieb. Geb. am 25.12.1764 zu Wolgast in Pommern. Gymnasialzeit von 1781 bis 1783 in Stralsund, Studium nach 1783 an der Universität Göttingen. Promotion zum Magister am 17.09.1787 im Rahmen der Feierlichkeiten zum 50jährigen Bestehen der Göttinger Hochschule, Habilitation ebenfalls in Göttingen. Canzler erscheint in den Göttinger Vorlesungsverzeichnissen der Jahre 1787 - 1800 mit Vorlesungen und Übungen zur englischen, schwedischen und niederländischen Sprache und Literatur. Im Herbst des Jahres 1799 wird er als Professor der Statistik, Staatsökonomie, Kameral-, Finanz- und Kommerzwissenschaft an die Universität Greifswald berufen. Auch hier erteilt er neben seinen Fächern "Unterricht in den Haupttochtersprachen der germanischen Sprachen, dem Holländischen, Englischen, Dänischen und Schwedischen ... nach eigenem gedrucktem Grundriß." Im Bereich der englischen Literatur behandelt er in Göttingen und Greifswald wiederholte Male Thomsons "Seasons". Im Amtsjahr 1808/09 ist er Rektor der Hochschule. Canzler stirbt am 27.11.1811 (nach anderer Quelle am 21.01.1811) zu Greifswald.
Am 19.06.1802 besteht der seit 1800 an der Universität Greifswald wirkende Lektor des Schwedischen und Russischen Andreas Johann Winter das Rigorosum, wobei Canzler zu den Prüfern gehört. "Die ihm [Winter] laut Protokoll von Professor Canzler während des Rigorosums gestellten Fragen betrafen auch das Gebiet der Slawistik. Canzler berührte erst allgemein Linguistisches und wandte sich dann der russischen und schwedischen Sprache im besonderen zu. Eine der Fragen bezog sich auf die Herkunft des russischen Alphabets, eine andere auf die Stellung des Schwedischen und Russischen im Gesamtsystem der Sprachen. Des weiteren kam Canzler 'auf ihre Verwandtschaft mit anderen Sprachen und deren Ursachen' zu sprechen, sowie 'auf die Hauptbeförderer ihrer Vervollkommnung unter den Landesregenten und endlich auf noch vorhandene öffentliche Institute in dieser Hinsicht in beiden Reichen'. Fernerhin wollte er wissen, welchen Nutzen die russische und schwedische Sprache für den Ökonomen, Staatswirt und Statistiker habe."

Canzler ist Autor einer 1787 in Göttingen erschienenen "Neuen englischen Sprachlehre zum Gebrauch beim Unterricht. More Ways to the Wood than One." Eine erweiterte Neuausgabe des Werkes in 2 Teilen erscheint im Jahre 1796 in Göttingen unter dem Titel "Englische Sprachlehre für Deutsche, zum Gebrauch beim Unterricht". Im Jahre 1800 veröffentlicht Canzler in Leipzig eine wiederum erweiterte, nun dreiteilige 3. Auflage der Grammatik unter dem Titel "Englische Sprachlehre für Deutsche, zum Gebrauch beim Unterricht, nebst englischen und deutschen Bruchstücken zum Lesen und Übersetzen". Im übrigen hinterläßt Canzler ein Oeuvre mit historisch-geographischem und sozial-ökonomischen Schwerpunkt, in dem sich auch Aufsätze im Bereich von Landwirtschaft und Fischerei, etwa "über das Mästen und Räuchern der Gänse in Pommern", über die "Verspeisungsarten von eingesalzenen Heringen" und unterschiedliche "Arten des Fangs der Hechte und ihrer Bereitung im nördlichen Deutschland, besonders in Pommern" finden. Erwähnung verdient im übrigen sein 1799 in Göttingen erschienener "Versuch einer Anleitung zur Kunde einiger Haupttöchter und Mundarten der germanischen oder deutschen Haupt- oder Muttersprache außerhalb Deutschlands und der dahin gehörigen Sprachliteratur".

CAPPELLI. Sprachmeister des Italienischen am Collegium Illustre zu Bayreuth um 1738.

CARBAGNO, C. de. Autor eines 1794 in Leipzig erschienenen Lehrmaterials "Primi principii della grammatica turca".

CARIES. Lehrer des Französischen an der Lateinschule der Herrnhuter Brüdergemeine, belegt für das Jahr 1738. Cariés erteilt Französischunterricht offenbar an 4 Wochentagen in der Zeit von 10.00 bis 11.00 Uhr. In der Zeit von 11.00 bis 12.00 Uhr geht er mit den Schülern spazieren, wobei er mit ihnen französisch diskutiert.

CARION, Johannes. Erhält um das Jahr 1520 von Johann dem Großen, Kurfürst von Brandenburg, den Auftrag, seinen Sohn Joachim (Joachim II) moderne Sprachen zu lehren, so daß dieser später Gesandten ohne Dolmetscher antworten kann.
Wahrscheinlich handelt es sich bei Johannes Carion um den am 22.03.1499 zu Buchichhem geborenen späteren Professor der Mathematik an der Universität Frankfurt (Oder), gestorben 1537.

CARMIEN, Jean Christophe. Aus Héricourt. Trägt sich unter dem 13.05.1747 als Sprachmeister des Französischen in die Matricula Didascalorum der Universität Straßburg ein.

CARMINI, Renaldo. Autor einer italienischen Grammatik, die 1775 in Wien in neuer Auflage erscheint und den Titel trägt: "Grammatica italiana, das ist Wegweiser, die italienische Sprache bald und gründlich zu erlernen, welchem ein Wörterbuch, sinnreiche Sprüche, lustige Geschichten, unterschiedliche neue nützliche Gespräche, Briefe nebst einem Titularbuch angehängt sind." Wahrscheinlich handelt es sich um die Neuauflage eines im Jahre 1760 in Wien erschienenen Lehrmaterials.

CARNAGHI, Amadeus. Aus Mailand. Trägt sich unter dem 27.11.1787 als Sprachmeister des Italienischen in die Matricula Didascalorum der Universität Straßburg ein.

CAROLUS, Douce Henricus. Immatrikuliert sich unter dem 30.09.1734 als Sprachmeister an der Universität Fulda.

CARRIANO, Antonio. Aus Italien stammend. Ursprünglich Mönch. Carriano hält sich, nachdem er zum protestantischen Glauben übergetreten ist, 15 Jahre lang in Magdeburg auf. Unter dem 04.04.1718 bittet er, unter die Sprachmeister des Italienischen an der Universität Jena aufgenommen zu werden. Ob er eine Konzession erhält, bleibt ungewiß.

CARRIERE, Claude de la. Vergleiche De la Carrière, Claude.

CASELLI, Joseph. Aus dem Piemont. Immatrikuliert sich unter dem 03.01.1768 an der Universität Basel. Caselli ist aus den Lektionskatalogen der Hochschule für die Zeit 1770 - 1785 als Lehrer des Italienischen und Französischen belegt.

CASPARI, Friedrich. Primarius der Gießener Lateinschule, angestellt im Jahre 1741. Caspari unterrichtet täglich 2 Stunden Französisch in der sogenannten Privatinformation, zuweilen auch mehr. Der Unterricht wird in den meisten Fällen gratis erteilt.

CASQUET, du. Vergleiche Du Casquet.

CASSAURI, Johannes. Sprachmeister des Spanischen, Italienischen und Französischen an der Universität Gießen, immatrikuliert unter dem 21.10.1681. Cassauri hat möglicherweise bereits vor 1668 an der Hochschule gewirkt.

CASSEL, Johann Philipp. Geb. am 31.10.1707 zu Bremen, Sohn eines Holzhändlers und Bauhof-Direktors. Schulbildung in Bremen, zunächst Besuch des Pädagogiums, ab 1725 dann des Gymnasiums der Stadt. Cassel verläßt das Gymnasium im Jahre 1731, um an einer niederländischen Universität zu studieren: "Dieses Vorsatzes wegen hatte er sich nie ernstlich auf die Erlernung der hochdeutschen Sprache gelegt, damit sie ihm bei der niederländischen nicht hinderlich werden möchte". Ehe er sein Vorhaben ausführen kann, erhält er einen Ruf auf das Rektorat der reformierten Friedrichsschule zu Magdeburg. Unter dem 10.01.1749 wird er als außerordentlicher Professor der Philologie und Kollege der Prima und Sekunda an das Pädagogium zu Bremen berufen. Er wirkt in dieser Position bis zum Jahre 1764. Unter dem 29.01.1764 wird Cassel zum Professor der Beredsamkeit und freien Künste sowie Bibliothekar am reformierten Gymnasium zu Bremen ernannt. Cassel ist seit 1749 Ehrenmitglied der Lateinischen Gesellschaft zu Jena, seit 1752 Ehrenmitglied der Deutschen Gesellschaften zu Bremen und Göttingen. Im Jahre 1759 schlägt er einen Ruf nach Marburg auf eine Professur der Beredsamkeit aus. Er stirbt am 17.07.1783. Cassel ist Übersetzer und Bearbeiter einer Grammatik der englischen Sprache von Isaac Watts; die Ausgabe erscheint im Jahre 1752 in Bremen unter dem Titel "Englische Grammatik oder Die Kunst, Englisch zu lesen und zu schreiben. Darinnen die vornehmsten Grundsätze und Regeln, die englische Sprache recht auszusprechen, sowohl in gebundener als ungebundener Schreibart, mit ausführlichem Unterricht vom richtigen Buchstabieren gegeben werden. Nach der 7. Auflage ins Deutsche übersetzt und mit einem Verzeichnis der Schriften des Autors, die teils übersetzt, teils nicht übersetzt sind, vermehrt." Im übrigen hinterläßt Cassel ein umfangreiches Oeuvre, dessen Schwerpunkte zunächst im Bereich der Altphilologie und Altertumskunde, später dann auf dem Sektor der Geschichte und Geographie sowie auch der Theologie angesiedelt sind. Es umfaßt eine Reihe von Übersetzungen aus dem Englischen.

CASSIUS, Johann Ludwig. Geb. am 24.11.1744, Sohn eines Pfarrers. Erziehung bis 1754 im elterlichen Hause, dann Besuch des Gymnasiums zu Lissa und, seit 1760, des Joachimsthalschen Gymnasiums zu Berlin. Studium seit 1763 an der Universität Frankfurt (Oder), seit 1766 an der Universität Leiden. Rückkehr nach Lissa im Jahre 1770. Cassius wird im Jahre 1776 zum Vikar des reformierten Predigers zu Lissa ernannt, im Jahre 1777 rückt er zum zweiten Prediger auf. In der Folgezeit erteilt Cassius unentgeltlich den Polnischunterricht am Lissener Gymnasium, von 1789 bis 1795 hat er zugleich die 3. Professorstelle an der Anstalt inne.

In seiner freien Zeit betreibt Cassius Privatstudien der Mathematik und Physik sowie der Philosophie. "In der Bibel war er so bewandert, daß er eine große Menge von Stellen nach Kapitel und Text angeben konnte, dieselben noch im höheren Alter auswendig wußte, sie aber meistens polnisch rezitierte, weil er erst später in Lissa mit dem deutschen Texte bekannt worden war. In der deutschen Sprache konnte er sich nie einen guten Stil aneignen, obgleich seine Schreibart von Polonismen frei war; aber auch in der polnischen Sprache war es derselbe Fall, weil seine frühere Bildung mehr auf Gelehrsamkeit als auf einen ästhetischen Unterricht gerichtet war; im grammatischen Bau der Sprache aber hatte er sich tiefe Kenntnisse erworben."

Die letzten Jahre seines Lebens verbringt Cassius als Pastor an der evangelischen Altkirche zu Posen; zugleich amtiert er als Generalsekretär der Posener evangelischen Universität. Er führt den Titel eines Doktors der Theologie. Cassius ist Autor eines 1797 in Berlin erschienenen Lehrmaterials "Lehrgebäude der polnischen Sprache zum Unterricht für Deutsche". Wahrscheinlich steht dieses Werk in enger Beziehung zu der 1793 in Berlin erschienenen "Praktischen polnischen Grammatik für Deutsche" des Alexander Adamovicz. Zumindest eine Quelle aus dem frühen 19. Jahrhundert besagt, daß die Grammatik des Cassius unter dem Namen Adamovicz erschienen sei. Cassius stirbt am 22.04.1827.

"Eine streng logische Disposition zeichnete seine Predigten aus, und noch in späteren Jahren setzte er sie wörtlich auf; aber er memorierte sie nicht wörtlich, weil er bei seinem vorzüglichen Gedächtnis sie nach weniger Durchsicht treu behielt. Er hatte eine scharfe Urteilskraft und eine rege Phantasie, so daß er besonders in seinen Leichenreden und Krankenkommunionen den größten Beifall erhielt; er ließ es aber nicht am himmlischen Troste allein bewenden, er spendete auch irdische Hilfe, denn sein Herz war höchst mitleidig und verleitete ihn oft zu Gaben, welche ihn in Verlegenheit setzten. In seinem häuslichen Leben war er ein treuer Gatte und liebender Vater und sparte keine Kosten für die Erziehung seiner Kinder. Obgleich streng in der Erziehung, hatte er den Grundsatz, man müsse die Kinder nicht merken lassen, wie sehr man sie liebe; deshalb unterrichtete er sie nicht selbst, sondern hielt ihnen Privatlehrer, um, wie er sagte, durch Strafen oder Ungeduld, welche man am meisten mit eignen Kindern hat, nicht ihre Liebe zu verlieren."

CASTEL, Claude. Rektor der Lateinschule zu Saarlouis. Unter dem 26.07.1764 als Régent de la langue latine an die Stadtschule zu Saargemünd (Sarreguemines) berufen. Der mit Castel abgeschlossene Vertrag stellt es dem Lehrer frei, ob er in deutscher oder französischer Sprache unterrichten will. Wahrscheinlich hat Castel in der Folgezeit die deutschsprachigen Schüler der Anstalt auch im Französischen unterwiesen, zumindest indirekt im Rahmen des Lateinunterrichts sowie des Unterrichts in anderen Fächern. Castel wirkt in Saargemünd bis 1766.

CASTELLI. Sprachmeister des Italienischen am Gymnasium zu Bayreuth, belegt für die Zeit um 1737. In jenen Jahren muß sich das Lehrerkollegium mit der fehlenden Disziplin Castellis auseinandersetzen, "der beständig Attacken mit den Schülern hatte und schwach genug war, ohne Scham zu sagen, daß die Schüler ihm aufpassen und ihn so durchprügeln wollten, daß er daran denken sollte, [der] auch seine Lehrstunden äußerst unordentlich besuchte, daß er dem Collegio viel Verdruß machte". Möglicherweise ist Castelli identisch mit Giovanni Tomasio di Castelli.

CASTELLI, Giovanni Tomasio di. Autor einer 1748 in Leipzig erschienenen "Nuova e perfetta grammatica regia italiana e tedesca". Eine spätere Ausgabe des Werkes erscheint in Leipzig 1768, eine weitere in Wien 1773. Di Castelli ist auch der Bearbeiter der 1766 in Frankfurt a.M. erschienenen 23. Auflage des Lehrmaterials "Des Herrn von Veneroni italienisch-französisch-deutsche Grammatik, oder Sprachmeister". Möglicherweise ist Di Castelli identisch mit dem Sprachmeister des Italienischen am Gymnasium zu Bayreuth namens Castelli.

CASTELLI, Nicolo. Italienischer Sekretär des Kurfürsten von Preußen. Castelli wird unter dem 09.10.1691 unter Beibehaltung seiner alten Stelle und seines Jahresgehaltes von 300 Talern zum Professor der italienischen Sprache an der zu gründenden Universität Halle ernannt. Er erhält für seine Tätigkeit an der Hochschule ein zusätzliches Jahresgehalt von abermals 300 Talern. Möglicherweise ist Nicolo Castelli identisch mit dem Leipziger Sprachmeister des Italienischen Nicolo di Castelli sowie mit dem Jenenser Sprachmeister des Italienischen gleichen Namens.

CASTELLI, Nicolo di (1). Sprachmeister des Italienischen zu Leipzig um die Wende vom 17. zum 18. Jahrhundert. Di Castelli ist Autor eines 1692 in Leipzig erschienenen Lehrmaterials "Bibliotheca universalis ital[ic]o et latino idiomate, exhibens pansophiam et rerum divinarum homanarumque notitiam, italicae

Nicol: di Castelli

linguae cultoribus invicem lexici generalis, ad formandum discursum de quavis re apprime utilem". Im Jahre 1714 erscheint von ihm in Amsterdam eine "Nuova grammatica italiana e francese", wobei es sich wahrscheinlich um die neue Ausgabe eines früher erschienenen Titels handelt. Außerdem veröffentlicht Di Castelli mehrere Lesematerialien: "Il pastor infido, Pastorale" (Leipzig 1696); "Le opere di Giambattisto Pocquelin di Molière tradotti" (4 Bde. Leipzig 1698, mehrmals wiederaufgelegt, spätere Ausgabe 1740); "Doppia centuria di favole d'Esopo e d'altri, tradotte" (Frankfurt a.M., o.J.). Von Bedeutung ist schließlich Castellis im Jahre 1700 in Leipzig erschienenes Wörterbuch "Dizionario italiano-tedesco", das mehrfach wiederaufgelegt wird und im Jahre 1771 in einer Neubearbeitung des J. G. di Fraporta erscheint. Möglicherweise ist Nicolo di Castelli identisch mit dem Jenenser Sprachmeister gleichen Namens sowie mit dem Hallenser Professor der italienischen Sprache Nicolo Castelli.

CASTELLI, Nicolo di (2). Bittet im Jahre 1714 um die seit dem Tode des Carolus Caffa verwaiste Professur der italienischen Sprache an der Universität Jena. Di Castelli steht zu diesem Zeitpunkt bereits in hohem Alter. Die Eisenacher Regierung empfiehlt der Regierung in Gotha, Di Castelli anzustellen, mit dem Argument, er werde gelobt, beherrsche neben dem Italienischen auch das Lateinische und Französische, wolle mehr Stunden geben als Caffa und sei mit einem geringeren Gehalt einverstanden. Die Universität bittet daraufhin ihren Lektor der französischen Sprache, François Roux, um Auskunft über Di Castelli. Roux führt aus, er selbst kenne den Anzustellenden nicht, doch sei ihm versichert worden (von einem gewissen Vidali, möglicherweise seinem Jenenser Kollegen De la Vidali), daß dieser weder Edelmann sei, noch überhaupt Castelli heiße. Vielmehr sei er als Père Blaise Franziskaner gewesen, zur Reformierten Kirche übergetreten, dann aber wieder Katholik geworden; er habe in Rom und Viterbo 8 Jahre lang Messe gehalten, er rühme sich seines katholischen Glaubens und habe sogar eine deutsche Protestantin nach Italien gebracht und sie überredet, den Glauben zu wechseln. Di Castelli erhebt gegen diese Anschuldigungen Einspruch; nach langem Hin und Her wird ihm gegen Ende des Jahres 1716 die "Professio Publica Italicae Linguae" übertragen, allerdings ohne festes Gehalt. Die Castelli leistet am 28.04.1717 den Diensteid. Er stirbt wenige Monate später. Unter dem 14.12.1720 wird gemeldet, daß Di Castellis Stelle vakant sei. Möglicherweise ist Di Castelli identisch mit dem Leipziger Sprachmeister des Italienischen gleichen Namens sowie mit dem Hallenser Professor der italienischen Sprache Nicolo Castelli.

CASTILLE, Henri de. Vergleiche Daunert, genannt Henri de Castille.

CASTILLION. Sprachmeister des Französischen an der Kameral-Hohen-Schule zu Kaiserslautern, belegt für das Wintersemester 1780/81. Castillion erteilt Französischunterricht "nach Bedarf".

CATEL, Samuel Heinrich. Geb. am 01.04.1758 zu Halberstadt. Seit 1778 Prediger zu Strasburg (Uckermark), seit 1781 Prediger in Brandenburg, seit 1783 Katechet der französischen Gemeinde zu Berlin. Catel wirkt seit 1793 als französischer Prediger und Professor der griechischen Sprache am französischen Gymnasium zu Berlin. Er stirbt am 27.06.1838. Catel ist Autor eines in 2 Bänden 1798 in Berlin erschienenen Lehrmaterials "Exercices de la langue allemande pour les Français". Sein umfangreiches Werk, teils in deutscher, teils in französischer Sprache publiziert, umfaßt zahlreiche Übersetzungen aus den beiden Sprachen, einen "Dictionnaire portatif français-allemand et allemand-français" (2 Bde., Braunschweig 1799), eine Ausgabe des "Dictionnaire de l'Académie française, nouvelle édition, enrichie de la traduction allemande des mots" (4 Bde., Berlin 1800 - 1801) sowie mehrere zweisprachige Ausgaben: "Fabeln des Lafontaine, in Versen" (4 Bde., Berlin 1791 bis 1794); "Florians Fabeln" (Berlin 1796). Erwähnung verdienen auch eine Übersetzung des "Kinderfreundes" von Rochow unter dem Titel "L'ami des enfants à l'usage des écoles" (Berlin 1789) sowie die Übersetzung von Campes "Robinson" unter dem Titel "Le nouveau Robinson" (Berlin 1808). Von 1806 bis 1822 redigiert Catel die Berlinische Politische Zeitung.

CAUMON. Tochter des Tübinger Sprachmeisters Jean Caumon des Älteren. Frau Caumon versucht, offenbar in den 30er Jahren des 18. Jahrhunderts, sich als Lehrerin des Französischen in Tübingen zu etablieren.

CAUMON, Jean, der Ältere. Geb. 1666. Sprachmeister des Französischen am Collegium Illustre zu Tübingen von 1698 bis 1727. Caumon beginnt seine Tätigkeit an der Hochschule als Informator der drei württembergischen Prinzen Heinrich Friedrich, Maximilian Emanuel und Ludwig Friedrich. Trotz seiner fast 30jährigen Amtszeit gelingt es Caumon offenbar nicht, eine feste jährliche Besoldung zu erlangen. In zwei Schreiben an Herzog Ludwig vom 25.06.1722 und 14.10.1726 macht er auf seine mißliche finanzielle Situation aufmerksam. Er beruft sich auf seinen Vorgänger Du May und die Exerzitienmeister. In seinem Schreiben von 1722 führt er im übrigen aus, daß er angesichts der geringen Zahl der Studierenden in Tübingen nur wenige Schüler habe, so daß er außerstande sei, noch längere Zeit zu existieren. Im Oktober 1726 erhält Caumon durch Fürsprache der Universität eine Unterstützung von 1 Eimer Wein und 1 Scheffel Dinkel. Zu diesem Zeitpunkt hat er eine kranke Frau und mehrere Kinder zu ernähren.

Als Sprachmeister am Collegium Illustre hat Caumon wenig Arbeit. Er erteilt daher Studierenden der Universität sowie den Söhnen wohlhabender Tübinger Bürger Privatstunden. Die Universität bestätigt ihm unter dem 17.10.1726, er habe sich nicht nur "ordentlich und unklagbar aufgeführt", sondern "auch in Informationen die erforderliche Treue und Fleiß rühmlich erwiesen".

CAUMON, Jean, der Jüngere. Sohn des Tübinger Sprachmeisters Jean Caumon des Älteren. Jean Caumon der Jüngere wirkt, offenbar in den 30er Jahren des 18. Jahrhunderts, eine Zeitlang als Sprachmeister des Französischen an der Universität Tübingen.

CAUMON, Jean Ernest. Sohn des Tübinger Sprachmeisters Jean Caumon des Älteren. Jean Ernest Caumon wird unter dem 04.04.1732 als Lehrer des Französischen an der Universität Tübingen immatrikuliert. Er erhält 1736 den Hospitantentisch am Tübinger Theologischen Stift. In späteren Jahren wirkt er in Nürnberg, von wo aus er sich im Jahre 1760 vergeblich um eine Sprachmeisterstelle an der Universität Tübingen bewirbt.

CAVALLI, Vincentinus. Aus Turin. Trägt sich unter dem 21.04.1788 als Sprachmeister des Italienischen in die Matricula Didascalorum der Universität Straßburg ein.

CAVELLARIO, Giovanni Pietro. Aus Italien stammend. Cavellario ist Autor eines im Jahre 1699 in Köln erschienenen Lehrmaterials "La vera e perfetta chiave d'oro della lingua italiana, ovvero Grammatica italiana e tedesca, per arrivare in brevissimo tempo alla somma perfezione della lingua romana ... . Con una squisitissima maniera per comporre d'ogni sorte di lettere, coll'aggionta dei titoli per qualsivoglia grado, dignità, e persona, e finalmente polita per varii complimenti".

CAVIES. Vergleiche Cariés.

CELLARIUS, Franz. Geb. am 05.01.1749 zu Uslar (Fürstentum Kalenberg), Sohn eines Hofgerichtsadvokaten. Cellarius wird als Frühwaise von einem Bruder seiner Mutter, einem Hofkammerrat und Kriegskommissär zu Würzburg, erzogen. Er durchläuft in den Jahren 1762 - 1766 die niederen Klassen der Würzburger Jesuitenschule, im Jahre 1767 studiert er bei den Dominikanern zu Mergentheim die Logik, im Jahre 1768 weilt er bei den Benediktinern zu Fulda, um sich der Physik zu widmen. Nach Abschluß seiner Studien begibt er sich in die österreichischen Erblande, wo er in den Jahren 1769 und 1770 in Kärnten und Oberösterreich "bei dem neu angefangenen Konskriptionsgeschäfte gebraucht" wird. Im Januar 1771 tritt er in kurbayerische Militärdienste; er wird dem Graf Holsteinischen Infantrieregiment zu Burghausen als Kadett und Fourier zugeteilt. Im Jahre 1774 wird er an die Universität Ingolstadt entsandt, um dort Jura zu studieren. Nach Abschluß seiner Studien im Jahre 1776 wird er bei der kurfürstlichen Kommandantschaft zu Ingolstadt als Stabsfourier angestellt, er verliert sein Amt aber bei Regierungsantritt des Kurfürsten Karl Theodor 1777. Ein Jahr später wird Cellarius zum Kurpfalzbayerischen Militär-Schullehrer zu Ingolstadt ernannt. Seit 1787 wirkt er zugleich als Oberinspektor der Schulen der Ingolstädter Garnison; im Jahre 1790 wird ihm zu seinen übrigen Verpflichtungen das Amt eines Bauamtsverwalters des kurfürstlichen Kriegsbauamtes übertragen. Er stirbt im Winter 1804/05. Cellarius ist Autor einer 1788 in Augsburg erschienenen "Grammaire française, welche die Betrachtung und Anwendung der französischen Sprache zeigt". Ob er, wie dies bei Hamberger/Meusel angedeutet ist, auch eine englische Grammatik verfaßt hat, bleibt fraglich. Für den Gebrauch seiner Ingolstädter Kriegsschüler hat Cellarius ein Rechenbuch sowie ein Lehrbuch der Geographie veröffentlicht.

CELLARIUS, Johann Christoph. Student an der Universität Jena, betätigt sich zugleich als Sprachmeister des Italienischen. Unter dem 20.08.1714 meldet der Lector Publicus des Französischen an der Hochschule, François Roux, daß Cellarius Italienisch doziere, obwohl ihm dies verboten worden sei. Cellarius reagiert auf die Anschuldigung bereits am folgenden Tag. Er führt aus, daß er täglich nur 1 Stunde unterrichte, und zwar gratis an einige Freunde. Dies zu tun gehöre zu den studentischen Freiheiten, die ihm Roux nicht beschneiden könne. Roux wiederholt seine Klage unter dem 14.12.1714.

CELLIUS, Jean Jacques. Page am württembergischen Hofe zu Stuttgart. Cellius wird unter dem 20.07.1697 als Sprachmeister am Gymnasium zu Stuttgart angestellt. Er stirbt am 01.12.1700.
Cellius erteilt französischen Unterricht in Klasse VII des Obergymnasiums (2-jähriger Kurs). Das Fach ist 4-stündig.

CERF, Montalembert le. Vergleiche Le Cerf, Montalembert.

CERICHELLI, Franziskus. Aus Amelia in Umbrien. Immatrikuliert sich unter dem 06.06.1759 an der Universität Basel. Cerichelli erscheint in den Lektionskatalogen der Hochschule für die Jahre 1761 - 1763 als Lehrer des Italienischen.

CHAMBRAY, Julet de. Aufseher und Lehrer der französischen Sprache an der Militär-Akademie zu München, belegt für das Jahr 1797.

CHAMPAGNE, Marc Etienne de. Sprach- und Fechtmeister in Görlitz, belegt unter dem 23.09.1697. Damals wendet sich De Champagne an den Rektor des Gymnasiums zu Zittau mit der Anfrage, ob sich wohl 10 - 12 Schüler finden würden, "passionnés pour la langue française et pour le fait d'armes". Die Antwort des Rektors ist nicht bekannt.

CHAMPEGAUD, Bonnyaud de. Sprachmeister des Französischen an der Universität Marburg, angestellt unter dem 29.03.1742. Unter dem 14.12.1743 heißt es von ihm, er habe vor einigen Monaten Marburg heimlich verlassen.

CHANOY, Henri de. Sprachmeister des Französischen an der Universität Gießen, belegt für das Jahr 1707.

CHAPELLE, Bellay de la. Vergleiche Bellay de la Chapelle.

CHAPELLE, Charles de la. Vergleiche De la Chapelle, Charles.

CHAPLIER. Aus Straßburg. Chaplier wird im Jahre 1776 als Lektor der französischen Sprache am Gymnasium zu Kloster Berge angestellt. Im Jahre 1778 geht er als Lektor des Französischen an die Universität Göttingen. Er hat die Stelle bis 1795 inne.

CHAPPUZEAU. Aus Paris. Sprachmeister des Französischen in Genf, belegt für die Zeit um 1667. Chappuzeau wirkt zu dieser Zeit als Präzeptor der Prinzen Albrecht und Bernhard von Sachsen-Gotha, zweier Söhne des Herzogs Ernst des Frommen. Um das Jahr 1673 wird Chappuzeau, der inzwischen in München lebt, zum Informator der bayerischen Prinzen ernannt. Möglicherweise ist er identisch mit dem Pagen-Hofmeister am Hofe des Herzogs Georg Wilhelm von Braunschweig-Lüneburg, Samuel Chapuzot.

CHAPUSET, Johann Karl. Geb. am 25.09.1694 zu Altdorf. Sohn des Sprach- und Exerzitienmeisters Charles Chapuset de Saint Valentin. Besuch der Laurenzer Schule zu Nürnberg sowie der öffentlichen Vorlesungen der Professoren daselbst, seit 1714 an der Universität Altdorf immatrikuliert. Von 1715 bis 1718 Studium der Mathematik und Philosophie an der Universität Halle, u.a. bei Christian von Wolff. Ein im Jahre 1718 begonnenes Studium der Medizin muß Chapuset abbrechen, da es ihm an den nötigen Mitteln fehlt. Chapuset wird 1719 von dem Superintendenten der Grafschaft Hohenlohe-Waldenburg und Neuenstein als Lehrer der französischen Sprache und Mathematik an das Gymnasium zu Öhringen berufen. Im Jahre 1726 wirkt er als Informator im Hause des Grafen Johann Friedrich von Öhringen. Chapuset läßt sich im Jahre 1740 in Nürnberg nieder, "woselbst er sich ... mit Unterweisung anderer in der französischen Sprache, auch mit allerhand mathematischen Arbeiten, rühmlich beschäftigt". Der "wohlverdiente französische Sprachmeister" stirbt am 29.12.1770.

Chapuset ist Autor mehrerer Lehrmaterialien für den Französischunterricht: "Auszug der allernötigsten Regeln aus des De la Touche Kunst, recht wohl Französisch zu reden" (Nürnberg 1742); "Synthaxe pratique française pour les Allemands, oder kurze und deutliche Anweisung für die deutschen Liebhaber der französischen Sprache, die Teile der Rede zusammenzusetzen" Wien und Nürnberg 1747); "Unentbehrliche Anfangsgründe der französischen Sprache und derselben nützliche Anwendung, nebst einem Anhang einiger französischer Gespräche" (Nürnberg 1750); "Sammlung deutsch-französischer Gespräche, in einem Anhang" (Nürnberg 1753, neue Auflage, vermehrt von J. H. Meynier, Erlangen 1799); "Sammlung deutscher Fabeln, aus der Natur- und Weltgeschichte gezogener Begebenheiten und freundschaftlicher Briefe, zu bequemer Übersetzung in das Französische, mit hinlänglicher Phraseologie derselben" (Nürnberg 1767, spätere Ausgabe, verbessert und vermehrt von De Colom unter dem Titel "Sammlung deutscher Aufsätze von Fabeln, Begebenheiten, Briefen und Betrachtungen, zu bequemer Übersetzung ins Französische, mit Phraseologie", Nürnberg 1784); "Grammaire für die Anfänger oder Unentbehrliche Anfangsgründe der französischen Sprache und derselben nützliche Anwendung, nebst einem Anhang einiger französischer Gespräche, Fabeln und Historien" (Nürnberg 1769). Bei dem letztgenannten Titel handelt es sich um die erweiterte Neuarbeitung der 1750 veröffentlichten Grammatik. Außerdem wird Chapuset eine "nach den Grundsätzen des Abts Girard eingerichtete französische Grammatik" zugeschrieben, die 1754 in Nürnberg erschienen ist. Nebenbei hat sich Chapuset mit dem Ofenbau befaßt; er hat auch hierzu zwei theoretische Schriften veröffentlicht.

CHAPUSET de SAINT VALENTIN, Charles. Aus Frankreich stammend. Glaubensflüchtling. Hält sich in den Jahren nach 1685 an verschiedenen Orten Deutschlands auf, wo er Französischunterricht erteilt und sich auch als Exerzitienmeister betätigt. Chapuset läßt sich spätestens 1688 in Altdorf nieder. Hier wird im Jahre 1694 sein Sohn, der spätere Sprachmeister Johann Karl Chapuset, geboren.

CHAPUZEAU. Vergleiche auch Chappuzeau.

CHAPUZEAU, Samuel. Geb. zu Paris. Entstammt einer Patrizierfamilie. Theologe. Hält sich möglicherweise in den 80er Jahren des 17. Jahrhunderts eine Zeitlang in Kassel auf, danach wirkt er als Inspector des Königs Wilhelm III von Großbritannien. Chapuzeau ist in späterer Zeit als Pagen-Hofmeister am Hofe des Herzogs Georg Wilhelm von Braunschweig-Lüneburg tätig. Hier veröffentlicht er "Verse in französischer Sprache" und auch "eine Relation von Savoyen", ein Werk über "Lyon dans son lustre", eine "Relation de l'état présent de la Maison Electorale et de la Cour de Bavière" sowie schließlich eine Schrift "L'Europe vivante". Ein "Dictionnaire historique, géographique, chronologique et philologique" ist Manuskript geblieben. Chapuzeau stirbt am 31.08.1701 zu Celle. In einem Sonett, das er 3 Tage vor seinem Tode niedergeschrieben hat, beklagt er sein Alter, seine Armut und die Tatsache, daß er erblindet sei. Chapuzeaus Schrift über den bayerischen Hof deutet darauf hin, daß er identisch ist mit dem Genfer Sprachmeister und späteren Informator der bayerischen Prinzen namens Chappuzeau.

CHAPUZOT, Samuel. Vergleiche Chapuzeau, Samuel.

CHARBONNET, Louise. Französische Erzieherin und spätere Vorsteherin des von August Hermann Francke im Jahre 1698 zu Glaucha bei Halle gegründeten Gynaeceums, einer "Frauenzimmeranstalt" zur Erziehung der Töchter reicher und adliger Eltern. Frau Charbonnet ist Autorin einer im Jahre 1699 in Halle erschienenen Grammatik "Les principes de la langue française ou grammaire méthodique pour l'usage de la jeunesse". Offenbar erscheint noch im Jahre 1699 in Halle eine weitere Ausgabe dieses Unterrichtsmaterials unter dem Titel "Nouvelle grammaire française pour l'usage de la jeunesse de l'un et de l'autre sexe qui s'élève à Glauche près de Halle par les soins de M. le Professeur Francke utile particulièrement à ceux qui ne savent point de latin".
Die Grammtik folgt einem strengen mechanisch-konstruktiven Ansatz. "Aus der Überzahl von Regeln und Vorschriften mit angehängten Beispielen und Ausnahmen in zusammenhangloser Anordnung ist nichts anderes zu schließen, als daß der grammatische Unterricht unendlich nüchtern und mechanisch erteilt worden sein muß." Die Begrifflichkeit der Grammatik und die Texterklärungen setzen lediglich Deutschkenntnisse voraus.

CHARDOILLET, Johann Nikolaus. Aus Belfort. Autor einer 1644 in Wien erschienenen "Grammatica seu brevis instructio linguae gallicae, cum praecipuis eius fundamentis, et brevi eiusdem argumenta componendi methodo". Möglicherweise ist Chardoillet identisch mit dem Sprachmeister an der Universität Ingolstadt namens Chardouillet.

CHARDOUILLET. Sprachmeister an der Universität Ingolstadt, belegt für das Jahr 1661. Damals verklagt Chardouillet einen Tanzmeister, daß er auch Sprachunterricht gebe. In diesem Zusammenhang heißt es von Chardouillet, er sei bereits seit vielen Jahren an der Hochschule tätig. Möglicherweise ist Chardouillet identisch mit dem Autor der "Grammatica seu brevis instructio linguae gallicae", Johann Nikolaus Chardoillet.

CHARMOIS, Fort de. Vergleiche Fort de Charmois.

CHARPENTIER, G. A. Bewirbt sich im Jahre 1797 um die vakante Stelle eines Lektors des Französischen an der Universität Jena. Charpentier bezeichnet sich als Professor. Ob er in der Folgezeit in Jena unterrichtet, bleibt ungewiß. Sicher ist, daß die Nutritoren die zu der Stelle gehörige Besoldung zunächst anderweitig verwenden.

CHASSIGNOL, Stephan. Aus der Umgebung von Düsseldorf stammend. Chassignol dient eine Zeitlang im französischen Heer. Seit etwa 1702 ist er Schulmeister zu Schlettstadt (Séléstad). Offenbar erteilt Chassignol auch Unterricht im Französischen und Lateinischen. Er versieht sein Amt bis zu seinem Tode am 07.09.1742. Ein Zeitgenosse, P. D. Ross, rechnet Chassignol zu den besten Lehrern, die Schlettstadt im 18. Jahrhundert besitzt: "Nebstdem, daß er Deutsch und Französisch vollkommen redete, wußte er das Lateinische aus dem Grunde".

CHASTEL, Franz Thomas. Geb. am 30.01.1750 zu Pierrefitte im Herzogtum Bar-le-Duc, Sohn eines Kaufmanns und Gerichtsschreibers. Erste Ausbildung im elterlichen Hause sowie bei Verwandten in Paris und in Montiers-sur-Saulx in der Champagne, von 1761 bis 1763 Besuch der niederen Schulen der Augustiner Chorherren zu Saint Mihiel, von 1763 bis 1765 Schüler des Königlichen Kollegiums zu Bar-le-Duc, sodann in den Jahren 1766 und 1767 Schüler der Jesuiten zu Nancy. Von 1768 bis 1771 ist Chastel Student an der Universität Straßburg. Sein Studienschwerpunkt sind die historischen und philosophischen Wissenschaften, zugleich erlernt er die deutsche und italienische Sprache. Im März 1771 wechselt er an die Universität Mainz, wo er seine Sprachstudien fortsetzt und ein Jurastudium beginnt. Seinen Lebensunterhalt verdient er durch französischen Sprachunterricht. Er hat damit so viel Erfolg, daß er die Tätigkeit zu seinem Lebensberuf macht: Im Jahre 1773 wird er als Kurmainzischer Stadt-Sprachmeister angenommen. Ein Jahr später beginnt er als Universitätssprachmeister zu Gießen. In einem Bericht der Universität im Zusammenhang mit seiner Anstellung heißt es, Chastel könne auch "verlangten Falles Unterricht im Italienischen geben". Die Anstellung selbst erfolgt "in Rücksicht mehrerer von ihm vorgebrachter glaubhafter Zeugnisse seines Wohlaufführens, auch besitzenden guten Eigenschaften und Fähigkeit in Lehrung der französischen Sprache als wirklicher französischer Stadt-Sprachmeister in Mainz". In der Folgezeit unterrichtet Chastel auch am Gießener Pädagog. Um das Jahr 1776 wird ihm von seiten der Universität der Vorwurf gemacht, seine Methode sei äußerst langsam, auch wenn man ihm ansonsten die Geschicklichkeit nicht absprechen könne. Im Rahmen des normalen Universitätaufenthaltes sei bei dieser Methode kein Student in der Lage, die französische Sprache vollständig zu erlernen. Der Gießener Pädagogiarch Köster führt in diesem Zusammenhang aus, daß Chastel mit seinem peniblen Ausspracheunterricht, seinen tiefgreifenden kritischen Bemerkungen, mitunter auch mit Chansons, die er in seinen Stunden vorsinge, oder auch mit Stadtneuigkeiten, die er deutsch erzähle, "die beste Zeit verderbe". Daneben wird Chastel vorgeworfen, daß er "eigenmächtig und zur größten Beschwerde der Studenten" das monatlich zu entrichtende Honorar statt auf 3 auf 4 Gulden festgesetzt habe, und daß er, wenn man von ihm verlange, ins Haus zu kommen, nach Belieben mehr fordere. Im Gegenzug klagt Chastel, daß er "durch eine äußerst böse, liederliche und verschwenderische Wirtschaft seiner schon seit geraumer Zeit von ihm entlassenen, hernach separierten mißartigen Ehekonsortin in die vermögenslosesten Umstände versetzt worden sei".

Unter dem 25.01.1779 ernennt ihn der Landgraf von Hessen zum Lektor der französischen Sprache an der Gießener Hochschule, verbunden mit der Erlaubnis, öffentliche Vorlesungen im Bereich der französischen Sprache anzukündigen. Die Ernennung zum Lektor erfolgt auf Chastels Ersuchen und "in Ansehung seines bisher bewiesenen Fleißes und Diensteifers". Im Jahre 1783 rühmt sich

Chastel, daß er in einem Zeitraum von acht Jahren 300 Studierende, ohne die Pädagogschüler zu rechnen, in seinem öffentlichen
und privaten Unterricht betreut habe. Eine Mitteilung aus dem
Jahre 1791 macht deutlich, daß Chastel nicht immer in der Lage
war, alle Schüler anzunehmen. Er sah sich genötigt, "von Zeit zu
Zeit Studiosos zu Unterlehrern abzurichten und zu gebrauchen". Im
Jahre 1797 erhält Chastel "den Charakter eines Professors der französischen Sprache, mit dem Rang als unterster außerordentlicher
Professor der Philosophie, jedoch ohne Teilnahme an den Exami-
nations- und Promotionsgebühren oder anderen Emolumenten der
Professoren". Die Verleihung des Titels beruht auf einer Eingabe
von 6 Votanten, die als Begründung anführen, Chastel besitze umfangreiche und gründliche Sach- und Sprachkenntnisse, er habe
schon oft öffentliche Vorlesungen gehalten und schon seit vielen
Jahren als Lektor zum Nutzen der Universität gewirkt. Das Beispiel
anderer Universitäten, wie Göttingen, Leipzig und Marburg, zeige,
daß verdienten Lehrern lebender Sprachen der Professorentitel zu-
erkannt zu werden pflege. Gleichzeitig mit seiner Ernennung zum
Professor rückt Chastel zum außerordentlichen Lehrer des Französischen am Gießener Pädagog auf. Daß Chastel sich mit dem Gedanken trägt, den Französischunterricht in Gießen auf Sekundar-
schulebene auszuweiten, bezeugt sein 1799 in Gießen veröffent-
lichtes "Programm an die Eltern, Vormünder und Verwandte, ihre
Kinder, Mündel und Angehörigen in eine anzustellende öffentliche französische Bürgerkinderschule zu schicken".

Chastels beruflicher Erfolg ist auch finanziell dokumentiert: Im
Jahre 1797 betragen seine Einnahmen aus Hörgeldern und Hono-
raren 873 Gulden. Hinzu kommt eine Einnahme von 290 Gulden
aus schriftstellerischen Arbeiten. Der Gesamtbetrag von knapp 800
Talern liegt deutlich über durchschnittlichen Professorengehältern
der damaligen Zeit. Chastel stirbt am 02.11.1813 zu Rodheim bei
Gießen.

Chastel ist Autor zahlreicher Lehrmaterialien für den Französischunterricht: Zunächst veröffentlicht er im Jahre 1775 in Frankfurt
a.M. eine Bearbeitung der 1761 erschienenen, von Köster besorgten "Anleitung zur französischen Sprache zum Gebrauch des
Frauenzimmers und anderer, welche kein Latein verstehen" unter

236

dem Titel "H. M. G. Kösters Anleitung zur französischen Sprache für Frauenzimmer, verbessert und zum Gebrauch der Studierenden eingerichtet".

"Köster ... beschränkt sich in der Grammatik auf das Wichtigste; auch verwirft er ein bloß mechanisches Auswendiglernen der grammatischen Regeln, denn das mache den Schüler nur verdrießlich. Durch das Gedächtnis allein lerne man eine Sprache nicht: 'Dieses muß wenig, die Beurteilungskraft desto mehr gebraucht werden'. Die Übung freilich müsse noch hinzukommen. Aber wie man eine Sprache nicht durch Regeln allein lernen könne, ebenso wenig durch bloßen Umgang und Gebrauch; sonst fehle es nachher an der Gründlichkeit." Chastel "rühmt an dem Kösterschen Buch, daß es 'die wesentlichsten Regeln ... in einer brauchbaren Kürze enthält; ... denn nichts erschwert die Erlernung des Französischen mehr, als wenn man die Schüler und in Sonderheit junge Kinder mit einer Menge von Regeln und Ausnahmen überhäuft'. Viele Einzelheiten, z.B. das Geschlecht der Wörter, Bildung des Femininums der Adjektive, den Gebrauch verschiedener Pronomina und Präpositionen, die Verba defectiva, das Genauere über den Gebrauch der Tempora und dergleichen überläßt er dem mündlichen Unterricht und dem Gebrauch. So vertritt er kein rein deduktives, sondern mehr ein gemischtes Verfahren."

Im Jahre 1778 publiziert Chastel in Gießen eine erste Anthologie "Petit recueil des fables, contes et petits drames, à l'usage de ceux qui commencent à apprendre et à expliquer le français, avec une table alphabétique des mots, termes et expressions contenus dans ce livre et les remarques nécessaires de syntaxe et sur le génie de la langue", von der 1781 eine 2. Auflage erscheint. Eine zweite Anthologie in Gestalt einer weiteren Köster-Bearbeitung folgt in Gießen 1779: "Recueil des diverses pièces en prose et en vers par H. M. G. Köster, seconde édition revue et corrigée".

Es handelt sich dabei um die Neuauflage der zunächst im Jahre 1764 in Frankfurt a.M. erschienenen Sammlung "Recueil de pièces diverses en prose et en vers tirées des auteurs les plus célèbres, à l'usage de la jeunesse tant de l'un que de l'autre sexe".

Im Jahre 1781 gibt Chastel in Gießen sein "Traité méthodique de la bonne prononciation et de l'orthographie française, travaillé avec soin d'après ce qu'en ont enseigné les meilleurs grammairiens et fondé sur l'usage introduit dans les villes de France où l'on parle le mieux français, avec un avant-propos sur la manière d'enseigner et de bien apprendre cette bonne prononciation" heraus.

"Daß Chastel die Verbindung von Regeln und Usus für notwendig hält, zeigt ... folgende Stelle aus seinem 'Traité méthodique' ... : 'Es ist ebenso schwer, einen Mann zu finden, der es dahin gebracht hat, daß er eine Sprache ohne Fehler reden und schreiben kann, die er bloß von der Übung gelernt hat, als es rar ist, einen zu finden, der gut spricht und schreibt, wenn er nicht bei dem Studium der Grundsätze und der Regeln der Grammatik, welche er hat lernen müssen, einen beständigen und anhaltenden Gebrauch gehabt hat.' Chastels Methode will eine Mittelstraße zwischen beiden sein, und zwar beginnt er mit den Regeln, denen sich in jeder Stunde die Übung anschließt. Daß Chastel sich die Erlernung der Grammatik deduktiv denkt, das können wir auch noch aus seinem 'Versuch einer ausführlichen französischen Sprachlehre' (1792) ... zeigen."

Eine von Chastel redigierte Sammlung "Chansons de table, d'après Messieurs Claudius et le Conte de Stollberg, et deux petites pièces de M. Burger, avec l'original, mis en vers français" erscheint in Gießen 1785, gefolgt von einer dreibändigen "Anleitung zum Lesen französischer Poesien, mit nützlichen und angenehmen Rhapsodien, ausgelesen aus dem französischen Parnasse, nebst den nötigen Erklärungen. Introduction à la lecture des ouvrages en vers français, jointe à d'utiles et agréables Rhapsodies glanées sur le Parnasse français, avec les éclaircissements nécessaires en allemand mises au jour" (Gießen 1788). Eine weitere Bearbeitung ist das 1791 in Offenbach erschienene Lehrmaterial "Das Orakel oder Versuch, durch Frage- und Antwortspiele die Aufmerksamkeit der Jugend zu üben und sie nützlich und angenehm zu unterhalten, aus dem Französischen der Madame de la Fite übersetzt, mit Anmerkungen begleitet." Im Jahre 1792 erscheint in Frankfurt a.M. und Leipzig Chastels "Essai d'une grammaire achevée du traité de l'étymologie et de la syntaxe française, avec des tables. Versuch einer ausführlichen französischen Sprachlehre, oder Vollkommene Darstellung der französischen Wortforschung und Wortfügung mit Tabellen."

"Ähnlich wie Roux empfiehlt Chastel, ... bei jungen Schülern umgekehrt wie gewöhnlich, nämlich induktiv zu verfahren: 'Der Gebrauch muß vor den Grundsätzen gehen und die Grundsätze auf den Gebrauch folgen.' Überhaupt spielt die Übung bei ihm eine große Rolle, und das induktive Element tritt auch in seinem übrigen Unterricht zuweilen recht deutlich hervor."

Auf der Basis des "Versuchs" veröffentlicht Chastel im Jahre 1796 in Gießen eine "Neue kürzere französische Grammatik für Schulen". Zuvor publiziert er eine "Sammlung kleiner Aufsätze über die nötigsten und bekanntesten Handwerke, Künste und Wissenschaften, deutsch und französisch abgefaßt" (Frankfurt a.M. 1794). Auf dieser Vorarbeit beruht die 1798 in Frankfurt a.M. erschienene "Kleine wissenschaftliche Terminologie oder Anweisung, sich über die bekanntesten Wissenschaften, Künste und Handwerke in ihrer Kunstsprache, im Deutschen und Französischen zu unterhalten und richtig auszudrücken". Ein 2. Band zu diesem Werk erscheint in Frankfurt a.M. im Jahre 1800. Außerdem hat Chastel zwei Kinderbücher verfaßt, nämlich ein "Alphabet d'histoire naturelle ou représentations et descriptions de quelques animaux remarquables tirés de M. Schreber et Buffon; Cadeau pour des enfants dociles et sages" (Offenbach 1792) und "Ausgelitten hast du, armer König, etc. Complainte, traduite en français sur l'air de pauvre Jacques, etc." (Gießen 1793).

CHATAUBOURG, René de. Vergleiche Chateaubourg, René de.

CHATEAU, Jean de. Sprachmeister des Französischen und Italienischen in Wittenberg in den 90er Jahren des 17. Jahrhunderts. De Chateau wird nach einer im Jahre 1698 erfolgten vergeblichen Bewerbung um eine Universitäts-Sprachmeisterstelle im Jahre 1699 von der Universität angenommen. Er hat seine Stelle bis zu seinem Tode im Jahre 1710 inne.

Möglicherweise ist De Chateau zuvor in Dresden tätig gewesen, da überliefert ist, die Universität Wittenberg habe daran Anstoß genommen, daß seine Frau zu Lebzeiten ihres Mannes in Wittenberg, wie auch schon in Dresden, einen Kaffeeschank betrieben habe.

CHATEAUBOURG, René de. Geb. am 02.08.1751 in der Umgebung von Orléans. Schlägt die Offizierslaufbahn ein und dient von 1766 bis 1776 in der französischen Armee. Im Jahre 1778 Auswanderung nach Bremen, im Juli 1783 Übersiedlung nach Göttingen. De Chateaubourg wird im Jahre 1785 von der Universität Göttingen als Lektor des Französischen angenommen. Er unterrichtet bis zu seinem Tode am 07.09.1825.

CHATEAUX, Johann Daniel des. Vergleiche Deschateaux, Johann Daniel.

CHATILLON. Aus Hanau. Sprachmeister des Französischen an der Universität Herborn, angestellt im Jahre 1711. Chatillon erhält ein Jahresgehalt von 60 Gulden und freie Wohnung im Schulgebäude.

CHATILLON, Louis. Reformierten Glaubens. Sprachmeister des Französischen an der Universität Marburg, belegt für das Jahr 1663.

CHAUVRE. Sprachmeister des Französischen an der Lateinschule zu Halle (Saale), angestellt im Jahre 1715. Chauvré hat vier Wochenstunden öffentlichen Unterrichts zu erteilen. Dafür erhält er ein Jahresgehalt von 50 Talern.

CHERI de. Vergleiche Du Gery.

CHERIER, Joseph. Aus Fraimbois bei Lunéville. Trägt sich unter dem 26.11.1749 als Sprachmeister des Französischen und Lateinischen in die Matricula Didascalorum der Universität Straßburg ein.

CHERSI. Sprachmeister des Italienischen an der Universität Halle, belegt für das Jahr 1750.

CHOFFIN, David Etienne. Als Lector Publicus und französischer Sprachmeister an der Universität Halle belegt für das Jahr 1767. Zu diesem Zeitpunkt erhält Choffin, der offenbar bereits seit Ende der 40er Jahre als Sprachmeister des Französischen in Halle tätig ist, ein Jahresgehalt von 50 Talern. Choffin stirbt im Januar 1773. Er ist Autor einer Reihe von Lehrmaterialien für den Französischunterricht: "Nouvelle grammaire à l'usage des dames et des autres personnes qui ne savent pas de latin" (2 Bde., Berlin 1747, 2. Auflage 1755, weitere Auflagen 1762, 1776 und 1782 bis 1783); "Amusements philologiques, ou Mélange agréable de diverses pièces concernant l'histoire des personnes célèbres, les événements mémorables, les usages et les monuments des Anciens, la morale, la mythologie et l'histoire naturelle, servant à la préparation aux études" (2 Bde., Halle 1749 - 1750, spätere Ausgaben Halle 1762, 1767, 4 Bde. 1784); "Dictionnaire abrégé de la fable ou de la mythologie; pour l'intelligence des poètes, de l'histoire fabuleuse, des tableaux, des monuments historiques, des termes d'astronomie, et de l'excellent poème épique intitulé 'Les avantures de Télémaque', servant de Supplément aux 'Amusements philologiques' " (Halle 1750); "Grammaire élémentaire renfermant le canvas de la grammaire française oder Elementare Grammatik vom Verfasser der Grammaire des dames" (Halle 1754); "Dictionnaire portatif français-allemand et allemand-français, en faveur tant des Allemands qui veulent apprendre le français, que des Français qui s'appliquent à la langue allemande, en particulier pour ces personnes d'un état ambulant, et de celles, qui sont aux écoles. Appuyé de l'autorité du dictionnaire de l'Académie Française" (2 Teile, Halle 1759); "La lecture rendue facile et agréable oder Das französische Lesen leicht gemacht" (Halle 1763); "Amusements littéraires, ou Magazin de la belle littérature, tant en prose qu'en vers" (Brandenburg 1772). Eine in Berlin im Jahre 1777 anonym erschienene "Neue französische Grammatik für solche, die nicht Latein verstehen" geht wahrscheinlich auf die "Nouvelle grammaire" Choffins von 1747 zurück.

CHOLET, André. Sprachmeister des Französischen in Verden, in der Stadt ansässig seit 1754. Cholet wird im Jahre 1756 mit einem Jahresgehalt von 75 Talern als französischer Sprachmeister am Domgymnasium zu Verden angestellt. Seine Aufgabe ist es, täglich eine Stunde öffentlichen Unterricht für diejenigen Schüler zu erteilen, die sich die Anfangsgründe des Französischen aneignen wollen. Im jeweils zweiten Halbjahr soll er mit den Fortgeschritteneren Fénelons "Télémaque" lesen. Cholet kündigt sein Dienstverhältnis im Jahre 1767, wobei er als Begründung angibt, er könne in Verden nicht subsistieren. In der Folgezeit übernimmt er eine Gastwirtschaft vor dem Ostertore zu Bremen.

CHOPPIN, E. Autor einer 1636 in München erschienenen "Grammatica trilinguis idiomate trino italico, gallico, hispanico".

CHRISTIAN, Frédéric. Trägt sich unter dem 21.12.1734 als Sprachmeister in die Matricula Didascalorum der Universität Straßburg ein.

CHRISTIANI, Christian. Bezeichnet sich im Vorwort zu seiner "Neuen englischen Sprachlehre" (1799) als "von einer Engländerin von gutem Stande geboren" und gibt an, daß er acht Jahre lang in London gelebt habe, wo er Gelegenheit hatte, "nicht nur mit Gelehrten, sondern auch mit Standespersonen beiderlei Geschlechts vertraulich umzugehen", so daß ihm "die beste Aussprache geläufig geworden" sei. Als Sprachmeister des Französischen, Italienischen und Englischen an der Universität Göttingen angenommen im Jahre 1763. Christiani unterrichtet an der Hochschule bis 1797. Im Jahre

1800 plant er, gemeinsam mit dem Buchhalter Michael Johann Georg Poppe in Göttingen ein Handelslehrinstitut zu errichten. Da das Institut zunächst als Privatunternehmen bestehen soll, zeigt sich die Universität den Bestrebungen gegenüber nicht abgeneigt. Nach längeren Verhandlungen wird beschlossen, der Hochschule die Aufsicht über die zu gründende Anstalt zu übertragen. Das Projekt wird jedoch nicht weiter verfolgt. Christiani stirbt im Jahre 1803.

Christiani ist Autor einer Reihe von Lehr- und Nachschlagewerken: "Übungen in der englischen Sprache, bestehend in Aufsätzen über alle Teile der Rede und Anmerkungen bei den irregulären Verbis, Fabeln und wahren Geschichten, mit einer hinlänglichen englischen Phraseologie zum Übersetzen für Anfänger, nebst 16 englischen Briefen und Mustern verschiedenen Inhalts solcher Zettel, welche die Engländer einander zu schreiben pflegen" (Hannover 1791); "Collection of Mercantile Letters, to which are added Bills of Exchange, with a sufficient German Phrascology for the Use of Young Gentlemen Destined for Trade" (Hannover 1795); "Übungen in der englischen und französischen Sprache" (Hannover 1797); "Modelli di lettere di corrispondenza mercantile, cambiali e d'altre polizze quali d'obligo e quali di ricevuta con una phraseologia in tedesco, francese, inglese ed ollandese, oder Von Handlungsbriefen, Wechseln etc. in italienischer Sprache, mit einer deutschen, französischen, englischen und holländischen Phraseologie" (Hannover 1797); "Neue englische Sprachlehre" (Göttingen 1799); "Themes On All Parts of Speech, English Fables and Stories with a Sufficient German and French Phraseology for the Translation in either of these Languages together with a Short though Complete German Grammar for the Use of Englishmen that want to learn the German Language" (Hannover 1799).

Im "Vorbericht" zu seiner "Neuen englischen Sprachlehre" führt Christiani aus, er sei im Bereich der Syntax den Grammatiken von Arnold und König gefolgt, weil er "ihre Grammatiken noch immer unter allen bisher herausgekommenen für die besten und gründlichsten halte". Auch in der Einteilung des Stoffes habe er sich nach ihnen gerichtet. Die Aussprache des Englischen bezeichnet er als "unstreitig fast das Schwerste bei Erlernung dieser Sprache, welche sonst (besonders für diejenigen, welche der französischen mächtig sind) äußerst leicht ist, wenn man solche nur erst fertig lesen kann".

Im übrigen hat Christiani Lehrmaterialien und Leitfäden im Umfeld der kaufmännischen Erziehung vorgelegt.

CHRISTIANI, F. R. Sprachmeister des Französischen und Englischen in Jena seit 1723. Christiani unterrichtet offenbar zunächst ohne Konzession. Dies geht aus einer Beschwerde des Lector Publicus des Französischen an der Universität Jena, François Roux, vom 14.12.1723 hervor. Unter dem 16.01.1724 bittet Christiani die Erhalter der Universität Jena, ihn anstelle des alten und gebrechlichen Sprachmeisters Vatier, der "gänzlich und völlig resigniert und sich des Dozierens begeben" habe, in den Kreis der akademischen Sprachmeister aufzunehmen und ihm zu genehmigen, französischen und englischen Unterricht zu erteilen. Offenbar ist das Gesuch nicht der erste Vorstoß Christianis. Gegen eine Bestallung als Französischlehrer protestiert François Roux.

Roux führt aus, Vatier lese zwar nicht mehr so viel wie früher, seine Behauptung aber, das Dozieren ganz aufgeben zu wollen, sei nichts anderes als der Versuch, die von den Universitätserhaltern dekretierte monatliche Abgabe von 1 Taler an ihn zu umgehen. Sollte aber Vatier wirklich aufhören wollen, Sprachen zu lehren, so sei zu überlegen, ob sein Platz ersetzt werden solle, denn schließlich hätten die meisten Sprachmeister ihre Stunden nicht voll besetzt. Gleichzeitig weist Roux allerdings darauf hin, daß Christiani "die englische Sprache, absonderlich deren Pronunziation, sehr wohl verstehen" solle, so daß eigentlich nichts im Wege stehe, ihn für das Fach Englisch zu verwenden. Der Hinweis richtet sich gegen den Jenenser Sprachmeister des Englischen, Französischen und Italienischen Johann Elias Greiffenhahn, der seit 1710 an der Hochschule wirkt und dem es gelungen ist, von der Abgabe von 1 Taler an Roux befreit zu werden.

Roux ist mit seiner Eingabe erfolgreich: Es wird Christiani vom Senat der Universität bei 20 Reichstalern Strafe verboten, in Jena Unterricht in der französischen Sprache zu erteilen. Im Englischen darf er auch weiterhin unterrichten, obwohl im Bericht der Universität an den Herzog von Sachsen-Eisenach bezweifelt wird, daß er "mit dem Dozieren in der englischen Sprache allein sich werde hinbringen können", so daß "vielmehr zu besorgen" sei, "daß er mit der Zeit hiesiger Akademie eine Last sein werde".

CHRYSANDER, Wilhelm Christian Justus. Geb. am 09.12.1718 zu Gödekenrode (nach anderer Quelle: Göddeckeroda, Göttkenrode) im Halberstädtischen, Sohn eines Predigers. Erste Ausbildung im elterlichen Hause, Besuch der Schule zu Ronburg sowie, seit Mai 1731, der Egidienschule zu Braunschweig und, seit Juni 1732, des Martinsgymnasiums daselbst. Chrysander erwirbt sich eine vorzügliche Kenntnis des Altgriechischen, zugleich gilt er als talentierter Musiker (Gesang, Laute, Flöte, Cembalo). Im September 1735 bezieht er das Gymnasium zu Ilfeld, wo er seine Griechischkenntnisse so vervollkommnet, daß er diese Sprache "fast leichter als die lateinische redete". In Ilfeld erwirbt er sich bei Johann Jakob Maumary die Kenntnis des Französischen. Im Jahre 1738 bezieht Chrysander die Universität Halle, wo er neben Philosophie, Mathematik, Orientalistik, Geschichte und Theologie auch die englische Sprache studiert. Sein Lehrer ist ein gewisser Konrektor Pappe. Durch den Rabbi Abraham Treliz läßt er sich im Rabbinischen und Talmudischen unterweisen. Am 22.11.1738 wird Chrysander in die Lateinische Gesellschaft der Universität Halle aufgenommen. Er verläßt die Hochschule am 27.09.1741; nach einer kurzen Bildungsreise durch Teile Mitteldeutschlands und einem Aufenthalt im elterlichen Hause setzt er seine Studien ab Winter 1741/42 an der Universität Helmstedt fort. Zuvor hat er mehrere Rufe an Schulen des norddeutschen Raumes und eine Hofmeisterstelle abgelehnt. In Helmstedt erwirbt er am 20.09.1742 die Magisterwürde. Unter dem 18.04.1744 wird er als Kollaborator an die Stefanskirche zu Helmstedt berufen; bei seinem Amtsantritt am 11.05.1744 ergeht die Weisung, daß er zugleich seine Vorlesungstätigkeit an der Helmstedter Hochschule wiederaufnehmen solle. In der Folgezeit liest Chrysander vorwiegend im Bereich der orientalischen Sprachen und des Griechischen, er bietet aber auch Kollegs über Französisch und Judendeutsch (Jiddisch) sowie Kirchengeschichte, lateinischen Stil, Geographie, Mathematik und Philosophie an. Zu diesem Zeitpunkt erhält Chrysander ein jährliches Gehalt aus den Einkünften der Universität. Seine Besoldung wird im Jahre 1746 aufgestockt, gleichzeitig wird von seiten des Landesherrn eine weitere Beförderung in Aussicht gestellt. Im Oktober 1747 erhält Chrysander die Erlaubnis, auch theologische Kollegs zu lesen. Seine Hoffnung auf eine Professur der griechischen Sprache und der Theologie in Helmstedt wird allerdings wenig später zunichte, als er eine Sammlung von Biographien von Helmstedter Theologen veröffentlicht, die den Unwillen seiner Gönner in der Stadt und bei Hofe erregt. Der Vertrieb der Schrift wird bei Strafe untersagt.

Chrysander folgt schließlich einem am 01.03.1750 an ihn ergangenen Ruf auf ein Ordinariat der Weltweisheit, Mathematik und geistlichen Philologie, verbunden mit einem Extraordinariat der Theologie, an die Universität Rinteln. Am 23.03.1750 trifft Chrysander in Rinteln ein. Am 07.04.1751 erwirbt er die theologische

Doktorwürde, woraufhin er am 20.06.1751 unter Beibehaltung seiner übrigen Lehrämter zum Ordinarius der Theologie ernannt wird. In der Folgezeit unternimmt Chrysander eine ausgedehnte Bildungsreise durch Norddeutschland. Einen unter dem 09.06.1752 von seiten des Landgrafen von Hessen-Darmstadt ergangenen Ruf auf den 3. Lehrstuhl der Theologie zu Gießen, verknüpft mit einer Superintendentur und dem Konsistorialassessorat sowie einer Reisekostenerstattung in Höhe von 200 Talern, lehnt Chrysander ab, nachdem der Landgraf von Hessen-Kassel mit Reskript vom 18.07.1752 zu erkennen gegeben hat, daß er ihn in Rinteln zu behalten wünsche, wobei er ihn zunächst mit dem Gehalt eines Professoris Theologiae Primarii gleichsetzen wolle. Im Amtsjahr 1752/53 ist Chrysander Dekan der theologischen Fakultät. Im Jahre 1755 wird er zum 2. Ordinarius der Theologie an der Universität Rinteln ernannt. Einen weiteren Ruf allerdings, den auf das ranghöchste Ordinariat der Theologie an der Universität Kiel, verbunden mit einem Ordinariat der Philologie und dem Amte des Konsistorialrats, ergangen unter dem 02.02.1768, nimmt Chrysander an. Er stirbt in Kiel am 10.12.1788.

Chrysander hat ein umfangreiches theologisches und orientalistisches Oeuvre hinterlassen. Von besonderem Interesse im Zusammenhang mit seiner sprachunterrichtlichen Tätigkeit sind die im Jahre 1750 in Leipzig und Wolfenbüttel erschienene "Jüdisch-deutsche Grammatik" sowie das ebenfalls 1750 in Wolfenbüttel erschienene Traktat "Unterricht vom Nutzen des Judendeutschen, der besonders Studiosos theologiae anreizen kann, sich dasselbe bekanntzumachen, nebst einem Anhang von der Verpflichtung der Christen, und besonders der Studiosorum theologiae gegen die Juden". Er hat auch Übersetzungen aus dem Französischen vorgelegt.

CIANGULO, Nikolaus. Geb. 1680 in Sizilien, Sohn eines Arztes. Studium in Perugia, dort Promotion zum Doktor der Philosophie. Wirkt drei Jahre lang als Professor der Philosophie in Malta. Promotion zum Doktor der Theologie. Aufenthalt in Rom, Professor der Theologie zu Meldola, anschließend drei Jahre lang Theologus, Examinator und Rat des Bischofs zu Cervia. Reise nach Turin, von dort nach England und in die Niederlande, Übertritt zum protestantischen Glauben. Ciangulo wendet sich nach Leipzig, wo er eine Zeitlang als Lehrer der italienischen Sprache wirkt. Um die

Mitte der 30er Jahre des 18. Jahrhunderts läßt sich Ciangulo in Göttingen nieder. Hier wird er im Jahre 1737 öffentlich zum Dichter gekrönt und als Lehrer der italienischen Sprache bei der soeben gegründeten Universität angenommen. Offenbar findet er jedoch kein Auskommen, so daß er 1738 wieder nach Leipzig geht, wo er am 17.01.1762 stirbt.

Ciangulo, der in Leipzig als "ein in allen Fächern der Schönen Literatur erfahrener Mann" gilt, hat neben mehreren Gedichtsammlungen auch Textausgaben und Lehrmaterialien veröffentlicht: "Lettere miste" (Leipzig 1732); "Novum tyrocinium linguae italicae" (3. Ausgabe Leipzig 1732, spätere Ausgabe Leipzig 1740); "Poesie sacre" (Leipzig 1745, spätere Ausgabe Leipzig 1746); "Della Divina Comedia di Dante quattro canti cogli annotazioni" (Leipzig 1755); "Dialoghi italiani e tedeschi" (Leipzig um 1757). Ferner hat Ciangulo zwei Tasso-Texte ediert und mit Fußnoten versehen, nämlich die "Aminta" (Leipzig 1732) sowie "La Gerusalemme liberata" (Leipzig 1740, spätere Ausgabe Nîmes 1764).

CINGULARIUS, Hieronymus. Aus Goldberg (Schlesien). Autor eines 1524 in Köln erschienenen Nachschlagewerks und Lehrmaterials "Synonymorum collectanea gallice et teutonice cum tractatu de vocum proprietate". Eine weitere Ausgabe des Werkes erscheint 1544 in Antwerpen. Außerdem existiert ein dritter, undatierter und nicht mit Ortsangabe versehener Druck.

CIRCOUT. Sprachmeister des Französischen in den Diensten des Sächsischen Kurprinzen Johann Georg IV während dessen Aufenthalt in Paris, angestellt unter dem 20.01.1686.
"Der französische Sprachmeister war der einzige von den Lehrern, der als gelegentlicher Gast an der prinzlichen Tafel genannt wird."

CLAUDEL, Joseph. Aus der Diözese Toul stammend. Trägt sich unter dem 17.04.1761 als Sprachmeister des Französischen in die Matricula Didascalorum der Universität Straßburg ein.

CLEMENT, Daniel. Vorleser und Kantor der französischen Gemeinde zu Kassel, belegt für das Jahr 1781. Von Ostern bis

Michaelis dieses Jahres unterrichtet Clément 50 Schüler der untersten zwei Klassen des Lyceum Fridericianum im Französischen. Er erhält dafür "ein Privatgeld von 16 Albus bis 1 Taler".

CLEMINIUS, Johann Georg, genannt **Theodor Friedleben.** Ursprünglich Kaufmann zu Roth im Fürstentum Ansbach. Cleminius ist Autor einer in den Jahren 1798 und 1799 in Erlangen erschienenen zweibändigen Briefsammlung "A Collection of Original English Merchants' Letters, with German Notes, oder Sammlung englischer Original-Handlungsbriefe mit deutschen Erklärungen". In den frühen Jahren des 19. Jahrhunderts wirkt er als Lehrer der Sprachen und Handelswissenschaft zu Frankfurt a.M., in den 20er Jahren ist er als Lehrer an der Frankfurter St. Katharinenschule tätig. Im Jahre 1806 promoviert ihn die Philosophische Fakultät der Universität Helmstedt zum Magister der Philosophie, später führt er offenbar auch den philosophischen Doktortitel. Cleminius hat ein umfangreiches Oeuvre hinterlassen, in dessen Mittelpunkt Handelskunde und Handelskorrespondenz stehen, das aber auch eine Reihe von Lehrmaterialien für den Fremdsprachenunterricht umfaßt: "Deutsche Handlungsbriefe, mit französischen und englischen Anmerkungen" (Würzburg 1804); "Englisches Lesebuch für Kaufleute, mit deutschen Anmerkungen, 1. Teil" (Erlangen 1805); "P. de Vernons 'Grammaire à l'usage des Allemands', neue, mit einem französischen Lesebuch versehene Ausgabe" (Königsberg 1806, das Lesebuch auch unter dem Titel "Kleines französisches Lesebuch für Anfänger und Geübtere, enthaltend französische und deutsche Aufsätze über Gegenstände aus der Natur, Kunst und dem gesellschaftlichen Leben, samt mehreren französischen und deutschen Briefen über die interessantesten Gegenstände des bürgerlichen Lebens und einer Auswahl kleiner Gedichte"); "Merkantilisch-terminologisches Taschenwörterbuch oder Kurzgefaßtes, jedoch möglichst vollständiges Wörterbuch der im Land- und Seehandel und bei der Schiffahrt vorkommenden Ausdrücke, mit Angabe der französischen und englischen Termen" (Göttingen 1807); "Allgemeiner französischer Handlungsbriefsteller, welcher ... Muster über alle Aufgaben in französischer Sprache enthält. Ein Hilfsbuch für Kaufleute, mit deutschen erklärenden Anmerkungen" (Hildesheim 1808).

CLERC, Philipp Ernst. Student an der Universität Jena. Clerc betätigt sich gleichzeitig als Sprachmeister des Französischen. Unter dem 10.06.1720 beschwert sich der Lector Publicus des Französischen an der Hochschule, François Roux, daß Clerc ohne Konzession unterrichte. Clerc entgegnet, daß er täglich nur 3 Stunden, und zwar gratis, gebe, dazu höre er täglich 3 Stunden Kolleg, so daß ihm gar keine Zeit zu weiteren Stunden bleibe. Was er allenfalls einnehme, brauche er zum Studium. Eine Konzession zu erlangen, verursache ihm viel zu große Unkosten. Unter dem 28.01.1721, dem 18.10.1721 und dem 14.12.1721 führt Roux erneut Beschwerde gegen ihn. Wie lange Clerc in Jena unterrichtet, bleibt ungewiß.

CLERCQ, Jean le. Vergleiche Le Clercq, Jean.

CLESSE, Nikolaus Paschalius. Aus Luxemburg. Sprachmeister des Französischen und Italienischen an der Universität Dillingen (Donau), angestellt im Jahre 1655. Clesse rückt auf die Planstelle eines "Linguarum Peregrinarum Magister sive Glossodidascalus" ein, die im gleichen Jahre auf Betreiben des schwäbischen Adels und mit Zustimmung des Administrators der Diözese Augsburg geschaffen wird. Die Stelle ist mit 100 Talern jährlich dotiert, die der schwäbische Adel aufbringt. Dafür soll der Sprachmeister die adeligen Studierenden zu einem niedrigeren Satze unterrichten als die übrigen Studenten. Der Sprachmeister erhält vom Rektor eine Instruktion, in welcher besonders hervorgehoben wird, daß der Unterricht in den modernen Sprachen nicht zum Schaden der Hauptstudien betrieben werden solle.

Clesse ist Autor einer 1655 in Dillingen erschienenen "Grammatica gallica, quam in usum germanicae iuventutis et praecipue liberae Imperii nobilitatis suevicae obsequium, ex praecipuis et recentioribus autoribus sed et diuturno usu et labore collegit et compilavit." Eine weitere Ausgabe des Werkes erscheint in Dillingen 1664.

CLODIUS, Johann Christian. Geb. 1676 zu Großenhain, Sohn eines Superintendenten. Clodius betreibt von Jugend auf fremdsprachliche Studien. An den Universitäten Jena und Leipzig studiert er morgenländische Sprachen und Medizin. An beiden Orten erteilt er Freunden Unterricht im Arabischen und Türkischen. Gleichzeitig erwirbt er sich fortgeschrittene Kenntnisse im Französischen, Italienischen, Spanischen und Portugiesischen. Nach Studienabschluß unternimmt Clodius verschiedene Reisen. Danach läßt er sich in Leipzig als Privatgelehrter nieder, wo er im Jahre 1724 zum Professor der arabischen Sprache ernannt wird. Clodius stirbt am 23.01.1745 in Leipzig. Er ist Autor eines 1730 in Leipzig erschienenen "Lexicon turcicum-latino-germanicum cum grammatica turcica". Daneben hat er weitere orientalistische Schriften vorgelegt, darunter auch eine "Grammatica latina-arabica".

CLOS, Issac de Colom du. Vergleiche Colom du Clos, Isaac de.

CLOUX, Charles de. Vergleiche Ducloux, Charles.

CLOUX, Louis de. Vergleiche Ducloux, Louis.

COCCIUS, Sebastian. Um das Jahr 1530 Rektor der Lateinschule zu Schwäbisch Hall, in späterer Zeit Rektor des Gymnasiums zu Öhringen. Coccius wird im Jahre 1551 als Präzeptor und offenbar auch Französischlehrer des Prinzen Eberhard von Württemberg bestallt. Er stirbt am 28.09.1562 zu Bebenhausen.

Prinz Eberhard scheint "ein ebenso unbegabtes Kind wie sein Hofmeister Coccius ein ungeschickter und energieloser Lehrer gewesen zu sein. Zwar sollte Französisch gelernt werden, doch nahmen die anderen Gegenstände so viel Zeit in Anspruch, daß Coccius dem Herzog zur Erwägung anheim stellt, 'was ad gallicam linguam discendam von den Tageszeiten möge decidiert werden'."

COFFART. Sprachmeister an der Universität Jena. Coffart stirbt am 28.04.1707 in Jena.

COFFETIER, Daniel. Aus Frankreich stammend. Glaubensflüchtling. Sprachmeister in der Stadt Zwickau, belegt für das Jahr 1711. Coffetier erteilt auch französischen Sprachunterricht am Zwickauer Gymnasium.

COFFETIER, Jean. Sohn des Daniel Coffetier. Sprachmeister des Französischen am Gymnasium zu Zwickau. Coffetier unterrichtet offenbar bis zu seinem Tode im Jahre 1762.

COHENDON, Daniel. Wirkt eine Zeitlang als Buchdrucker in Straßburg. Als sein Geschäft nicht mehr genügend abwirft, bittet Cohendon den Stadtrat, eine französische Schule eröffnen zu dürfen. Der Magistrat willigt ein, unter der Bedingung, daß Cohendon monatlich nicht mehr als einen halben Taler Schulgeld fordere.

COLAS, Christian Ludwig. Geb. zu Berlin. Professor der französischen Sprache an der Universität Helmstedt, belegt für das Jahr 1798.

COLLIGNAC, Franziscus. Sprachmeister des Französischen an der Universität Heidelberg, angestellt unter dem 15.05.1686. Der Senat der Hochschule erteilt Collignac die Genehmigung, Französisch zu unterrichten, "weilen anitzo doch wenig Sprachmeister allhier".

COLLIN. Aus Straßburg. Pfarrer. Sprachmeister des Französischen am Gymnasium zu Karlsruhe, angestellt im Jahre 1800. Collin, der körperlich behindert ist, hat unter der mangelnden Disziplin seiner Schüler besonders zu leiden. Im Jahre 1802 gibt er sein Amt auf.
Kurz vor seiner Demission verlangt Collin, man solle die ganze Quarta zum Besuch des französischen Elementarkurses zwingen. Zur Wahrung der Disziplin während seines Unterrichts solle der Gymnasialdiener in den Stunden mit anwesend sein und die Schüler ggf. züchtigen. Collins Ansinnen wird negativ beschieden: Körperliche Züchtigung dürfe nur vom Rektor angeordnet werden.

COLLIN, François. Aus Authrey bei Epinal. Wirkt eine Zeitlang als Canonicus in Lothringen. Collin trägt sich unter dem 19.09.1757 in die Matrikel der Universität Basel ein. Er erscheint in den Lektionskatalogen der Jahre 1759 - 1772 als Lehrer des Französischen.

COLLMARD, Johann. Aus Frankreich stammend. Möglicherweise Glaubensflüchtling. Collmard hält sich seit etwa 1685 in Deutschland auf. Er ist Autor eines 1688 ohne Ortsangabe erschienenen Lehrbuchs "Le Français allemand ou plutôt l'Allemand naturalisé Français. Der in französischer Sprache sonsten Deutsche, hier aber naturalisierte Franzos, das ist: Eigentliche und deutliche

Anweisung, wie ein Deutscher oder anderer Ausländer die französische Sprache ebenfalls so gut begreifen und rein und deutlich pronunzieren kann, als es immer möglich ist".

In der Vorrede berichtet Collmard aus seinem Leben: "Ich kam ungefähr vor 4 Jahren in Deutschland, des Vorhabens, mich in etwas daselbst aufzuhalten, und so wohl die Sprache zu erlernen. ... Wie man nun nicht vom Winde leben kann, und ich mich also dazumal von allen Mitteln ganz entblößt, ... so mußte ich endlich, weil ich meinem Vaterlande und von den Meinigen so weit entfernt war, meine Zuflucht zu meinen Studiis nehmen, und mich selbiger ... [so]weit bedienen, daß ich andere die französische Sprache lehrte, und meine Meinung so gut ich konnte lateinisch von mir gab, weil ich dazumal noch nicht ein einig Wort in deutscher Sprache reden konnte."

COLMAR, Johannes. Aus Lothringen stammend. Trägt sich als "Longavillanus Lotharingus" unter dem 07.03.1744 in die Matricula Didascalorum der Universität Straßburg ein. Colmar gibt an, französischer Sprachmeister zu sein.

COLMART, Johann. Aus Aoise in der Champagne [der Landschaft Oise?]. Trägt sich unter dem 11.07.1717 als Sprachmeister in die Matricula Didascalorum der Universität Straßburg ein.

COLOM DU CLOS, Isaac de. Geb. am 20.01.1708 zu Münchberg in der Mittelmark. Schulbildung seit 1721 am Joachimsthalschen Gymnasium zu Berlin, gleichzeitig Besuch ausgewählter Lehrstunden am Berliner Französischen Gymnasium. Studium der Theologie an der Universität Frankfurt (Oder). Um das Jahr 1727 legt Colom du Clos die Prüfung als Candidatus ministerii vor dem Oberkonsistorium zu Berlin ab. Danach setzt er seine Studien an den Universitäten Jena und Leiden sowie im Jahre 1729 in Bremen fort. Seit 1730 wirkt er als Erzieher des Erbprinzen Karl Eduard von Ostfriesland. Bei Regierungsantritt seines Zöglings wird Colom du Clos im Jahre 1735 zum Geheimen Kabinettsekretär und wenig später zum Bibliothekar am ostfriesischen Hofe zu Aurich ernannt. Er wirkt in dieser Position bis zum Tode des Fürsten im November 1744. Danach ist er als Lector Linguae Gallicae am Gymnasium zu Ilfeld tätig. Im Juli 1747 wird er als Lector Publicus der französischen Sprache an der Universität Göttingen angestellt. Hier promoviert er am 01.08.1748 zum Magister der Philosophie. Seine Ernennung zum Extraordinarius der französischen Sprache erfolgt im August 1751. In der Folgezeit unterrichtet Colom du Clos die Anfangsgründe der französischen Sprache und Schreibart nach eigenen Lehrmaterialien und erklärt seine Anthologie "Le génie, la politesse, l'esprit et la délicatesse de la langue française" oder Pohlmanns "Recueil de poésies". Er bietet auch spezielle Sprechübungen an. Den Rang eines ordentlichen Professors der französischen Sprache erhält Colom du Clos im Januar 1764. Er stirbt am 25.01.1795 (nach anderer Quelle: am 20.01.1795) zu Göttingen. Colom du Clos ist Mitglied der nürnbergischen kosmographischen Gesellschaft sowie der gelehrten Gesellschaften zu Göttingen, Helmstedt und Bremen. Von 1748 bis 1758 wirkt er als Sekretär der Göttinger Deutschen Gesellschaft.

"Mit dem Studium der französischen Sprache und Literatur, um welche er vorzügliche Verdienste besaß, hatte er ausgebreitete mannigfaltige andere Kenntnisse, besonders historisch-geographische, und viele Sprachkunde alter und neuerer anderer Sprachen verbunden. Durch unermüdeten Fleiß in seinen Lehrstunden, welche er noch im hohen Alter vom frühen Morgen bis an den späten Abend fortsetzte, war er einer der würdigsten und verdienstvollsten Lehrer der Universität."

Colom du Clos ist Autor einer Reihe von Lehrmaterialien für den Französischunterricht: "Principes de la langue française oder Auszug der nötigsten Fundamente der französischen Sprache als eine Einleitung in die französische Grammatik, zum Gebrauch für Anfänger wie auch zur Grundlegung eines collegii gallici" (Nordhausen 1745, 2. Auflage Göttingen 1749, 3. Auflage 1757, 4. Auflage 1765, 5. Auflage 1776, 6. Auflage 1787); "Deutsch- und französisches Titularbuch" (4. Auflage Nordhausen 1747, 5. Auflage 1752, 6. Auflage 1756, 7. Auflage 1760, 8. Auflage 1763, 9. Auflage 1767, 10. Auflage 1780); "Réflexions et remarques sur la manière d'écrire des lettres, sur les règles particulières du style et sur la versification française, tirées des meilleurs auteurs" (Göttingen 1749, 2. Auflage 1750, 3. Auflage 1754, 4. Auflage 1763, 5. Auflage 1778, letztere unter dem Titel: "Réflexions sur le style et en particulier sur celui des lettres"); "Nützliche Exercitia fundamentalia syntactica und styli, ... gezogen aus des Hilmar Curas Grammatik ... und auf Coloms 'Principes de la langue française' etc. appliziert" (Göttingen 1751, spätere Ausgaben 1761, 1766, 3. Auflage 1778, 4. Auflage 1783); "Le génie, la politesse, l'esprit et la délicatesse de la langue française" (Göttingen 1755); "Modèles de lettres sur toutes sortes de sujets pour enseigner à appliquer les règles du style" (2 Bde., Göttingen 1760, 3. Auflage 1782 - 1783); "Übungen zur Anwendung der Grundsätze und der Schreibart der französischen Sprache" (1761, 5. Auflage 1790); "Chapusets

'Sammlung deutscher Aufsätze', zu bequemer Übersetzung ins Französische mit zulänglicher Phraseologie versehen" (Nürnberg 1773, 2. Auflage 1777, 3. Auflage 1780, 4. Auflage 1783, spätere Auflage 1788. Das Werk geht auf eine in Nürnberg im Jahre 1767 verlegte Arbeit mit dem Titel "Sammlung deutscher Fabeln, aus der Natur- und Weltgeschichte gezogener Begebenheiten und freundschaftlicher Briefe ..." des Sprachmeisters Johann Karl Chapuset zurück); "Les avantures de Joseph Pignatella, mit einer Phraseologie versehen, durchgängig verbessert" (Frankfurt a.M. und Leipzig 1776, spätere Ausgabe Nürnberg und Altdorf 1787). Außerdem hat Colom du Clos mehrere allgemein philologische und historische Arbeiten vorgelegt; er hat dabei in lateinischer, deutscher und französischer Sprache publiziert. Erwähnung verdient ferner, daß er die Vorrede zu Emmerts "Anthologie pour former l'esprit et le coeur des jeunes gens" (Leipzig 1783) verfaßt hat. Seit 1778 besorgt er die Übersetzung des "Göttingischen Taschenkalenders" ins Französische.

Bei Colom du Clos vollzieht sich im Verlauf seines Wirkens als Lehrwerk-Autor ein Methoden-Wandel: Von der 1757 erschienenen 3. Auflage seiner zuerst im Jahre 1745 publizierten "Principes de la langue française" ab folgt er "nicht mehr - wie noch in der 2. Auflage [von] 1749 - der Langischen Lateinmethode ..., sondern sucht die französische Sprache nach ihrer Eigenart zu behandeln. So schreibt er in der 4. Auflage (1776): 'Man hat bisher den Wahn gehabt, daß die Grammatik gedachter Sprache nach der lateinischen müsse eingerichtet werden. Hierdurch hat man den Zweck verfehlt, den Lernenden die wahre Natur und Eigenart der französischen Sprache zu zeigen, mithin auch versäumt, denselben den wahren Geschmack des französischen Styli in Zeiten beizubringen. Ich wagte es daher bei der vorigen [3.] Ausgabe dieses Buches, von der bisherigen Methode gänzlich abzugehen.' Zur Einübung läßt Colom sofort Exerzitien auf die Regeln folgen. Er schließt sich an Rädlein und Fuchs an; auch er war an der Universität tätig. Gerade bei solchen Sprachmeistern, die es mit Erwachsenen zu tun hatten, die allerdings oft auch erst Anfänger waren, finden wir das deduktive Verfahren. Rädlein, Greiffenhahn, Du Grain, Roux, - wohl auch Fuchs -, Beautour und Colom gehören hierher."

COLOMA, Dionisio. Bittet um das Jahr 1717 die Universitätsbehörden zu Jena um Aufnahme unter die Sprachmeister des Italienischen.

COLOMBE. Verhandelt um das Jahr 1765 mit der Schulkommission der Stadt Basel um Anstellung als Lehrer des Französischen am Gymnasium der Stadt. Colombe verlangt eine jährliche Besoldung von 100 Neuen Talern (570 Goldfranken). Ob die Anstellung zustande kommt, bleibt ungewiß.

COLOMBE, Jacques. Sprachmeister des Französischen an der Universität Heidelberg, angestellt vom Senat der Hochschule am 30.06.1710.

COMBE, A. de la. Vergleiche De la Combe, A.

COMBES, A. des. Vergleiche Des Combes, A.

COMTE, Jean. Student an der Universität Jena. Comte bittet unter dem 04.03.1754 die Universitätsbehörden um Zulassung als Sprachmeister des Französischen. Er will mit dem Unterricht sein Studium finanzieren. Comte hat sein Französisch in Heidelberg gelernt. Ob er eine Konzession erhält, ist nicht bekannt.

COMENIUS, Johann Amos. Vergleiche Komensky, Jan Amos.

CONRAD, Johann Michael. Wirkt eine Zeitlang als Lehrer am Gymnasium zu Coburg. Für das Jahr 1744 ist Conrad als französischer Informator der Pagen des Sächsischen Hofes zu Dresden belegt. Er hat das Amt bis zu seinem Tode inne.

CONRADI, Johann Michael. Vergleiche Conrad, Johann Michael.

CONSIDY, Louis. Lektor des Französischen an der Universität Göttingen in den Jahren 1736 - 1748.

CORDIER. Kantor. Lehrer des Französischen an der Universität Frankfurt (Oder), belegt für das Jahr 1798.

CORSINI, Peter Franz. Nach eigenen Angaben Sproß einer vornehmen Genueser Familie. Übertritt zum lutherischen Glauben. Corsini bittet unter dem 18.02.1724 die Behörden zu Jena um Aufnahme unter die Sprachmeister des Italienischen an der Universität. Am 11.02.1725 veröffentlicht er eine "Epistola ad amicos suos de suae religionis mutatione". Dennoch macht unter dem 07.03.1725 der Herzog von Eisenach als einer der Nutritoren der Hochschule seine Bedenken geltend: Ausländer wie Corsini seien selten ein Gewinn, sie fielen den Universitätserhaltern zur Last und führten sich schlecht auf. Man könne unter den Landeskindern gewiß eine brauchbarere Lehrkraft des Italienischen finden. Als Corsini dennoch durch den Herzog von Sachsen-Weimar ernannt wird, wehrt sich die Universität mit der Begründung, es sei der Hochschule abträglich, wenn "bloße Sprachmeister" zu Professoren gemacht würden. Unter dem 18.06.1731 beschwert sich Corsini über den Lector Publicus des Französischen, François Roux, der ihn "ex odio kränke" und ihn zur Zahlung von 12 Groschen zwingen wolle. Er sei zum "Professor Linguae Italicae" ernannt und von allen Abgaben befreit. Da im übrigen Roux Italienisch weder verstehe noch doziere, sei sein Ansinnen hinfällig. Roux weist darauf hin, daß aufgrund eines Dekrets der Nutritoren aus dem Jahre 1722 alle Sprachmeister 12 Groschen an ihn zu zahlen hätten, außerdem lehre Corsini nicht nur Italienisch, sondern auch Französisch. Doch der Einwand hat nicht den gewünschten Erfolg: Corsini sei ein armer Conversus, er füge Roux durch seinen Italienischunterricht keinen Schaden zu und sei daher auch von allen Zahlungen befreit. Corsini stirbt am 09.06.1748. Wahrscheinlich ist er identisch mit dem Autor eines italienischen Gesprächsbuchs namens P. F. di Corsini.

CORSINI, P. F. di. Autor eines 1736 in Leipzig erschienenen Lehrmaterials "Italienische Gespräche". Eine verbesserte spätere Ausgabe erscheint in Leipzig 1757 unter dem Titel "Neue italienische Gespräche, nebst einem Titularbuche, verbessert von C. F. Kürbis". Wahrscheinlich ist Di Corsini identisch mit dem Jenenser Professor des Italienischen Peter Franz Corsini.

CORVINUS, Johann Christoph Kochanowski. Vergleiche Kochanowski, Johann Christoph Corvinus.

COSANDEY, Sulpitius von. Lehrer des Französischen an der Herzoglich Marianischen Landesakademie zu München, einer Militär-Erziehungsanstalt, in der Zeit von 1778 bis 1789. Cosandey ist für das Jahr 1783 auch als Professor der Geschichte und Geographie an der Schule belegt. Im Jahre 1789 erhält er die Pfarre zu Götting bei Aibling, wo er bis zu seinem Tode wirkt.

COSANTI. Pfarrer. Lehrer der französischen Sprache am Gymnasium zu München, belegt für das Jahr 1777.

COUR, J. F. René de la. Vergleiche De la Cour, J. F. René.

COURTOIS, Claude Nicolas. Aus Bois in Lothringen. Trägt sich unter dem 23.01.1758 als Sprachmeister des Französischen in die Matricula Didascalorum der Universität Straßburg ein.

COUTELLE, Charles (1). Herausgeber einer 1705 in Nürnberg erschienenen viersprachigen Fassung des "Orbis Sensualium Pictus" des Johann Amos Comenius.
Coutelle war offenbar ein Nürnberger Sprachlehrer. "Bisher konnte er aber nach seinen Lebensdaten noch nicht weiter nachgewiesen werden. In den Nürnberger Archiven und in der Nürnberger Literatur finden sich keine Hinweise." Spätere Nürnberger Ausgaben des "Orbis Pictus" sind von Matthias Cramer besorgt, offenbar auf der Basis der Bearbeitung von Coutelle. Daher findet sich Coutelles Name auch auf den Titelseiten späterer Ausgaben, etwa der viersprachigen Bearbeitung von 1755 oder der ebenfalls viersprachigen Bearbeitung von 1777.

COUTELLE, Charles (2). Student an der Universität Jena, betätigt sich gleichzeitig als Sprachmeister des Französischen. Unter dem 16.03.1740 bittet der Lector Publicus des Französischen an der Hochschule, François Roux, die Universitätsbehörden, Coutelle das Unterrichten zu verbieten. Mit einer erneuten Eingabe unter dem 30.01.1741 erwirkt er eine Verfügung der Universität, daß Coutelle relegiert werden solle, wenn er weiterhin Französischunterricht erteile. Coutelle macht geltend, daß er lediglich einigen Freunden Stunden erteile, um dadurch sein Studium zu finanzieren. Aufgrund dieser Erklärung gestattet ihm die Regierung unter dem 03.02.1742, seinen Unterricht fortzusetzen. Gleichzeitig willigt Roux ein, ihn nicht mehr zu behelligen. Dennoch beschwert er sich unter dem 02.10.1743 abermals, daß Coutelle ihm nie etwas gezahlt habe. Coutelle wird auf Dauer in Jena ansässig: Er heiratet im Jahre 1753 und läßt bis zum Jahre 1759 drei Kinder taufen.

COWEN, Henry. Geb. zu London, Sohn englischer Eltern. Trägt sich unter dem 09.07.1759 ohne Berufsangabe in die Matricula Didascalorum der Universität Straßburg ein. Cowen bezeichnet sich als "pauper". Es ist anzunehmen, daß er durch Unterricht im Englischen und möglicherweise auch im Französischen seinen Lebensunterhalt verdienen will. Sein Matrikel-Eintrag ist großenteils in französischer Sprache abgefaßt.

COWMEADOW, John William. Geb. am 12.05.1749 zu Bickney (Grafschaft Gloucester, England). Cowmeadow wirkt in der Zeit nach etwa 1772 als Lehrer des Englischen im Hause Friedrichs II von Preußen. In späteren Jahren ist Cowmeadow Titularprofessor der englischen Sprache an der Académie Militaire zu Berlin. Cowmeadow stirbt am 18.04.1795. Er ist Autor eines 1788 in Berlin erschienenen Lehrmaterials "An Entertaining, Improving and Instructing Miscellany, in Prose and Verse, for the instruction of those who learn the English language, compiled from the best English authors". Cowmeadow hat auch eine Reihe von dramatischen Arbeiten geliefert, "meistens nach dem Englischen frei bearbeitet, die nicht ohne Wert sind, und bei der Vorstellung Beifall erhielten".

CRAMER, Johann Matthias. Vergleiche Kramer, Johann Matthias.

CRAMER, Matthias. Geb. um 1640 zu Köln. Cramer läßt sich um das Jahr 1670 als Sprachmeister des Italienischen, Französischen und Spanischen in Nürnberg nieder. Er wirkt in der Stadt bis etwa 1720. Im Jahre 1698 wird Cramer als Magister Linguarum Exoticarum an der Universität Altdorf eingeschrieben. Ob er allerdings an der Hochschule unterrichtet, ist fraglich. Vielleicht ist die Ernennung lediglich als ehrenvolle und prestigefördernde Maßnahme gedacht. Die letzten Jahre seines Lebens verbringt er in Erlangen, wo er unter dem 08.03.1726 "durch ein Dekret als öffentlicher Lehrer der okzidentalischen Sprachen" bei der Ritterakademie zu Christian-Erlang angestellt wird. Im Jahre 1727 hält Cramer um eine Pension an, da seine Einkünfte in Erlangen denkbar gering bleiben. Ob er sie erhält, bleibt fraglich. Offenbar stirbt er wenig später, wahrscheinlich noch im Jahre 1727. Der in den späten 40er Jahren des 18. Jahrhunderts als Lektor des Italienischen an der Universität Göttingen wirkende Johann Matthias Kramer ist ein Sohn Cramers. Vielleicht ist Cramer identisch mit Matthias Kraemer, der im September 1673 den Rat der Stadt Straßburg bittet, eine französische Schule eröffnen zu dürfen. Matthias Cramer ist allerdings zu diesem Zeitpunkt in Nürnberg familiär gebunden: Die Kirchenbücher der Jahre 1670 - 1676 verzeichnen 4 Taufen.

Cramer gehört zu den bedeutendsten Fremdsprachenlehrern seiner Zeit. Aufgrund seiner Verdienste als Sprachpraktiker und Lexiko-

MATTHIAS·CRAMERUS·UBIUS·AGRIPPINENGA·LINGUÆ·GERM·ITAL·GALL·ET·BELG·ANGE·STUDIOSIS·

Cur animat cypris CRAMERUM Sculptor in ære
Quem satis Illustrem ter Monumenta probant?

graph wird ihm die Ehre zuteil, in die Königlich Preußische Sozietät der Wissenschaften aufgenommen zu werden:

"Nach der Hand schrieb er sich der okzidentalischen Sprachen Professor und wurde ein
Mitglied der Königlich Preußischen Sozietät der Wissenschaften. Sein Ruhm wurde
durch seine Schriften, und insbesondere durch sein vortreffliches französisches
Lexikon, und durch viele tausend Scholaren, die er, wie er loco citato selbst meldet,
gehabt hat, ungemein groß... . Schade ist es, daß wir nicht auch das spanische Lexikon
noch von ihm erhalten haben, wozu Hoffnung da gewesen ist."

Welche Gründe Cramer bewogen haben, in hohem Alter noch nach
Erlangen überzusiedeln, bleibt ungewiß. Möglicherweise spielt eine
Rolle, daß er sich allem Anschein nach der reformierten Konfession
zugehörig fühlte. Vielleicht hat aber auch der unter den Nürnberger
Sprachmeistern herrschende Konkurrenzdruck, verbunden mit der
Aussicht auf eine Anstellung bei der Erlanger Ritterakademie,
Cramer zu dem Schritt bewogen. Eine Quelle aus dem frühen 19.
Jahrhundert deutet darauf hin, daß Cramer in den letzten Jahren
seines Lebens sozial gelitten hat: "Er soll eine schlechte Aufführung
gehabt und sich der Hurerei vergangen haben." Von Interesse ist in
diesem Zusammenhang auch ein Passus im Vorwort zu seinem
"Dictionnaire royal français-allemand et allemand-français" (1712
bis 1715), wo er auf seine mißliche soziale Situation hinweist:

Er klagt, "daß er in seinem Alter ein armer, mittel-, wohnung-, dienst-, besoldungs-,
gnadengeld- und dabei noch freiheitloser, allen oneribus publicis wie auch Weib- und
Kinderversorgung unterworfener Mann sei, welcher, was er heute mit Schreiben und
Dozieren verdient, morgen wieder mit den seinigen verzehren, verkleiden, verwohnen
und versteuern müsse".

Cramer hat zahlreiche Lehrmaterialien für die Sprachen Französisch, Englisch, Italienisch, Spanisch und Niederländisch verfaßt.
Er ist auch der Bearbeiter mehrerer Ausgaben des "Orbis
sensualium pictus" des Johann Amos Comenius. Im Jahre 1672
veröffentlicht er in Nürnberg eine "Nomenclatura tedesca e toscana
oder Schauplatz, vorstellend die deutsche und italienische Benen-
nung aller Hauptdinge der ganzen Welt"; 1674 folgt seine "Vollständige italienische Grammatica, das ist Toskanisch-romanische
Sprachlehre, welche nunmehr aus ihren untersten Fundamentis und
Füglichkeit bis zu der höchsten Perfektion und Zierlichkeit der
deutschen Nation zum besten aufs Klärlichste, Ordentlichste und
Fleißigste ausgeführt und vorgetragen wird". (2. Auflage 1689,
spätere Auflage 1722 unter dem Titel "Die einzig und allein
grundrichtig vollkommene toskanisch und romanisch-italienische
Grammatica e sintasse reale, welche als liber classicus (Schul-,
Lehr- und Lernbuch) für unsere fremder Sprachen beflissene deut-

sche Nation auf eine bei weitem ordentlichere, regel-richtigere wie auch leichte und deutlichere Lehrart eingerichtet, als alle andern bishero erschienenen getan und zu tun vermocht haben", 12. Auflage 1750, 18. Auflage 1799). Im Jahre 1676 erscheint in Nürnberg eine erweiterte Fassung der "Nomenclatura" in Gestalt eines "Dizzionario della lingua italiana e tedesca" in 2 Bänden. Dieses Werk ist später in drei Teilen neu aufgelegt worden. Eine neubearbeitete Ausgabe erscheint 1678 erneut dem Titel "Das neue Dictionarium oder Wortbuch in deutsch-italienischer Sprache, reichlich ausgeführt mit allen seinen natürlichen Redensarten" (4. Auflage 1724).

Ein weiteres Lehrmaterial für den Italienischunterricht ist die 1679 in Nürnberg erschienene Anthologie "Teatro universale dove per via d'un succinto metodo viene spiegato la nomenclatura tedesca e toscana, di tutte le cose ed azioni del mondo, aperto nuovamente, per beneficio de curiosi dell'una e l'altra lingua". Als vorgeschaltetes Lehrbuch erscheinen in Nürnberg 1680 Cramers "Toskanische Rudimenta oder Hauptpforte zu Matthiae Krämers größeren italienischen Grammatica und Dictionario ..., zum ersten Mal eröffnet. Rudimenti toscani ovvero porta-maestra alla Gran Grammatica". Eine weitere Ausgabe dieses Werkes wird in Nürnberg 1694 gedruckt. Im gleichen Jahr veröffentlicht Cramer in Nürnberg sein "Neues hochnützliches Traktätlein De derivatione et compositione vocum italicarum, das ist Herleit- und Doppelkunst der italienischen Primitivorum oder Stammwörter". Wahrscheinlich aus den frühen 80er Jahren datiert auch ein in drei zusammenhängenden Foliobögen gedrucktes Lehrmaterial, das offenbar in erster Linie für deutschlernende Italiener konzipiert ist: "Tavola metodica per vedere subito e per apprendere facilissimamente e in poco tempo la coniugazione di tutti i verbi regolari ed irregolari della lingua tedesca, nuovamente inventata". Nach einer längeren Pause publiziert Cramer im Jahre 1688 in Nürnberg ein sehr erfolgreiches Gesprächsbuch unter dem Titel "Parlatorio italiano-tedesco oder Deutsche und italienische Gespräche". Weitere Ausgaben des Werkes erscheinen in den Jahren 1691, 1739, 1744 sowie, in einer Bearbeitung von Marcus Soralli, 1756 in Nürnberg.

Die Vorrede zu der Ausgabe von 1691 enthält eine Spitze gegen die Konkurrenz frankophoner Sprachmeister: "Es ist wahrhaftig zu bedauern, daß ... mancher französische Spion oder sonst seicht-gelehrte Kerl sich glimpflich einschlich und ohne ferneres Examen ... angenommen [wurde]."

Nachdem Cramer 1689 die 2. Auflage seiner "Vollständigen italienischen Grammatica" herausgebracht hat, veröffentlicht er 1690 in Nürnberg ein erstes französisches Lehrmaterial unter dem Titel "Les soupirs des Saints, französisch und deutsch". Ein 1693 in Nürnberg erschienenes Lehrbuch speziell für das Bankfach "Bancosecretarius, italienisch und deutsch" schließt die Phase der intensiven Beschäftigung Cramers mit dem Italienischen ab. Cramers Hauptwerk aus den 90er Jahren ist die 1696 in Nürnberg erschienene "Kunstprobe einer recht gründlichen, bishero ermangelnden französischen Grammatica und eines recht gründlichen und bishero ermangelnden französischen Dictionarii, für die hochdeutsche Nation auf eine so leichte, fleißige, ordentliche und gleichsam handgreifliche Lehrart eingerichtet und durch viele hundert anmutige, aus gutem Gebrauch und den bewährtesten Scribenten unserer Zeit gezogene und auf alle Idiotismos (Eigenschaften) beider Sprachen zielende Exempel des oben benannten Autors Lehrart nach so deutlich erklärt, daß nicht nur die Gelehrten und Halbgelehrten, sondern auch sogar die Ungelehrten beides Geschlechts von allerlei Alter und Ständen (dafern sie zum wenigsten Lateinisch lesen und schreiben können) durch vernünftige Übung unter der Direktion eines diskreten Sprachmeisters und, so keiner zu haben, durch eignen Fleiß und Privat-Applikation in wenigen Monaten diese galante Sprache, wie sie derzeit am französischen und anderen großen Höfen von Europa im Schwange geht, nicht allein füglich, sondern auch zierlich lesen, verstehen, schreiben und reden lernen können. Essay d'une bonne grammaire française et d'un bon dictionnaire allemand-français etc., qui semblent manquer jusqu'à l'heure qu'il est à la nation allemande." Zu dieser Grammatik veröffentlicht Cramer ein didaktisches Begleitmaterial "Die rechte Lehrart, denen Deutschen gar leichtlich und in kurzer Zeit beizubringen die französische Sprache, ganz anmutig erklärt vermittels eines freundlichen Gesprächs, französisch und deutsch, zwischen einem Sprachmeister und einem Scholaren, welches zugleich dienet zur Einleitung zum rechten Gebrauch der obigen Grammatik, und zu allen anderen Übungen beider Sprachen, welche noch folgen werden. La vraie méthode pour enseigner très facilement et en peu de temps la langue française aux Allemands, éclairée plaisemment par le moyen d'un entretien familier français-allemand entre un maître de langues et un écolier, qui servira au même temps d'introduction à l'usage de la Grammaire, et à tous les autres exercices de l'une et de l'autre langue qui suivront."

Im Vorwort zu seiner "Kunstprobe" wendet sich Cramer "gegen die Vergötterung der französischen Kultur durch die Deutschen, wenn er ... sagt: 'Die Franzosen wollen an keine vernünftige oder reguläre Ordnung gebunden sein; wie sie ein Ding machen, so muß es vernünftig, ... unsträflich, ja alamodisch und ... [von] allen unseren deutschen Lappen gefolgt sein ...'. Man wirft den Franzosen auch einen Mangel an Gründlichkeit in ihrer Arbeit vor, der gerade im Unterricht deutscher Schüler schwer ins Gewicht falle. Cramer drückt dies in dem eben genannten Werk aus, indem er feststellt, daß der Deutsche durchschnittlich langsamer im Denken sei als der Franzose .... So geschehe es dann, daß die französischen Sprachmeister 'die Zeit ... lieber auf ein Ticktackchen, auf ein Kartenblättchen, auf eine Promenade, auf einen Schmaus mit gedachten ihren Scholaren oder auf noch schlimmere Divertissements legen wollen', anstatt in gewissenhafter Arbeit den Sprachunterricht zu betreiben."

Was den Ablauf des zeitgenössischen Fremdsprachenunterrichts angeht, so enthält die "Rechte Lehrart" aufschlußreiches Material, etwa hinsichtlich der Remuneration: "Cramer ist ... ganz unbestimmt in seinen geldlichen Forderungen. Er fordert von dem Scholaren: 'Was Euch belieben wird, mein Herr, ich begehre nichts. Ihr werdet nicht unterlassen, meine Mühewaltung zu belohnen ... '. Bei ihm gelten aber allerlei Nebenvergütungen, z.B. 'für den Antritt', wobei er sagt: 'Man kann zwar von Rechts wegen nichts begehren, aber die höflichen Leute pflegen ihren Lehrmeister mit einer Diskretion zu beehren, damit er dadurch eingenommen werde, mit desto größerer Freimütigkeit und Affektion zu dienen .' "

Einmal mehr übt Cramer in der "Rechten Lehrart" "in schärfster Weise ... Kritik an seinen französischen Kollegen und ihrer Lehrmethode. ... Wenn auch mancher Angriff in Brotneid seinen Grund hatte, so läßt sich doch nicht leugnen, daß sich unter diesen Franzosen herzlich schlechte Pädagogen befanden. ... Cramer verurteilt nicht unterschiedslos; er wendet sich nur gegen die, welche in ihrem Privatleben verdächtig und zu der Aufgabe, die sie übernehmen, wegen ihrer mangelhaften Vorbildung und Unkenntnis des Deutschen ungeeignet sind. So spricht er ... von solchen, die nach Deutschland kommen und sich als Edelleute oder Standespersonen ausgeben, die durch Verfolgung und Vertreibung aus ihrem Vaterlande verarmt sind. Von ihnen unterscheidet er andere, die behaupten, vermögend geworden zu sein, 'vermittels des glücklichen Ablaufs ihrer mirakulosen Lehrkunst'. 'Prahler..., Marktschreier, Beutelschneider, Ignoranten, Fuchsschwänzer' nennt er sie, die erst große Versprechungen machen und, wenn sie dann nichts erreichen, die Schuld auf 'die Nachlässigkeit ihrer Scholaren' schieben, schließlich unter Hinterlassung von Schulden durchgehen und die dummen Deutschen auslachen. ... 'Anstatt aller anderen gründlichen Lehre geben sie ihren Scholaren Wörter und Gespräche auswendigzulernen; oder sie rekommendieren ihnen das Lesen etlicher Blattseiten in einem Buch und etlicher Regeln in einer salbadrischen Grammatik, welche sie ihnen ziemlich teuer werden angehängt haben. ... So lernen diese Scholaren nichts Gründliches: sie lernen nichts als etwa ein abgeschmacktes Kompliment, ein kaltsinniges Sprichwort, etliche Wörter, etliche Redarten und etliche Formularien; aber es ist nichts Natürliches, es ist alles gezwungen und auswendig gelernt.'"

Als passendes Gesprächsbuch veröffentlicht Cramer im Jahre 1700 in Nürnberg ein von der Titulatur her auf den "Walsche Schoelmeester" des Noël van Berlemont oder Barlaimont (Antwerpen 1552) zurückgehende Lehrbuch "Nouveau Parlement, c'est à dire

Dialogues français-allemands fort agréables et mains fort courts pour en faciliter l'intelligence, aussi bien que l'imitation à ceux qui s'appliquent à une de ces deux langues. Composé autrefois en français par le sieur Claude Mauger, natif de Blois, maître de langue et d'autres, mais présentement, à cause de leur pureté et grande utilité, enrichi de l'allemand, retouché et augmenté un peu. Neuparlament, das ist Französisch-deutsche Gespräche." Das Werk erlebt weitere Auflagen und Ausgaben in Nürnberg 1705, 1711, 1744 und 1776, in Kassel 1727. Im Jahre 1782 erscheint in Moskau eine russische Bearbeitung "Nouveau Parlement ou Dialogues français-allemands et russes". Ein weiteres Hauptwerk Cramers ist die 1702 in Nürnberg erschienene "Grammatica et syntaxis linguae hispanicae cum dictionario phraseologico", von der eine 2. Auflage im Jahre 1711 erscheint.

Cramer hat 10 Jahre lang an seiner Grammatik gearbeitet. Das Werk umfaßt drei Teilbände. "Die lateinische Sprache sollte dem Werk eine möglichst weite Verbreitung sichern. ... Der erste Band enthält in aller Länge und Breite die Formenlehre, der zweite die Syntax und der dritte Phraseologie und Briefmuster. Die Beispiele sind konstruiert und abstrakt gewählt und verraten, daß der Verfasser nie in Spanien gewesen ist. Wenn man eine Tendenz lobend hervorheben soll, dann ist es das Bestreben, die Grammatik weniger durch Regeln als durch Beispiele zu erläutern. Das kommt besonders den noch heute schwierigen Kapiteln über die Anwendung der Präpositionen zugute. Trotzdem erfährt diese Grammatik von Cramers Kollegen an der Universität Leipzig Juan Sotomayor eine vernichtende Kritik. Sotomayor tadelt, "daß die bisherigen Grammatiken immer nur von Ausländern geschrieben seien. Daher würden viele Idiotismen falsch angegeben. Ein gutes Spanischlehrbuch könne nur von einem Spanier geschrieben werden, der mitten in der Praxis stände."

Im Jahre 1712 rundet Cramer sein italienisches Oeuvre mit einer in Nürnberg verlegten Sammlung von Spruchweisheiten ab, deren Titel ist: "Il politico italiano, cioè dieci centurie di sceltissimi proverbii ... di quella nazione ... . Der italienische Politicus, etc." Im gleichen Jahr erscheint in Nürnberg Cramers "Dictionnaire royal français-allemand et allemand-français" in drei Bänden. (Allerdings kommt der dritte, deutsch-französische Teil erst 1715 auf dem Markt.) Eine gedrungere Version unter Einschluß des Italienischen, "Le petit dictionnnaire français-allemand-italien", datiert von 1717. Im Jahre 1716 bringt Cramer seine "Niederdeutsche oder holländische Grammatik, samt einer alphabetischen Vorstellung aller holländischen Grund- oder Stammwörter" heraus, die später von A. A. van Mörbeck bearbeitet wird. Ihr folgt 1719 (1716?), in Nürnberg verlegt, ein "Königliches niederdeutsches und hochniederdeutsches Wörterbuch in 2 Teilen". Dieses Werk wird im Jahr

1759 in einer Bearbeitung von Titius unter dem Titel "Neues holländisch-deutsches und deutsch-holländisches Wörterbuch" in Leipzig neu aufgelegt. Eine 3. Auflage, besorgt von Van Mörbeck, erscheint in Leipzig 1768, die 4. Auflage datiert von 1787. Eine 1720 in Nürnberg erschienene Briefsammlung Cramers mit dem Titel "Lettres marchandes, Auserlesene Kaufmannsbriefe französisch und deutsch" hängt wahrscheinlich mit einem älteren Lehrmaterial "Guide ou style marchand, ou lettres marchandes françaises et allemandes" zusammen, das ohne Jahr in Nürnberg erschienen ist. Die "Lettres marchandes" erleben unter dem Titel "Le nouveau secrétaire français, 500 Briefe französisch und deutsch" in Nürnberg 1729 eine weitere Ausgabe. Eine 3. Ausgabe erscheint in Nürnberg 1740 unter dem Titel "Auserlesene Kaufmannsbriefe".

An den Arbeiten aus Cramers Spätphase hat dessen Sohn, der spätere Göttinger Lektor des Italienischen Johann Matthias Kramer, einen im einzelnen schwer auszulotenden Anteil. Außerdem erscheinen einige Werke Cramers posthum mit Titulaturen, die ein neues Werk suggerieren sollen. Wie weit Johann Matthias Kramer dabei ältere Manuskripte seines Vaters umgeschrieben hat, oder wer sonst als Bearbeiter aufgetreten ist, ist nicht im einzelnen geklärt. Werke und Drucke aus den Jahren nach 1720 sind: "Der wieder lebende und auf die italienische Schaubühne auftretende Molière" (Nürnberg 1723); "Il segretario di banco, coiè, centurie tre di lettere mercantili italiane-tedesche" (Nürnberg 1726, spätere Ausgabe 1765); "Französische und deutsche Gespräche" (Nürnberg 1735, spätere Ausgaben 1739, 1751 und 1775; wahrscheinlich handelt es sich um eine neue Fassung des "Nouveau parlement", Nürnberg 1700); "Speccius gallicus" (Nürnberg 1739, spätere Ausgabe 1751; es handelt sich um den 2. Teil der "Französischen und deutschen Gespräche" von 1735); "Il nuovo parlatorio italiano-tedesco; cioè dialoghetti. Das neue Parlament. Italienisch-deutsche Gespräche" (Nürnberg 1744); "Kurzer Begriff der französischen Sprache, nebst einigen französischen und deutschen Briefen, wie auch dem Neuen Parlament, französisch und deutsch ... und einem Titularbuche" (Berlin 1746, anonym erschienen, obgleich im Titel auf Matthias Cramer verwiesen wird). Mehrere in den 40er Jahren des 18. Jahrhunderts erscheinende Lehrmaterialien für das Italienische sind Arbeiten Johann Matthias Kramers.

Als Publikationen Cramers sind im übrigen zu nennen die "Bedenken über Schüblers Verteidigungsschrift" (Frankfurt a.M. 1693) sowie ein "Essai d'une bonne grammaire française" (Nürnberg 1696).
Offenbar ist auch eine Arbeit mit dem Titel "Fondamenti della
lingua tedesca o germanica" ein Werk Cramers. Darüber hinaus hat
Cramer theologische Schriften verfaßt und ediert: "Triumphus
gratiae efficacis irresistibilis ac victricis, das ist Beweis der reformierten Lehre von der ewigen und unbedingten Gnadenwahl"
(Schwabach 1699); "Beweis der Lehre vom heiligen Abendmahl,
wie sie von den Reformierten geglaubt wird" (Frankfurt a.M.
1701); "Der kleine Katechismus Dr. Martini Lutheri, samt J. Ha-
bermanns Morgen- und Abendsegen. In deutscher und französischer Sprache" (1701, spätere Ausgabe wahrscheinlich Nürnberg
1791). Zu nennen ist in diesem Zusammenhang ein Titel
"Devotissimi innalzamenti del cuore a Dio" (ohne Orts- und Jahresangabe). Cramer ist ferner als Übersetzer eines nautischen Werkes
aus dem Niederländischen an die Öffentlichkeit getreten.

CRANEFELD. Präzeptor des Pfalz-Sulzbachischen Prinzen Theodor, bestallt unter dem 04.10.1671. In einem französisch geschrie-
benen Bericht an den Vater seines Zöglings aus dem Jahr 1672 diskutiert Cranefeld methodische Fragen des Französischunterrichts.
Es ist anzunehmen, daß er selbst den Prinzen Theodor in dieser
Sprache unterwiesen hat.

CREBASSAT, Jean. Aus Lausanne. Immatrikuliert sich unter
dem 23.03.1740 an der Universität Basel. Crébassat erscheint in
den Lektionskatalogen der Hochschule für die Jahre 1741 - 1749 als
Lehrer des Französischen.

CREMER, Johann Wilhelm. Privatdozent in der Juristischen
Fakultät der Universität Bützow. Für die Zeit von 1769 bis 1774 ist
Cremer zugleich als Lector Publicus der neueren Sprachen an der
Hochschule belegt. Er unterrichtet die Anfänge des Französischen,
Italienischen, Englischen und Spanischen. Offenbar wirkt Cremer
in Bützow bis in die 80er Jahre hinein: "Treu blieb der Universität
allein ein gewisser Cremer, welcher als Lektor der neueren Spra-
chen sich kümmerlich durchschlug."

CREMER, Matthias. Vergleiche Cramer, Matthias.

CREVEL. Emigrant aus Frankreich. Sprachmeister des Französischen an der Universität Göttingen, belegt für das Jahr 1797.

CROUSAZ, Jean Pierre de. Geb. am 13.04.1663 zu Lausanne, aus adligem Geschlecht. Soll die Offizierslaufbahn einschlagen, zieht jedoch ein Studium der Theologie, Philosophie und Mathematik an der Universität Lausanne vor. Nach Abschluß seiner Studien Reise nach Genf, Holland und Frankreich, Bekanntschaft mit bedeutenden zeitgenössischen Philosophen und Mathematikern. Crousaz wird im Jahre 1700 auf eine Professur der theoretischen Philosophie an seine Heimatuniversität berufen, 1707 wird er zum Prediger ordiniert, 1710 erhält er zugleich die Professur der Mathematik. Im Jahre 1724 folgt De Crousaz einem Ruf als Professor der Mathematik und theoretischen Philosophie an die Universität Groningen. Er vertauscht die Stelle im Jahre 1728 mit der eines Hofmeisters im Hause der Landgrafen von Hessen-Kassel. Dabei wird ihm der Titel eines Königlich-Schwedischen und Landgräflich Hessen-Kasselischen Legatitionsrates zuteil. De Crousaz unterweist seinen Zögling, den späteren Landgrafen Friedrich II von Hessen-Kassel, mit großer Wahrscheinlichkeit auch im Französischen. Fraglich ist in diesem Zusammenhang, ob De Crousaz überhaupt Deutsch versteht. Sein umfangreiches theologisch-philosophisches und mathematisches Oeuvre ist ganz in lateinischer oder französischer Sprache publiziert. Im übrigen erhält Prinz Friedrich eine bewußt französische Erziehung. Im Jahre 1735 kehrt De Crousaz auf seinen Lehrstuhl nach Lausanne zurück. Hier stirbt er am 28.02.1748 (nach anderer Quelle: 21.02.1750). De Crousaz ist seit 1725 Mitglied der Königlichen Akademie der Wissenschaften zu Paris, seit 1737 ist er zugleich Mitglied der Akdademie zu Bourdeaux. An seiner Heimatuniversität gehört er zu den Förderern des Französischen als Unterrichtssprache. Für das Amt des Hofmeisters hat er sich durch zwei pädagogische Schriften, "Nouvelles maximes sur l'éducation des enfants" (Amsterdam 1718) und "Traité de l'éducation des enfants" (Den Haag und Amsterdam 1722) sowie durch einen kritischen Kommentar zu Popes "Essay on Man" (in französischer Übersetzung) qualifiziert.

De Crousaz hat "durch seinen 'Traité de l'éducation des enfants' ... nächst Locke gewissermaßen eine Reform des Erziehungswesens in Deutschland, besonders in den höheren Ständen, vorbereitet." Beide Arbeiten, die "Nouvelles maximes" und das "Traité", sind in deutscher Übersetzung erschienen (Leipzig 1719 bzw. Halle 1753).

CUCHE. Sprachmeister in Zerbst, belegt für die Jahre 1737 und 1738. Welche Sprachen er lehrt, ist nicht bekannt.

CUGNINUS, Nikolaus. Aus Gérardmer. Autor eines 1631 in Köln erschienenen Lehrmaterials "Gallicae linguae semina in facili methodo inflectendi pleraque verba gallici idiomatis cum potioribus eandem linguam per praecepta discendi regulis".

CUNE, Ludwig Ernst. Vergleiche Kühne, Ludwig Ernst.

CUNRADI, Johann Gottlieb. Geb. am 01.06.1757 zu Kirchberg im Hohenlohischen, Sohn eines Regierungsrates und Neffe des Göttinger Hofrats Schlözer. Erste Schulbildung und Gymnasialzeit in Kirchberg, Studium ab 1776 an der Universität Göttingen, zunächst der Theologie, später dann mit philologischem, historischem und neusprachlichem Schwerpunkt. Cunradi wirkt in den Jahren nach 1780 als Lehrer für Geschichte und Statistik am Gymnasium zu Kloster Berge bei Magdeburg. Um die Mitte der 80er Jahre begleitet er den ältesten Sohn des in Franken beheimateten Grafen von Castell auf einer Reise durch Deutschland, Frankreich und die Schweiz. Bei dieser Gelegenheit vervollkommnet er seine neusprachlichen Kenntnisse. Nach Regierungsantritt des jungen Grafen um das Jahr 1787 dient Cunradi als Castellischer Regierungsrat zu Rüdenhausen. Offenbar unter dem Eindruck sich wandelnder politischer Verhältnisse nimmt er um die Mitte der 90er Jahre seinen Abschied, um sich in Nürnberg als Privatlehrer des Englischen, Französischen und Italienischen niederzulassen. Nach 12jährigem, erfolgreichen Wirken in der Stadt siedelt er aus persönlichen Gründen nach Eichstätt über, von wo er im Jahre 1813 nach Augsburg geht. Hier wirkt er als Lehrer des Französischen am A. B. von Stettenschen Institut und als Privatlehrer der genannten drei Sprachen. Er stirbt am 26.06.1828 an Altersschwäche.

"Als Mensch betrachtet war er ein Mann von rechtlichem Sinn; empfänglich für alles Gute, teilnehmend an den Schicksalen anderer und überhaupt ein Mann, auf dessen Wort man bauen durfte. Ein Feind der ... Sucht, sich nur Reichen anzuschließen, um auf eine unedle Art seinen Eigennutz zu befriedigen, vermied er gern dergleichen niedrige, entehrende Kunstgriffe und schätzte nur den Mann nach seinen Verdiensten, ohne Rücksicht auf Stand und Vermögen. In gesellschaftlicher Hinsicht war er unterhaltend und lehrreich und wußte Scherz und Ernst gehörig zu verbinden. Gegen jedermann beobachtete er die Vorschriften der Höflichkeit, ohne zu kriechen, und Beweise der Aufmerksamkeit gegen seine Person ehrte er auf gebührende Weise. ..."

Nicht minder besaß er eine sehr klare, faßliche Unterrichtsart, wodurch die Schüler, nach ihrem eigenen Geständnisse, bei einigem Fleiß in kurzer Zeit schnelle und sichere Fortschritte machten. Allem geist- und gedankenlosen Mechanismus feind, kämpfte er stets gegen dieses Unwesen und wollte vorzüglich die Muttersprache als Grundlage alles Unterrichts angesehen wissen."

Cunradi ist Autor einer Reihe von Lehrmaterialien für den Italienisch- und Französischunterricht: "Italienische Sprachlehre für Schulen" (Dessau 1782, spätere Ausgabe Leipzig 1789); "Vollständiger theoretisch-praktischer Unterricht in der italienischen Sprache" (3 Teile, Nürnberg 1802 - 1805, der 3. Teil mit dem Titelzusatz: "welcher eine Auswahl nützlicher Materialien zu praktischen Arbeiten enthält, in 3 Klassen; nebst einer Einleitung zur Anwendung einer jeden Regel der vollständigen Sprachlehre"); "Theoretisch-praktischer Unterricht in der italienischen Sprache" (3 Teile, Nürnberg 1809 - 1812, offenbar eine Neubearbeitung des in den Jahren 1802 - 1805 erschienenen Titels); "Französische Fibel oder ABC-Syllabier- und Lesebüchlein" (Nürnberg 1813); "Der wiedergefundene Nürnberger Trichter für das Französische, oder Die natürlichste und leichteste Methode, die Anfangsgründe der französischen Sprache in kurzer Zeit zu erlernen" (Nürnberg 1815); "Versuch eines elementarischen Lesebuchs der französischen Sprache, mit einem Anhang" (Nürnberg 1815); "Gründliche Anweisung, richtig und geläufig Französisch sprechen zu lernen, oder 2. Teil des wiedergefundenen Nürnberger Trichters" (Nürnberg 1816). Außerdem legt Cunradi eine Reihe von Unterrichtsmaterialien für die Fächer Deutsch und Latein vor. Darüber hinaus ist er der Verfasser zweier methodischer Schriften zum neusprachlichen Unterricht: "Über Sprachen, besonders über die lebenden, über die gewöhnlichen Sprachmeister und über eine bessere Methode, lebende Sprachen gründlicher, leichter und doch geschwinder zu erlernen, nebst einem Anhang" (Nürnberg und Altdorf 1804); "Methodologie oder Anweisung, wie die Kenntnis der Muttersprache bei Kindern zum Grund gelegt werden muß, und wie dann der Unterricht im Französischen auf die leichteste und faßlichste Art darauf gebaut werden kann" (Nürnberg 1815). Zu erwähnen ist auch ein 1810 in Nürnberg erschienenes "Italienisch-deutsches und deutschitalienisches Warenlexikon".

CURAS, Hilmar. Geb. am 09.10.1673 zu Erzen bei Hameln. Curas läßt sich im Jahre 1699 als französischer Sprachmeister und Schreibmeister in Berlin nieder. Im Jahre 1707 wird er zum

Schreibmeister am Joachimsthalschen Gymnasium zu Berlin ernannt. Seit 1718 ist er auch als Lehrer der Königlichen Prinzen für
Schreiben, Katechismus und Märkische Geschichte tätig. In diesem
Zusammenhang erhält er den Titel eines Königlichen Geheimen
Sekretärs. Curas wird 1745 pensioniert, sein Todesjahr ist 1747. Er
ist Autor einer 1739 in Berlin erschienenen "Erleichterten und
durch lange Erfahrung verbesserten französischen Grammatik, worinnen alles, was zu dieser Sprachlehre gehört, sich befindet, als
derselben Aussprache, Rechtschreibung und mancherlei nützlicher
Gebrauch der Verborum und gründlichen syntaktischen Regeln
nebst einem Verzeichnis der gewöhnlichsten Wörter, nützlichen
Gesprächen für die Anfänger, unterschiedlichen französischen Briefen und gutem Vorrat an deutschen Exerzitien." Das Werk erlebt
bis zum Jahre 1808 23 Auflagen und Ausgaben: In Berlin
erscheinen weitere Drucke in den Jahren 1740, 1741, 1744, 1746,
1749, 1750, 1751 (6. Auflage), 1753, 1756, 1759, 1760, 1766,
1769, 1771, 1778, 1783, 1786 und 1808 (die letztgenannte Ausgabe hat als 2. Erscheinungsort Stettin), zwei weitere Ausgaben
sind 1778 und 1790 in Wien gedruckt (letztere unter dem Titel
"Vollständige französische Grammatik", verbessert von S.
Moreau), Eine weitere, ebenfalls 1778 erschienene Ausgabe hat
Frankfurt a.M. als Verlagsort, eine erweiterte Ausgabe, "verbessert
und vermehrt und zum bequemen Gebrauch junger, auch un-
studierter Leute eingerichtet von Quirin Zeyen, samt einem Titularbuch des Kurfürstlich Kölnischen Hofes", ist 1787 in Bonn verlegt.
Außerdem hat Curas eine "Einleitung zur Universalhistorie" verfaßt, die ebenfalls mehrmals neu aufgelegt worden ist.

CURE, Klaus. Deutsch-russischer Übersetzer (Tolk) im baltischen Raum im späten 13. oder im 14. Jahrhundert.

CURTI, Johann Nikolaus. Erhält unter dem 25.10.1734 die Genehmigung, in Jena Französischunterricht zu erteilen. Curti wird
auch anläßlich seiner Trauung mit Maria Katharina Vatier, einer
Tochter des Jenenser Sprachmeisters Karl Arthur Vatier, als "französischer Sprachmeister" bezeichnet. Unter dem 16.03.1735 teilt
der Lector Publicus des Französischen an der Universität Jena,
François Roux, mit, Curti wolle die behördlicherseits festgelegte
Zahlung an ihn in Höhe von 1 Reichstaler monatlich in halbjähr-
lichen Raten entrichten. Er bittet die Behörden, Curti zu monat-

licher Zahlung anzuhalten. Curti ist noch für das Jahr 1751 als Sprachmeister des Französischen an der Universität Jena belegt.

CURTIUS, Nikolaus Karl. Doktor der Rechte und der Medizin. Curtius stellt sich unter dem 25.11.1655 am Hofe der Herzöge von Schleswig-Holstein zu Gottorf vor und bewirbt sich um die Stelle eines Lehrers der neueren Sprachen an der Universität Kiel. Der Herzog erteilt ihm die Erlaubnis, Französisch, Italienisch und Spanisch an der Hochschule zu unterrichten, wofür ihm zunächst ein Interimsgehalt von jährlich 120 Talern gereicht werden soll. Gleichzeitig beauftragt er den Prorektor, die Studierenden über Curtius und dessen Wissenschaften durch Anschlag zu informieren und später über ihn zu berichten, damit eine feste Anstellung mit entsprechendem Gehalt in Erwägung gezogen werden könne.

"Das Konsistorium empfing den Ankömmling, über dessen Rechte und Kompetenzen im Körper der Universität noch die feste Überlieferung fehlte, nicht gerade freundlich. Es stellte fest, daß er weder Ordinarius noch Extraordinarius sei, sondern seinen Platz nur unter den Doktoren finden könne. Es wurde bemerkt, daß er nicht in Frankreich gewesen sei; man wünschte zu wissen, wo er promoviert habe und ob er auch rechten Glaubens sei. Es wurde ferner der Wunsch laut, daß durch seine Person das Recht der Ordinarien, selbst französische Stunden zu geben, nicht beschränkt werde; der Professor für Politik Martini hatte bereits ein Privatkolleg im Gange."

Gegen Ende des Jahres 1665 beginnt Curtius, in den Räumen der Universität öffentliche Vorlesungen zu halten, in 2 Wochenstunden, wobei das Konsistorium die Zeit angesetzt hat. Bei den Sprachschülern handelt es sich offenbar vorwiegend um Adlige. Im Jahre 1666 wird Curtius zum Professor der Abendländischen Sprachen ernannt. Gleichzeitig ergeht ein herzogliches Privileg, das den übrigen Professoren der Hochschule und den Studierenden verbietet, in jenen Sprachen, für die Curtius angenommen sei, ohne dessen Erlaubnis Unterricht zu erteilen. Curtius erhält das Recht, öffentliche Disputationen zu leiten und in der Universität bei entsprechenden Anlässen Reden zu halten. Damit wird das Fach Französisch an der Hochschule den Fächern Lateinisch und Griechisch gleichgestellt. Dennoch handelt es sich bei der Professur nicht um ein Ordinariat, denn Curtius erscheint weder im Konsistorium noch im Vorlesungsverzeichnis; alle Rechte des Extraordinarius hat er jedoch inne. Trotz des Privilegs erteilt im Jahre 1667 ein gewisser Petisci, wahrscheinlich ein Student, an der Hochschule Französischunterricht. Petisci darf nach Willen der Universität maximal 5 Schüler unterrichten. Als er weitere Schüler annimmt, kommt es zwischen ihm und Curtius zum Streit: Curtius klagt; das Konsistorium verbietet Petisci unter dem 10.12.1667 weiteren Unterricht. Curtius wird im Anschluß an eine Visitation der Universität im Frühjahr 1668 wegen mangelnden Fleißes entlassen.

CZERNIAWSKY, Gerassim. Vergleiche Tschernäwski, Gerassim.

AUGSBURGER I & I - SCHRIFTEN

Herausgegeben von
Thomas Finkenstaedt und Konrad Schröder

In der gleichen Reihe sind erschienen:

* = vergriffen

12 Götz, Dieter:
Englische Gespräche deutscher Anglistikstudenten: Ausgabe und Kommentar.
Augsburg 1980.

* 13 Haenicke, Gunta:
Biographisches und bibliographisches Lexikon zur Geschichte der Anglistik
1850 - 1925 (mit einem Anhang bis 1945). Augsburg 1981.

14 Christ, Herbert/Liebe, Elisabeth:
Fremdsprachenunterricht in amtlichen Verlautbarungen. Augsburg 1981.

15 Söll, Felix:
Einflüsse auf die englische Schüleraussprache an saarländischen Schulen.
Augsburg 1981.

16 Hüllen, Werner/Schröder, Konrad (eds.):
Paul Hartig - Lebenserinnerungen eines Neuphilologen. Augsburg 1981.

* 17 Beier, Rudolf:
Zum Stand fachbezogener Fremdsprachenkenntnisse in der Bundesrepublik
Deutschland. Augsburg 1981.

18 Schröder, Konrad:
Linguarum Recentium Annales. Der Unterricht in den modernen europäischen
Sprachen im deutschsprachigen Raum. Band 2: 1701 - 1740. Augsburg 1982.

19 Ostberg, Henry K.:
Gesprächsverhalten in der Fremdsprache (Englisch) und fremdsprachlicher
Unterricht. Augsburg 1982.

20 Walter, Anton v.:
Zur Geschichte des Englischunterrichts an höheren Schulen. Die Entwicklung
vornehmlich in Preußen. Augsburg 1982.

21 Finkenstaedt, Thomas/Scholtes, Gertrud (eds.):
Towards a History of English Studies in Europe. Proceedings of the Wildsteig
Symposium, April 30 - May 2, 1982. Augsburg 1983.

22 Zapp, Franz Josef/Schröder, Konrad:
Lehrpläne für den Fremdsprachenunterricht, 1890 - 1970. Ein Lesebuch.
Augsburg 1983.

23 Schröder, Konrad:
Linguarum Recentium Annales. Der Unterricht in den modernen europäischen
Sprachen im deutschsprachigen Raum. Band 3: 1741 - 1770. Augsburg 1983.

24 Schröder, Konrad/Macht, Konrad:
Wieviele Sprachen für Europa? Fremdsprachenunterricht, Fremdsprachen-
lernen und europäische Sprachenvielfalt im Urteil von Studierenden des Grund-
studiums in Deutschland, Belgien und Finnland. Augsburg 1983.

25 Macht, Konrad/Steiner, Friedrich:
Erfolgsfaktoren des Vokabellernens. Untersuchung zum aktiven englischen
Wortschatz von Hauptschulabgängern. Augsburg 1983.

* 26 Finkenstaedt, Thomas:
* 27 Neuer Anglistenspiegel. Biographische und bibliographische Angaben mit Hilfe von über 500 Anglisten und unter redaktioneller Mitarbeit von Rita Stoll zusammengestellt. Teile I und II. Augsburg 1983.

28 Finkenstaedt, Thomas/Weller, Franz-Rudolf:
Der Schülerwettbewerb Fremdsprachen im Stifterverband für die Deutsche Wissenschaft. Referate eines Symposiums in Wildsteig. Augsburg 1983.

29 Van Els, Theo/Oud-de Glas, Maria:
Research into Foreign Language needs. Proceedings of an International Seminar, held at Berg en Dal, The Netherlands, October 1982. Augsburg 1983.

30 Chr. F. Seidelmann:
Tractatus Philosophico - Philologicus De Methodo Recte Tractandi Linguas Exoticas Speciatim Gallicam, Italicam Et Anglicam (1724). Faksimiliert, übersetzt und herausgegeben von Franz Josef Zapp und Konrad Schröder mit einer Darstellung der Geschichte des Fremdsprachenunterrichts an der Universität Wittenberg. Augsburg 1984.

31 Finkenstaedt, Thomas/Stoll, Rita:
Anglistenspiegel Österreich - Schweiz. Biographische und bibliographische Angaben von über 100 Fachvertretern. Augsburg 1984.

32 Nowak, Johann:
Familie, Schicht und Schule als Motivationsfaktoren: Theorielücken und lückenhafte Empirie. Untersuchungen zum Problemfeld der Fremdsprachenmotivation. Augsburg 1984.

* 33 Schröder, Konrad:
Linguarum Recentium Annales. Der Unterricht in den modernen europäischen Sprachen im deutschsprachigen Raum. Band 4: 1770 - 1800. Augsburg 1985.

34 Forschungskollektiv Englischmethodik der Karl-Marx-Universität Leipzig unter Leitung von Wolfgang H. Strauß (ed.): 150 Jahre Methodik des Englischunterrichts als Wissenschaft und akademisches Lehrfach. Probleme und Entwicklungstendenzen in Vergangenheit und Gegenwart. Internationales Symposium aus Anlaß des 575. Gründungsjubiläums der Universität Leipzig am 25. und 26. Oktober 1984. Augsburg 1985.

35 Macht, Konrad:
Methodengeschichte des Englischunterrichts. Band 1: 1800 - 1880. Augsburg 1986.

36 Finkenstaedt, Thomas/Weller, Franz-Rudolf (eds.):
Vom Schülerwettbewerb zum Bundeswettbewerb Fremdsprachen. Augsburg 1987.

37 Finkenstaedt, Thomas/Stoll, Rita:
Hinweise für Abiturienten. Augsburg 1987.

38 Legenhausen, Lienhard/Wolff, Dieter:
    Computer Assisted Foreign Language Teaching. Augsburg 1987.

39 Macht, Konrad:
    Methodengeschichte des Englischunterrichts. Band.2: 1880 - 1960.
    Augsburg 1987.